教学关键问题解析丛书

指向核心素养的
初中物理

教学关键问题解析

主编　李春密

中国教育出版传媒集团
高等教育出版社·北京

内容提要

本书依据《义务教育物理课程标准（2022 年版）》，紧密围绕学生核心素养培养编写。全书共分十章，梳理了 37 个初中物理教学关键问题，对这些问题进行解析，并结合教学案例提出了具有可操作性的解决途径。本书配有丰富的数字资源，读者可以扫描二维码观看。本书及配套的数字资源全方位地呈现了指向核心素养的初中物理教学关键问题的课堂实践和教学指导，有助于教师提升教学能力，发展教师专业素养，从而促进学生核心素养的培养。

本书为初中物理教师的培训教材，可供初中物理教学教师研修使用，还可供中学物理教育研究者参考，可作为初中物理教师资格考试的参考书，也可作为高等院校相关专业师范生的学习参考书。

图书在版编目（CIP）数据

指向核心素养的初中物理教学关键问题解析 / 李春密主编. -- 北京：高等教育出版社，2024.7

ISBN 978-7-04-061878-5

Ⅰ.①指…　Ⅱ.①李…　Ⅲ.①中学物理课－教学研究－初中　Ⅳ.① G633.72

中国国家版本馆 CIP 数据核字（2024）第 046932 号

Zhixiang Hexin Suyang de Chuzhong Wuli Jiaoxue Guanjian Wenti Jiexi

策划编辑　王文颖	责任编辑　王文颖	封面设计　赵　阳	版式设计　李彩丽
责任绘图　裴一丹	责任校对　胡美萍	责任印制　刁　毅	

出版发行	高等教育出版社	网　　址	http://www.hep.edu.cn
社　　址	北京市西城区德外大街 4 号		http://www.hep.com.cn
邮政编码	100120	网上订购	http://www.hepmall.com.cn
印　　刷	北京市鑫霸印务有限公司		http://www.hepmall.com
开　　本	787mm×1092mm　1/16		http://www.hepmall.cn
印　　张	21.25		
字　　数	430 千字	版　　次	2024 年 7 月第 1 版
购书热线	010-58581118	印　　次	2024 年 7 月第 1 次印刷
咨询电话	400-810-0598	定　　价	55.00 元

本书如有缺页、倒页、脱页等质量问题，请到所购图书销售部门联系调换

编委会
·················

主　　编　李春密

副 主 编　许　静　李勇强

编写人员　（以姓氏拼写为序）

刘　畅　马朝华　任　宏　任建英

阮享彬　夏伟宁　徐春晓　余耿华

前言
· · · · · · · · · · · · ·

党的十八大以来，习近平总书记对教育事业高度重视，多次强调课程教材要发挥培根铸魂、启智增慧的作用，围绕立德树人根本任务对推进教育改革发展提出了一系列重要论断。党的十九大进一步强调了落实立德树人根本任务，发展素质教育。党的十九大报告指出，"青年一代有理想、有本领、有担当，国家就有前途，民族就有希望"。党的二十大报告指出，"要办好人民满意的教育，全面贯彻党的教育方针，落实立德树人根本任务，培养德智体美劳全面发展的社会主义建设者和接班人"，提出要着力培养担当民族复兴大任的时代新人，培育和践行社会主义核心价值观。

《义务教育课程方案（2022年版）》（简称新版课程方案）和各学科义务教育课程标准（2022年版）（简称新版课程标准）已于2022年4月正式颁布，这是我国基础教育界的一件大事。在向着第二个百年奋斗目标迈进之际，实施新版课程方案和课程标准，对优化学校育人蓝图、全面建设社会主义现代化强国具有重要意义。本轮义务教育课程标准修订，以习近平新时代中国特色社会主义思想为统领，准确理解和把握党中央、国务院关于教育改革的各项要求，完善了培养目标，优化了课程设置，完善了课程内容结构，细化了实施要求。新版课程标准充分落实了习近平总书记关于教育的重要论述和立德树人根本任务，聚焦发展学生的核心素养，引导学生明确人生发展方向，帮助学生扣好"人生的第一粒扣子"，使其成长为德智体美劳全面发展的社会主义建设者和接班人。

一、明确时代新人的"育人"目标

新版课程标准依据新时代党和国家对教育的新要求，以培育"有理想、有本领、有担当"的时代新人为培养目标，建立从培养目标到课程标准再到教学目标的层级化的"育人"目标体系，新版课程标准凝练了物理课程要培养的核心素养，强调正确价值观、必备品格与关键能力的培育，并以此为统领，建构了素养导向的课程目标、内容标准与学业质量等。新版课程标准遵循学生身心发展规律和教育规律，将物理课程要培养的核心素养凝练为物理观念、科学思维、科学探究、科学态度与责任四个方面，这四个方面体现了物理学科的育人整体，相互联系、相互促进，形成合力，共同作用。课程目标是体现了物理课程的育人价值；内容标准是基于义务教育阶段的三级主题具体物理内容或知识点的学习要求，从核心素养目标的高度审视了一级主题的学业要求；学业质量是学生完成义务教育阶段物理课程学习后的学业成就表现，反映了发展学生核心素养的要求，而学业质量则是以核心素养为主要维度，结合物理课程内容，对学生学业成就表现的总体刻画。将"育人"过程从抽象的课程目标逐步分解为具体的内容目标，使得教师理解并践行从"教书"走向"育人"有了清晰的路径，立德树人根本任务的"落实"有了清晰、可操作的依据和抓手。

物理学是自然科学领域研究物质的基础结构、相互作用和运动规律的一门基础学科，通过科学观察、实验探究、推理计算等形成系统的研究方法和理论体系。在基础教育中，物理学所承载的学科内容对培养学生的科学精神、科学思维尤为重要。作为"与小学科学和高中物理课程相衔接，与化学、生物学等课程相关联，具有基础性、实践性等特点"的义务教育物理课程，与其他自然科学课程之间存在着密切联系，对于核心素养的贯通性培养起着承上启下的作用，在学科综合发展、跨学科实践以及"综合协调育人"中起着重要作用。

二、以主体为引领，以实践为抓手，全面夯实育人载体

基础教育是提高民族素质的奠基工程，要遵循青少年的成长特点和规律，新版课程标准围绕着物理课程要培养的核心素养，提出了以主题的形式来构建课程结构，确定了"物质""运动和相互作用""能量""实验探究""跨学科实践"五个一级主题。构建了从物理学科逻辑、活动逻辑到学习逻辑的内容组织方式，凸显了育人载体的功能和价值。

"物质""运动和相互作用""能量"三个一级核心知识主题是对物理课程内容的高度概括，以这三个一级主题为中心，延展开对二级主题和三级主题的设置，可帮助学生构建物理学科的知识网络，形成课程的结构性和整体性认识，促进物理观念的有效生成。义务教育阶段物理课程的内容设置，在整体上既能与小学阶段科学课程的相关内容有效衔接，又能为高中阶段物理课程的学习奠定基础，这是与学生的身心发展、认知水平和学业水平相匹配的学科设定。以主题方式优化学科布局，整合学科内容，有利于凸显知识间的联系，为学生整体观念的形成提供帮助。课程结构的优化聚焦关键内容，是减负提质增效的前提条件，也是落实减负工作的源头，达到减负的真正目的。

实验探究一直是物理教学强调的教学内容与教学方法。新版课程标准以一级主题"实验探究"明确了在义务教育阶段物理课程中学生必做的21个实验，包括测量类学生必做实验9个、探究类学生必做实验12个。这两类学生必做实验相互关联，各有侧重。测量类实验旨在引导学生认识仪器、了解原理、熟悉方法、学会测量基本物理量等，强化对学生观察、动手、协作能力的培养。探究类实验旨在引导学生通过探究活动建构概念、认识规律、学会探究、体验乐趣，逐步形成以探究为中心的认识问题、解决问题的思路，为学生创造性思维与能力的发展奠定基础。实验探究所倡导的知行合一、严谨认真、实事求是，注重做中学，在实践中学真知、悟真谛，也都是在核心素养培育过程中需要重点关注的内容。

核心素养需要在多种情境下发展和应用，从而形成综合解决实际问题能力。新版课程标准设置了跨学科实践主题，实现多门学科在不同情境下相互作用、有机融合、形成合力，共同促进核心素养的发展。在物理课程中，立足于物理学的大主题和大观念，以问题的解决过程为线索来设计与日常生活、工程实践、社会发展密切联系的实践活动，培养学生发现问题、解决问题、建构知识、运用知识、迁移知识的能力。"跨学科实践"的设置加强了课程的综合性与实践性，冲破了学科间的壁垒，有助于学生在问题解决中提升调取不同学科知识的能力，促进认知的多元发展与融合，从而促进知识、能力向素养的有效转化。

三、以结构化的内容落实核心素养培育

依据物理学科内涵，遵循学生的认知规律，以问题或活动为中心，围绕特定主题的学科内容进行结构化处理，综合利用多种教学方式和教学策略进行指向核心素养的教学实践活动。课程内容的结构化满足新版课程标准对教师整体设计教学要求，有助于落实新版课程标准的核心素养目标。物理教学设计学习活动各环节的系统化设计，构建符合学生认知发展的"情境导入—问题探究—总结应用—迁移创新"的课堂教学内在逻辑，满足新版课程标准倡导情境化教学、突出问题教学的要求。

课堂教学不再仅仅是传授知识，教学的一切活动都着眼于学生的发展。在教学过程中如何促进学生核心素养的发展，关注"教什么""为谁教"的问题，需要教师通过对课程标准、教材、内容、学情的分析，明确教学任务，进而提出教学目标，选择教学内容、教学活动，制定教学策略。教学目标应突出发展学生的核心素养，关注物理观念、科学思维、科学探究，特别要注意挖掘科学态度与责任要素，体现学科育人。

在核心素养导向的人才培养过程中，物理教师首先要进一步转变育人观念，从提升学生核心素养的角度重新认识物理教学。在强调综合育人与实践育人的大背景下，教师要根据教学目标、教学内容、教学对象及教学资源等的实际情况，灵活选用不同的教学方式，创建适宜学生能力发展的开放、自由的学习环境，从而为学生核心素养的提升创造可能。

四、体现"教—学—评"一体化设计，营造良好育人生态

习近平总书记指出："学生培养得怎么样，要看拿什么样的尺子去衡量，以什么样的眼光去发现。"新版课程标准首次在义务教育阶段研制了学业质量，体现了学生发展素养要求的基本标准。学业质量是学生在完成阶段性学习后的学业成就表现，反映核心素养的要求。

在素养导向的教学过程中，教学活动设计是落实立德树人根本任务的最直接途径。在情境设置时也要将习近平新时代中国特色社会主义思想，以及中华优秀传统文化、国家安全、生命安全与健康、环境保护等重大主题教育内容与物理课程进行融合，使

学生明确物理学习的重要作用以及价值所在，更要借助物理课堂来培育广大青少年的家国情怀、强化其使命担当，从而激发起向科学进军、实现中华民族伟大复兴的使命担当。

在强调综合育人与实践育人的大背景下，教师要能够根据教学目标、教学内容、教学对象及教学资源等的实际情况，灵活选用不同的教学方式，创建适宜学生能力发展的开放、自由的学习环境，从而为学生核心素养的提升创造可能。新一轮以核心素养为育人目标的课程改革，其本质是让学生经过课程学习而逐步形成正确价值观、必备品格和关键能力。为落实以核心素养为目标的教学要求和考评方案，全面、客观、及时地对学生的发展状况做出评价与诊断，就要加大开展过程性评价与表现性评价的力度，进行全方位的分类评价，得到真实、有效的综合评价结果，促进教、学、评的一致性。

五、指向关键问题和问题解决，有效落实新版课程标准

为了更好地培养"三有"时代新人，扎实落实新版课程方案和课程标准，必须建构指向核心素养的初中物理教学，解决学科教学实践中的关键问题。教学关键问题是指对培养学生核心素养有着重要影响的教学问题，体现德育为先，能力为重，全面发展的教育理念，与一般意义上所指的关于具体知识点的、琐碎的、零散的教学问题有着本质区别。因此，我们组织了由课程标准修订组核心成员、高校课程与教学论专业教师、一线教研员和一线物理教师，基于对学生发展最有价值、最有意义的核心学习内容，指导学生形成学科核心思想方法、核心能力及重要价值观，进行有效教学的活动设计，对教学进行全过程、持续性的发展性评价等几个视角，从课程理念与主要变化、核心素养与教学目标、科学内容主题、实验探究主题、跨学科实践主题、学业质量与评价、课堂教学改革、教学研究等若干方面，梳理了课堂教学普遍存在的难点和困惑，最终提炼了具有内在的逻辑性的、体现系统性和整体性的37个教学关键问题。通过提出问题与解决问题，直接指向课堂实践，结合具体案例，促进教学理论与实践的深度融合。

此书的编写旨在基于教学关键问题的解决，提高物理教育质量和育人水平，助推物理教学发展，促进育人质量提升，有效落实新版课程标准，促进核心素养导向的物理教学的实施。其中李春密撰写了第一章课程理念与主要变化和第二章核心素养与教学目标，刘畅撰写了第三章关于"物质"主题的教学关键问题，马朝华撰写了第四章关于"运动和相互作用"主题的教学关键问题，余耿华和徐春晓撰写了第五章关于"能量"主题的教学关键问题，李勇强撰写了第六章关于"实验探究"主题的教学关键问题，任宏撰写了第七章关于"跨学科实践"主题的教学关键问题，许静和任建英撰写了第八章学业质量与评价，夏伟宁撰写了第九章课堂教学改革，阮享斌撰写了第十章初中物理教学研究。全书由李春密和许静进行了统稿。

本书为一线物理教学实践提供了解决策略和实践研究范式，希望它的编写和出版

有助于教学队伍建设，推动教师共同体的建立，带动更多的一线教师参与实践、创新和探索。本书针对教学关键问题提出多种方式的解决方案，可以作为教师自主阅读、校本研修、教研活动的读本，为广大一线教师提供教学实践参考，也可为广大物理教育研究者提供借鉴。由于编者水平有限，书中难免有不恰当的地方，恳请各位读者批评指正。

李春密

2024 年 2 月

目录

第一章

课程理念与主要变化

　　随着社会的发展和时代的进步，物理教学亦需与时俱进，实现理念与方法的革新。新版课程标准明确了义务教育物理课程的课程性质、课程理念、课程目标、课程内容、学业质量标准、课程实施要求，为物理教学指明了新的方向和路径。本章将深入探讨新版课程标准中的重要突破与创新，明确课程性质和课程理念的主要变化，建立课程内容结构的新认识。

　　新版课程标准强调育人导向，将核心素养的培养放在教育的中心位置。这意味着物理教育除了知识的传授，更重要的是培养学生的正确价值观、必备品格和关键能力。新版课程标准还优化了课程内容结构，强调基础性，降低了学习难度，使之更加符合学生的认知水平，同时增强了课程的实践性，促进了跨学科的学习和探索。此外，新版课程标准对学业质量提出明确要求，引导教师把握教学深度与广度，同时增强了指导性，为教学实施提供了清晰的指引。

　　在新的课程理念指导下，物理教学将更加注重学生的发展，强化实践操作和思维训练。首先，教师应深刻理解新版课程标准的育人导向，将培养学生的核心素养作为教学中心，以五个主题为线索建构课程结构。其次，教师应积极探索多样化的教学模式，将物理学科知识与学生的实际生活、工程实践和社会发展紧密联系起来，让学生在科学探究中感受物理学科的魅力，提高创新意识和实践能力。最后，教师应充分利用新版课程标准提供的教学提示和评价建议，不断完善教学方法，探索更加科学、高效、人文的教育模式，提高教学质量，确保学生在物理学习中获得核心素养的发展。

《义务教育物理课程标准（2022 年版）》（简称新版课程标准）是以习近平新时代中国特色社会主义思想为指导，全面贯彻党的教育方针，遵循教育教学规律，是在落实立德树人根本任务的总体要求下颁布实施的，是基于中国特色社会主义进入新时代，为办好中国特色、世界水平的义务教育，打造新时代的新课标。为充分体现新时代的国家意志，让新课程具有正确的方向性，聚焦中国学生发展核心素养，深化课程改革，既要坚持弘扬基础教育改革积累的宝贵经验，又要勇于创新、有新的突破，让新课程具有鲜明的时代性，增强课程的综合性、实践性，促进育人方式的转变。新版课程标准的重要突破与创新主要体现在以下几个方面。

一、强化了课程育人导向

核心素养是课程育人价值的集中体现，是学生通过课程学习逐步形成的适应个人终身发展和社会发展需要的正确价值观、必备品格和关键能力。中国学生发展核心素养是党的教育方针的具体化表征，是落实立德树人根本任务的操作化桥梁，明确了学生学习和教师教学的方向。为充分挖掘了物理学科课程教学对全面贯彻党的教育方针、落实立德树人根本任务、发展素质教育的独特育人价值，在中国学生发展核心素养的基础上，又针对物理课程特点，提出了物理课程要培养的学生核心素养。确定了基于核心素养的物理课程目标，义务教育物理课程标准将党的教育方针具体化，细化为物理课程应着力培养的物理核心素养。物理课程要培养的核心素养，主要包括物理观念、科学思维、科学探究、科学态度与责任。这体现了培养学生正确价值观、必备品格和关键能力的要求，体现了"育人为本、素养为纲"的设计理念，体现了课程在育人工程中的核心地位。

二、优化了课程内容结构

以习近平新时代中国特色社会主义思想为统领，基于核心素养发展要求，遴选重要观念、主题内容和基础知识，有机融入社会主义核心价值观，以及与中华优秀传统文化、革命文化和社会主义先进文化等有关的教育内容，并重视努力呈现政治、经济、文化、科技、社会、生态等发展的新成就、新成果，培养学生的社会责任感、创新精神、实践能力。义务教育物理课程内容由"物质""运动和相互作用""能量""实验探究""跨学科实践"五个一级主题构成。"物质""运动和相互作用""能量"主题不仅包含物理概念和规律，还包含物理探索过程、研究方法，以及科学态度与价值观等；与 2011 年版课程标准相比，新版课程标准适当降低了"物质""运动和相互作用""能量"主题的学习难度，使其更符合学生的认知水平。在"实验探究"主题中，将 2011

年版课程标准的科学探究内容和学生必做实验进行了重新整合，明确了义务教育阶段的 21 个学生必做实验，并将原科学探究内容纳入核心素养体系。新版课程标准新增了"跨学科实践"主题，这一主题侧重体现物理学与日常生活、工程实践、社会发展等方面的跨学科联系，加强了物理学科内与跨学科间的相互关联，以带动课程综合化实施，强化实践性要求。这五个一级主题相互关联、各有侧重，体现了义务教育物理课程的基础性、实践性与发展性等特点，增强了物理课程内容与育人目标的联系，优化了内容的组织形式。

三、研制了学业质量标准

学业质量是学生在完成本学科课程学习后的学业成就表现，反映了课程要培养的学生核心素养的具体要求。学业质量标准是以学生核心素养为主要维度，结合课程内容，对学生学业成就具体表现特征的整体描述。义务教育物理课程标准根据核心素养发展水平，结合物理课程内容，整体刻画初中学段学生学业成就的具体表现特征，形成了学业质量，引导和帮助一线物理教师把握教学深度与广度，为教材编写、教学实施和考试评价等提供了依据。同时，学业质量标准对学生的学习活动、教师的教学活动、教材的编写等具有指导作用，有助于引导教学更加关注育人目的，更加注重培养学生核心素养，更加强调提高学生综合运用知识解决实际问题的能力，促进教、学、评的有机衔接，形成育人合力。

四、增强了指导性

新版课程标准针对五个一级主题的"内容要求"提出了相应的"学业要求"和包括教学策略建议和情境素材建议的"教学提示"，细化了评价建议，注重实现"教—学—评"一致性，增加了教学、跨学科实践、评价案例，不仅明确了"为什么教""教什么""教到什么程度"，而且强化了"怎么教"的具体指导，做到好用、管用。与2011 年版课程标准相比，新版课程标准增加了"教师培训与教学研究"要求，强调物理教师要具备通过物理课程培养学生核心素养所需的专业理论基础和教学实践能力。为达到这一要求，相关部门要做好关于课程标准的培训，有针对性地开展基于课程标准的区域教研和校本教研，为教师深入学习和研究课程标准提供支持，为持续改进物理教学、提高教学质量创造可能。

总体来看，新版课程标准确定了聚焦核心素养、落实发展素质教育的基本要求，以"物理课程要培养的学生核心素养"为主线，再次明确了核心素养体系下的课程性质、课程理念，确定了课程目标，优化了课程内容，研制了学业质量标准，提出了促进学生核心素养落实的课程实施要求与建议，培养学生适应未来发展的正确价值观、必备品格和关键能力，引导学生明确人生发展方向，成长为德智体美劳全面发展的社会主义建设者和接班人。

《义务教育物理
课程标准（2022
年版）》的变化
分析和教学启示

加强教学研究
促进物理课程有
效实施

在课程性质方面,2011 年版课程标准主要从 "义务教育物理课程应综合反映人类在探索物质、相互作用和运动规律等过程中的成果,义务教育物理课程作为科学教育的组成部分,是以提高全体学生科学素养为目标的自然科学基础课程,义务教育物理课程是一门注重实验的自然科学基础课程,义务教育物理课程应注重与生产、生活实际及时代发展的联系" 四个方面阐述了课程性质。物理学作为基础科学,有其独特的内容及研究范式,在人才培养中一直承担着提高公民科学素养的重要任务,这一学科特质在历次课程标准修订中均作为主要支撑承载其育人功能。新版课程标准分两段阐述了课程性质。

第一段包含两部分内容。首先阐述了物理学的概念:物理学是自然科学领域研究物质的基本结构、相互作用和运动规律的一门基础学科。物理学通过科学观察、实验探究、推理计算等形成系统的研究方法和理论体系。其次阐述了物理学的发展和作用:从古希腊时代的自然哲学,到近代的相对论、量子论等,物理学始终引领着人类对自然奥秘的探索,深化着人类对自然界的认识。物理学对化学、生物学、天文学等自然科学产生了重要影响,推动了材料、能源、环境和信息等领域的科学技术的进步,促进了人类生产生活方式的变革,对人类的思维方式、价值观等都产生了深远影响,为人类文明和社会进步作出了巨大贡献。这是物理学在义务教育阶段与学生认知能力、学科课程要求相匹配的学习内容与研究方法,是对 2011 年版课程标准前言中课程性质的进一步完善。

在创新型人才培养的时代要求下,新版课程标准在课程设置上强调了学段间的衔接和学科间的综合,凸显了课程的连续性与综合性。

第二段包含三部分内容。首先阐述了义务教育物理课程的性质:义务教育物理课程是一门以实验为基础的自然科学课程,与小学科学和高中物理课程相衔接,与化学、生物学等课程相关联,具有基础性、实践性与发展性等特点。其次阐述了义务教育物理课程的任务:义务教育物理课程旨在落实立德树人根本任务,培养学生核心素养,为学生终身发展奠定基础,促进人类科学事业的传承与社会的发展。最后阐述了义务教育物理课程的教育功能:义务教育物理课程帮助学生从物理学视角认识自然、解决相关实际问题,初步形成科学的自然观;引导学生经历科学探究过程,学习科学研究方法,养成科学思维习惯,进而学会学习;引领学生认识科学、技术、社会、环境之间的关系,形成科学态度和正确价值观,为做有理想、有本领、有担当的社会主义建设者和接班人奠定基础。此学科定位是由义务教育的总目标与任务和物理学科的课程性质共同决定的。与 2011 年版课程标准相比,新版课程标准更加强调在大中小学教育一体化的过程中,义务教育物理课程承上启下的重要作用,以及作为基础学科与其他自然科学课程之间的密切关系,突出了其在学科综合发展、跨学科发展以及 "综合协调育人"中的重要作用。

新版课程标准呈现的课程性质更加明确，层次更加明晰，凸显了物理学科的育人价值，阐明了义务教育物理课程的内在规定性，深刻把握了物理学的学科特点，准确描述了物理学与其他学科的关系，明确了物理课程在义务教育课程体系中的地位，进而帮助教师探讨物理学的内涵及功能，明确义务教育物理课程的定位、性质、特点及价值，从而引导学生从物理学视角分析认识世界，解决实际问题，形成良好的核心素养。

在新的教育改革和人才需求之下，学生核心素养的培育必须借助课程教学来逐步实施，而课程教学也应以培养学生核心素养为中心进行转型升级。基于学生核心素养的培养，新版课程标准在以下五个方面对课程性质进行了确定。（1）面向全体学生，培养学生核心素养（课程目的）；（2）从生活走向物理，从物理走向社会（课程内容）；（3）以主题为线索，构建课程结构（课程结构）；（4）注重科学探究，倡导教学方式多样化（课程教学）；（5）发挥评价的育人功能，促进学生核心素养的发展（课程评价）。

2011 年版课程标准与新版课程标准在课程理念方面的比较如表 1-2-1 所示。

表 1-2-1　课程理念比较

2011 年版课程标准的课程理念	定位	新版课程标准的课程理念	定位
面向全体学生，提高学生科学素养	目的	面向全体学生，培养学生核心素养	目的
从生活走向物理，从物理走向社会	内容	从生活走向物理，从物理走向社会	内容
注意学科渗透，关心科技发展	内容	注重物理课程的基础性、实践性与发展性	结构
提倡教学方式多样化，注重科学探究	教学	注重科学探究，倡导教学方式多样化	教学
注重评价改革导向，促进学生发展	评价	多样化发挥评价的育人功能，促进学生核心素养的发展	评价

可以看出，新版课程标准的课程理念既有继承，又有发展，具体内容描述更精练、准确，主要从五个方面来展开。

一、面向全体学生，培养学生核心素养

这一理念明确了义务教育物理课程的对象和课程目标，体现了义务教育物理课程实现"为每个学生的学习和发展提供机会"的教育理想。义务教育是国民教育的重中之重，是国家依法统一实施的所有适龄儿童、少年必须接受的教育。为整体提高义务教育质量，课程的建构应面向全体学生，以每个学生的发展为根本。新时代的人才需求确立了当代教育改革的主题——促进学生核心素养的发展。我国在 2014 年启动的学生发展核心素养项目，构建了中国学生发展核心素养框架，由此开启了以核心素养为

目标的新一轮课程改革。物理课程要培养的学生核心素养是物理学科育人价值的集中体现，在落实立德树人根本任务中占据关键地位。义务教育物理课程的教育对象是全体学生，课程应以每个学生的发展为根本，注重落实物理学科的育人价值，构建指向明确、结构清晰、层次分明的物理课程体系，培养学生适应个人终身发展和社会发展所需要的正确价值观、必备品格和关键能力。新版课程标准将提升全体学生核心素养作为课程目标。从"提高学生科学素养"到"培养学生核心素养"，这是义务教育物理课程目标定位的进一步聚焦。面向全体学生，培养学生核心素养的课程理念在新版课程标准关于"课程实施"的设计中起着统领作用。在该理念的指导下，物理教材的编写、教学活动的实施、物理课程的评价等在面向全体学生的同时，也关注学生个性化发展，从而实现全面育人、综合育人的目标，突出学科在人才发展中的独特作用，满足时代发展对人才的需求。

二、从生活走向物理，从物理走向社会

"从生活走向物理，从物理走向社会"是多次义务教育物理课程标准修订贯穿始终的理念，这一理念确立了义务教育物理课程内容的选择，遵循初中学生身心发展规律，贴近学生生活，关注学习生长点，通过生活、物理、社会三者之间进阶性的实质跨越，帮助学生建构对物理世界的初步认识，为其探究兴趣和科学思维的发展创造条件，并明确物理学之于社会发展的重要意义。在发展创新型国家的关键时期，这一理念再次被提出，具有新时代意义，引领学生从感性认识向理性思考发展。义务教育阶段物理课程的学习要促进学生核心素养的养成和发展，引导学生学会生活，为学生的终身发展奠定基础。新版课程标准除了凸显义务教育物理课程与生活、与社会的联系之外，还新增"跨学科实践"的内容，侧重物理学与日常生活、工程实践、社会发展等方面的跨学科联系，在内容上关注物理学科特点，注重时代性，加强与生产生活、现代社会及科技发展的联系，学科知识来源于实践，又服务于实践，这是学科知识与现实价值的双重统一，是让学生了解基础科学作为科技创新基石的必要条件，也是领悟"知行合一"内涵与现实意义的保障，为学生核心素养的发展打下基础。

三、以主题为线索，构建课程结构

这一理念指向义务教育物理课程的内容结构设计，凸显了义务教育物理课程的鲜明特点。从课程结构角度明确提出以主题为线索，促进课程结构化，全面提升课程系统性。义务教育物理课程由"物质""运动和相互作用""能量""实验探究""跨学科实践"五个一级主题构成。"物质""运动和相互作用""能量"主题是对义教阶段物理课程内容的高度组织概括；"实验探究"主题是从物理学科特征出发，强化物理课程对学生动手实践能力、创新思维的培养；"跨学科实践"主题则借助物理学的大概念，构建与日常生活、工程实践、社会发展密切联系的实践活动，进一步促进知识、能力、

素养间的逐步转化。明确物理课程的核心特征，厘清物理课程内容结构的设定逻辑，有助于领会新版课程标准中课程内容的设计思路，有助于深入地理解课程、科学地实施课程，从而更好地引导学生"格物致理"、促进学生"知行合一"，具有深刻的时代意蕴和明确的教育指向。课程内容结构化，将进一步凸显知识间的联系，引导学生从单个知识的识记、理解跨越到知识网络的整体建构，侧重于加强学生对学科知识整体性、综合性与迁移性的理解，这将有利于学生学科观念、学科思维的形成，对其科学本质的理解、核心素养的生成大有裨益。各主题相互关联，各有侧重，围绕义务教育物理课程核心内容展开，体现物理课程基础性、实践性与发展性等特点。主题设计关注学生发展水平、加强理论联系实际、注重学科间渗透、凸显物理学科育人功能，为学生全面发展奠定基础。

四、注重科学探究，倡导教学方式多样化

这一理念对义务教育物理课程的实施提出了明确要求。在新课改要求下，物理教师要进一步转变育人观念，从提升学生核心素养的角度重新认识物理教学。义务教育物理课程注重科学探究，突出问题导向，强调真实问题情境，引导学生在不断探索中解决物理问题，发展核心素养。倡导教学方式多样化，教学中要根据教学目标、教学内容、教学对象及教学资源等的实际情况，灵活选用教学方式，合理运用信息技术。学生物理观念的形成、科学方法的掌握、科学思维的发展、科学探究能力的提升和科学态度与责任的养成等需要注重科学探究，同时要灵活选用多种教学方式，在学生不断探索、积极思考、解决问题的过程中来实现。科学探究是义务教育物理课程关注的重要内容，灵活选用教学方式是完成义务教育课程目标的重要手段。在教学要求中，倡导灵活运用多种教学方式，注重有效创设教学情境，注重突出问题导向，注重做中学、用中学，注重合理运用信息技术，为义务教育物理课程的具体实施指明了方向。与2011年版课程标准相比，新版课程标准将"注重科学探究"放在了"倡导教学方式多样化"之前，明确了科学探究不单是义务教育阶段的主要教学内容，也是促进学生物理核心素养提升需要借助的主要教学手段之一。培育学生的核心素养，同样也呼唤教师能够根据教学目标、教学内容、教学对象及教学资源等的实际情况，灵活选用不同的教学方式，以丰富的形式激发学生的好奇心，创建适宜学生能力发展的开放、自由的学习环境，搭建起学生与课程内容之间良好沟通的桥梁，从而为学生核心素养的提升创造可能。

五、发挥评价的教育功能，促进学生核心素养的发展

在教—学—评一体化的原则之下，课程评价作为教学的主要内容之一，也应以核心素养为导向，提升评价质量。该理念强调评价应坚持立德树人导向，充分发挥评价的教育功能，以期通过构建功能全面的物理课程评价体系，促进学生核心素养的发展。

这一理念对其他课程理念的有效落实起到了激励、反馈、保障与质量监控的作用。要充分发挥评价的教育功能，构建一个评价目标明确、评价主体多元、评价方式多样、评价维度全面的物理课程评价体系。总体来看，评价功能从注重甄别与选拔转向激励、反馈与育人；评价角度从终结性评价转向关注学生学习、探究与发展的过程性评价，重视对学生学习动机、过程和最终效果进行三位一体的评价；评价主体从单一转向多元，自评与他评相结合，鼓励学生、教师、同学共同参与到评价中，促使学生从被动接受评价逐步转化为主动参与；评价技术从过分注重量化转向定性与定量相结合；评价方式更多地采用观察、调研、成长档案、项目活动报告等多样方式；评价指标多维化，从物理观念、科学思维、科学探究和科学态度与责任四个维度对学生进行综合全面的评价，促使学生在评价中不断认识、发展、完善自我，充分发挥评价的教育功能。新版课程标准对评价内容给予了更加详细的说明。义务教育物理课程坚持立德树人导向，注重以评价促进学生发展，通过构建目标明确、主体多元、方式多样和功能全面的物理课程评价体系，不仅重视对学生终结性学业成就的考核和学习过程的评价，而且关注学生的个体差异，帮助学生建立自信，激发学生学习物理的动机和兴趣，做到以评促教、以评促学，充分发挥评价的育人功能。

为落实以核心素养为目标的教学要求和考评方案，全面、客观、及时地对学生的发展状况做出评价与诊断，要加大开展过程性评价与表现性评价的力度，从学生所处的学习环境、所参与的学习活动入手，全方位地进行分类评价，从而得到真实、有效的综合评价结果；同时，也要重视以素养培养为中心的终结性评价，切实完成从考知识向考素养的转变，真正发挥考试为党育人、为国选才的重要使命。

拓展阅读

《义务教育物理课程标准（2022年版）》的变化分析

基于深度学习理念的物理教学问题解决

在课程内容方面，新版课程标准整合了 2011 年版课程标准的"科学探究"和"科学内容"，构建了由"物质""运动和相互作用""能量""实验探究""跨学科实践"五个一级主题组成的义务教育物理课程内容，对"物质""运动和相互作用""能量"三个主题方面的具体内容进行了调整，"实验探究"主题将 2011 年版的科学探究内容和学生必做实验进行了重新整合，新增了"跨学科实践"主题，侧重体现物理学与日常生活、工程实践、社会发展等方面的联系，并且在每个主题后面增加了"学业要求"和"教学提示"。这五个一级主题相互关联、各有侧重，体现了义务教育物理课程的基础性、实践性与发展性等特点。新版课程标准的课程内容框架如表 1-3-1 所示。

表 1-3-1　新版课程标准的课程内容框架

一级主题	二级主题
1. 物质	1.1 物质的形态和变化 1.2 物质的属性 1.3 物质的结构和物质世界的尺度
2. 运动和相互作用	2.1 多种多样的运动形式 2.2 机械运动和力 2.3 声和光 2.4 电和磁
3. 能量	3.1 能量、能量的转化和转移 3.2 机械能 3.3 内能 3.4 电磁能 3.5 能量守恒 3.6 能源与可持续发展
4. 实验探究	4.1 测量类学生必做实验 4.2 探究类学生必做实验
5. 跨学科实践	5.1 物理学与日常生活 5.2 物理学与工程实践 5.3 物理学与社会发展

义务教育物理课程内容由"物质""运动和相互作用""能量""实验探究""跨学科实践"五个一级主题构成。各一级主题（标题序号形如（一））包括"内容要求""学业要求""教学提示"三部分，这样的设计方式意在明晰核心素养的育人目标下，要让学生学习怎样的课程内容，达到怎样的学习效果，同时从内容到效果，学生又需要经历怎样的过程。"内容要求"包括二级主题（标题序号形如 1.1）及活动建议，二级主题包括三级主题（标题序号形如 1.1.1），三级主题下设样例（标题序号形如例 1）。"学业要求"指通过这一主题的学习后，学生的学业质量要达到的基本要求，依据核心

素养内涵，规定了在课程目标四个方面（物理观念、科学思维、科学探究、科学态度与责任）应达到的学业成就，是教学与评价的基础，可以运用"学业要求"来规范教学目标、教学过程、教学评价和学生作业与考试体系，用"学业要求"来指导和改进教学。"教学提示"是针对教师的教学所提出的具有指导意义的教学建议，有很强的灵活性，意在加强课程标准在教学过程中的可操作性，且不对教师教学做硬性要求，围绕一级主题在教学策略和教学情境两方面予以建议（"实验探究"主题处为实验器材建议），以及能够体现这些理念的样例，为教师教学提供参考。具体内容层级见图 1-3-1 所示。

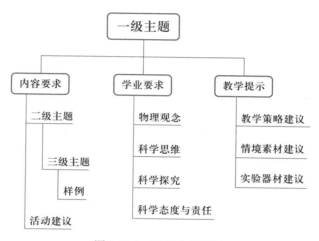

图 1-3-1　课程内容层级

新版课程标准以核心素养为主轴，以大主题为结构，确定了课程内容的组织形态。"物质""运动和相互作用""能量"这三个一级主题统领义务教育阶段物理课程的主要知识内容。在 2011 年版课程标准中，未提出"物理观念"这个术语，但在"科学内容"部分，已采用与"物质""运动和相互作用""能量"名称相同的一级主题来归纳课程内容。新版课程标准在此基础之上对个别知识点进行了调整，降低了要求。"物质""运动和相互作用""能量"三个一级主题依次包含的二级主题数量分别由 2011 年版课程标准的四个、四个、六个调整为新版课程标准的三个、四个、六个，三级主题数量分别由 2011 年版课程标准的 14 个、25 个、24 个调整为新版课程标准的 12 个、24 个、23 个，其中"物质"下设的二级主题"新材料及其应用"移入"跨学科实践"一级主题中，具体三级主题变化如表 1-3-2 所示。

表 1-3-2　两版课程标准主要知识内容主题数量比较

课程标准	2022 年版	2011 年版	2022 年版	2011 年版
一级主题	二级主题		三级主题	
物质	3	4	12	14
运动和相互作用	4	4	24	25
能量	6	6	23	24

一、物质

"物质"一级主题中包含三个二级主题。

一是"物质的形态和变化"。认识物质存在的三种基本状态及其特征，观察探究三种物态相互变化及变化过程中的基本规律，注重联系自然和生活实际，尝试应用所学知识去分析、解释、解决实际问题，形成物质的存在形态是多样的，各种形态是可以转化的，转化是有条件的等物理观念。

二是"物质的属性"。通过实验，认识不同物质有各自的物理属性，培养探究和科学表达物质物理属性的能力，体会关于物质属性的研究对生产生活和科技进步的影响。

三是"物质的结构和物质世界的尺度"。了解人类对于物质构成的探索过程，初步建立物质世界从宏观到微观的认知逻辑，建构起初步的物质知识体系。

与 2011 年版课程标准相比，新版课程标准在"物质"主题下减少了一个二级主题，即"新材料及其应用"，减少了两个三级主题，并相应减少了样例和活动建议。本主题的教学应尽可能与学生生活中接触的物质联系起来，让学生经历从具体到抽象、从宏观到微观、从特殊到普遍的认识过程，力求以学科知识为载体，发展科学思维能力，着力于培养学生的核心素养。

二、运动和相互作用

"运动和相互作用"一级主题中包含四个二级主题，分别是："多种多样的运动形式""机械运动和力""声和光""电和磁"。

与 2011 年版课程标准相比，新版课程标准中"运动和相互作用"主题下的二级主题没有变化，减少了一个三级主题，将 2011 年版的"2.3.7 知道波长、频率和波速"合并到"2.4.6 知道电磁波在真空中的传播速度。知道波长、频率和波速"中，增加了四个样例，减少了活动建议。课程内容包含较多的物理概念和规律，与生产生活密切相关。

这部分内容的设计旨在引导学生从物理学视角认识运动和相互作用，了解身边的运动形式及相互作用，了解声、光、电、磁的含义，认识运动和相互作用的多样性，能用运动和相互作用的知识解释生活现象，发展推理论证能力及交流合作能力，初步形成运动和相互作用观；并引导学生了解我国古代和现代的相关科技成就，体会中华民族的智慧，培育爱国情怀，培养学生的科学态度和振兴中华的使命感与责任感。

三、能量

"能量"一级主题中包含"能量、能量的转化和转移""机械能""内能""电磁能""能量守恒""能源与可持续发展"六个二级主题。

与 2011 年版课程标准相比，新版课程标准的二级主题没有变化，减少了 1 个三级主题，将 2011 年版的"3.6.1 结合实例，说出能源与人类生存和社会发展的关系"放到了"跨学科实践"主题中，同时也降低了部分内容的要求，如"结合实例，了解电功和电功率"，适当增加了样例和活动建议。

"能量"主题体现了"从生活走向物理，从物理走向社会"的课程理念，内容综合性强，涉及范围广，大到宏观宇宙，小到微观粒子，还与地理学、生物学和化学等学科有关，具有较强的跨学科性，因此在教学中应注重此部分内容与其他学科的联系，培养学生跨学科应用知识的能力。能量守恒定律是自然界最普遍、最重要的基本定律之一，是人们认识自然界的重要工具。人类对风能、水能等能量的利用都是通过能量转化得到的，因此能量的学习与生产生活及社会发展密切相关，具有社会性。

四、实验探究

"实验探究"一级主题将初中阶段学生必做的物理实验分为测量类学生必做实验和探究类学生必做实验两类，并指出它们相互关联、各有侧重，即测量类实验也可能包含探究的要素，而探究类实验也需要测量。

测量类实验是指应用各种基本实验仪表和量具对物理量进行测量，其主要目的在于，学生在实验过程中学习物理量的测量方法，学会测量工具的使用与读数方法；探究类实验指在结果未知的情境下，学生在教师的引导和同学的配合下围绕某个问题，通过实验设计、实验操作、分析综合、得出结论并对结果进行交流的一种实验形式，其主要目的在于通过实验学习物理知识、发展探究能力。[①] 无论哪一种实验，都体现了物理学科将理论应用于实际的实践性特点，这既包括研究对象的实践性，也包括研究方法的实践性。

课程标准阐明了实验探究的重要作用。实验探究能够培养学生的各项探究能力，包括发现问题和提出问题的能力、动手操作和收集数据的能力、分析和处理解释数据的能力、表达和交流的能力等，分别对应科学探究中问题、证据、解释、交流等四个要素。这些能力不能仅通过讲授的方式使学生习得，还需要学生亲自动手操作，经历完整的实验探究过程，因而只能在实验中有计划、有目的地培养。

五、跨学科实践

"跨学科实践"一级主题要求占比应不少于总课时的 10%。跨学科实践包含"物理学与日常生活""物理学与工程实践""物理学与社会发展"三个二级主题，与其他四个一级主题的内容密切相关。本主题的内容与日常生活、工程实践及社会热点问题密切相关，关注物理学科与跨学科知识的结合，注重课程的时代性，旨在发展学生跨学

---

① 卢慕稚，郭玉英.初中物理教师为什么实施探究教学：基于说课、评课和教学反思文本分析[J].物理教师，2016，37（2）：36-39.

科知识的应用能力、分析和解决问题的综合能力、动手操作的实践能力，为发展学生的核心素养打下基础。

跨学科实践主题基于学业质量提出了四个方面的"学业要求"。

（1）能在跨学科实践中综合认识所涉及的知识；能用物理及其他学科知识解释与健康、安全等有关的日常生活问题，探索一些简单的工程与技术问题，分析与能源、环境等有关的社会热点问题，初步具有运用跨学科知识解决简单问题的能力。

（2）能在跨学科实践中尝试找出影响活动成效的主要因素，能运用简单模型解决问题；能利用归纳或演绎的方法对跨学科问题进行推理，获得结论；能基于证据说明操作的合理性；能在操作中独立思考，提出自己的见解。

（3）能在真实、综合的情境中发现问题，提出假设；能设计简单的跨学科实践方案，能通过调查等方式收集信息，提出证据；能对跨学科实践活动方案、实施过程及结果进行解释；能与他人共同实施方案，合作交流，并撰写简单的活动报告。

（4）为我国古代科技发明感到自豪，能体会物理学对人类生活、工程实践和社会发展的影响；乐于思考与实践，敢于探索，勇于创新，进一步增强安全意识，践行健康生活；具有节能环保、促进可持续发展的责任感。

拓展阅读

《义务教育物理课程标准（2022年版）》课程内容与教学实施的思考

基于《义务教育物理课程标准（2022年版）》情境素材分析，优化初中物理情境教学

基于2022年版新课标探析物理实验教学的新要求

第二章

核心素养与教学目标

　　新版课程标准提出了物理教学的根本目的是培育学生的核心素养。核心素养的提出，是对党的教育方针的贯彻，是对立德树人根本要求的落实。本章将深入分析核心素养的内涵，明确物理课程对学生核心素养的培养，对物理课程目标进行剖析，探讨如何围绕核心素养设计教学目标。通过明确的核心素养框架和具体的教学目标，为物理教育的改革发展提供方向和依据。

　　物理课程要培养的学生核心素养包括物理观念、科学思维、科学探究和科学态度与责任四个方面。教学目标的设定，需要紧密围绕核心素养的四个方面，考虑学生的发展需求和课程的育人价值。引导学生通过知识的学习形成正确的物理观念，培养科学思维和科学探究能力，形成良好的科学态度与责任。物理教学不只是简单的知识传授，更重要的是帮助学生建立起探索世界、认识自然的正确方式，培养学生成为全面发展的社会主义建设者和接班人。

　　为建立核心素养与课程教学的内在联系，充分挖掘物理课程教学对全面贯彻党的教育方针、落实立德树人根本任务、发展素质教育的独特育人价值，物理课程基于物理学科本质凝练了物理课程所要培养的核心素养，明确了学生学习该课程后应达成的正确价值观、必备品格和关键能力，是对学生知识与技能、过程与方法、情感态度与价值观三维目标的整合和提升。

　　法国科学家庞加莱曾说，物理学是由一系列事实、公式和法则建立起来的，就像房子是用砖砌成的一样。但是，如果把一系列事实、公式和法则就看成物理学，那就犹如把一堆砖看成房子一样。从这段话可知，砖可以砌房子，但它不代表房子；事实、公式和法则是物理学的一部分，但不等同于物理学。我国物理学家陈佳洱先生讲过，物理学不只是图表和数据，它能带给你很多更珍贵的东西：一种理性的思维方式、人生的哲学和人生的道路。

　　物理学含有丰富的内容，物理学家在长期科学实践中所创造的大量物质产品与精神产品，构成了物理文化。物理文化是科学文化的重要组成部分，而且是一种高品位的文化。物理学既含有概念、规律、实验技能等，又含有科学的思想与方法，物理学在发展过程中，形成了一整套独特而卓有成效的思想方法体系，使之成为人类智慧的结晶，并在众多领域发挥着越来越大的作用。物理学还含有探索的过程，科学探索的激情、科学精神、科学态度和社会责任等。

　　核心素养的提出，是对党的教育方针的具体化表征，将领域化的教育目标转化为具象的个体发展目标，明确了德智体美劳全面发展的社会主义建设者和接班人的基本特征；是落实立德树人根本任务的重要举措，建立起教育方针的宏观要求与具体教育教学的有机联系；是对学与教方向的规定，明确了学生学习与教师教学的方向。

　　在义务教育阶段，物理课程要培养的核心素养，是依据中国学生发展核心素养体系和物理学科本质，在系统分析了主要发达国家的有关物理课程标准和国际物理教育研究现状与趋势，并总结了我国物理教育的实践和研究的基础上，考虑到义务教育阶段与普通高中的有效衔接，结合《普通高中物理课程标准（2017 年版）》提出的物理学科核心素养提出的。

　　核心素养是课程育人价值的集中体现，是学生通过课程学习逐步形成的适应个人终身发展和社会发展所需要的正确价值观、必备品格和关键能力。物理课程要培养的核心素养，主要包括物理观念、科学思维、科学探究、科学态度与责任。物理核心素养集中体现了物理学科的教育价值，是三维课程目标的整合、提炼与发展，其中既有继承又有创新。[1]

---

　　[1]　郭玉英. 从三维课程目标到物理核心素养 [J]. 物理教学，2017，39（11）：2-4.

一、物理观念

知识是能力的基础，有知识不一定就有能力，但没有知识就一定没有能力。近些年的国际科学教育在研究与实践强调核心概念、大概念、跨学科概念。物理观念是在物理知识的基础上建立的，每一个物理观念都有相应的物理知识体系，物理学的发展史也显示出物理观念能够促进与引导物理知识的发展，因为物理观念覆盖人类关于物质世界的总的看法。[1]"物理观念"是基于物理学客观规律、经过逻辑加工的一种物理哲学思想[2]，是物理概念和规律等在头脑中的提炼和升华，体现了物理学科核心概念的教育价值。因此，物理观念的提出超越了碎片化的知识与孤立的解题技能，是对学生知识理解和能力发展的更高要求。

新版课程标准明确指出：物理观念是从物理学视角形成的关于物质、运动和相互作用、能量等内容的总体认识，是物理概念和规律等在头脑中的提炼与升华，是从物理学视角解释自然现象和解决实际问题的基础。物理观念主要包括物质观念、运动和相互作用观念、能量观念等要素。

通过义务教育物理课程的学习，学生要认识物质的形态、属性及结构，初步形成世界是由物质组成的，是客观存在的，物质的结构、属性、形态等是多样的、可变的、可观测、可描述的等物质观念；认识运动和力、声和光、电和磁等，初步形成运动的形式是多样的、运动与相互作用是有规律的等运动和相互作用观念；认识机械能、内能、电磁能及能量的转化与守恒等，初步形成能量多样观、能量转换观、能量度量观、能量守恒观、节能环保观等能量观念；能将所学物理知识与实际情境联系起来，能从物理学视角观察周围事物，解释有关现象，解决简单的实际问题，因此，在"物理观念"素养中，特别强调应用这些观念解决实际问题。教师在教学中，一是要创设真实的教学情境，让学生经历科学探究和思维加工的过程，保证物理概念和规律的内化，形成学科思想；二是要重视将这些观念用于解决实际问题，发展学生提出问题、分析问题和解决问题的能力。

二、科学思维

科学思维是具有意识的人脑对科学事物（包括科学对象、科学现象、科学过程、科学事实等）的本质属性、内在规律性及事物间的相互联系和关系的间接与概括的反映，是物理学科核心素养的核心内容。观察、实验与科学思维相结合，是物理学科的基本特征之一。[3]

新版课程标准明确指出科学思维是从物理学视角对客观事物的本质属性、内在规

① 罗莹. 物理核心素养研究：物理知识与物理观念 [J]. 物理教师，2018，39（6）：2-6.
② 冯杰. 物理学科核心素养之"物理观念"辨析 [J]. 现代基础教育研究，2020，39（3）：64-70.
③ 胡卫平，林崇德. 青少年的科学思维能力研究 [J]. 教育研究，2003（12）：19-23.

律及相互关系的认识方式；是建构物理模型的抽象概括过程；是分析综合、推理论证等方法在科学领域的具体运用；是基于事实证据和科学推理对不同信息、观点和结论提出质疑和批判，予以检验和修正，进而提出创造性见解的品格与能力。科学思维主要包括模型建构、科学推理、科学论证、质疑创新等要素。

模型建构作为一种认识手段和思维方式，是学生根据研究问题和情境，在对客观事物抽象和概括的基础上构建易于研究的、能反映事物本质特征和共同属性的理想模型、理想过程、理想实验和物理概念的过程。[①] 建构模型有助于学生抓住事物的关键要素，加深对概念、过程和系统的理解，形成系统思维。义务教育物理课程中的模型建构表现在能够使用模型解释物理现象和过程，阐明物理概念和原理，在真实情境中具有建构模型的意识和能力等。

科学推理，不仅包括逻辑上的归纳推理、演绎推理和类比推理，而且包括分析与综合、抽象与概括、比较与分类等思维方式，还包括控制变量、组合推理、概率推理、相关推理、因果推理等推理形式。[②] 初中阶段的学生，要能初步理解和应用上述科学思维方法，从定性和定量两个方面进行科学推理、找出规律、形成结论，并能解释自然现象和解决实际问题。

科学论证是指面对问题，通过获得的证据资料进行解释说明，提出自己的论点。[③] 初中阶段的学生应具有初步使用科学证据的意识和能力，能运用证据对研究的问题进行描述、解释和预测。

质疑创新是基于事实证据和科学推理对不同信息、观点和结论提出质疑与批判，予以检验和修正，进而提出创造性见解的品格与能力。处于初中阶段的学生，要能设计出各种实验方案，包括简单、有效、新颖、独特的实验方案；善于在物理概念、物理规律与科学事实之间产生丰富的联想；善于质疑，不满足于教材上的一些结论及老师的讲解；善于提出问题，善于发现日常生活和生产实际中的物理问题，并对其进行实际推测和理论验证；善于在课外活动中进行小发明、小改革、小制作，写出小科技论文，并独立地提出自己的见解。经过初中阶段的学习，学生应初步具有基于证据大胆质疑的意识和能力，能从不同角度思考问题，追求科技创新。

基于上述分析，物理课程要培养的学生核心素养中的科学思维的四个要素，都是物理学科在探索自然和建构理论体系过程中运用的典型思维方式，也是学生学习和运用物理知识与方法的过程中必备的思维能力，是从物理学科发展学生关键能力的角度对过程与方法目标的提炼和发展。

---

① 胡卫平 . 科学思维培育学 [M]. 北京：科学出版社，2004.
② 胡卫平，韩琴，严文法 . 科学课程与教学论研究 [M]. 北京：高等教育出版社，2007.
③ 韩葵葵 . 中学生的科学论证能力及其培养 [D]. 西安：陕西师范大学，2016.

三、科学探究

科学探究是人探索和了解自然、获得科学知识的主要方法，也是学生学习科学的主要方式，还是一种综合的、关键的科学能力和素养。[①] 我国自 2001 年课程改革以来，强调自主学习、合作学习和探究学习，科学探究作为科学教学的主要目标之一呈现。2011 年版课程标准将科学探究列入"课程内容"，科学探究既是学生的学习目标，又是重要的教学方式，让学生经历与科学工作者进行的相似的探究过程，主动获取物理知识，领悟科学探究方法，发展科学探究能力。

新版课程标准明确指出，科学探究是指基于观察和实验提出物理问题、形成猜想与假设、设计实验与制订方案、获取与处理信息、基于证据得出结论并作出解释，以及对科学探究过程和结果进行交流、评估、反思的能力。科学探究主要包括问题、证据、解释、交流等要素。

问题：初步具有科学探究意识，能在学习和日常生活中发现问题、提出较为合理的猜测与假设。如提出或识别可以通过科学探究解决的问题；判断一项探究活动围绕什么问题展开；根据已有研究，提出可以进一步探究的科学问题；针对问题进行合理的猜想与假设。

证据：初步具有设计探究方案和获取证据的能力，能实施探究方案，使用各种科技手段和方法收集信息。如能通过观察、调查和实验等方式获取证据；掌握课程标准要求的实验器材的使用、实验方案的设计和数据的收集；以图或表等多种方式呈现收集到的数据。

解释：初步具有分析论证的能力，会使用各种方法和手段分析、处理信息，描述、解释探究结果和变化趋势，基于证据得出合理的结论。如基于证据，分析相关现象或原因；使用课程标准要求的方法和技术来分析数据；对收集到的证据的可靠性进行评估；评价证据是否支持所得出的结论。

交流：初步具有交流与合作的意愿和能力，能准确表述、评估和反思探究过程与结果。如比较准确地表达自己的探究问题、过程和结果；选择和运用适宜的媒体方式与他人进行有效交流；对他人的探究过程和结果能提出建设性的意见。

除此之外，学生还应从以下四点理解科学探究：第一，理解科学探究是获取科学知识的主要途径，是通过多种方法寻找证据、运用创造性思维和逻辑推理解决问题，并通过评价与交流等方式形成共识的过程；第二，理解科学探究需要围绕已提出和聚焦的问题设计研究方案，通过收集和分析信息获取证据，经过推理得出结论，并通过有效表达与别人交流自己的探究结果和观点；第三，理解通过科学探究形成共识的科学知识在一定阶段是正确的，但是随着新证据的增加，会不断完善，甚至会发生变化；第四，理解科学探究不仅是一种综合能力，而且是物理学习的主要方式，在科学探究中，初步理解分析、综合、比较、分类、抽象、概括、推理、类比等思维方法，发展

---

① 李春密，梁洁，蔡美洁．中学生科学探究能力结构模型初探 [J]．课程·教材·教法，2004（6）：86—90.

学习能力、思维能力、实践能力和创新能力，以及运用科学语言与他人交流和沟通的能力。

四、科学态度与责任

通过物理学科的学习，学生保持对自然现象的好奇心和探究热情，乐于观察、实验和思维，逐渐形成探索自然的内在动力，严谨认真、实事求是，不迷信权威，善于与他人合作、分享；了解科学、技术、社会、环境的关系，热爱自然、热爱劳动、珍惜生命，具有保护环境、节约资源、推动可持续发展和实现中华民族伟大复兴的社会责任感。这些都是科学态度与责任的主要内容，也是物理学习的重要目标。

新版课程标准明确提出，科学态度与责任是指，在认识科学本质和了解科学、技术、社会、环境之间关系的基础上形成的，探索自然的内在动力，严谨认真、实事求是、持之以恒的品质，热爱自然、保护环境、遵守科学伦理的自觉行为，以及推动可持续发展和实现中华民族伟大复兴的使命担当。科学态度与责任主要包括科学本质观、科学态度、社会责任等要素。

科学本质观是指对于科学知识、科学研究过程、科学方法、科学事业、科学精神、科学的历史、科学的价值、科学的限度等方面最基本特点的认识，是一种对于科学本身全面的、哲学性的基础认识。美国科学促进协会在《面向全体美国人的科学》一书中，将科学本质观概括为以下三点：第一，科学知识的本质：世界是可以认识的，科学是可变的，科学不可能解决所有问题；第二，科学研究的本质：科学讲究证据，科学是逻辑与想象相结合的产物，科学用作解释和预测，科学试图确定和避免偏见，科学反对权威；第三，科学事业的本质：科学是一种负责的社会活动，科学被分成专门领域并在不同情况下进行研究，科学研究中存在普遍的伦理原则，科学家既作为专家又作为公民参与公共事务。[①] 认识科学本质是现代社会公民具备科学素养的要求，物理学是最能体现科学本质特征的学科，初中物理教学要通过知识的学习和科学探究，让学生初步理解科学的本质，使学生具有探索科学的热情和求知欲。

科学态度是个体对科学对象、科学现象、科学过程、科学事实、科学理论、科学研究等所持有的稳定的心理倾向，可归纳为两个方面，一是对待科学的态度，如对科学感兴趣、热爱科学、愿意学习科学等；二是自身具备的科学态度，如在学习、研究和应用科学的过程中，尊重事实、敢于质疑、善于反思、勇于创新等。学生通过义务教育物理课程的学习，应初步具有基于证据和逻辑发表自己见解的意识与能力，不迷信权威，实事求是；善于从不同角度思考问题，追求创新；能主动与他人合作，尊重他人的情感和态度。

社会责任主要包括科学伦理和 STSE，科学伦理是指遵守规范准则，实事求是，不弄虚作假，顾及他人的利益，不对人类和自然带来不利影响等。在进行物理研究和物

---

① 美国科学促进协会.面向全体美国人的科学 [M].中国科学技术协会，译.北京：科学普及出版社，2001.

理成果应用时，知道需要考虑伦理和道德的价值取向，并能遵循普遍接受的伦理道德规范。STSE 是科学（science）、技术（techology）、社会（society）、环境（environment）的英文缩写，主要涉及对科学和技术的本质、科学和技术对自然环境及可持续发展的影响等的理解和认识，有将科学服务于人类的意识，培养爱国情怀，具有实现中华民族伟大复兴的责任感与使命感，是发展学生社会责任感的认知基础。

义务教育物理课程旨在落实立德树人根本任务，培养学生的核心素养，为学生终身发展奠定基础。义务教育物理课程帮助学生从物理学视角认识自然、解决相关实际问题，初步形成科学的自然观；引导学生经历科学探究过程，学习科学研究方法，养成科学思维习惯，进而学会学习；引领学生认识科学、技术、社会、环境之间的关系，形成科学态度和正确价值观，为做有理想、有本领、有担当的社会主义建设者和接班人奠定基础。教师在理解物理课程要培养的核心素养的内涵时，要结合学生发展核心素养的内涵，注意素养的整体性。

物理课程要培养的核心素养的四个方面是物理教育中有机的整体，相互联系、相互促进，形成合力共同作用。物理观念代表知识的内化，是其他核心素养的基础；科学思维和科学探究是关键能力，其中科学思维是核心；科学探究是学习物理观念、发展科学思维、形成科学态度和责任的手段和途径；科学态度和责任贯穿始终，是必备品格。在物理观念的学习中会涉及思维的培养，也会有科学态度与责任的内容，更会用到科学探究的方法。每一方面素养的加强都会对学生整体素养的提升起到促进作用，并触发其他素养的进一步发展，同时，任何单一方面素养的缺失都不能使学生构成完整的核心素养，也会对其他素养的健康发展造成阻碍。在知识的教学、学生的探究和知识的应用过程中，让学生掌握物理思维和方法，发展学生的思维能力和探究能力，培养学生的科学态度和社会责任。物理课程从三维目标到核心素养的培养，完成了由知识、技能学习的课程目标与以课程为载体的促进学生发展的育人目标之间的跨越式转变，进一步体现了学科的育人功能。

拓展阅读

结合《义务教育物理课程标准（2022年版）》教学建议，优化中学物理教学

物理：立足时代新人培育目标培养学生科学素养

物理学科核心素养的发展

新版课程标准在物理课程基本理念与设计思路的基础上,将全面发展学生的物理学科核心素养作为物理课程的目标,分别从物理观念、科学思维、科学探究、科学态度与责任四个方面提出了具体课程目标。义务教育物理课程是面向全体学生的大众教育,无论其年龄、性别、民族、文化和社会背景等有何差异,都应该享有平等的受教育机会。在义务教育阶段,学生初次接触物理课程,对物理的学习处于起步阶段,因此这一阶段的物理课程应通过从自然、生活过渡到物理知识的学习过程,激发学生的求知欲,让学生领略自然现象中的美妙与和谐,培养学生终身的探索兴趣;通过基本知识的学习与技能的训练,让学生初步了解自然界的基本规律,能逐步客观、辩证地认识世界、理解世界,经历基本的科学探究过程,学习科学探究方法,发展初步的科学探究能力,通过展示物理学发展的大体历程,让学生学习蕴含的科学思想和方法,以及中国古人和现代科学家的探索精神,形成尊重事实、探索真理的科学态度;培养学生的爱国情怀,关心科技发展的动态,关注科学技术对自然环境、人类生活和社会发展的影响。

新版课程标准提出,物理课程旨在促进学生物理课程核心素养的养成和发展,引导学生学会学习、学会合作、学会生活,为学生的终身发展奠定基础。通过义务教育物理课程的学习,学生应达到如下目标。

(1)认识物质的形态、属性及结构,认识运动和力、声和光、电和磁,认识机械能、内能、电磁能及能量的转化与守恒;能将所学物理知识与实际情境联系起来,能从物理学视角观察周围事物。解释有关现象,解决简单的实际问题。初步形成物质观念、运动和相互作用观念、能量观念。

(2)会用所学模型分析常见的物理问题;能对相关问题和信息进行分析并得出结论,具有初步的科学推理能力;有利用证据对所研究的问题进行分析和解释的意识,能使用简单和直接的证据表达自己的观点,具有初步的科学论证能力;能独立思考,对相关信息、方案和结论提出自己的见解,具有质疑创新的意识。

(3)有科学探究的意识,能发现问题、提出问题,形成猜想与假设,具有初步的观察能力和提出问题的能力;能制订简单的科学探究方案,有控制实验条件的意识,会通过实践操作等方式收集信息,初步具有获取证据的能力;能分析、处理信息,得出结论,初步具有对科学探究过程和结果作出解释的能力;能书面或口头表述自己的观点,能自我反思和听取他人意见,具有与他人交流的能力。

(4)初步认识科学本质,体会物理学对人类认识深化及社会发展的推动作用;亲近自然,崇尚科学,乐于思考与实践,具有探索自然的好奇心和求知欲,有克服困难的信心和决心,能总结成功的经验,分析失败的原因,体验战胜困难、解决问题的喜悦,严谨认真,实事求是,善于跟他人分享与合作,不迷信权威,敢于提出并坚持基于证据的个人见解,勇于放弃或修正不正确的观点;能关注科学技术对自然环境、人类生活和社会发展的影响，遵守科学伦理，有保护环境、节约资源的意识，能在力所能及的范围内对社会的可持续发展作出贡献，具有实现中华民族伟大复兴的责任感与使命感。

根据义务教育阶段物理课程的性质，在物理课程基本理念与设计思路的基础上，确定了物理课程的培养目标，基于发展学生核心素养的课程目标，提出了各主题内容的学业要求，研制了学业质量标准，所以，核心素养是课程标准的一条主线。义务教育物理课程旨在促进学生核心素养的养成和发展，因此，课程目标按照物理课程要培养的核心素养，即物理观念、科学思维、科学探究、科学态度与责任提出了要求。

一、物理观念方面

根据物理观念的三个要素，即物质观念、运动和相互作用观念、能量观念，主要包括两条要求，一是通过课程内容的学习，初步形成物质观念、运动和相互作用观念、能量观念；二是将所学物理知识与实际情境联系起来，应用物理观念解释有关现象和解决简单的实际问题。

二、科学思维方面

根据科学思维的四个要素，即模型建构、科学推理、科学论证、质疑创新，主要包括四条要求：一是会用所学模型分析常见的物理问题，这里考虑到初中生的年龄特点和思维发展水平，没有对建构模型提出更高的要求；二是结合课程内容进行科学思维方法的学习，如控制变量法、转换法、比较法等，能对相关问题和信息进行分析，并归纳概括得出结论，具有初步的科学推理能力；三是具有利用收集的证据对所研究的问题进行描述、分析和解释的意识，并使用简单和直接的证据表达自己的观点，具有初步的科学论证能力；四是能独立思考，对相关信息、方案和结论提出自己的见解，敢于质疑，提出新的方案，具有质疑创新的意识。

三、科学探究方面

根据科学探究的四个要素，即问题、证据、解释、交流，培养学生的科学探究意识，主要包括四条要求：一是能基于事实和生活中的现象发现问题、提出问题，形成猜想与假设，具有初步的观察能力及提出问题的能力；二是基于前面提出的问题，为了解决问题，能制订简单的科学探究方案，会通过实践操作等多种方式收集信息，具有初步获取证据的能力；三是对收集的信息进行分析和处理，得出结论，具有初步对科学探究过程和结果作出解释的能力；四是能用书面或口头等方式表述自己的观点，能自我反思和听取他人意见，具有与他人交流的能力。

四、科学态度与责任方面

根据科学态度与责任的三个要素，即科学本质观、科学态度、社会责任，主要包括三条要求：一是初步认识科学的本质，培养学生亲近自然、崇尚科学、乐于思考与实践、发展探索自然的好奇心和求知欲；二是在科学活动和生活中，有克服困难的信心和决心，能严谨认真、实事求是、勇于创新、善于跟他人分享与合作，敢于提出并坚持个人见解，勇于放弃或修正不正确的观点，形成正确的科学态度；三是通过物理课程的学习，能关注科学技术对自然环境、人类生活和社会发展的影响，遵守科学道德规范，有保护环境、节约资源、促进可持续发展的意识，能在力所能及的范围内对社会的可持续发展作出贡献，有将科学服务于人类的意识。义务教育物理课程要关注物理科技发展的历史和现状，通过中华优秀传统文化、革命文化和社会主义先进文化的教育内容，努力呈现经济、政治、文化、科技、社会、生态等发展的新成就、新成果，落实习近平新时代中国特色社会主义思想，有机融入社会主义核心价值观，充实和丰富培养学生社会责任感、创新精神、实践能力相关内容，发展学生实现中华民族伟大复兴的责任感与使命感。

 拓展阅读

借助信息技术促进学生物理观念发展

提升科学素养，重视物理观念

27

在梳理核心素养教学目标时，教师要注意从对课程标准的分析、教材的分析、内容的分析、学业要求的分析这几个方面入手，并结合学生的实际情况，将学生学情考虑在内。教学目标要从物理观念、科学思维、科学探究、科学态度与责任四个方面来进行全面梳理。[①] 新版课程标准在教学建议中提出要围绕学生核心素养的发展设计教学目标，灵活运用多种教学方式，确保物理课程实践活动教学质量；阐述了如何从培养学生核心素养的角度，进行教学目标的设计与教学方式的选择；在围绕学生核心素养的发展设计教学目标方面，强调了物理教学要以培养学生核心素养为根本目标，核心素养是对三维目标的融合和超越，强调整合，突出关键。教师应整体理解核心素养内涵，认识每一个学习主题对促进学生核心素养发展的功能和价值，制订明确、具体、可操作的教学目标。

一、物理观念方面

物理观念的形成过程，无论是对物理概念和规律的认识，还是运用概念和规律解释现象、解决问题，都需要透过现象看本质，经历抽象概括、分析综合等思维过程，涉及大量的模型建构、科学推理等，这些都离不开科学思维。对一些概念和规律的学习也是通过探究方式完成的，如探究并了解杠杆平衡条件、光的反射定律等，学生在学习概念和规律的过程中，能够体会物理的有趣、有用，理解物理学对社会进步的意义，进而喜爱物理，愿意学好物理，并逐步养成学以致用的习惯。教师在制订教学目标时，要把握内容的结构性，并考虑学生的差异性，要注意教学目标的系统化、结构化，避免碎片式，努力让学生在头脑中建立物理课程内容框架，有助于学生深入理解、牢固掌握、快速提取和应用。理清课程内容的内在逻辑是关键。教师要基于差异对不同学生提出相应的学习目标，努力使每个学生都能在原有的基础上有所提升，既不要让学生感到过于简单而索然无味，也不要让学生感到难以完成而索性放弃。

物理观念是物理概念和规律在头脑中的提炼和升华，因此学生在物理观念方面的教学目标是学习物理的基础。"物质"主题要引领学生从认识物质的基本形态和物理属性，了解物质的微观结构、基本特征和大致尺度等；引导学生初步理解物质的内涵，认识物质世界的多样性，初步认识物质世界的属性、变化、特征、结构等，逐步形成初步的、相对完整的物质观念。"运动和相互作用"主题中，学生通过了解机械运动、分子热运动、声和光、电和磁，了解重力、弹力、摩擦力等，认识机械运动和力的关系；能用这些知识解释自然界的有关现象，解决日常生活中的有关问题，形成初步的

[①] 李春密.《义务教育物理课程标准（2022年版）》课程内容与教学实施的思考[J].物理教学探讨，2022，40（12）：1-6.

运动的形式是多样的、运动与相互作用是有规律的等物理观念。能量转化与守恒是物理学的一条主线，义务教育物理课程中的力、热、电磁、光及原子和原子核等知识均蕴藏着能量转化与守恒的思想。"能量"主题中，初步形成正确的能量观，理解能量转化与守恒思想是物理教学的重要目标之一。

二、科学思维方面

科学思维是从物理学视角对客观事物的本质属性、内在规律及相互关系的认识方式；是建构物理模型的抽象概括过程；是分析综合、推理论证等方法在科学领域的具体运用；是基于事实证据和科学推理对不同信息观点和结论进行质疑和批判，予以检验和修正，进而提出创造性见解的品格与能力。"物质"主题要引导学生学习科学研究方法，"运动和相互作用"主题中涉及很多物理模型，如匀速直线运动、杠杆、光线等，让学生体会使用模型处理问题的方便；在建立运动和力、声和光、电和磁的规律时，能够通过科学推理和论证分析简单问题，并获得结论；能在解释自然现象和解决实际问题时引用证据，具有使用科学证据的意识；在探究过程中能提出自己的见解。"能量"主题要求学生在进行能量问题的推理时，能从信息中寻找证据作出说明，具有根据能量守恒观点对传媒信息中的不当说法进行质疑的意识，进而培养学生质疑创新的能力。

三、科学探究方面

科学探究是指基于观察和实验提出物理问题、形成猜想与假设、设计实验与制订方案、获取与处理信息、基于证据得出结论并作出解释，以及对科学探究过程和结果进行交流、评估、反思的能力。"物质"主题教学实践中，教师可以在物态变化特点、规律的探究实验教学中，引导学生基于证据进行归纳、总结、解释及交流，促进学生科学思维和科学探究能力的发展。"运动和相互作用"主题中涉及的实验特别多，学生应能基于观察和实验，提出有关的科学探究问题，并作出有依据的猜想或假设，能制订初步的实验方案；能正确使用相关器材获取实验数据；能通过对数据的比较与分析，发现数据的特点，进行初步的因果判断，得出实验结论；能陈述实验过程和结果，完成实验报告。"能量"主题教学实践中，教师可以在电磁能部分，指导学生探究电流与电压、电阻的关系，要求学生根据所要研究的问题选择相应的实验器材，考虑探究问题中有电压、电阻等多个因素，运用控制变量法设计合理的探究方案，正确连接电路并使用电压表、电流表测量和记录数据，用表格和图像对实验数据进行处理，最后根据实验结果，经过推理和论证得出结论：一段导体中的电流跟加在这段导体两端的电压成正比，跟这段导体的电阻成反比。

四、科学态度与责任方面

科学态度与责任是指在认识科学本质和了解科学、技术、社会、环境之间关系的基础上形成的探索自然的内在动力，严谨认真、实事求是、持之以恒的科学态度，以及遵守道德规范、保护环境并推动可持续发展的责任感。"物质"主题教学实践中，教师可以充分利用学生身边熟悉的情境素材，帮助学生学习物质的密度；引导学生关注我国古代科技和现代科技发展的素材，培养学生的爱国情怀；组织学生调查当地的水资源状况，增强学生的环境保护意识，使其感受物理学在解决社会问题、推动社会发展中的作用，培养学生致力学习科学技术、立志造福人类的责任感与使命感。"运动和相互作用"主题教学实践中可以让学生体会物理学对人类生活和社会发展的影响，具有学习的兴趣和求知欲，在实验过程中具有严谨认真、实事求是的科学态度；能够关心我国古代和现代科技成就的意识，为中华民族的科技成就感到自豪，逐步养成实现中华民族伟大复兴的责任感与使命感。"能量"主题教学实践中，教师可以用多样化的教学方式引导学生从热机对社会发展影响的视角，使学生体会科技进步对人类和社会发展的推动作用，从能量转化的角度认识提高效率的重大意义，增强学习物理的动力。

 拓展阅读

基于教科书物理学史素材发展学生核心素养的教学策略研究

课程一致性视角下落实课程标准的单元教学设计模型构建

利用认知冲突有效教学，落实物理核心素养

第三章

关于"物质"主题的教学关键问题

　　"物质"主题所涉及的科学内容是物理学科的基础性内容，是学生形成物质观的重要基础。有些内容与日常生活和自然现象密切相关，有些内容能让学生在小学科学课程的基础上进一步认识物质世界。在此基础上，学生将通过义务教育物理课程较系统和深入地学习物质及其属性的知识，更多了解物质世界，初步形成物质观念，发展核心素养。

　　"物质"主题划分为三个二级主题：物质的形态和变化，物质的属性，物质的结构和物质世界的尺度。"物质的形态和变化"使学生认识物质存在的三种基本状态及其特征，观察探究三种物态相互变化及变化中的基本规律，注重联系自然和学生生活实际，尝试运用物态变化知识去分析解释生活现象、解决实际问题。"物质的属性"通过大量实验探究过程，发现不同物质有各自独特的物理属性，培养学生实验探究和科学表达物质物理属性的能力，体会关于物质属性的研究对生产生活和科技进步的影响。"物质的结构和物质世界的尺度"使学生了解人类对物质结构的探索发现过程，初步建立物质世界从宏观到微观的认知逻辑，初步建构物质的知识体系。

教学内容的安排和选择是物理教学中最为实质的问题。如果将教学内容直接呈现,教师照本宣科地教学,核心素养理念则很难落地。初中物理教学关键问题的之一就是基于核心素养对教学内容进行结构化整合处理和呈现,这个问题反映了课程内容改革的新动向,必将对深化教育教学改革、促进义务教育高质量发展产生重大而深远的影响。

"物质"主题教学从关注核心概念,构建知识框架;加强单元学习,发展科学思维;解决真实问题,培育核心素养三个方面引入大观念、大任务或大主题驱动的问题式学习、项目学习、主题学习、任务学习等综合教学形式,重构课程内容,优化呈现方式,使各部分内容彼此间建立有机联系,从而实现"少而精",做到"纲举目张"。

一、关注核心概念,构建知识框架

物质的概念首先属于哲学范畴,物质不依赖于人类的意识而存在,并能为人类意识所反映的客观实在,世界的本质是物质的。与物理学中的其他概念不同,物质的概念并不算太抽象,因为生活中很多物质是可以被感知的。从微观到宏观再到宇观,从低速物体到高速物体,从经典物理到现代物理,物质都贯穿始终。物质也是少有的能横跨整个自然科学和人文科学的概念。

(一)物质概念

物质是初中物理教学的三大主题之一,然而学生根本不知道如何定义物质。在初中物理中,因受学生认识水平的限制,教材并没有从物理学视角对物质进行定义,而是指构成物体的材料。

学生能接触到气态、固态、液态等形态的物质,自然界中的物质形态也不是完全绝对的,物质形态在特定的条件下可以发生改变,而且温度与物态变化的关系也经常是学习和计算的主题。古人提出物质这个概念,是对生活中看得见、摸得着的各种事物的抽象,科学家不断探索新的物质形态和更加基本的内部结构,在很大程度上扩充了物质的内涵,从常见的宏观物体,到分子、原子、电子、中子、质子、夸克等微观粒子。从看得见摸得着的物体到看不见摸不着的场,都是大自然中的客观存在。

(二)物质观念

物体由物质构成,物质是基于时间和空间的范畴,而对运动和物体概念的辨析,以及对时间和空间的讨论又回到许多物理问题研究的起点。这些概念或理论层层嵌套,相互关联,对现实生活现象准确地描述和计算成为它们应当继续发展下去的理由。最终,物理学和生活中的很多问题,都可以用质量守恒定律来统一描述,并得出了质量就是能量的结论，这大大刷新了人类对物质的认识，在这个过程中，对物质的理解也从概念上升到了物质观念层次。

可以借鉴物理观念的定义，将物质观念定义为对物理学中物质相关问题的基本认识，是物质相关概念及规律等在头脑中的提炼与升华，是对与物质有关的各种现象和过程的理性认识，是关于物质的研究对象、过程、方法和结果在头脑中整体的、概括的反映。学生的物质观念表现为学生能自觉地应用物质的相关知识与思想方法去认识新的物理概念与规律，解释特定的物理现象，分析和解决有关物理问题的思维习惯和自我意识。

（三）知识框架

"物质"作为新版课程标准的一级主题，体现了围绕核心概念组织知识内容的思想。课程标准中的"物质"主题分为三个二级主题和 12 个三级主题（表 3–1–1）。

表 3–1–1 "物质"主题内容标准

一级主题	二级主题	三级主题
物质	1.1 物质的形态和变化	1.1.1 能描述固态、液态和气态三种物态的基本特征，并列举自然界和日常生活中不同物态的物质及其应用 1.1.2 了解液体温度计的工作原理。会用常见温度计测量温度。能说出生活环境中常见的温度值，尝试对环境温度问题发表自己的见解 1.1.3 经历物态变化的实验探究过程，知道物质的熔点、凝固点和沸点，了解物态变化过程中的吸热和放热现象。能运用物态变化知识说明自然界和生活中的有关现象 1.1.4 能运用物态变化知识，说明自然界中的水循环现象。了解我国和当地的水资源状况，有节约用水和保护环境的意识
	1.2 物质的属性	1.2.1 通过实验，了解物质的一些物理属性，如弹性、磁性、导电性和导热性等，能用语言、文字或图表描述物质的物理属性 1.2.2 知道质量的含义。会测量固体和液体的质量 1.2.3 通过实验，理解密度。会测量固体和液体的密度。能解释生活中与密度有关的一些物理现象 1.2.4 了解关于物质属性的研究对生产生活和科技进步的影响
	1.3 物质的结构和物质世界的尺度	1.3.1 知道常见的物质是由分子、原子构成的 1.3.2 知道原子是由原子核和电子构成的，了解原子的核式结构模型。了解人类探索微观世界的大致历程，关注人类探索微观世界的新进展 1.3.3 了解人类探索太阳系及宇宙的大致历程，知道人类对宇宙的探索将不断深入，关注人类探索宇宙的一些重大活动 1.3.4 了解物质世界的大致尺度

二、加强单元学习，发展科学思维

教学中的"单元"是基于一定的目标和主体所构成的教材与经验的模块或单位，通常分为以系统化的学科知识为基础的"知识单元"和以主题式活动为基础的"项目单元"。《普通高中物理课程标准（2017年版2020年修订）》将原有的三维课程目标进行整合，提炼出物理学科核心素养（即物理观念、科学思维、科学探究、科学态度与责任），充分体现物理学科特色和育人价值，也使得基于物理学科核心素养的教学设计成为一线教师最为关注的热点问题。核心素养目标是对学生发展的整体描述与要求，很难割裂分解到具体的课时教学中，这就使得教师在进行教学设计时，需要以"单元"为单位，使教学设计具有更强的整体性和目的性。

从现实情况看，一线教师往往缺乏对学科结构的整体性把握，对学科的基本概念、定理以及学科的基本方法等的认识深度不够，使得课堂陷入与现实情境相割裂的事实性知识和技能的教学之中。知识之所以支离破碎，是因为我们将所有教学目标等同看待且彼此割裂，没有梳理出学科的基本结构，没有挖掘出学科的育人价值。美国教育心理学家布鲁纳在《教育过程》一书中指出，一门课程的教学应反复回到学科的基本观念，并以此为基础，直至学生掌握与这些观念相适应的一整套体系为止。大概念具有连接学科基本概念、定理及学科基本方法的作用，通过聚焦大概念与核心任务的单元教学设计，可以使教学过程更趋结构化、情境化。

（一）确定单元核心任务

以"质量与密度"单元为例，通过分析课程标准和教材内容，该单元围绕"密度"（物质的物理特性）展开，重点是理解密度；质量与密度的含义可从粒子模型的角度来理解，从物理学科的整体视角分析，理解粒子模型的基本概念。从学生的学习进度来分析，学生经历了速度概念的建立过程，密度可与此进行类比学习。学生在尝试理解密度时也可用人口密度的生活经验进行类比，类比作为科学方法和学习方法也应是本单元的重要内容。

（二）设计教学活动框架

单元教学设计在宏观的课程规划与微观的课时设计中起着连接和过渡作用。单元教学设计从整体视角对核心素养目标与培养路径，以及推进深度学习的策略与方法进行规划和部署，使得对应的课时设计不会偏离大方向。单元教学设计需要从整体出发进行教学活动框架设计。"质量与密度"单元教学设计框架如表3-1-2所示。

表3-1-2 "质量与密度"单元教学设计框架

主要教学活动	设计意图	素养目标
1.探求质量的含义及质量的测量	准确理解质量的含义，为核心概念"密度"的理解做好铺垫。	①尝试从多个角度对事物进行分析 ②渗透比较的科学方法

主要教学活动	设计意图	素养目标
2. 通过探究同种物质以及不同物质的质量与体积的比值关系，探求密度的含义	初步揭示密度的物理意义以及经历概念的建立过程。	①通过人口密度构建物质的密度，体会类比的思想 ②善于发现数据间的规律并寻求解释
3. 通过探求密度随温度、物态、气压的变化，体会密度是物质的一种特性	更加准确地理解密度的含义以及密度与物质的关系	对事物的认识有从简单到复杂、从表面到深入的过程
4. 利用密度知识解决物质判断、构成分析、盐水配制等生活问题	通过迁移性的问题解决构建对大概念的深入理解	①发展分析能力和解决实际问题的能力，增强创新意识 ②增强动手能力和实验技能，培养严谨认真的科学态度
5. 测量固体和液体的密度		
6. 通过综合性和开放性的问题与挑战性任务帮助学生建立知识间的联系，加深对物质的基本性质的认识	通过反复的探寻与思考，逐步接近概念的核心内涵，即"密度是物质的基本性质之一，与物体的质量和体积无关"	①增强物质观的认识 ②提升思辨的意识与综合的能力
7. 课外探究：利用生活中的已有工具或自己开发改造的工具测量出某种液体或固体物质的密度，并对测量过程与结果进行评估	通过更接近现实的问题解决和真实性学习与协同学习，达到对大概念的多维度理解	①增强实践力、创新力、合作与交流能力的发展 ②增强自我效能感，培养自省意识

（三）教学活动优化设计

　　教学真正的目的是引发学生的学习，促进学生对大概念进行积极的意义建构。因此，教师的教学设计需要不断反馈、调整和改进。例如，在对教学活动"探求密度的含义"的过程设计中，借助学生脑海中"铁比木重"的前概念，教师设计了"分辨物质"的活动，巧妙引出质量与体积之比来比较质量、体积都不同的铁块和木块；通过进一步实验探究得出质量与体积之比能反映出物质种类的不同，体现出从特殊到一般的认知规律；密度概念的学习借助学生已有概念的学习经验，以人口分布来类比理解物质密度的含义，引导学生从粒子模型的角度阐释物质密度的差异，提升学生的思维能力和模型建构能力。

（四）学习评价设计

　　单元评价要注重运用形成性评价，以反馈调控和改进完善学习行为为主要目的，对学生学习过程（学习过程中的表现，反映出的情感、态度、策略等方面的发展）进行评价，注重评价结果对学生和教师的反馈，使学与教在经常性的测评、反馈、修正和改进过程中趋于完善。为了提高评价内容的效度，教师应分课时设置课时评价量表，在编写单元测试卷前制定双向细目表，还可以根据具体课程内容设置单元自我评价表。

三、解决真实问题，培育核心素养

"物质"主题的整体结构按照现象（情境）、描述（概念的建立）、规律（本质、规律、机理）、应用的逻辑顺序建立（图 3-1-1）。要清楚物理量是怎么来的，通常是先看到现象，然后寻找适当的物理量进行描述，再寻找物理量之间的关系，即规律，解释机理、原因、本质、规律，最后一定要回归到应用，落实到学科育人。注重联系生产生活实际设计结构清晰的教学活动，引导学生初步理解物质的内涵，认识物质世界的多样性，逐步形成物质观念；在建立概念、发现规律的过程中通过多种实验探究活动，引导学生学习科学研究方法，提升科学探究能力；开展丰富的教学活动，培养学生的科学态度和社会责任感。

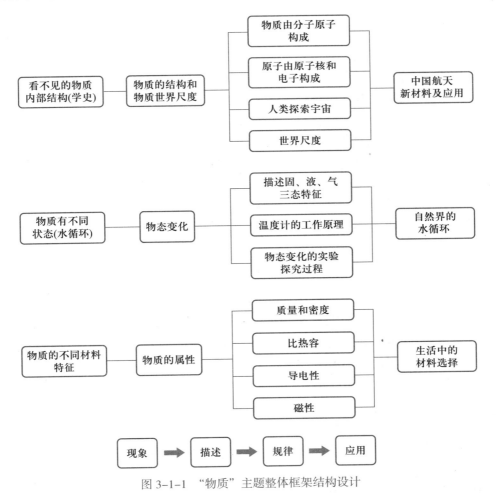

图 3-1-1 "物质"主题整体框架结构设计

"物质"主题所涉及的科学内容是物理学科的基础性内容，是学生形成物质观的重要基础。有些内容与日常生活和自然现象密切相关，有些内容能让学生在小学科学课程学习的基础上进一步认识物质世界。

这部分内容大致分为三类：第一类是对身边物质的初步认识，教学时应注意联系学生的生活；第二类是物质的基本属性，涉及物理学研究的不同领域，教学中应注意体会科学·技术·社会的关系；第三类是对物质结构和物体尺度的初步认识，学生在这方面有一定的知识储备和生活经验。

一、剖析物质内涵，关注培养策略

（一）物质的形态和变化观

从物质的形态和变化来看，物质的内涵体现在：①宇宙是由物质构成的，物质的形态多种多样，常见的形态为气态、液态、固态，在一定条件下，物质的形态会发生转化，并伴随着吸热或放热过程。②电流和磁体周围存在磁场，磁场是物质，光也是物质，电流或磁体间的相互作用是以磁场为媒介的。

物质的形态和变化观涉及的知识范围跨度较大，在初中物理教材中，其知识覆盖八年级上册和九年级教材的内容，分布较广且较零散，学生很难从整体上认识物质的形态和变化，以及构建相应的观念。因此，对于物质的形态和变化观的构建，除了在日常新授课教学中进行外，还要在复习课中进行。在这个阶段，教师可以通过创设本原性综合问题情境的方式帮助学生构建观念，引导学生利用已学过的物理学知识对本原性综合问题进行探究，实现从知识到观念的升华。

（二）物质的属性观

从物质的属性来看，物质的内涵体现在：①物质均具有物理属性（统计学范畴），如弹性、磁性、导电性和导热性等；②质量是物体的基本物理属性，质量与物体的状态、形状及空间位置的变化无关；③密度是物质的基本物理属性，影响物质密度的主要因素是压强和温度；④电荷也是物质属性的范畴，电荷可以转移，对于一个孤立系统，不论发生什么变化，其中所有电荷的代数和永远保持不变。

对于物质属性的教学，应通过实验使学生了解物质的物理属性，并认识到人类关于物质属性的研究对日常生活和科技进步的影响；对于质量的教学，应通过探究活动使学生了解质量的特点，对质量单位的大小有感性认识，并在天平的使用中加强对质量的理解，同时，教师可以将有关"质量定义"的物理学史引入课堂；密度的概念需要通过实验探究逐步建立，教师应强调比值定义法，同时，多展示密度的应用；对于电荷的教学，要注重趣味性案例与课堂的结合，可采用演示实验与探究活动相结合的方式，用动态多媒体资源展示抽象的物理过程。

（三）物质的结构与尺度观

从物质的结构与尺度来看，物质的内涵体现在：①分子与原子是组成常见物质的微观粒子；②分子和原子模型是不同的；③物质世界是从微观（原子世界）一直延伸到宏观（宇宙）尺度。

对于分子与原子的教学，建议教师适当补充化学课程中的"分子是能单独存在并保持物质化学性质的最小微粒""分子由原子构成，原子是组成元素的最小单元，是化学变化中的最小微粒"等内容，以帮助学生区分分子与原子；对于分子模型的教学，要引导学生进行猜想，然后收集证据证实这种猜想，可将分子类比乒乓球，并介绍显微镜在拓展人类视觉范围方面的作用，在分子动理论的教学中使用等效模型实验进行对比；对于原子模型的教学，可以将原子模型的科学史、图片、动画和视频资料相结合进行教学；对于物质世界尺度的教学，要注重教学资源的趣味性，通过尺度对比向学生展示物质世界的尺度范围。

（四）物质的应用和制造

从物质的应用和制造来看，物质的内涵体现在：①利用某些物质属性，可以为人类产生生活服务；②只要能控制分子或原子的运动，就能制造出想要的物质，但新物质的制造可能会造成环境污染，所以要合理利用资源。

对于物质的应用和制造，教师可以采用多媒体教学资源进行教学，并让学生自己收集关于新物质的资料，以小组的形式撰写小论文或者制作多媒体课件进行展示。

二、理论基础回应，奠基教学实践

美国心理学家布鲁纳在《教育过程》一书中提出"发现学习"教学理论。"发现学习"主张课堂教学应以培育学生的探究性思维为目标，学生以"小发明家""小科学家"的角色，经历科学探究过程，提出问题、筹划方案和解决问题。"发现学习"强调要提高学生认知活动的有效性，必须激发学生的内部动机，采取提升教学活动的趣味性等措施，进而促使学生的认知状态由外部支配转向内部支配，从而构建自主学习的机制。以概念学习为例，概念教学的关键之处在于，协助学生逐渐从具体的、形象的思维向抽象思维迈进；在教学时，试图梳理学生的认知过程，如果仅使用枯燥无味的说教进行讲授，必然是事倍功半的。在"发现学习"教学理论中，布鲁纳明确提出注重培养学生的直觉思维，并提出了一些教学建议，这些论述为课堂教学中如何培养学生的直觉思维提供了思路。

近年来，建构主义教学理论引起人们的广泛关注。它主张学习不是由教师把知识像"传输带"一样，简单地教给学生，而是需要学生自己来建构知识，这个过程是无法由他人来代替的；学习应该是一个交流与合作的互动过程。建构主义教学理论特别强调学习过程中的认知冲突、思维互动、思维监控等要素。

结构教学法是我国特级教师孙维刚提出的。他认为，知识是相互联系的，可以触类旁通。各学科的思维结构是相通的、有规律的。在教学中，他要求学生：①每件事情都要刨根问底；②时时寻找知识之间的联系；③站在系统的高度，向哲理观点升华。对教材中的教学内容和课堂中的每一细节，他经常鼓励学生刨根问底，寻找一切事物之间的联系，使学生逐渐形成一种主动探究、乐于分析的思维习惯。

1965 年，施瓦布首次提出探究教学的概念，之后探究教学逐渐成为科学教学的主导模式。进入 21 世纪后，科学探究的理念在我国越来越普及，探究教学已经成为包括物理、化学、生物在内的科学课程的重要教学形式。基于皮亚杰的"认知发展学说"、维果茨基的"社会互动"思想，斯莱文在 20 世纪 70 年代提出合作学习的概念。由于合作学习在激发学习动机、改善师生关系、营造课堂氛围等方面成效显著，很快引起了学术领域的广泛关注。近年来，研究者整合探究教学和合作学习的理念与操作，发展成为合作探究（collaborative inquiry）进而成为科学教学的研究热点。

【案例】物态变化（单元整体设计）

（一）教学内容

1. 物态的基本特征及其应用

（1）描述固态、液态和气态三种物态的基本特征。

要求学生认识并区别物质的三种状态，即固态、液态和气态，并能用口头语言描述物质这三种状态的基本特征。

（2）列举自然界和生活中不同状态的物质及其应用。

要求学生在认识物质状态的基础上，了解不同物质在同一条件下可能处于不同的状态，了解同一物质在不同条件下也可能处于不同的状态。

2. 温度、温度计及其使用

（1）说出生活环境中常见的温度值。

通过这种常见温度值的表述，使学生对具体的温度高低形成一定的感性认识，同时能关心生活、关注社会。

（2）了解液体温度计的工作原理。

要求学生知道常见液体温度计是根据汞、煤油或酒精等测温物质的热胀冷缩原理制成的；知道测量温度原理。知道测温物质在热胀冷缩的过程中，将体积的变化转化为（液柱）长度的变化。引导学生体会知识与技术间的联系。

（3）会用常见温度计测量温度。

这是关于基本技能方面的要求，属于独立操作水平。要求学生正确使用常见温度计测量气体或液体的温度。

（4）尝试对环境温度问题发表自己的见解。

使学生形成关注环境温度的意识，引导学生对环境温度的变化发表自己的见解。该内容有利于培养学生关注科学技术对人类生存环境的影响的意识，培养学生树立正确的科学观。

3. 物态变化及应用

（1）经历物态变化的实验探究过程。

要求学生不仅知道各种物态变化过程，而且要用实验探究的方法学习物态变化过程。通过实验探究过程，提高观察能力、实验技能和与他人协作的能力，养成实事求是的科学态度，体会科学家们研究问题的过程与方法等。

（2）知道物质的熔点、凝固点和沸点。

要求学生在经历实验探究物态变化的过程中，知道熔点、凝固点和沸点等概念，并会用图线描述晶体与非晶体的物质熔化的过程，能区别晶体和非晶体；了解水被加热至沸腾一段时间后的温度变化特点。在此基础上，会查熔点表和沸点表，了解一些物质的熔点和沸点，并学会用物质的熔点和沸点知识解释生活和自然界中的一些现象。

（3）了解物态变化过程中的吸热和放热现象。

要求学生经历物态变化的探究过程，认真收集证据，通过仔细观察、对比、概括、分析物态变化的条件及现象特征，从中认识物质在熔化、汽化、升华过程中吸收热量，凝固、液化、凝华过程中放出热量。其中既有对具体物态变化过程中吸热、放热知识的要求，又有对科学探究的过程与方法的要求。

（4）能运用物态变化的知识说明自然界和生活中的有关现象。

使学生体会知识的应用价值，提高将所学知识与生产生活相结合的应用能力。

4. 水的三态变化及应用

（1）能运用物态变化知识，说明自然界中的水循环现象。

要求学生根据实例，用水的固、液、气三态的变化过程解释自然界的水循环现象。

（2）了解我国和当地的水资源状况，有节约用水和保护环境的意识。

要求学生知道水资源的危机，水污染对人类造成的危害，由此产生节约用水的意识。

（二）教学目标

1. 科学观念：知道生活中常见的温度值；能描述固态、液态和气态的基本特征，在相互转化过程中的特点，形成初步的物质观念。

2. 科学思维：通过实验或实例，归纳总结物态变化过程中的吸、放热规律；在归纳或演绎中会引用证据，养成使用证据的习惯，对一些说法进行质疑，发表自己的见解。

3. 科学探究：培养基于观察和实验提出需要探究的物理问题，能根据已有经验作出有关猜想与假设；能制订简单的实验方案，能按实验方案操作，获得实验数据；会用简单的物理图像描述数据，根据图像特点对实验结果作出解释。

4. 科学态度与责任：通过物态变化等实验，感受物理研究是建立在观察、实验和推理基础上的创造性工作；用相关知识初步解释自然界的水循环等现象，形成关心和保护环境的意识，初步体会构建人类命运共同体的重要意义。

（三）学情分析

1. 物态的基本特征及其应用

热现象是自然界中最普遍的一种物理现象，与我们的生活息息相关，关于"物态"，学生在小学科学课程中接触过相关内容，但学生对不同状态物质的特征并没有形成抽象概括性的认识。教学时，以"物态"的知识做载体，使学生在获得对物质状态进一步系统认识的同时，了解对物质分类的一种方法。为下一步能从生活和社会应用角度对物质进行科学的分类打下基础。通过本知识的学习，学生可以初步认识生活、社会与物理的关系。

2. 温度、温度计及其使用

热力学温度是国际单位制规定的七个基本物理量之一。温度和我们的日常生活密切相关，对它的定义也是多层次的，有生活层次的，也有名词术语层次的；有微观层面的，也有宏观层面的。初中物理教学只要求学生认识到"温度"是表示物体的冷热程度的物理量就可以了，因此教师可以利用学生的生活经验建立"温度"概念。

关于温度计的测温原理及温度计的使用，学生在小学科学课程和日常生活中也有所接触，但操作上还存在一些不规范，教师可以设计学生活动，采用边实验边讲授的方式。教学过程是训练学生思维能力的过程，教学设计要充分调动学生，使他们积极思维，通过分析讨论和实验操作知道温度计的构造和温标，学会正确使用温度计来测量温度。

3. 物态变化及应用

关于物态的变化，课程标准强调要用实验探究的方法进行学习，而且对于水的物态变化学生有比较丰富的生活经验，在小学科学课程中也学过这部分知识，所以教师不必在学生已知问题上花费太多时间，也不必在名词概念上做过多说明，而应重点设计好进行实验探究的问题与情境，引导学生注意观察实验过程中的现象、特征和变化产生的条件，这既是动手能力的培养，也是观察能力的培养，更是对科学素养的培养。

4. 水的三态变化及应用

由于本部分内容只要求物态变化的具体应用，不作具体的知识要求，所以教师可以在课前布置一些问题让学生自己通过不同渠道（图书、杂志、网络、实地参观等）获取答案。在课堂上用演示文稿进行交流，或写成小论文、手抄报等。

（四）知识框架

梳理"物态变化"单元知识框架，如图 3-2-1 所示。

（五）教学活动和设计意图

教学活动主题：降低房间温度（物态变化）。

你是否有这样的经验：冰雪融化时，周边温度会降低；游泳后从水中出来时，身体感觉很冷，这些现象都与水的状态变化有关。我们是否可以从自然界水循环过程中的温度变化获取灵感，找到夏季既能降低教室的温度，又节约能源的方法呢？让我们一起来研究并解答这些新的问题吧！

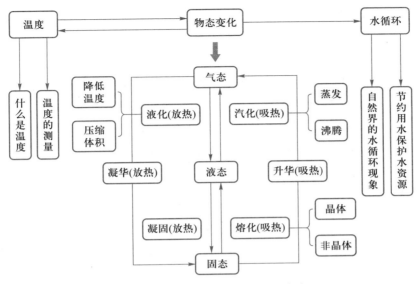

图 3-2-1 "物态变化"单元知识框架

问题 1：自然界的水是怎样循环的？

设计意图：学生通过阅读、观察获取物态变化发生的证据，即物质状态发生改变的现象。利用与物态变化相关的素材，如自然界中的雨、露、霜、雾、冰、雪等的成因，通过自主学习获取大量证据，经过分析和归纳发现物质可以在三种状态之间发生变化。具体来说，回答该驱动问题，包含的教学环节有：自主学习、交流研讨、分析应用等。自主学习环节为学生初步认识物质的三种状态和水的六种物态变化提供了丰富的事实现象。交流研讨环节，学生以小组为单位进行讨论，充分认识物态变化的辨别方法。分析应用环节，学生运用所学的物态变化知识解释、解决生活中的实际问题，提升知识的灵活应用能力。

1. 自主学习

自然界中的云、雨、雪、雾、露、霜等现象，都是水的物态变化形成的。这些天气的形成需要什么条件？

教材给出阅读材料"自然界中的水循环"，用学生熟悉的云、雨、雾、露、霜、雪生活现象，调动学生的生活经验，教师可以引导学生把自己视为一滴水进入文中的情境，来一场"水滴的旅行"。教材上说明了云的形成原因：水蒸气遇到冷空气会液化成小水滴或凝华为小冰晶后，大量的小水滴或小冰晶集中悬浮在高层空气中就形成了云。这就直接给出了两种物态变化：水蒸气遇冷放热液化生成液态的小水滴，水蒸气遇冷放热凝华生成固态的小冰晶。文章通过水滴的旅行讲解水在物态变化过程中实现三种状态之间的变换，为学生后续学习温度与物态变化的关系做好铺垫。

自然界中的水循环

教师指导学生认真阅读材料，在小组讨论时聚焦交流研讨的问题，将阅读成果提炼出来，要特别注意证据的收集。教师要引导学生用物理知识初步解释地球上的水循环现象，培养关心和保护生态环境的意识，能初步体会构建"人类命运共同体"的重要意义。

2. 交流研讨

通过交流研讨可以固化物态变化的学习成果，此环节要鼓励学生充分表达。下面的5个小题层层深入，首先使学生明确物质存在的三种状态，然后基于文中的自然现象标明物态变化的名称且尝试说明依据，通过归纳得出水在固态、液态、气态的任意两种状态间、在一定条件下均可发生变化，最后结合生活实际进行物态变化举例，将水循环中蕴含的知识迁移到更广阔的实际生活中。下面的小题②和小题④中，教师要关注学生证据意识的培养。

①水在自然界可以以哪三种状态存在？_____

答：固态、液态、气态。

②从文章中查找信息，或者举出更多的自然现象，说一说发生了哪些物态变化，填写到表3-2-1中。

表3-2-1　自然现象中水的物态变化

自然现象	物态变化	依据是什么
春天，冰雪融化	熔化	固态的冰雪变成了液态的水

答：雾、露的形成；液化；水蒸气变成了液态的水。

雪、霜的形成；凝华；水蒸气变成了固态小冰晶。

……

③归纳表3-2-1中的内容，水在任意两种状态之间都可以发生物态变化吗？

_____

答：水在任意两种状态之间都可以发生物态变化（可以写出六种物态变化及始末状态）。

④这些物态变化的发生条件相同吗？你能提供依据吗？

_____

答：熔化、汽化、升华三种物态变化都需要吸热，依据是文中这三种状态发生时都提到了吸热；凝固、液化、凝华三种物态变化都需要放吸热，依据是文中这三种物态变化发生时都提到了环境温度下降、遇冷、放热这样的词语。

⑤想想身边的事例中，有没有物态变化现象？

答：炼铁制作零件时，先把铁熔化成铁水，再凝固定形。

寒冷冬季室外跑步时，口中呼出的"白气"，水蒸气遇冷放热液化成小水滴的现象。

湿抹布擦黑板后，一会儿黑板上的水就蒸发（汽化）了。

【知识要点】地球上的大多数物质都以三种状态存在：气态、液态和固态。在一定条件下，物质的不同状态之间可以相互转化。

3. 分析应用

通过分析应用环节，进一步帮助学生梳理物态变化类型的分析方法。确定研究对象，分析其初状态和末状态，明确吸收或放出热量的情况，判断所发生的物态变化类型。

尝试寻找生活中的物态变化现象。请先确定研究对象，分析物质的初状态，再分析发生物态变化的条件，以及研究对象的末状态，记录分析结果（表3-2-2）。

表3-2-2　生活中的物态变化

现象	研究对象的初状态	条件	研究对象的末状态	物态变化

问题2：温度与物态变化有什么关系？

设计意图：学生通过实验获取温度与物态变化关系的证据。回答该驱动问题，包含的主要教学环节有：实验探究、交流研讨、阅读提升、分析应用。通过物态变化等实验，能感受物理研究是建立在观察、实验和推理基础上的一项创造性工作。学生在亲身参与探究过程中，经历提出问题、动手实验、观察思考、分析得出结论的全过程，是实现学习目标的重要途径。学生在交流研讨环节，能够各抒己见，交流实验成果和实验中遇到的问题，完善学习成果。通过分析应用，可以将所学知识与实际生活或现象紧密联系起来，让知识服务于生产和生活。通过上述环节让学生充分认识温度与物态变化的关系，为解决问题做好知识铺垫。

1. 实验探究

物质发生物态变化时，需要吸收或放出热量，此时物质的温度会发生变化吗？请同学们进行实验探究。

教材将海波熔化时的温度变化特点与石蜡熔化时的温度变化特点放在一起进行探究，让学生在实验中将两者进行比对，降低引入晶体、非晶体概念的难度。实验需要学生之间配合组装实验器材，明确计时、测温读数、记录现象等任务分工。在物态变化特点和规律的实验教学中，教师要注意引导学生基于证据进行归纳、总结、解释及交流，促进学生科学思维和科学探究能力的发展。

教材安排这一较为成熟的实验探究活动，有助于培养学生的实验设计和规划能力、观察和动手能力、分析和解决问题能力，并且有助于培养学生严谨的科学态度。海波的熔化实验是重点，也是难点，教师要特别重视。此探究活动的综合性比较强，教材既要探究两种物质熔化时的温度变化规律，又要对它们的熔化规律进行比较。在教学中，为使探究方向更加明确，可以将问题具体化，例如，给固体加热时，它就会熔化吗？给固体加热的方法有哪些？固体熔化时温度升高吗？

此实验所用器材多，需要记录的数据多。可以提前布置预习、设计实验、写出部分实验报告的任务，要求学生在实验过程中重点解决以下问题：

①实验如何做？使用什么器材？如何组装实验器材？

②实验的操作步骤是什么？

③实验中要观察的现象、要测量的数据有哪些？

④记录数据的表格如何设计？

⑤实验小组成员如何分工？

⑥实验中要注意哪些问题？

⑦实验数据如何分析？

实验探究：固体熔化时温度的变化规律。

实验材料：海波、石蜡、试管、烧杯、温度计、搅拌棒、酒精灯等。

实验方法：水浴法加热法。

将实验数据记录在表 3-2-3 中，并在图 3-2-2 中用图像呈现。

表 3-2-3　实验记录表

时间 t/min	0	1	2	3	4	5	6	7	8	9	...
海波的温度 T/℃											
海波的状态											
石蜡的温度 T/℃											
石蜡的状态											

2. 交流研讨

固体熔化时温度的变化规律实验，需要学生在记录完数据后，在坐标纸上进行描点作图，对比两种物质的温度随时间变化图像，归纳总结两种物质的熔化特点。教师要给学生足够的交流研讨空间，对晶体和非晶体的熔化异同点做对比总结，提醒学生关注小组间的实验数据和结论差异、交流在实验过程中出现的问题，进一步培养学生严谨认真、实事求是的科学态度，体会探索科学本质的喜悦。教师还要提醒学生在交流过程中学会自我反思和听取他人意见，还要鼓励学生们提出感兴趣的物理问题，不断提高与他人交流、合作与分享的能力。交流研讨设置了6个小问题，其中，交流研讨④的处理建议：可以让学生自己设计表格，细致填写海波和石蜡两种物质熔化时的异同点；交流研讨⑤中，教师要鼓励学生提出自己的见解，大胆质疑创新；交流研讨⑥中，学生可能进行逆向思维，会联想到两种物质凝固时的温度变化规律等，这是开放性问题，教师要注意引导学生从物理学视角提出感兴趣的问题。

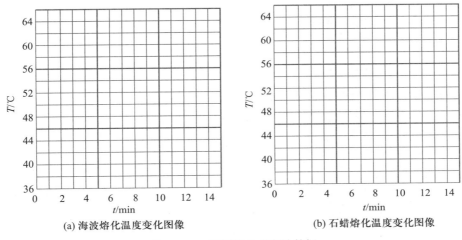

(a) 海波熔化温度变化图像   (b) 石蜡熔化温度变化图像

图 3-2-2　用图像呈现实验数据

①海波熔化过程中，温度怎样变化？

_____

答：海波在熔化时吸收热量，但温度保持不变。

②海波熔化的条件是？

_____

答：海波熔化条件：达到凝固点，且继续吸热。

③在石蜡熔化的过程中温度怎样变化？

_____

答：石蜡在熔化时吸收热量，温度不断升高。

④海波和石蜡的熔化过程有什么相同和不同？

答：列表格对比（表 3-2-4）。

表 3-2-4　海波和石蜡的熔化过程对比

物质	海波	石蜡
相同点	都需要吸热，从固态变成液态	
不同点	有熔点	无熔点

⑤如果测量温度时的时间间隔过长，可能会出现什么现象？

答：测量温度时的时间间隔过长，可能错过海波熔化时温度保持不变的过程，导致结论不准确。

⑥对于这个探究实验，你最感兴趣的问题是什么？

答：什么原因导致的海波有熔点，而石蜡无熔点。

【知识要点】这部分是本节课必须掌握的知识，教师应加以明示，以促进学生达成知识构建的目标。

有些固体在熔化的过程中虽然吸热，但温度保持不变。这些有固定熔化温度的固体叫晶体，常见晶体有冰、海波、食盐、萘以及各种金属等。晶体的固定熔化温度称为熔点。表3-2-5列出了一些晶体物质的熔点。有些固体，没有固定的熔化温度，这类固体叫非晶体。常见的非晶体有蜡、松香、玻璃、沥青等。非晶体没有熔点。

表3-2-5 一些晶体物质的熔点

晶体	熔点/℃	晶体	熔点/℃	晶体	熔点/℃
钨	3410	银	962	冰	0
铁	1535	铝	660	固态水银	−39
钢	1515	铅	328	固态酒精	−117
灰铸铁	1177	锡	232	固态氮	−210
铜	1083	萘	80.5	固态氧	−218
金	1064	海波	48	固态氢	−259

液体凝固成晶体时也有确定的温度，这个温度叫凝固点。同一种物质的凝固点与熔点相同。非晶体没有确定的凝固点。

3. 阅读提升

提供生活中的常见熔化吸热、凝固放热的现象事例，发展自主阅读能力，同时让学生体会知识在生产、生活中的应用价值。

熔化吸热在各行各业中有广泛的应用，例如，火箭在大气中飞行时，其头部与空气摩擦而发热，温度可达几千摄氏度。在火箭头部涂上一层特殊材料，这种材料受热很容易熔化、汽化吸收箭头与空气摩擦产生的热，可以避免火箭在高速运动时与空气作用产生高温而毁坏的危险。

凝固放热在生产生活中也有很多应用，例如，北方的冬天，人们在地窖里储存蔬菜，为防止蔬菜在地窖里被冻坏，可以放几桶水，水凝固会放热，能够对蔬菜起到一定的保暖作用。

4. 分析应用

通过分析应用可以巩固熔化和凝固相关知识的学习成果，让学生体会知识的有用性，同时提高学生解释现象、解决问题的能力，体验解决实际问题的喜悦。

①爱迪生为什么选钨丝做电灯的灯丝？

答：金属钨是晶体，且熔点高，使用钨丝做电灯的灯丝不易烧断。

②能否用铁锅熔化锡块？为什么？

答：金属铁、锡都是晶体，查资料可知，铁的熔点为 1535℃，锡的熔点为 232℃，铁的熔点高于锡的熔点。当锡开始熔化时铁还没有达到它的熔点，铁锅不会熔化，所以能用铁锅熔化锡块。

③寒冷的冬季，能否使用水银温度计测量黑龙江省漠河地区的室外温度？为什么？

答：水银是晶体，凝固点为 –39℃。漠河的冬季气温一般在 –40℃以下，冬天最低气温甚至可低至 –52℃。水银在寒冷冬季的漠河会发生凝固，使水银温度计损坏，所以不能使用水银温度计测量漠河地区的冬季室外温度。

④把正在熔化的冰拿到温度为 0℃的房间里，冰能不能继续熔化？

答：冰能不能继续熔化。冰是晶体，熔化条件为达到熔点且继续吸收热量。正在熔化的冰温度为 0℃，达到了熔点，但是拿到温度为 0℃的房间后，无法继续吸收热量，所以冰不能继续熔化。

5. 实验探究

继续强化实验探究，注重发展科学思维和科学探究能力。教师应尽可能多地设计演示实验，如"纸锅烧水""冷水沸腾"等，让学生感受物理学独特的趣味和奥妙。学生亲自动手、完成必做实验"探究水沸腾时的温度特点"，教师要强调实验安全，器材由下到上的正确组装方法，先检查无误后再点燃酒精灯加热。教师要引导学生理性对待数据，正确描述现象，如根据什么判断水沸腾了。教师还要引导学生基于数据、图像进行归纳总结，小组交流讨论时要注意新问题的分析研讨，同时也鼓励学生提出新问题，促进学生科学思维和科学探究能力的发展。在学生充分讨论实验方案的基础上，教师可以演示"沸点与气压的关系"，检验学生的猜想是否正确。

进一步探究：给液体加热，液体的温度会升高。液体沸腾后继续加热，温度还会升高吗？

实验材料：水、温度计、烧杯、酒精灯等。

将实验数据记录在表 3-2-6 中，并在图 3-2-3 中用图像呈现。

表 3-2-6　实验记录表

t/min	0	0.5	1	1.5	2	2.5	3	3.5	...
气泡情况									
是否沸腾									
T/℃	90								...

将表格中的数据在坐标系中描点，用平滑的线画出水的温度随时间的变化规律图像（图 3-2-3）。

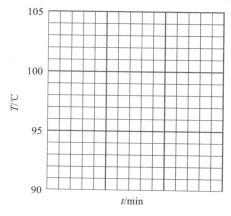

图 3-2-3　水的温度变化图像

6. 交流研讨

①实验中，观察到什么现象就可以判断水已经沸腾？

_____

答：大量气泡从杯底向上冒出，且体积不断变大，到液面处破裂。

②水沸腾时需要满足的条件 _____

答：达到沸点，且继续吸热。

③实验中，若沸腾前的加热时间过长，可以通过什么操作来缩短加热时间？

_____

答：方法多种，如提高水的初始温度、减少水的质量等。

④与其他小组同学交流，大家测得的水的沸点相等吗？如果不相等，可能是什么原因引起的？怎么验证你的观点是否正确？

_____

答：各组同学测得的水的沸点可能有所不同。可能原因是杯盖的密封程度不同导致杯内气压不同，导致沸点不同。验证观点的方法：使用带有密封盖子的容器烧水，测量不同气压下水的沸点。若不同气压下水的沸点不同，则猜想正确。

【知识要点】各种液体沸腾时都有确定的温度，这个温度称为沸点。不同液体的沸点不同。液体在沸腾的过程中不断吸热（表3-2-7）。

表3-2-7 几种液体的沸点（标准大气压下）

液体	沸点/℃	液体	沸点/℃	液体	沸点/℃	液体	沸点/℃
液态铁	2750	食用油	约250	甲苯	111	液态氮	−196
液态铅	1740	水	100	液态氨	−33.5	液态氢	−253
水银	357	酒精	78.5	液态氧	−183	液态氦	−269

7. 自主探究

此实验为开放性自主探究，教师提供的实验器材有酒精、温度计，鼓励学生自行设计小实验进行验证，注意提醒学生实验的科学性，提醒学生在探究过程中尽量使致冷作用通过他人可以观察到的现象来体现，例如利用温度计示数下降或者出现了比室温及酒精温度都低的温度来说明蒸发吸热有致冷作用。同时还要提醒学生，在设计实验时要关注温度计示数下降的干扰因素。

请选用适当的器材，设计实验证明：蒸发吸热有致冷作用。

实验器材：_____

实验步骤：_____

_____

实验现象：_____

分析论证：_____

实验设计方案提示：用温度计测量室温，再测量一杯酒精的温度，将温度计从酒精中取出，放在室内。发现温度计示数不断下降，且示数低于室温和酒精温度，则说明酒精蒸发吸热有致冷作用。

【知识要点】物质由液态变为气态的过程称为汽化。汽化有沸腾和蒸发两种方式。任何温度下都能发生的汽化现象叫蒸发。蒸发只发生在液体表面，蒸发快慢与液体温度、液体表面积、液体上方空气流动速度有关。

8. 观察思考

烧开水时水壶嘴处的"白气"是怎么形成的？

_____

答：烧开水时，壶内高温水蒸气从壶嘴冒出，遇到外界冷空气放热液化，生成小水滴，即"白气"。

【知识要点】大量实验表明，所有气体在温度下降到足够低时都可以液化。在一定温度下（不同气体所需的温度不同），压缩气体的体积也可以使气体液化。气体液化时会放热。

9. 交流研讨

交流研讨的内容是用所学知识解释生活中的现象，既要巩固所学知识，又要在实际中灵活应用。教师要引导学生用物理语言解释生产生活中的物理现象，体会知识在生产生活中的应用价值。

①在我国北方的冬天，户外的人不断呼出"白气"，原因是什么？

_____

答：北方的冬天，人口中呼出的水蒸气，遇到外界冷空气放热液化，生成小水滴，即"白气"。

②举例说明"液化"在生产生活中的应用。

_____

答：人们在擦拭眼镜片时，常在镜片上哈气，哈气中的水蒸气遇到凉镜片时发生液化，生成小水滴，便于将镜片擦拭得更干净。

10. 阅读思考

教材提供阅读短文了解新疆坎儿井的由来和原理，再次深入体会知识在生产生活中的应用价值。教师还要指导学生了解我国和当地的水资源状况，还可以指导学生调查当地农田或者城市绿化灌溉的主要方式，了解水灌溉技术，引导学生形成节约用水和保护环境的意识。

请你简述坎儿井中水流量稳定的原因：_____

_____

_____

答：春夏时节有大量积雪和雨水流下山谷，潜入戈壁滩下，使得坎儿井中水的来源充沛；且坎儿井不因炎热、狂风而使水分大量蒸发。因而坎儿井中水流量稳定。

11. 实验探究

强化实验探究，注重发展科学思维和科学探究能力。教师可以创造条件安排"碘的升华和凝华"学生分组实验，引导学生基于证据进行分析归纳，科学表述结论。通过寻找碘升华实验中选择热源的条件，引导学生通过查阅资料，综合熔化、汽化等物态变化的发生条件，归纳此实验的热源条件，发展学生科学思维和科学探究能力。

实验探究：碘能从固态直接变成气态、从气态直接变成固态吗？

实验材料：碘锤、烧杯、冷水、热水等。

实验操作及现象如图 3-2-4 所示，将实验现象记录在表 3-2-8 中。

①实验分析：_____

装有固态碘的碘锤放在热水中时，因无法达到碘的熔点没有发生熔化，而此时看到了碘蒸气，则碘可以从固态直接变成气态发生升华；装有紫色碘蒸气的碘锤放在冷水中时，碘蒸气消失，生成了固态的碘，则碘可以从气态直接变成固态发生凝华。

②实验结论：_____

碘能从固态直接变成气态、从气态直接变成固态。

③思考并查找资料，说一说碘升华实验中选择热源的条件：_____

_____

(a) 常温下的碘锤

(b) 热水中的碘锤

(c) 冷水中的碘锤

图 3-2-4

表 3-2-8　实验记录表

过程	碘的状态
常温下	固态褐色颗粒
热水中	气态紫色碘蒸气
冷水中	固态褐色颗粒

查阅资料可知，在标准大气压下，碘的熔点为 113.60℃，为使碘不熔化而是直接从固态变成气态，需使用不高于碘的熔点的热源温度。

【知识要点】物质由固态直接变成气态的过程称为升华；升华需要吸热。物质由气态直接变成固态的过程称为凝华；凝华会放热。

12. 分析判断

通过分析判断将知识灵活应用于解释现象、解决问题中，提升分析解决问题的能力。

①普通灯泡和日光灯用久了，其灯丝为什么会变细？玻璃壁为什么会发黑？

_____

答：金属灯丝为钨丝，高温下钨丝会发生升华，变成钨蒸气使灯丝变细。关灯后，钨蒸气遇到冷灯泡内壁会发生凝华，变成黑色的固态钨，所以灯泡内壁变黑。

②雾凇是寒冷天气出现的一种自然现象，它是附着于地面物体（如树枝、电线）的白色不透明冰层，请你推测雾凇形成原因。

_____

答：寒冷天气温度很低，空气中的水蒸气遇到低温物体时，会放热凝华生成小冰晶，形成雾凇。

问题 3：夏季怎样给教室降温？

1. 调查分析

通过让学生调查不同家庭夏季的降温方法，使学生对家庭夏季降温情况有一个较全面的了解，认识到可以利用自然方法降温，也可以利用电风扇、空调等电器降温，人们会根据实际情况选择不同的方法。下面给学生提供了调查表格，给出一些举措示例，并列出科学道理、能源消耗、效果评价、房屋类型等栏目，希望学生全面考虑问题。在调研过程中，能关注科学技术对自然环境、人类生活和社会发展的影响，有环境保护、节约能源意识，能在力所能及范围内，思考低能源消耗前提下的问题解决方案。

为了提升教室的生活学习品质，适宜的温度是一个很重要的标准。设计教室降温方案之前，我们需要调查夏季家庭常见的降温方法。表3-2-9可以帮助你完成调查。

表3-2-9 夏季家庭常见的降温方法调查

调查人员		调查起止日期	
举措	科学道理	能源消耗	效果评价
1.			
2.			
3.			
4.			
5.			
……			
调查对象房屋类型	□楼房 □平房	调查对象房屋位置	□内陆　□沿海 □城市　□农村

2. 交流研讨

在交流研讨环节，教师要鼓励学生大胆表述自己的调查结果，耐心倾听他人的观点和方法。学生可能想到的降温举措有地面洒水、湿墩布擦地，早晚开窗通风，中午关窗、拉上窗帘避免阳光直射，使用空调制冷等。有的学生也可能会根据地域特点对房屋提出一些改进措施。通过交流研讨对比调查结果的异同点，总结经验，敢于面对挑战，不断优化自己的方案。

①你的调查结果和别人有什么不同？

_____

答：可能大体上差不多。

②兼顾方法和效果两个标准，你推荐哪种举措？为什么？

_____

答：不同地区选择的方式不同。沿海地区夏季白天日晒强，推荐关窗帘、地面洒水，傍晚风较凉快推荐开窗。内陆地区天气略热时，推荐地面洒水、开窗通风，炎热夏季白天推荐关窗户、开电风扇，晚上开窗通风。

③哪些方法利用了物态变化降温，这些方法与使用空调类电器降温相比，有什么

优势?

答：例如地面洒水，是利用汽化吸热的做法降温。与使用空调类电器相比，最大的优势就是节约能源、减少碳排放。

④在小组中分享你推荐的教室降温方案，你认为同组同学中哪些方案更有特点?

答：例如有的小组按照房屋类型、时段设计降温方案，思考问题更加全面。

3. 问题解决

问题解决的过程是进一步明确家庭节能降温计划的过程，也是运用所学知识解决问题的展现。本任务中的问题1从生活角度认识物态变化，了解物态变化发生时伴随着吸热或放热。问题2从理论角度入手，通过大量科学探究找到温度与物态变化的关系，发现汽化、升华、凝固等物态变化时需要吸收热量，能够使周围物体降温，为本项目的核心问题解决提供了理论依据。问题3则通过多种渠道查阅资料，并进行交流研讨，最后提出具体的家庭节能降温计划，形成完整的节能方案，让学生在思辨与交流中获得发展。

请你和小组成员一起分析调查结果，并根据所学知识设计家庭节能降温计划。计划需要包含多个节能降温措施，并且能够在自己家中实施。

4. 科学论证

通过事实检验说明节能计划的有效性，进一步发展了学生的证据意识，并通过设问培养了学生的论证能力。

在家中实施你设计的节能降温计划，记录实施节能降温计划前后的室内温度，论证节能降温计划的可行性。

5. 阅读提升

围绕为教室降温这一主题为学生补充知识，了解常见空调的工作原理。

空调是怎么调节温度的?

【知识要点】自然界物质的常见状态：固态、液态、气态。固态物质有一定的形状和体积；液态物质有一定的体积，没有固定的形状，有流动性；气态物质没有固定的形状，也没有一定的体积。

物质由一种状态变为另一种状态的过程叫物态变化。物态变化不仅改变物质的状态，而且伴随着吸热或放热。

6. 总结反思

活动方案的设计需要在实践中进行效果检验，通过设计科学实验寻找证据并进行分析论证，对猜想进行检验。教师要注意提醒并鼓励学生，基于事实证据和科学推理对不同信息、观点和结论进行质疑和批判，予以检验和修正，进而提出创造性的见解。在具体的研究分析中，学生要学会使用图像法和对比法等常见的研究方法。图像法是一种整理、分析数据的有效方法，可以直观、简洁地显示出因变量随自变量变化的趋势或规律。对比法，也叫对比分析法或比较分析法，通过比较可以找出事物间的相同点和不同点，是科学探究活动中常用的方法。物质、物态变化与日常生活息息相关，教师要提示学生留心观察生活，大胆尝试运用所学知识解释生活中的现象，预测可能出现的结果，解决实际问题。

（案例提供：安立艳，北京市第十三中学分校）

【案例分析】

物态变化单元教学采用了项目式学习的设计，通过提出明确的驱动性任务，引导学生在这一综合性项目中聚焦"物态变化"的学习。

"物质"主题的课程内容与日常生活和自然现象密切相关，与科学技术的发展前沿有重要联系。这部分内容的设计引导学生从物理学的视角认识物质世界，认识身边物质的形态和变化、物质的属性、物质的结构和物体世界的尺度。"物质"主题的课程内容具有一定的综合性和跨学科性，与生产生活及社会发展密切相关。这部分内容的设计引导学生从物态变化视角认识世界，了解不同的物质属性和不同物态，形成初步的物质观。

本单元教学共安排了四个课时。在第一课时，教师提出任务，引导学生提出三个关键问题，并用这三个问题的解决推动整个任务的完成。问题1的设计，引导学生从自然界水循环过程中的温度变化中寻找灵感，探索既能降低节能房温度又能节约能源的方法。在研究自然界水循环的过程中，学生形成了对物态变化的初步认识，并在分析应用环节掌握了分析物态变化类型的一般方法。问题2通过一系列科学探究，研究温度与物态变化之间的关系。这一问题的设计为解决任务提供必要的知识铺垫。在分析应用环节，学生结合丰富的生活经验和实例，对观察到的现象进行科学解释。问题3要求学生结合调查研究与已有知识，从节能环保的角度出发，设计为房间降温的节能降温措施。学生还在家中实施这些降温计划，记录实施前后室内温度的变化，以此论证节能降温计划的可行性。

本单元的教学设计精心安排了一系列物理实验，使学生深刻体验物理研究是如何建立在观察、实验和推理这三大基石之上的创造性工作。特别是在项目实验探究的交流研讨环节，教师既重视学生对已有实验证据的分析能力，也关注他们在实验过程中可能遇到的问题，以及他们在实验过程中的思考和创新。通过物态变化相关实验，学生能够直观感受到物理研究是如何通过观察和实验来揭示自然界规律的。同时，教师引导学生运用所学的物理知识，初步解释诸如地球上的水循环、新疆坎儿井等实际现象，以此强化他们关心和保护生态环境的意识。此外，使学生通过这些学习体验，初步体会到构建"人类命运共同体"的重要意义，增进社会责任感。

从学生核心素养发展入手，找到课程标准中物质主题的相应教学内容，整体规划单元设计，从而规划课堂教学的教学活动和学生活动设计。在这些环环相扣的教师教学活动的基本链环中，单元设计处于关键地位。通过聚焦大概念与核心任务的单元教学设计，处理好课程与单元、单元与课时的协调发展关系，有效指导学生的真实学习，促进学生核心素养和关键能力的发展。

物质观念是初中物理观念构建的重点与难点，教师必须超越对具体知识的教学，首先从本文分析的三个途径构建基于教师主体的物质观念，打通物理知识与物质观念之间的关系，才能在教学中以知识为载体，通过创设本源性综合问题情境，引导学生通过高水平的思维和学习活动，学会从物质的视角来分析相关的物理现象与问题，构建物质观念，从而落实核心素养的要求。

一、树立教学的整体观，培养学生的物质观念

注重教学的整体设计，避免枯燥、碎片化的概念堆砌，引领学生从认识物质的基本形态和物理属性开始，逐步深入到了解物质的微观结构、基本特征和大致尺度等；从微观世界到宇宙天体，引导学生初步理解物质的内涵，认识物质世界的多样性，逐步形成物质观念。

【案例】质量和密度（单元整体设计）

世界上的一切物体都是由物质组成的。要认识物质世界，应该从认识物质的基本性质开始。"物质的属性"这一内容包括：物质的密度、弹性、磁性、导电性和导热性等物理属性，这是学生形成物质观念的重要内容。

要求学生会根据物质的属性对物质进行分类，从学生身边常见的物理现象出发，结合具体的应用实例，从具体到抽象的认识方法，让学生通过协作与交流了解物质的物理属性。

质量和密度的概念是整个初中物理中的重要概念，教学要求较高，不论是概念的建立过程，还是对概念的准确理解，以及应用概念解决实际问题，对学生来说都有一定的难度，因此，密度概念的学习是学生不断掌握知识和逐步提高学习能力的过程。与密度概念的建构过程类似，"比热容"的物理意义、内涵和定义式的学习过程，虽然在知识体系中显得不那么突出，但是此类描述物质属性的概念在提升学生科学思维水平、培育实验探究能力方面是很有价值的。

（一）教学内容整体要求

"质量和密度"属于"物质"主题中的内容。课程标准对此部分有如下内容要求。

1. 物质的属性

（1）通过实验，了解物质的一些物理属性，如弹性、磁性、导电性和导热性等。

（2）能用语言、文字或图表描述物质的物理属性。

2. 质量及其测量

（1）知道质量的含义。

（2）会测量固体和液体的质量。

3. 密度及其测量

（1）通过实验，理解密度。

（2）会测量固体和液体的密度。

（3）能解释生活中一些与密度有关的物理现象。

4. 了解关于物质属性的研究对生产生活和科技进步的影响

（二）教学目标

1. 初步认识质量的概念。会测量固体和液体的质量。

2. 通过探究同种物质的质量与体积的关系和比值定义，逐步构建新的物理量——密度，理解密度的丰富内涵。尝试用密度知识解决简单的问题，能解释生活中一些与密度有关的物理现象。

3. 在学习测量物体的质量和体积后，通过 $\rho=m/V$ 算出物质的密度。多层次、多角度地认识物质的本质属性。

4. 能解释生活中一些与密度有关的物理现象，了解关于物质属性的研究对生产生活和科技进步的影响，形成保护环境和合理利用资源的意识。

（三）学情分析

教材将质量的概念以"物质的量""物体中所含物质的多少"引入，是考虑到初中学生的年龄特点，因此"质量"的概念讲得很浅显。由此可见，质量和密度的相关知识虽然与学生的日常生活联系紧密，但学生的理性思考和相关测量基本没有相关基础，教师需要教学中设计好学生实验活动，及时总结、提升，引导学生逐步加深理解，从而建构物质观念，提升科学思维水平。

（四）知识框架

梳理物质主题知识框架，如图 3-3-1 所示。

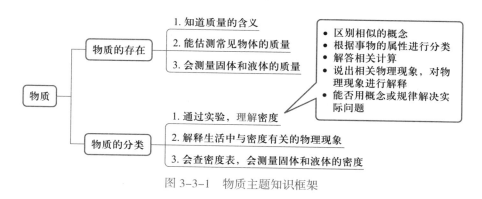

图 3-3-1　物质主题知识框架

【案例分析】

单元教学设计是从整体出发，分析单元知识结构与培养目标、建构学科内容与学情的教学关联、预设评价标准和方案、提供教学储备资源的设计过程。课时设计则是在单元教学设计的指引下，以课时为单位设定教学目标、制订教学计划、预设教学实施与评价的设计过程。

案例中呈现了"质量与密度"单元知识点之间的逻辑关系，梳理出本单元主要围绕密度展开。将其进一步细分，可以从密度概念的建立、密度是物质的一种特性、应用密度知识解决问题三个方面建立知识序列。

案例中分析了学生的学习经验，学生经历过速度概念的建立过程，密度可以与其类比。学生在尝试理解密度时，也可用人口密度的生活经验进行类比。因此，本单元分别从不同层级确立了相应的大概念，单元核心概念是密度，并拓展到学科大概念"粒子模型"和"物质观念"，以及类比的思维方法。

案例中的教学目标明确表述了教学将使学生发生何种变化，在教学活动中希望学生取得的学习结果。单元教学目标着眼于单元每一部分的学习内容，围绕学科单元大概念进行统筹整合，并基于学科核心素养的四个维度（物理观念、科学探究、科学思维、科学态度与责任）进行描述，一般会用到认识、了解、明白、掌握、理解、分析、体会、经历、领会等表示认知方式与程度的行为动词。为增强教学目标对教学过程和教学评测的指导性，还应依据教学目标确定学生的表现性目标，以确定学生应完成的各种表现性任务，从而检测与判断学生是否达到相应的学习标准。

案例未呈现的课时教学设计需要单元教学设计的指引，二者之间是彼此联系、相互依存的一个整体。只有单元教学和课时教学协调配合，才能优化课堂教学，使物理学科核心素养的培育得到落实。

二、强化实验探究，注重发展学生的科学思维和科学探究能力

合理安排演示实验，如"低压沸腾"、碘的升华和凝华等，让学生在实验情境中提出探究问题。尤其在物态变化特点和规律的实验教学中，引导学生基于证据进行归纳、总结、解释及交流，促进学生科学思维和科学探究能力的发展。

【案例】探究同种物质的质量和体积的关系

首先，让学生用天平称量体积相同的不同种物质，如木块、铝块、铁块（实际教学中也可选择其他体积相同的不同种物质）的质量。称量的结果会使学生认识到，体积相同但种类不同的物质，其质量是不同的。这表明物质在这方面的性质上存在差异。学生会进一步提出问题：如果质量相同的不同种物质体积会怎样？教师可以通过展示100 g水和100 g酒精的体积不相等，使学生认识到不同种物质在性质上的差异。

学生会提出：同种物质的质量和体积会有什么关系？对初中学生来说，无论从生活经验，还是思维能力的发展上，这样的问题并不是很难理解的。例如，将同种物质构成的物体分割成两半，其中体积被分割成了两半，物质的质量也被分割成了两半。因此学生会有这样的推测：同一种物质，体积越大，质量越大。如果体积增大到原来的两倍，质量是否也会增加到原来的两倍呢？也就是说，同一种物质的质量与它的体积成正比吗？

教材使用铝块作实验样品，取大小不同的若干铝块，分别用天平测出它们的质量，用直尺测出边长后计算出它们的体积，列出表格来，然后以体积 V 为横坐标，以质量

m 为纵坐标，在方格纸上描点，再把这些点连起来。在实际教学中，可以根据本校的具体情况来选取实验样品，并非一定要选取铝块，也可选取一组其他物质作实验样品。

教材举例以一种物质——铝为研究对象，要使学生获得对密度这一物理量的认识，最好再选取另外的一两种物质为样品进行测量，并将测量结果放在同一坐标中。通过定量测量的结果可以直接比较不同种物质在这种性质上的差异。为了节省教学时间，建议学生以小组为单位，每个小组中的测量样品选取 1～2 块同种物质。不同小组之间可以选取不同种物质进行测量。学生测量后在全班进行交流，通过各组的测量数据或图像就可以判断出实验结果与自己的猜想是否一致。从测量数据上看，会得到同种物质的质量增加，其体积也增大；质量减少，体积也会减小的结论。将测量数据绘制图像，会更直观地得出：同一种物质的质量与它的体积成线性关系，即同一种物质的质量跟体积成正比。

采用图像法处理实验数据，并找出各变量之间的关系。这种数据处理的方法在初中物理中是第一次出现。在之前学习欧姆定律内容的数据处理上，虽然是研究电流、电压、电阻三者的关系问题，即在电阻一定的条件下，研究过电流跟电压成正比的关系问题，但是没有将实验数据图像化处理。本课用图像法处理实验数据，但对学生的要求不宜过高，主要是因为初中学生在数学知识方面还没有完全跟上。

【案例分析】

在上面的探究中，分别计算每个铝块质量与体积的比值，可以得出其比值是个定值。这种比值不变性反映的正是物质本身所具有的特性。对不同物质来说，其质量和体积的线性关系表现在过原点的不同直线上。换句话说，各种物质所对应的比值是不同的。

教师要引导学生认识到，上述的比值是十分有意义的物理量，它反映了不同物质的不同特性，因此有必要给它起个名字，在物理学中就把它定义为密度，它只跟物质的种类有关。这种研究问题的方法和定义物理量的方法是物理学中常用的。密度是初中物理教学的重点内容之一，通过密度的教学，不仅使学生学到知识，而且体会到研究问题的方法。

需要注意的是，学生在数学中虽然学过比例的知识，但是运用到物理实验中，理解同种物质的质量跟体积的比值是一个定值的含义，仍是有困难的，所以教材对此进行了解释：质量与体积的比值一定，表示体积增大几倍，质量也要增加几倍，即质量与体积成正比；质量与体积的比值等于单位体积的质量。帮助学生把数学知识用到物理中来理解比值的物理含义。考虑到用比值定义物理量比较抽象，教材在学生"想想做做"的基础上进一步说明比值的含义，仍用某种物质单位体积的质量来定义密度，以便学生理解，并在此基础上给出了计算密度的公式和单位。

密度的单位（kg/m^3）由质量单位（kg）和体积单位（m^3）组成，属于复合单位。这是第一次在初中物理中出现，在后续的一些物理量的学习中还会遇到。如速度的单位（m/s）是由路程的单位（m）和时间的单位（s）组成。因此教学中有必要特别强调一下，帮助学生理解和掌握。

另外，教材给出了一些物质（固体、液体、气体）的密度值，要求学生会查密度表中的密度值。这些密度值是科学家经过严格准确的测量得出来的，而且随着测量技术的不断改进和提高，其精确度也在不断提高。

三、丰富教学活动，培养学生的科学态度和社会责任感

开展各类教学活动，如举办"密度、物态变化与生产生活的联系""温室效应与环境保护"等主题论坛活动，让学生开阔视野，激发学习兴趣，在思辨与交流中获得发展。引导学生在社会调查、课外阅读中，观察和认识物质世界，如组织学生调查当地的水资源状况，增强学生的环境保护意识，使其感受物理学在解决社会问题、推动社会发展中的作用，培养学生致力于学习科学技术、立志造福人类的责任感与使命感。

【案例】物质的微观结构（单元整体设计）

（一）教学内容

本节是学生学习了宏观物体的热学现象以后，对微观世界的进一步学习。本节课的内容比较抽象，对分子结构的认识都是通过宏观现象分析总结出来的。教材对分子动理论的每一项内容都是先提出问题，然后引导学生进行实验探究，通过宏观现象推理得出微观机制，最后用微观机制去解释宏观现象。对于较难理解的分子作用力的内容，本节课采取了"实验类比"的模式，有利于突破本节的难点。本节课的教材安排有利于学生核心素养的提高。

（二）教学目标

1. 知道物质是由分子构成的，分子不停地做无规则运动；知道什么是扩散现象，并会解释扩散现象；知道说明分子相互作用力的一些事例，知道分子间的相互作用力在什么情况下表现为斥力，什么情况下表现为引力。

2. 经历通过宏观现象推理微观规律，再用物质的微观结构知识来解释各种宏观现象；通过小米绿豆混合实验与酒精与水混合实验的类比，分子力模型与分子力的类比，会用实验类比的方法分析问题。

3. 了解人类对物质构成的探究过程，增强探究微观世界的兴趣。

（三）学情分析

在学习物质微观结构前学生已经学过许多热现象，知道温度的概念、温度的测量、物态变化等，对宏观现象有一定的了解。本节是学生第一次接触微观世界，学生以前没有思考过用微观机制去解释宏观现象，这对他们来说是一个陌生的领域。所以，通过熟悉的宏观现象去引发学生思考，进行猜想，设计实验，通过实验验证自己的猜想，逐步形成物质的微观结构模型，并用微观理论去解释宏观现象，这些是学生有待发展的素质和能力。由于本节内容比较抽象，课堂教学既要设计学生实验，又要呈现演示实验和视频、图片等，充分发挥学生主观能动性，促进学生积极思考，从而帮助学生初步建立物质结构的微观模型。

（四）知识框架

梳理"物质的微观结构"知识框架，如图 3-3-2 所示。

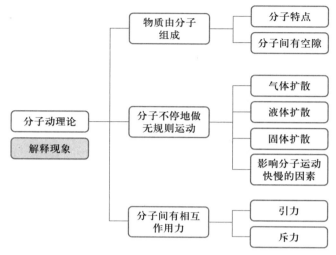

图 3-3-2 "物质的微观结构"知识框架

（五）教学活动和设计意图

教学环节	教师活动	学生活动	设计意图
新课引入	（一）展示 展示蒸发图片。 （二）设问 影响蒸发快慢的因素是什么？为什么温度高蒸发得快呢？ （三）讲解 产生这些现象的原因，要从我们看不见的微观本质去解释。	学生观察和思考	从微观角度解释宏观现象，分析原因引入课题
认识物质是由分子组成的	（一）古人的猜想 用课件展示墨子关于物质微粒观的思想，展示物质不可无限分割。 （二）科技的发展使人类看到分子 展示图片：光学显微镜（看到 200 nm 左右的物体）、电子显微镜（看到 0.1 nm 左右的物体）、电子显微镜下苯分子图片，操控原子的图片，等等。 （三）总结并板书 物质是由分子组成的。 分子：保持物质基本性质的最小微粒。 （四）分子的特点 1.展示资料：分子的直径的数量级，分子体积，举例说明物体所含分子数目多。 2.提问：你能总结分子的特点吗？ 3.引导学生总结并填写学案	学生阅读资料，回顾人类探索微观世界的历程 阅读学案中的资料，总结分子特点，填写学案	回顾人类探索微观世界的历程，使学生认识到物质是由分子组成的，对分子小、数量大有深刻的印象

教学环节	教师活动	学生活动	设计意图
探究分子之间有空隙	（一）提出问题，引入课题 分子的排列是紧挨在一起没有空隙的，还是分子之间有空隙的？你能用肉眼看到吗？ （二）引导学生分组实验，并分析实验现象 1. 小米和绿豆的混合实验 2. 水和酒精的混合实验 ① 小米和绿豆混合，体积为什么减小？ ② 对比酒精和水充分混合体积减小，你能得到什么启示？ （三）总结并板书 分子之间有空隙。 （四）展示图片 在电子显微镜下苯分子和硅分子的图片显示分子之间有空隙。 （五）引导学生讨论，总结研究微观规律的方法 通过宏观现象去推测微观现象	学生分组实验并观察实验现象 学生讨论，推理得出酒精和水混合后体积减小是由于分子之间有空隙	用小米和绿豆的混合实验去类比酒精和水的混合实验，使学生容易理解物体在宏观上体积减小，说明在微观上分子之间有空隙，同时总结研究微观规律的方法，为后面由扩散现象推理分子运动奠定研究方法的基础
探究分子在不停地做无规则运动	一、气体的扩散实验 （一）创设情境 用香水在讲台上喷一下，讲台下的学生能闻到香味。 （二）提出问题，引入课题 1. 在讲台上喷香水，为什么前排的同学甚至后面的同学也能闻到香味？ 2. 你还能举出日常生活中类似的现象吗？ 3. 这些现象从微观上说明了分子具有什么规律？ （三）演示气体的扩散实验 1. 介绍装置，介绍二氧化氮和空气的密度 2. 将装有二氧化氮和空气的瓶子瓶口相对，二氧化氮放在下方，观察现象 ①你观察到什么现象？ ②这个现象从微观上说明什么？ ③填写学案。 3. 将装有二氧化氮和空气的瓶子瓶口相对，二氧化氮放在上方，观察现象 ①将二氧化氮放在上方，能否证明二氧化氮分子在不停地做无规则运动？ ②是否还有其他放置方法？比较这种方法和前面的方法，其优点或缺点是什么？ ③填写学案。 （四）总结并板书 气体分子在不停地做无规则运动。 扩散现象：不同物质相互接触时彼此进入对方的现象，称为扩散现象	学生通过日常生活的现象猜想分子是否运动 学生观察现象，从微观角度推测宏观现象背后的原因，并填写学案 学生对实验进行评估 总结，填写学案	培养学生由宏观现象猜测微观机制的能力 培养学生通过实验现象推测微观机制的能力 培养学生对实验现象进行评估的能力

教学环节	教师活动	学生活动	设计意图
探究分子在不停地做无规则运动	二、液体的扩散实验 （一）提出问题，引入课题 1.液体分子也在不停地做无规则运动吗？ 2.你能用桌子上的实验器材，设计一个实验证明液体分子在不停地做无规则运动吗？ （二）引导学生设计实验 （三）演示实验 1.介绍硫酸铜溶液的密度大于水的密度 2.展示将硫酸铜溶液用分液漏斗灌入装有水的量筒的底部，可以看到水和硫酸铜溶液之间有明显的分界线 3.将分别在三天前和一周前的混合液与之对比，描述现象 （四）总结填写学案 硫酸铜溶液和水的扩散实验说明液体分子也在不停地做无规则运动。液体之间也会发生扩散现象，但是扩散速度比气体慢。 （五）展示布朗运动 1.实验：将水彩颜料放入水中稀释，取一滴放在显微镜下观察，可以看到水彩颜料的颗粒在运动 2.介绍布朗运动，展示 flash 动画，说明水彩颗粒的运动间接反映了水分子的运动 3.引导学生填写学案 4.总结 显微镜是人类探索微观世界的有力武器，在显微镜下观察到的布朗运动再一次证明了人们关于液体分子做无规则运动的理论是正确的 （六）总结并板书 液体分子在不停地做无规则运动	学生设计红墨水和水的扩散实验 学生观察思考，填写学案 学生思考讨论，并填写学案	培养学生由宏观现象猜测微观机制的能力和设计实验的能力 培养学生由实验现象推测微观机制的能力 用显微镜观察布朗运动，使学生认识到科技的发展对人类探索微观世界的作用
	三、固体的扩散实验 （一）提出问题，引入课题 固体分子是否也在不停地做无规则运动？ （二）展示照片和动画 1.展示金块和铅块扩散现象的图片和视频动画 2.提问并展示日常生活中其他说明固体与固体之间的扩散现象 （三）总结并引导学生填写学案 （四）板书 固体分子也在不停地做无规则运动 一切物体的分子都在不停地做无规则运动 （五）举例说明 引导学生列举出日常生活中证明分子在不停地做无规则运动的例子	学生观察并思考，总结 学生填写学案 学生举例说明	培养学生通过宏观现象推理微观机制的能力和总结概括的能力 培养学生理论联系实际的能力

教学环节	教师活动	学生活动	设计意图
探究分子在不停地做无规则运动	四、影响分子运动快慢的因素 （一）提出问题，引入课题 1. 用冷水和热水冲奶粉，哪种情况溶解更快？ 2. 分子运动的快慢与哪些因素有关？ （二）引导学生设计实验 1. 学生设计实验并展示 2. 提问：实验中应注意控制哪些变量？ 3. 填写学案 （三）总结并板书 分子运动的快慢与温度有关 热运动：组成物质的大量分子的无规则运动 温度越高，分子的运动越剧烈 （四）注意区分（分子运动与物体运动） 扩散现象、蒸发是分子运动，飞扬的灰尘、液体或气体对流是物体运动。	学生提出猜想 学生设计实验，控制水的质量、墨水质量相同，同时在杯子底部滴下墨水等 学生分析现象，填写学案	培养学生提出可探究的科学问题的能力 培养学生设计实验，分析实验现象的能力 培养学生从宏观现象推理微观现象的能力
知道分子间有相互作用力	一、分子之间存在引力 （一）提出问题，引入课题 物质由分子组成，组成物质的分子在不停地做无规则运动，那么固体为什么有一定的体积和形状呢？ （二）演示分子引力实验 1. 演示实验：将两个表面光滑的铅块互相紧密接触，下面吊一个凳子也不会掉下来。 2. 提问并引导学生填写学案：为什么凳子不会掉下来？ （三）学生分组实验，并填写学案 将玻璃板一半浸入水中，用弹簧测力计慢慢提起，发现玻璃板离开水面的瞬间，弹簧测力计的示数明显增大。 （四）总结并板书 分子之间存在着相互作用的引力。 二、分子之间存在斥力 （一）学生分组实验 将针管一端用手堵住，压缩空针管。再将针管中注入水，压缩针管。 （二）学生填写学案 （三）总结并板书 分子之间也存在相互作用的斥力。 三、分子之间作用力特点 （一）分组实验 通过分子力模型使学生理解分子间相互作用力。	学生观察实验，思考问题 学生分组实验，并分析实验现象 学生分组实验，并分析实验现象	培养学生从宏观现象推理微观现象的能力 设计分组实验使学生亲自体会实验现象，对分子作用力的理解更深刻

教学环节	教师活动	学生活动	设计意图
知道分子间有相互作用力	（二）类比分子力模型，讲解分子力的特点 1. 用两个弹簧连接的乒乓球类比两个分子 当乒乓球距离增加时，弹簧向中间拉两个乒乓球，两乒乓球受到指向中间的引力作用。当乒乓球距离减小时，弹簧给两个乒乓球向外的斥力作用。 2. 向学生直接阐述分子力的特点 分子间的引力和斥力是同时存在的。当分子距离增大时表现为引力，但斥力还是存在的；同理，分子间作用力表现为斥力时，引力也是存在的。分子间引力和斥力随距离增大而减小，当分子间相距较远（一般为分子直径的10倍以上）时，引力和斥力都很微弱，这时可以将引力和斥力忽略	学生观察分子力模型，理解分子力的特点，并填写学案	通过分组实验观察分子力模型，理解分子力特点，有利于学习难点的突破
总结分子动理论	引导学生总结本节课内容，得出分子动理论，填写学案	学生总结并填写学案	锻炼学生的总结能力
分子动理论的应用	一、用分子动理论解释固体、液体、气体的特点 （一）提问 为什么固体有一定的体积和形状；液体有一定的体积，没有一定的形状；气体既没有一定的体积，也没有一定的形状？ （二）展示 固体、液体、气体的微观结构模型。 （三）提供学案 二、用分子动理论解释蒸发快慢为什么与温度有关	学生分析并填写表格 学生讨论思考	培养学生用所学的知识解决实际问题的能力

（案例提供：申宝印，北京市第十中学初中部）

【案例分析】

"物质"主题包括的主要内容有：物质的组成、原子的结构及微观世界的探索历程、人类探索太阳系及宇宙的历程、物质的尺度。这部分内容是分别从微观和宏观来认识物质世界的。通过人类探究微观世界的历程，使学生知道物质是由分子和原子组成的，了解原子的核式模型，并认识到人类的探索将不断深入。将人类探索宇宙的过程和结果展现出来，让学生了解太阳系和宇宙的结构，知道人类对宇宙的奥秘同样也在不断探索之中。

这部分内容，不论是宏观的还是微观的，对于学生而言都比较抽象。教师可以采取多种教学方式，注重培养学生获取信息的能力以及亲近自然、探索科学的情感，在学习基础知识，形成物质观念的同时，体会物理学在研究微观现象过程中的思想方法。

在本案例中，教师提出问题，引导学生阅读相关资料并进行交流，让学生体验和感悟到日常生活和科学技术中经常会用到物体的尺度，除此之外还有日常生活中不常见的"大尺度"和"小尺度"。这样可以大大激发学生的兴趣，发挥学生的自主学习能力和处理信息的能力，引导学生关注现代科技发展。

　　通过以上教学案例和分析可以发现，由于物理教学的学科特点，教师需要充分结合新的课程理念培养学生的核心素养，不断提高物理学科的教学质量。 在实际教学过程中，教师将理论与实践紧密结合，通过优化教学设计、加强实验教学，不断培养学生的物理观念、科学思维、科学探究、科学态度与责任等核心素养。

第四章

关于"运动和相互作用"主题的教学关键问题

物理学是自然科学领域研究物质的基本结构、相互作用和运动规律的一门基础学科。自然界的变化，源于物质的运动和相互作用。物质处于永恒的运动和相互作用之中，人们对物质运动和相互作用的研究，极大地拓展了对自然认识的深度和广度，在研究中所认识到的物质运动和相互作用的规律是物理学的核心内容，也是学生学习物理的基础。以主题为线索，建构课程结构，课程以发展全体学生的核心素养为宗旨，课程内容具有基础性、实践性和发展性的特点，在教学途径上，提倡学习方式的多样性。"运动和相互作用"主题课程内容的设计，旨在引导学生从物理学视角认识运动和相互作用，了解身边的运动形式及相互作用，并以运动和相互作用相关知识为载体进行教学，从而发展学生核心素养。开展本主题教学，教师需要思考这样的问题：如何理解课程标准中本主题的课程结构？如何从学科体系以及课程结构理解本主题内容的重要性？如何基于本主题内容开展结构化的教学培养学生的核心素养？等等，本章将围绕这些问题进行探讨。

新版课程标准在教学建议中提出："教师应领悟物理学科逻辑，既要明确各部分内容在物理学科体系中的地位、价值和彼此间的联系，又要了解相关知识内容的发展脉络，防止教学碎片化、孤立化，努力让学生的学习内容结构化、系统化。"教师如果能明确物理课程标准的核心特征，厘清物理课程内容结构的设定逻辑，将有助于明晰新版课程标准中课程内容的设计思路，有助于深入地理解课程，科学地实施课程，从而更好地引导学生格物致理，促进学生知行合一，进而做到学以致用。

"运动和相互作用"主题中设置了"多种多样的运动形式""机械运动和力""声和光""电和磁"这样的四个二级主题。这样的设置与教材通常的结构不同，教材多以力、热、光、电等知识模块划分章节，也就是说，课程标准主题的逻辑与教材的内容逻辑有所不同；另外，这样的设置与教学实施过程也有所不同，一般情况下，教学过程主要依据教材相对独立地展开力、热、光、电几部分内容的学习。因此，教师会产生一些疑问和困惑：这几个二级主题之间的关联是什么？它们是如何体现教学内容结构化的？

二级主题"机械运动和力"之下的三级主题有 9 条内容，核心概念主要包含长度、时间、速度、重力、弹力、摩擦力、二力合成、二力平衡、牛顿第一定律、杠杆平衡条件、压强、浮力等。教学通常也是按照这样的顺序展开各知识点教学的。但二级主题"多种多样的运动形式"之下的三级主题有三条内容要求，一条关于机械运动，一条关于分子热运动，一条笼统描述自然界中存在多种多样的运动形式。一般来讲，除了上述两种运动形式，还有电磁运动、光，以及物理学之外的化学、生物学中的运动。针对这些教学要求，教师通常在学生初始学习运动时作简要介绍，然后在相应知识模块中安排学生具体学习各种运动形式的特点和规律。这几条的内容结构明显与常见的教学结构不同。这就需要教师明晰这些三级主题之间的内在关联，教学中应如何体现这种内在关联，同时也要明晰如何通过突出这种内在关联的结构化教学促进学生对二级主题"机械运动和力"的深入理解。

针对课程标准的要求，以及教学实际中存在的问题，本节聚焦探讨的问题就是在"运动和相互作用"主题的教学中如何体现内容的结构化。

一、从不同角度理解"运动和相互作用"主题中教学内容的结构化

物理教学应有利于促进学生从物理学科知识向物理学科核心素养的转化，而课程内容的结构化则是实现这种转化的关键。

一级主题"运动和相互作用"划分为"多种多样的运动形式""机械运动和力""声和光""电和磁"四个二级主题，可以从以下三个视角理解其教学内容的结构化。

自然界的变化源于物质的运动和相互作用。人类对物质运动和相互作用的研究，极大地拓展了对自然界认识的深度和广度，建构了物理学知识的核心，这些核心知识也是学习物理学的基础。课程内容的结构通常是按照学科知识之间的逻辑关系组织起来的。

1. 从运动形式的角度认识知识之间的关联

人类生活在运动的世界里，机械运动是最直观的物体运动形式，也是物质各种运动形式中最简单、最基本的一种运动形式，它描述物体的空间位置如何随着时间的推移而变化。在机械运动中，除了物体发生平动和转动之外，常见的机械运动还有振动和波动。粗略地说，波就是振动的传播，人们能感知振动的存在，总是离不开振动的某种传播形式，机械波是机械振动在弹性介质中的传播过程，而无线电波、光是电磁波，是电磁振动的传播，这种传播不需要借助任何介质来实现，它可以在真空中传播，也就是同为振动的传播，声波和电磁波传播的机理不同。电磁运动虽然抽象，但也是自然界基本普遍的运动形式，电磁现象离不开带正电或负电的粒子的运动，以及正负电荷间的相互作用。电流的磁现象与电磁感应现象的发现，揭示了电与磁的相互转化和内部联系。任何电荷都在自己的周围空间激发电场，运动的电荷产生磁场。变化的电场和磁场可以相互激发，形成电磁场。电磁场在空间中以波动形式传播，形成电磁波。电荷的运动、电磁场的变化与传播都是电磁运动，由以上的分析可以看出四个二级主题在运动观视角的联系，机械运动、声与光、电和磁，它们内在本质上对应了不同的运动形式。

除上述几种运动形式外，物质运动形式是多种多样的，物理学所研究的包括机械运动、电磁运动、热运动、原子、原子核和核内粒子运动等在内的物质运动的规律。这些运动形式是一切物质运动中最基本的形态。"多种多样的运动形式"不仅包含这些物理学中所说的运动，还包含化学、生物学中的运动等。

2. 从相互作用的角度认识知识之间的关联

相互作用是事物之间或事物内部因素之间联系的一种表现形式。物体间相互作用的表现方式是多种多样的，如推动、拉拽、吸引、排斥、碰撞、摩擦等，这些不同的表现方式，抽象为一个力的概念，即力被定义为物体间的相互作用。物体间复杂多样的相互作用的内部机理也是复杂微妙的，人们迄今所知的各种物理现象所表现的相互作用，可归结为四种基本相互作用，即引力相互作用、电磁相互作用、弱相互作用和强相互作用，并且人们相信这四种基本相互作用最终将统一为一个普遍的作用。

光学主要研究光的传播、光与物质相互作用的规律及其应用，由此不断深化人类对光的本质的认识。介质中的各种光学现象本质上是光和物质相互作用的结果。电磁相互作用包括了静止电荷之间以及运动电荷之间的相互作用，两个点电荷间的静电作用是库仑相互作用，运动着的带电粒子之间除库仑静电力外，还有洛伦兹力的作用。根据麦克斯韦电磁理论和狭义相对论，电和磁是密切相关的，电力和磁力统一为电磁相互作用。由此也可看出，几个主题内容也是从不同视角丰富对相互作用的认识。

（二）基于认识思路理解内容的结构化

课程标准指明课程的建构是"以主题为线索，建构课程结构"的，这一理念不仅体现在一级主题和二级主题的关系上，而且在三级主题中也从认知角度体现了内容的结构性。三级主题表述的基本思路反映了从现象到本质、再到规律及应用的知识建构思路，这也是从学科本原对运动和相互作用认识过程的一种概括。例如，二级主题"机械运动和力"共有 9 条三级主题，虽然概念、规律多，但我们可以清晰地看到这是以学生学习物理认识发展的思路展开的，首先认识身边的运动现象和力现象，再进行对现象的描述，建构速度、力等相关概念；然后通过牛顿第一定律的学习，认识机械运动和力的关系；最后通过杠杆平衡条件、浮力等学习，从运动和相互作用的视角解释相关的现象，解决日常生活中的问题。这也就是从知识应用的角度促进学生对运动和力关系的理解，从而形成初步的运动和相互作用的观念。又如，在"声和光"主题中有关光学部分的三级主题，其中的展开思路也是如此，从观察、认识、描述光的反射现象、折射现象，到探究和了解光的反射、折射的传播规律，再到光学元件平面镜、凸透镜对光学规律的具体应用。另外，从具体内容的学习过程看，也体现了从简单到复杂的认识路径。光的直线传播是光在同种均匀介质中的传播，反射是光在介质表面的传播现象，折射是光从一种介质进入另一种介质的传播情况，研究对象越来越复杂。由此可以看出，三级主题从整体结构和具体条目都通过一定的认识思路来建构内容结构的。

（三）基于核心观念理解内容的结构化

物质运动的形式是多样的，课程标准在二级主题"多种多样的运动形式"中明确提出学习要求的运动形式还包括分子的热运动。熔化和凝固、汽化和液化、升华和凝华是自然界和生活中的一些常见的热现象，这是不同条件下分子热运动的宏观反映。但是关于物态变化的学习要求并没有放在运动和相互作用主题中，而是放在一级主题"物质"下的二级主题"物质的形态和变化"中，这样的设置反映了义务教育阶段对学习内容要求的不同侧重，对物态变化的学习侧重对物质的形态、变化、表征的初步认识，对分子热运动的学习侧重对物质宏观特征本质的认识。

再从与电磁学相关的内容要求来看，磁场是课程标准中唯一一个有明确学习要求的、与"场"相关的概念。场是一种看不见、摸不着的特殊物质，实物与场是物质的两种基本形态。学生对场的学习将会完善对物质的认识，但是对"磁场"的学习要求并没有放在"物质"主题下，而是放在"运动和相互作用"主题下。进一步从具体的学习内容看，要求学生了解磁极间有相互作用，了解通电导线在磁场中会受到力的作用，通电导线周围的小磁针会受到力的作用等，都是从相互作用的视角进行研究的，而与电路相关的内容，如电流、电压、电阻、欧姆定律及焦耳定律等内容则纳入了"能量"主题。由此可以看出，义务教育阶段对学习内容在侧重点上的不同要求。

对于三个一级主题，"物质"相当于研究对象，教学中既要研究它本身的形态和变化，还要研究它的运动形式、物体间的作用以及基于它的形态、运动对应的能量。这就相当于是从不同角度研究了物质，这也许是一个不太严谨的说法，但也表明这三个主题是有联系的，并不是孤立的。课程内容结构体现了义务教育阶段对促进学生建构和形成物理学科核心观念的需要。

二、"运动和相互作用"主题中教学内容结构化的具体表现

结构化就是将相关内容进行关联，划分为不同的部分或归入某种更大的范畴，在头脑中组织起来，形成组块，进而形成良好的具有层次结构的知识体系。结构化注重认识事物的基本要素、基本关系及其内在基本规律，是一种思维方法的体现，也是使某种对象按其内部要素的逻辑、组合形成结构的过程。在"运动和相互作用"主题中，其教学内容结构化主要表现为知识内在的逻辑关联性、内容与学生认知结构的匹配性和内容推进使学生形成运动和相互作用观念的过程。

（一）"运动和相互作用"的学科知识体系

物理课程内容包含许多核心知识和基本概念，以学科概念、原理、事实、方法、观念以及语言和符号等为载体，形成了物理学科知识严密的逻辑系统，这种客观存在是学科自身价值所在。学科知识体系是内容结构化的基础表现，任何知识教学若不从知识内在构成性上加以分析，那么其教学过程甚至教育价值都只能停留在表层。

例如，对力的学习，涉及重力、摩擦力、弹力、浮力等不同的力，如图4-1-1所示为初中物理学习中常见力的知识结构图，从横向上体现了力的分类，从纵向上体现了对每种力深入认识的各个要素，整体反映了初中阶段力学本体知识的有序组合，直观反映了各种力之间的关联。

又如，围绕电流和电路这两个核心概念的学习，其知识结构的建构如图4-1-2所示。初中阶段，对电流和电路的学习是从观察摩擦起电现象入手的，学生在学习电荷概念的基础上认识电流，逐渐形成对电流概念的初步认识。学生通过进一步学习，会识别电路、连接电路，学会看电路图，会正确使用电流表，并探究得出串、并联电路中电流、电压的规律。

（二）兼顾"运动和相互作用"知识体系的认知思路

从认知结构理论的视角看，教学应该让学生在学习过程中形成认知结构，而教学内容的结构化也是为了促进学生认知结构的发展。因此，结合学科知识逻辑体系与学生认知特点相适应的认知思路，是教学内容结构化的本质表现。

1. 从简单到复杂的认知思路

人类对事物的认识通常遵循从简单到复杂的顺序，按照从简单到复杂的认知思路设计和实施教学可以让学生的认知过程流畅自然。

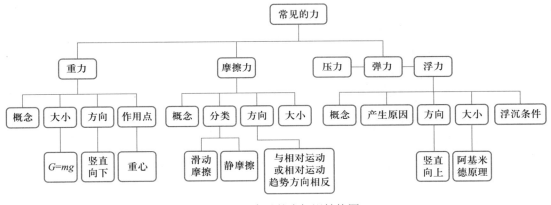

图 4-1-1 常见的力知识结构图

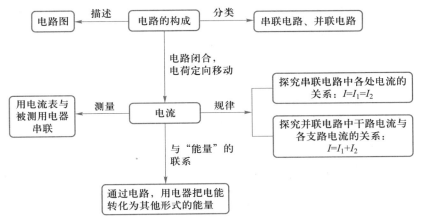

图 4-1-2 电路和电流知识结构图

例如，对光现象的认识过程，是从光的直线传播到光的反射，再到光的折射。在这个过程中，首先认识光在同一种介质中的传播，再认识光在两种介质界面的传播，然后认识光在两种介质中的传播，研究对象逐渐复杂。又如，对运动形式的认识，首先从宏观角度感性认识机械运动，再从微观角度认识复杂的分子热运动，然后初步认识更为抽象难理解的波动。

2. 从宏观到微观的认识思路

在认识物质世界时，人们通常会先通过自己的感觉器官获取研究对象的各种信息，初步了解研究对象"是什么"，有时也会借助一定的工具或手段进一步确认物质的一些可以感知的属性，这是宏观层面的认知。在此基础上，人们会产生探究物质及其变化原因的欲望，也就是从微观原理寻求解释，从而获得"为什么"的认识。在此过程中，人们会形成宏观与微观相结合进行认知事物的方法，也就是通过直接感知的现象，推测无法直接感知的事物。

例如，对分子热运动的认识。课标要求"了解分子热运动的主要特点，知道分子动理论的基本观点"。在教学中，学生通过对宏观物体机械运动形式的学习，了解运动的描述方法，认识到宏观物体的运动是绝对的，但同时也会产生疑问："构成物质的分子是静止的还是运动的？""用肉眼不能直接观察到分子，如何得知分子是否运动呢？"人们是通过物体的一些宏观表现来推断分子的情况的。由此，在教学中，教师引导学生观察二氧化氮气体和空气之间、硫酸铜溶液和水之间宏观的扩散现象，再引导学生从微观的角度思考扩散现象反映的是分子的运动，从而推断出"一切物质的分子都在不停地做无规则的运动"。其后，为了解释温度对热运动的影响，让学生观察墨水在冷水和热水中扩散快慢的比较实验，推断得出"温度越高，分子的热运动越剧烈"。这个过程是再一次让学生经历从观察实验、分析宏观现象出发，通过推理探索微观世界的科学研究思路。

3. 从定性到定量的认识思路

物理概念和规律是人类对客观世界的一种本质认识，是人类对物理世界从感性认识过渡到理性认识的桥梁，有了物理概念，才有可能进行正确判断和推理，因此在观察自然现象或实验现象的基础上，通过思维加工，形成概念和规律，然后运用概念和规律解决实际问题。对物理概念和规律从定性到定量的描述符合人从感性到理性的认知规律，"定性"描述是为了帮助学生更好地理解为什么要建立相应的概念和探寻对应的规律，"定量"描述是为了把握其本质。

例如，对浮力概念的学习，要经历四个过程：一是基于生活中的浮力现象，定性分析认识到浮力的存在，初步建立浮力的概念；二是基于体验与实验，定性和定量相结合感知和测量浮力大小；三是基于观察实验，定性分析影响浮力大小的因素；四是基于实验探究，定量探究阿基米德原理，完善对浮力的认识。又如，对平面镜成像特点的认识，首先基于生活经验和实验观察，对平面镜成像的特点从像与物的位置、大小关系、正倒关系等几个方面有了定性的认识，再通过探究定量地确定这些关系和规律。再如，对力的作用效果的认识，首先定性认识力可以改变物体的形状，也可以改变物体的运动状态，再从弹簧弹力与形变量的关系、压强描述压力的作用效果等角度定量认识力使物体产生形变的效果；到高中阶段通过牛顿第二定律的学习，对力改变物体的运动状态进行定量研究。

定性研究与定量研究是人们认识事物和研究事物发展规律的两条主线，各自包含一系列具体的研究方法。但是，从学生学习物理的认识规律来看，通常是先进行定性认识，直观地观察和体验，从多维度、多视角整体把握事物的全貌；然后进行定量分析研究，依靠准确的数据定量分析，认识事物。这种认识思路贯穿在运动和相互作用主题内容的学习过程中，这也是基于认识思路体现教学内容结构化的表现。

三、在"运动和相互作用"主题中如何实现教学内容的结构化

课堂教学内容要通过一定的教学活动表现出来，因而教学内容的结构化也要通过适合的教学活动体现出来，这就要求教学活动的设计与教学内容的结构化和谐统一。

（一）整体设计教学结构

1.构建学习单元，促进结构化学习

单元教学设计是教师细化教学目标、落实教学工作、整合单元内容所有目标及要素的主要手段，是将教学内容做"结构化"处理的主要方式之一。从教师层面来说，单元教学设计通过建构单元逻辑来把握单元整体设计课时活动；从学生层面来说，通过单元学习将碎片化的知识围绕单元主题整合起来，从而自主建构知识结构。构建学习单元，教师可以首先以科学大概念或者要解决的核心问题组织教学内容，围绕核心概念和研究方法，整合物理概念、规律，然后在此基础上，进一步挖掘教学内容中隐含的跨学科概念、认识方式、研究方法等隐性知识。这些知识和方法将为学生终身发展、应对现代和未来社会发展的挑战打下基础。

【案例】机械运动（单元教学结构设计）

单元主题：描述机械运动

核心任务：描述物体的运动

核心问题：如何描述物体的运动情况？

子问题	子问题1：如何判断物体是否运动？	子问题2：如何描述物体的运动情况？
关键问题	1.如何确定物体的位置？ 2.如何选择参照物？ 3.如何判断物体相对参照物是否运动？	1.物体的运动随位置的变化和时间的变化分别有什么特点？ 2.如何描述物体运动的快慢？ 3.如何定量描述物体沿直线运动的快慢？
主要活动	1.描述某同学的位置 2.描述某同学是否运动 3.描述某同学相对不同参照物是否运动	1.描述某同学的运动情况随位置和时间变化的特点 2.比较两个物体运动的快慢 3.测量步行的平均速度
核心知识	参照物、位置、长度、时间、运动和静止	匀速直线运动、速度、平均速度、瞬时速度

【案例分析】

本单元内容属于"运动和相互作用"主题下二级主题"多种多样的运动形式"和"机械运动和力"。自然界的物质处于永恒的运动之中，不同物质和不同运动形式之间发生着相互作用。了解物质的运动和相互作用规律，是认识物理现象必须具备的知识。从本单元内容上看，学生要知道机械运动的概念，知道运动和静止都是相对于参照物而言的，知道用速度表示物体运动的快慢，了解平均速度和瞬时速度。也就是说，学生要学习定性和定量地描述机械运动，并在此基础上进行应用实践，测量运动物体的平均速度。由此可以看出本单元中核心概念是机械运动，本单元的概念层级如图4-1-3所示。在运动的描述中，参照物、速度等概念是学习运动规律的基础。本教学设计主题指向"描述机械运动"，是与单元内容相统一的。基于这样的内容，确定了单元的核心任务"描述物体的运动",基于任务提出要解决的核心问题"如何描述物体的运动情况?"在具体解决核心问题的过程中,又将其分解成两个子问题,子问题1:如何判断物体是否运动?子问题2:如何描述物体的运动情况?进一步细化为几个关键问题,并相应设计了学生的学习活动。

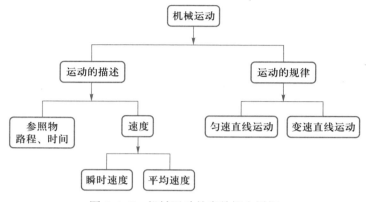

图 4-1-3 机械运动的有关概念层级

围绕大概念进行单元教学设计,从整合单元教学内容、确定单元教学目标、设计单元学习活动等方面,能够帮助学生系统地学习知识,促进课程内容结构化的落实。

2. 关注知识点在知识体系中的位置,建立知识关联

教师在进行具体知识点的教学设计和实施时,要关注该知识点在知识体系中的位置,关注该知识点与学生已有知识及认知方式的联系,关注该知识点为后续学习能做好哪些准备,也就是要通过该知识点建立知识间的联系,逐步形成知识体系。

【案例】磁场 磁感线

情境:出示一根条形磁铁,请同学们伸出手在磁铁周围感觉一下。

问题:请同学们说一说,手在磁铁周围感觉到了什么?

学生:没有什么感觉。

问题:你能否通过手的感觉判断磁铁周围空间和没有磁铁的空间的异同?磁铁周围有没有特殊的物质存在?请说明你进行判断的理由。

学生:有磁铁和没有磁铁的空间应该是不相同的,只不过我们的手无法感觉到。

提示:请同学们想一想,你是如何判断是否有风的?能否借鉴这种方法设计一种判断磁铁周围是否存在特殊物质的方法呢?

学生:借助其他物体,依据力能使物体产生形变或者使物体运动状态发生变化,也就是从力的作用效果来推断是否有力的存在。比如,从树枝的摆动可知有风,也可从旗子飘起可知有风。同理,可以借助其他物体,将其放在磁铁周围,看其是否受到磁铁的影响。

问题:你选用什么样的物体?依据什么来选择?

学生:可以用小磁针。将小磁针放在桌面上,指针指南北,当磁铁靠近小磁针时,小磁针就会发生转动,表明磁铁对小磁针有力的作用。从小磁针能受到这种力,而手

不能感觉到，也说明了这种力的特殊性，它不是对所有物体都有作用。

分析：我们也可以设计这样的情境来分析，用手拨小磁针，小磁针转动，是因为手对小磁针有力的作用；用嘴吹小磁针，小磁针转动，是因为气流对小磁针有力的作用；用磁铁靠近小磁针，小磁针转动，是因为靠近的磁铁对小磁针有力的作用。

结论：磁铁与小磁针没有直接接触，但存在力的作用，这说明磁铁与小磁针之间存在某种物质，磁铁与小磁针之间力的作用，就是通过这种看不见、摸不着的物质进行的，这种物质称为磁场。在物理学中，许多看不见、摸不着的物质，可以通过它对其他物体的作用来认识。像磁场这种物质，我们用实验可以感知它的存在，也可以用实验去感知它的某些特性。

情境：将一根条形磁铁置于桌面，在靠近磁铁旁边的某一个位置（位置1）放置一个小磁针，观察它的 N 极指向；然后拨动小磁针，等小磁针再次静止后，观察小磁针的 N 极指向；换一个小磁针仍放置在位置1，重复该实验。

现象：在位置1，小磁针的 N 极总是指向一个方向，说明小磁针受力方向不变。

结论：磁场具有方向性。

物理学规定：把小磁针放在磁场中的某一点，小磁针静止时 N 极所指的方向规定为那点的磁场方向。

问题：磁铁周围各点的磁场方向相同吗？

情境：将上述情境的小磁针换一个位置（位置2），重复上述实验。

现象：在位置2，小磁针的 N 极也总是指向一个确定的方向，说明小磁针在位置2的受力方向也是不变的，但是在位置2的受力方向可能与在位置1的受力方向不相同。

问题：如何得知磁铁周围磁场方向的规律呢？

情境：在磁铁周围排列多个小磁针，记录小磁针 N 极的指向，观察小磁针的方向特点。

问题：通过实验现象可以得出磁场分布的什么规律？如果要更准确地描述磁场各位置的磁场情况，应该如何改进实验？

情境：把玻璃板放在条形磁铁上，在玻璃板上均匀撒上铁屑，然后轻敲玻璃板，请同学们观察铁屑的分布特点。

现象：铁屑有规则地排成一条条曲线。

猜测：小磁针处在曲线上某位置时，小磁针的指向会沿着曲线方向（切线方向）。

情境：将一些小磁针放在铁屑排列成的一条曲线上。

现象：小磁针的 N 极沿着曲线方向指向一致。

问题：小磁针静止时 N 极所指的方向就是该点的磁场方向。有没有办法形象、直观地描述磁铁周围各点磁场的方向？

学生：可以用曲线描绘出铁屑排列出来的曲线，并在其上标箭头来表示磁场方向。

引入概念：在磁场中画一些带箭头的曲线，箭头的方向跟该点的磁场方向一致，这样的曲线称为磁感线。

问题：观察磁铁周围的磁感线有怎样的规律？

结论：磁铁周围的磁感线的方向是从磁铁的 N 极出来，回到磁体的 S 极。

问题：如何得知并描绘出蹄形磁铁周围的磁场分布情况？

学生：模仿研究条形磁铁磁感线的方法进行实验，画出蹄形磁铁周围的磁感线。

问题：请同学们回顾梳理一下研究磁场是否存在、磁场周围磁场方向以及用磁感线描述磁场分布规律的方法，想一想这些研究问题的方法在以往的学习中是否用到过，还可以迁移用来研究什么问题。可以通过具体的案例分析来说明。（这一问题可作为课堂讨论，也可作为课后的一项作业。提示：研究气流、电荷周围是否也有特殊物质存在，地球周围物体受到重力的作用是否也有特殊物质存在等）。

【案例分析】

场的概念的建立是物质和相互作用概念的发展，从物质视角看，场是一种特殊的物质，是对实物物质概念的拓展；从相互作用视角看，磁体之间的相互作用是通过磁场来实现的，是对相互作用概念的拓展。电场、磁场是电磁学的基础，对场的认识和理解在不同学段的学习要求有不同的侧重点，高中阶段对场的力的性质和能量的性质要求都比较高，初中阶段主要从相互作用的角度初步建立场的概念，而且只对认识磁场提出要求，并不要求认识电场。在进行具体知识点教学设计时，教师要"瞻前顾后"，以该知识点为核心，建立学生已有知识和后续学习知识之间的关联。

本案例中，对磁场、磁感线的教学思路大致分为三个环节：认识磁场的存在，认识磁场是有方向的，建立磁感线的概念。在教学中，以磁场、磁感线知识点为核心，从认知角度帮助学生建立知识和方法的关联，具体表现在两个方面。

一是从场概念的角度进行关联。学生是第一次认识到场这种物质，但在以往的学习中也有过两次接触，一次是在学习力学时认识到地球周围的物体都受到重力的作用，物体和地球并不接触却受到重力的作用，是通过重力场发生的原因；一次是电荷间存在相互作用，是通过电场发生的，但对重力场、电场都没有教学上的要求，没有明确建立场的概念。本案例最后让学生回顾梳理研究方法，也是为了启发学生通过类比拓展对场这一核心概念的认识，并从核心概念的角度建立力、电、磁知识间的联系。

二是从研究问题方法的角度进行关联。场看不见、摸不着，学生不仅对场的存在缺乏感性认识，也没有研究此类情况的方法，教师通过学生熟悉的日常现象"风"的认识，来启发学生类比学习，即可以从研究对象表现出来的某些特性来研究，这里研究的都是力的性质，借助了其他物体受力的作用效果来认识磁场。案例中研究磁场的方向，采用了基于现象进行人为规定的方法，为更形象地描述磁场情况建构了磁感线的模型。案例在最后让学生回顾和梳理研究方法并进行拓展，这个方法不限于研究看不见、摸不到的场，也适用于气流、水流等流体，这些对场及其规律的研究方法对学生在电磁学的学习中具有指导意义，也是从方法上促进学生认知结构化的重要途径。

3. 基于学习路径梳理逻辑线索，建构认知结构

即使教师进行了单元教学设计，但具体的教学实施也是由一节课一节课来完成的，这就可能造成学生在学习每个知识点时，并不一定能及时建立起和前面所学知识的联系，也并不一定能及时准确地建立起单元的知识网络。因此，通常教学都会安排单元复习或阶段性复习，复习课重要的学习目标就是从单元视角梳理本单元的知识结构，帮助学生建构单元知识体系、整合认识方式。具体途径可以依据学生学习本单元核心概念的学习路径，梳理知识间的逻辑关系，显性呈现出贯穿本单元各知识点的线索。图 4-1-4 所示为"运动和力"单元知识结构的一种表达方式，教师也可以引导学生从不同的视角、以不同的线索来建构不同的结构图。

【案例】运动和力（单元结构图）

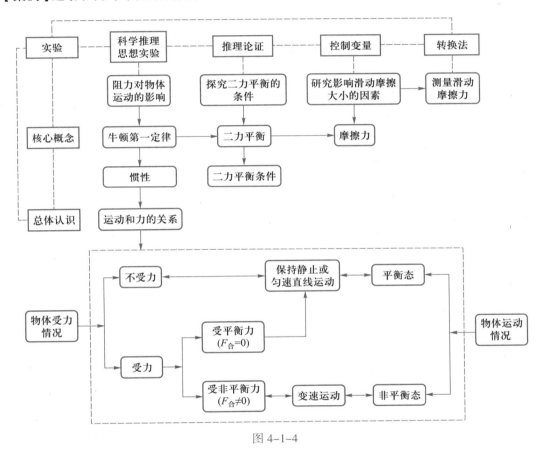

图 4-1-4

【案例分析】

学生在前面"机械运动"和"力"两个单元中已经分别学习了运动和几种常见的力，但是还没有把运动和力的关系建立起来，"运动和力"单元旨在引导学生认识运动和力之间的内在规律。牛顿第一定律是经典力学的核心内容之一，它指出了力与运动的关系，即力不是维持运动的原因，而是改变物体运动状态的原因。学生对本单元的学习就是围绕牛顿第一定律展开的，首先通过实验"阻力对物体运动的影响"进行推理，引出牛顿第一定律，但是牛顿第一定律描述的是物体在不受力作用时的理想状态，而在实际中，不受力的物体是不存在的，由此进一步引出物体在受力平衡时的运动情况，建立平衡力的概念。二力平衡条件为研究摩擦力提供了知识基础，同时，摩擦力的学习促进了学生对二力平衡条件及其应用的理解。这是"运动和力"单元中学生实际学习的认识路径，也是教学的逻辑线索，其中也体现了知识间的关系。

人们对运动和力关系的认识是逐步深入的，从"运动需要力来维持"到"力不是维持运动原因"的认识发展过程，也伴随着研究问题方法的丰富和发展，蕴含着创造性的科学思维，这些学科思想和方法是教学中的暗线，能促进学生认知结构的发展。因此，对科学思维方法的梳理也是建构单元结构的一部分。

每节课的教学中都应贯穿结构化的观念，这样单元教学结束时，知识间的关系在教学中已经不断完善和强化，应掌握的知识点在学生的头脑中会初步建立知识网络，形成结构化知识。在单元复习时，教师再次通过结构图明示这种结构，指导学生依据知识间的内在联系归纳总结，主动建构知识结构化框图。建构单元知识结构时，可以依据教材或者实际学习的认识路径，梳理核心概念，形成知识线索，这是比较容易梳理的"明线"，在此基础上，再去分析知识建构过程中典型实验及其运用到的物理思想和方法，这条科学思维的"暗线"，从而梳理出知识间的关联和认识上的逻辑线索。另外，从发展物理观念的角度，明示出本单元的学科价值，正如本案例中对"运动和力的关系"的总体认识。

（二）关注学生认知结构、思维结构和素养结构的发展

完整的知识体系是由概念组成的，概念之间的关联性也体现在认知结构上。以"力"为例，课程标准在内容要求中明确提出"了解重力、弹力和摩擦力，认识力的作用效果。能用示意图描述力。会测量力的大小。认识浮力"。在示例中提出"通过实验，认识力的作用效果是相互的。通过实验，认识力可以改变物体运动方向和快慢，也可以改变物体的形状"。课程标准没有明确要求"力"的概念，但要求认识力的作用效果，这就意味着要求在力现象中能识别施力物体和受力物体，能认识和体会力的物理意义。力的概念、描述以及测量的学习与理解是贯穿在重力、弹力、摩擦力以及浮力的学习之中的，它们之间既存在从属的逻辑关系，也存在内在认识方法上的一致性，这些核心概念的逻辑关系和认识方法也是"运动和相互作用"主题中内容结构化的表现。

在课堂教学中，教师可以将隐含的认识思路和方法呈现出来，明示这种结构化，例如下面的教学案例："力"教学设计。

【案例】力（教学设计）

课堂引入：力，你熟悉吗？

学生体验活动：搬箱子。

核心问题：什么是力？

环节一：怎样感知力的存在？

问题：生活中哪里有力？

师生举例：教师提供图片，学生语言描述。

问题：怎样感知力的存在？

学生探究学习活动：利用实验室器材和身边物品设计实验，在推、拉、提等活动中感知力的存在。

环节二：什么是力？

问题：物体之间产生的力有什么特点？如何用物理语言给出力的概念？

学生总结归纳：分析归纳，提炼共性，抽象出力是一个物体对另一个物体施加的作用。发生作用的两个物体，一个是施力物体，一个是受力物体。

问题：判断力存在的依据是什么？

学生举例说明：力的大小、方向或作用点不同，对物体的作用效果也不同。不同的力可以改变物体的运动状态，也可以改变物体的形状。

环节三：怎样描述力？

问题：力的哪些方面不同，能够导致力对物体作用效果不同？怎样描述力，才能把不同的力区分开？

学生交流后得到：可以从力的大小、方向和作用点的角度来描述力，也就是用力的三要素来描述力。

问题：如何形象地表示出力对物体的作用？

学生交流后得到：用力的示意图定性描述力的三要素。

教师介绍：力的单位及 1 N 的大小。

学生感知：通过活动感知力的大小。

延伸问题：怎样测量力的大小？（请同学们课后思考，在下一节课进行深入讨论。）

问题：如何用类似示意图的形式简单形象而又定量地描述力？

学生交流后得到：用力的图示相对定量地描述力的三要素。

环节四：怎样用力的概念分析物体间的相互作用现象？

学生分析解释：列举人推箱子、线吊着灯悬挂在天花板、磁铁吸引大头针等现象，进行受力分析。

课堂小结：力的概念、描述力的方法等。

【案例分析】

力是一个抽象的概念，虽然力的概念跟学生的日常生活有非常密切的联系，学生在生活中对力学有丰富的感性认识，但这些认识是零散的、肤浅的，同时物体间的力又是看不到的，学生初步形成力的概念并不容易。怎样认识力？教师可以引导学生经历感知、描述、测量、分析等过程，从而达到逐步认识和深化的目的。本案例展示的教学设计思路就是遵循这样的认识过程。教师先通过问题引导学生联想生活中与力相关的实例，再通过相关图片为学生创设情境，然后让学生通过体验、观察、描述认识力的作用效果，感知力的存在，并初步归纳、概括出各个实例的共同特征，即力是物体对物体的作用。在充分感受力的基础上，进一步从描述力的角度，理解影响力的作用效果的三要素，得出描述力主要抓住力的三要素，并可以用力的示意图来描述。作为一个有大小的物理量，力是可以测量的，本节课定性感知力的大小，为下节课的测量做了铺垫。学生对力的概念有初步、较完整的认识之后，分析常见事例，进行实验测量，进一步深化理解两个物体间的作用是相互的。

本案例之所以突出了感知、描述、测量、分析力的认识思路，是因为这是认识力所共同遵循的思路，对弹力、重力、摩擦力、浮力的学习思路都是如此。比如对重力的学习，学生也是经历了对重力的感知、描述和测量等过程，最终形成对重力的整体认识，学习重力的过程是对认识力的思路的具体应用。由此可看出，学习内容在认识路径上也有结构和体系。

电与磁（单元教学主题分析及设计思路）

教学内容的结构化是促进学生从知识向核心素养转化的关键，例如，认识电与磁的关系，也可以从运动和相互作用的视角来设计教学，体现教学的结构化，帮助学生形成认识思路和认知体系，构建清晰的思维结构，从而有效发展他们的素养体系。

为了能在本主题实施结构化的教学，教师应该对核心素养的内涵、形成过程有深刻的了解，深刻理解本主题知识的内在结构；应在组织教学内容时高度重视物理知识的结构化设计，充分认识知识结构化对于学生物理学科核心素养发展的重要性，尤其是应有目的、有计划地进行"认识思路"和"核心观念"的结构化设计；应在教学过程中着眼于知识的内在结构，引导学生依据结构、生成结构、实践结构、拓展结构。通过结构化教学，促使学生形成认知结构、发展思维结构、生成素养结构。

关键问题 4-2 **如何理解"运动和相互作用"主题的重要性和教学要点？**

研究物质的运动和相互作用的规律是物理学的核心内容，也是学习物理学的基础，该主题内容在学业评价中所占比例也一直很大。那么，为什么本主题的内容在物理学中占有核心地位，它的重要性表现在哪里？如何理解该主题中核心概念和规律的内涵？在教学中如何把握这些概念和规律的教学要点，并基于这些概念和规律落实核心素养目标？对该主题内容的重要性和教学要点的理解，反映了教师对该主题中学科知识及其蕴含的学科思想方法的理解程度，会直接影响教学目标的设定和教学活动的设计。本节针对"运动和相互作用"主题的重要性和教学要点进行探讨。

一、"运动和相互作用"主题内容在教学中占有重要地位

（一）运动和相互作用的规律是学生学习物理的基础

新版课程标准在课程性质中指出："物理学是自然科学领域研究物质的基本结构、相互作用和运动规律的一门基础学科。"新版课程标准以"物质""运动和相互作用""能量"为三个一级学科内容主题，对初中物理学习提出了要求。物质和运动是不可分割的，物质是运动着的物质，宇宙中的一切事物都是以自己特定的形式不断运动。运动是绝对的、无条件的、永恒的；运动是物质的运动，运动离不开物质，世界上没有脱离物质的运动，任何形式的运动都有它的物质主体。从这个角度来说，物质是运动的基础和载体，运动是物质的存在方式和根本属性，"运动和相互作用"主题是对"物质"认识的延伸。运动和物质不可分，同样与能量也不可分。从能量的形式可知，能量以多种不同的形式存在，按照物质不同的运动形式，能量可分为机械能、内能、电能和核能等形式。对能量形式的认识要以运动和相互作用的知识为基础。学生对能量的学习是从身边常见的能量形式——机械能开始的。机械能包含一种与运动相关的动能，还包含一种与相互作用相关的势能，为了认识这两种能量就要有运动和相互作用的认识基础。同样，学生对内能的学习是从认识宏观物体的运动和相互作用，迁移到微观分子无规则运动和分子间的相互作用，然后认识到内能是组成物体的分子无规则运动的动能和分子间相互作用的势能的总和。由此也可看出，在学生认识能量的路径上，也是以运动和相互作用为基础的，能量是对运动和相互作用的拓展。

从整体上看，学生能够通过"运动和相互作用"主题的内容学习，建立丰富的感性认知基础，可以深化对自然的认识，形成从物理学视角认识身边的运动形式和相互作用规律，同时为物质、能量的学习奠定基础。

（二）运动和相互作用主题的内容蕴含着丰富的研究问题的思想方法

学生对本主题的学习，首先从最常见、最直观、最简单的机械运动开始，再到复杂的光现象、电磁现象，内容非常丰富。物理学家在长期科学实践中获得实验技能，建立物理概念，发现物理规律，同时也形成了一套独特且卓有成效的思想方法体系，使之成为人类智慧的结晶，并在众多领域中发挥着越来越大的作用。此外，这个过程还充满了科学探索的激情、科学精神、科学态度和社会责任感。这些也都是学科核心素养和课程教学的内在联系。由于不同的运动有着不同的规律和研究方法，也使得在本主题丰富的内容中蕴含着丰富的学科思想方法。例如，为了定性比较物体运动的快慢，采用了对比的方法；为了定量比较物体运动的快慢，采用两个物理量之比定义新物理量的方法，从而引入了速度的概念；为了认识分子的运动，采用了类比宏观机械运动的方法，同时采用了从宏观现象推理分析微观机理的方法；为了学习力、重力、压力等概念，采用了抽象和概括的方法；为了探究压力、摩擦力、液体压强等与哪些因素有关，采用了控制变量的方法；为了直观认识发声物体的振动，采用了放大法；为了认识磁场，采用了类比的方法；为了描述物体的运动规律，建立了匀速直线运动的模型；为了描述光的传播，建立了光线的模型，等等。

丰富的学科思想方法为学生学习物质和能量做好了认识方法上的准备。比如，采用比值定义物理量的方法引入密度的概念，为功率、电阻、比热容等概念的建立提供了方法；在声和光等现象学习中，通过观察提出科学探究问题，做出有依据的猜想与假设，在杠杆、浮力、凸透镜成像、通电螺线管等科学探究中制订实验方案，正确使用测量工具获取实验数据，进行初步因果判断、得出实验结论的探究能力等，为探究电流与电压、电阻的关系，探究电流产生的热量与电阻、电流的关系等实验，做好了方法与技能的准备。

二、对几个核心概念的理解和教学要点分析

学生在本主题的学习中，既要了解身边的运动形式及相互作用，又要了解声、光、电、磁的含义，涉及较多的概念和规律，对这些概念和规律的学习，是学生形成运动和相互作用的观念的基础，也是发展学生的科学思维水平和科学探究能力、提高学生解决实际问题的能力、培养学生的科学态度和科学精神的重要载体。

（一）机械运动的相对性——关于"参照物"

1. 参照物的重要性

自然界的一切物体都处于永恒的运动中，绝对静止的物体是不存在的，就此意义而言，我们说运动是绝对的。但是描述某个物体的位置随时间的变化，却又总是相对其他物体而言的，这也就是运动的相对性。由于运动的相对性，参照物在运动的描述中具有基础性的意义。在描述一个物体的运动时，参照物可以任意选择，从运动学的观点来看，所有的参照物都是平权的，选用时只需要考虑分析解决问题是否简便。对一个具体的运动学问题，我们一般从方便程度出发选取参照物以简化物体运动的研究，但选择不同的参照物来观察同一物体的运动，其结果可能会不同。为了确切地或定量地说明一个物体的运动，除了选择一个参照物外，还需要在参照物上建立适当的坐标系，有了坐标系，就可以定量地确定物体在空间的位置。例如，若想说明地面上某人所处的位置，可以采用平面直角坐标系来描述，如果物体做直线运动，可以用一维坐标系来描述。可以说有了参照物和坐标系，就可以准确地描述物体的运动了。需要说明的是，在初中阶段，被选择作为参照的物体称为"参照物"，而在高中和大学一般称为"参考系"，在教学中一般不进行区分。从动力学角度看，参考系分为惯性系和非惯性系，牛顿运动定律等动力学规律只对惯性参考系成立，对不同的非惯性参考系要应用牛顿运动定律，则需要引入相应的惯性力来修正。由此可看出，初中学生对参照物的学习也是发展学生运动观念的必要概念。

2. 参照物的教学要点分析

新版课程标准对机械运动的内容要求是在三级主题"2.1.1 知道机械运动，举例说明机械运动的相对性"。另外，在"活动建议"中给出建议"观察生活中的机械运动现象，说明机械运动的相对性"，并没有明确表述对"参照物"概念的要求，但基于上述分析可知，参照物是一个基础性的概念，选定参照物是描述运动问题的前提，教师不仅要让学生通过参照物的学习对运动的相对性有所了解，还要让学生认识到参照物的重要性，形成研究运动问题首先要选定参照物的认识。

对于参照物的教学，教师应重视学生的生活经验和学习经验，让学生观察大量的实例并进行分析，通过对比的方法，了解参照物的概念在描述物体运动情况时所起的作用，体会到引入参照物概念的必要性，认识到物体运动和静止的相对性，初步形成"物质是运动的"物理观念。

【案例】静止和运动（教学片段）

视频情境：夜空中的彗星、飞奔的骏马、缓慢爬行的蜗牛、城市街道中行驶的汽车、路上的行人等。

问题：这些画面所展示的情境不同，但都有一个共同的特征，也就是我们所观察的物体都在"运动"，想想看，我们根据什么说这些物体是运动的？

学生交流后得出：它们的位置发生了变化。

视频情境：行驶公交车上坐着乘客，路边的景物和人在高速后退。

问题：车上的乘客是运动的吗？你是怎样判定的？

学生交流后得出：要表达清楚位置是否变化，判断物体是否运动，需要找另一个物体作为参照。如果物体的位置相对这个参照物发生了变化，就说它是运动的，如果没有发生变化，就说它是静止的。

问题：对同一运动而言，如果选择的参照物不同，结果是否相同呢？举例说明。

学生举例交流后得出：结果可能不同。

视频：运动场上，参加比赛的两名同学，后面的同学，奋力奔跑，想赶超前面的同学，但始终相距同样的距离。

　　交流活动：请结合视频的情境，谈谈你对运动现象的认识。

　　师生总结归纳：①判断运动要先选定参照物。②尽管运动是绝对的，但运动的描述是相对的。物体的运动和静止是相对参照物而言的。③参照物是可以任意选择的，但选择不同的参照物，对同一运动的描述有可能不同。

　　问题：同学们都听过《刻舟求剑》的故事，你是否可以从运动的视角分析这个故事？

　　学生讨论交流。

【案例分析】

　　本案例结合学生的生活体验设置问题情境，通过视频来呈现，让学生通过观察再进行描述，从描述中认识到引入参照物概念的必要性。教师列举实例、学生举例说明，目的都是让学生在一系列讨论活动中逐渐领悟运动和静止的相对性，理解参照物概念对研究运动问题的重要性，理解为什么说运动和静止是相对的。虽然这是一个运动学的基本概念，参照物（参考系）在课程标准中没有过多要求，但这却是研究运动问题的基础，需要学生从学习物理的起始就要扎根在头脑中。学生在这一教学环节中经历了观察、分析、总结的过程，完成了理性的认识，同时也认识到运动是宇宙中的普遍现象，运动和静止是相对的，初步形成"物质是运动的"观念。同时，利用物理知识解释生活中的现象也提升了学生对物理知识的应用能力。

（二）分子动理论

1. 分子动理论的基本观点

　　分子动理论的基本观点：物体是由大量分子组成的，分子在做永不停息的无规则运动，分子间存在着相互作用力。分子动理论中的观点是热现象微观理论的基础，分子动理论通过对大量分子求统计平均，建立了宏观与微观统计平均值的关系，用以定量地说明扩散、气体的压强和内能等微观本质。

2. 关于分子动理论的教学要点

　　新版课程标准对分子动理论的要求是"知道分子动理论的基本观点"，并给了"观察扩散现象，能用分子动理论的观点加以说明"的示例。对分子动理论基本观点的理解是认识分子热运动和理解宏观热现象的关键。

　　第一点"物体是由大量分子组成的"，一是要明确分子动理论中的分子与化学里的分子含义有些不同，是广义的分子，是从热运动的角度讨论的，包括化学里的分子、原子等。二是要强调"大量"，从分子的大小和组成物体分子数目的多少两个角度来理解"大量"，构成物质的分子数目是大量的，与分子的"小"是一致的。为了形象地说明分子的大小，可以类比宏观物体间的尺度关系。

　　第二点"分子在做永不停息的无规则运动"，这是分子动理论的核心内容，扩散现象和布朗运动是分子做无规则运动的佐证。分子的运动与温度有关，温度越高，分子的运动越剧烈。在初中阶段，不要求布朗运动，只要求观察和解释扩散现象，要求学生认识到扩散现象不是外界引起的，而是分子做无规则运动的直接结果，是分子无规则运动的宏观反映。人们无法直接看到分子的无规则运动，但是可以看到宏观的现象。为了提高学生对扩散现象的探究兴趣，教师可以结合具体的实验和事例进行说明，使看不见的运动形象化、具体化，进而推理得出：分子是在不停息地做无规则运动的，并且温度越高，分子运动越剧烈，分子的运动与温度有关。

第三点"分子间存在着相互作用力"，要求学生知道分子间的引力和斥力是同时存在的，当物体被压缩时，合力表现为斥力；当物体被拉伸时，合力表现为引力。这一点是比较抽象的，教学中可以设计一些演示模型来类比模拟，让学生形成直观的认识。

总体来讲，分子动理论是研究物质热运动性质和规律的经典微观统计理论，是抽象的，教学中要让学生认识到这种通过宏观现象推理微观机理的方法。

【案例】扩散现象（教学设计）

引入情境：将一盆盛开的茉莉花摆放在教室的窗台上。

提出问题：为什么你能闻到茉莉花的香味儿呢？

学生：是花的香味儿飘过来了。

教师：用物理的语言怎么表达呢？

学生：带有花香的气体分子运动到不同的位置，因此，坐在不同位置的同学都闻到了香味儿。

教师：气体分子在运动吗？我们看不到分子，如何得知它们是不是在运动呢？

演示 1：二氧氮气和空气之间的扩散现象。

如图 4-2-1 所示，在装着红棕色二氧化氮气体的瓶子上面，倒扣一个空瓶子，使两个瓶口相对，之间用一块玻璃板隔开。抽调玻璃板后，会发生什么现象呢？

空气
玻璃板
二氧化氮

图 4-2-1　气体扩散的实验

现象：抽调中间玻璃板后，两个瓶子内的气体会混合在一起，最后颜色变得均匀。

分析现象得到结论：气体分子在做无规则运动。

质疑：会不会是上方空气的密度大，撤掉玻璃板后就沉下来了呢？

教师：提供密度值，给出二氧化氮气体的密度大于空气的密度。

演示 2：将图中装有红棕色二氧化氮气体的瓶子倒扣在上面，空瓶子放在下面，之间也用一块玻璃板隔开。抽调玻璃板后，观察发生的现象。

现象：红棕色的二氧化氮气体像倒水一样流入下面的瓶子中。

进一步肯定分子无规则运动的结论。

回应引入：解释闻到花香味儿。

问题：有风的时候闻到花香，是否能说明气体分子在做无规则运动呢？

明确结论：不同的物质在互相接触时彼此进入对方的现象，称为扩散。

说明条件："彼此进入""不是外界作用的结果"。

视频：硫酸铜溶液和水的扩散实验。

图片：金片和铅片紧压在一起，几年后出现的相互渗入的现象。

结论：液体和固体的分子在不停息地做无规则运动。

归纳结论：气体、液体、气体都可以发生扩散现象，扩散现象说明分子在不停息地做无规则运动。

【案例分析】

本案例是学生在学完宏观物体的有关内容之后，对微观世界进行的探究学习，旨在为研究物体内能及其相关内容做好铺垫。分子动理论比较抽象，对学生分析、归纳、概括能力的要求比较高。案例中，首先通过闻茉莉花香，创设了物理情境，引起学生的学习兴趣，也启发学生思考熟悉的"花香"是什么？为什么能被闻到？进而引导学生猜想是一些气体分子的运动引起的。这个过程让学生不仅展开思考，也意识到生活中常见的现象都存在物理的道理。在调动学生思考之后，提出新的问题"如何得知看不到的分子是运动的"，再进行实验或提供扩散视频，让学生观察到气体扩散、液体扩散和固体扩散等宏观现象，再通过推理认识一切物质的分子都在不停地做无规则运动。这种思路对学生有一种物理学研究方法上的指导。案例中气体扩散实验采用了对比的方法也让学生认识到得出结论过程的严谨性。

（三）速度

1. 初、高中速度概念的进阶

物体做不同的运动，其位置变化的快慢也不同，即运动的快慢不同。位移与发生这段位移所用时间之比表示物体运动的快慢，这就是速度。速度是矢量，它既有大小，又有方向。物理学中所说的平均速度定义是 $\bar{v}=\dfrac{\Delta x}{\Delta t}$，$\Delta x$ 是 Δt 时间内物体的位移，由此可知，平均速度是矢量。平均速度 $\bar{v}$ 只是粗略地描述 Δt 时间内运动的快慢，当 Δt 取得较小，平均速度就较为精确地描述 Δt 内物体运动的快慢，Δt 越小，它描述 Δt 内物体运动的快慢就越精确，当 $\Delta t \to 0$ 时，它就精确地描述了 t 时刻物体运动的快慢。$\Delta t \to 0$ 时 v 的极限就定义为瞬时速度。

人们在日常经验中形成的速度概念，如平常所说的人的行走速度、跑步速度、汽车速度、火车速度等，指的是路程与所用时间之比，也就是初中所定义的速度概念。由于路程和位移概念的不同，初中所定义的速度既不是高中所定义的速度，也不是高中所定义的平均速度。同样，在初中所定义的平均速度也是路程和所用时间的比值，与高中的平均速度概念的含义也有所不同。另外，初中不要求矢量的概念，对速度的方向没有要求，直接用物体的运动方向来描述。由此也可以看出从初中到高中速度概念的学习进阶。

2. 能否用"通过单位路程所用的时间"表示速度

速度是表示物体运动快慢的物理量，在建立速度概念时，出发点是为了比较物体运动快慢，可以比较通过相同路程所用的时间，也可以比较在相同时间内通过的路程，在路程和时间都不相同时，采用了两个量之比的方法将速度定义为路程与时间之比，即通过比值 s/t 反映出单位时间内通过的路程。根据这种规定可知，如果物体在单位时间里通过的路程越长，则速度的数值越大，即物体运动得越快；反之，如果物体在单位时间里通过的路程越短，则速度的数值越小，即物体运动得越慢。假如用"通过单位路程所用的时间"（即 t/s）表示速度，若物体通过单位路程所用的时间越长，则数值越大，即物体运动得越慢；物体通过单位路程所用的时间越短，则数值越小，即物体运动得越快。由此可见，从原则上讲，速度的表示方法不论是单位时间里通过的路程，还是单位路程所用的时间，都能够反映出物体运动快慢程度，但采用"单位时间内通过的路程"的方式，更符合我们的思维习惯，给我们带来不少方便，因此，初中物理采用了这种定义表述。

3. 速度概念的教学要点分析

新版课程标准对速度的要求是"能用速度描述物体运动的快慢，并能进行简单计算。会测量物体运动的速度"。在速度的教学中，教师可以从以下几点完善学生对速度的认识。

（1）经历建立速度概念的过程，理解速度的定义方法——利用物理量之比定义新物理量。

学生对速度并不陌生，在生活中一直用速度比较运动的快慢，但对于速度的定义及由来并没有很深刻的理解。教学过程中，教师可通过生活中的实例，引导学生用不同方法描述运动的快慢。在运动的路程相同时，通过比较时间来判断物体运动的快慢；在运动的时间相同时，通过比较路程来判断物体运动的快慢；在运动的路程和时间都不相同的情况下，通过比较在单位时间内物体运动的路程长短来判断物体运动的快慢。从而使学生理解建立速度概念的思想方法——利用物理量之比定义新物理量，知道速度是描述物体运动快慢的物理量，并通过实例了解一些物体运动的大致速度，认识汽车速度表、交通限速标识等，再通过速度公式的应用过程，提高分析问题、解决问题的能力。

（2）会测量物体运动的速度

对速度的学习，学生要学会使用秒表和刻度尺正确地测量时间和距离，会求出平均速度，加深对平均速度的理解；体会设计实验、实验操作、记录数据、分析实验结果的科学探究过程，能写出简单的实验报告。教师还应注意，通过测量实验培养学生认真仔细的科学态度和实事求是地记录测量数据的严谨作风。

1. 力是物体间的相互作用

自然界中的物体并不是各自孤立的，而是相互联系、互相影响的。一般来讲，力总是离不开物体，没有物体就没有什么力，因此力是物体间的相互作用，在这种意义下，力也称为作用力，物体间的相互作用力满足牛顿第三定律。

需要注意的是，力只是物体间相互作用的一种描述，但它不是相互作用的唯一描述方式。还可以用能量和动量为基本物理量来描述物体的运动及其相互作用。物体间的相互作用以力来描述的方式称为力的表象，以能量和动量为基本物理量来描述的方式称为能量表象。

2. 力对物体作用的效果

力对物体的作用效果有两种表现：一是力可以使物体产生加速度；二是力可以使物体发生形变。实践表明，某个力对物体的效果一方面取决于这个力的三个要素，即力的大小、力的方向、力的作用点，另一方面还要考虑物体本身的特点。

3. 自然界中的四种基本相互作用

目前，物理学届公认自然界存在四种基本的相互作用，即引力作用（简称引力）、电磁相互作用、强相互作用和弱相互作用。

四种相互作用按强度来排列，依次是强相互作用、电磁相互作用、弱相互作用、引力作用。尽管四种相互作用存在巨大的差别，物理学家在努力寻求力的统一，近年来，在弱相互作用和电磁相互作用的统一方面取得了成功，实验证明，正如电和磁是电磁作用的两种不同表现一样，弱相互作用和电磁相互作用也只不过是统一的弱电相互作用的两种不同表现而已。

客观事物极其复杂，其表现也是多方面的，人们从变化多端的物理现象中挖掘出隐藏在其背后的统一的本质，深化了人类的认识，带来了科技和文化的进步。因此，统一理论是物理学家的一贯追求。弱相互作用和电磁相互作用的统一成就，促进了强、电、弱三种相互作用统一起来的大统一的探索。

在初中物理教学中，涉及从不同角度命名的几种力与四种基本相互作用的关系，其结构如图 4-2-2 所示。

4. 力概念的教学要点分析

力是一个十分抽象的物理概念，物体间的力是看不见的，在前述内容中已经分析过，看似课程标准没有明确要求"力"的概念，但它在示例中要求认识力的作用效果，这就意味着要求在力现象中能识别施力物体和受力物体，能认识和体会力的物理意义。力的概念是贯穿在几种常见力的学习中的一条主线。教师在力的概念教学中应该重点关注以下几点。

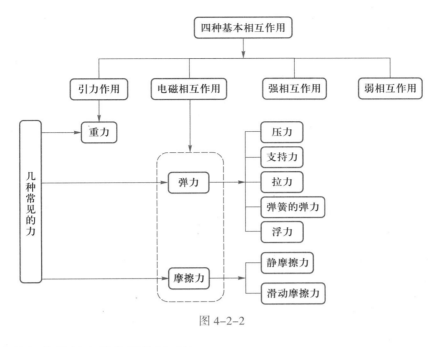

图 4-2-2

（1）认识物体间力的作用是相互的。

教师可以设计体验活动或者设计实验让学生观察、归纳并理解物体间的作用是相互的，同时让学生乐于探索日常生活中的物理现象，乐于参与观察、实验等实践活动。

（2）通过常见事例或实验，认识力的作用效果。

学生对力的作用效果的各种具体表现是熟悉的，但如何把这些现象归纳为"知道力可以使物体发生形变，也可以使物体的运动状态发生改变"则有一定的困难。教师可以利用贴近学生生活的图片、视频、实验等不同手段设置不同的情境，为学生提供丰富的感性素材，引导学生分析各种情境中力作用于物体后物体的具体表现，让学生通过对丰富事例的分析找到各种现象的共同点和不同点，从而归纳出作用在物体上的力可能产生的两种不同效果。"物体运动状态的改变"的说法是学生不熟悉的，引导学生分析力可以改变物体运动的快慢或运动方向之后，再进行概括和提升。

（3）经历感知、描述、测量、分析等过程，建立力的概念。

在教学中，教师可以让学生通过四个过程来实现对力的概念的初步认识。首先，教师创设情境，让学生通过观察、体验感知力的存在，并初步归纳、概括各个实例的共同特征，即力是物体对物体的作用，同时引导学生从物体的形变及运动状态的改变两个方面去认识力。其次，学生在充分感受力的基础上，认识力的三要素及力的示意图，这样就可以较全面地描述力了。然后学生通过学习力的测量，完成对力是一个物理量的认识。最后，教师引导学生分析常见事例和实验，认识两个物体间的作用是相互的。至此，学生经历了感知力、描述力、测量力、分析力的过程，对力的概念有了一个较完整的初步认识。

学生在弹力、重力的处理思路上与认识力的思路是一脉相承的，因此，在教学力的概念时，教师要重视让学生体会这种认识思路。

（五）牛顿第一定律

1. 牛顿第一定律的意义

牛顿第一定律的建立，在观念上是革命性的变革，在动力学体系中是不可缺少的重要基础。牛顿第一定律的内涵和它的重要意义主要体现在以下几个方面。

（1）牛顿第一定律提出了力概念的定性定义。

牛顿第一定律给出了力概念的定性的、科学的定义，即力是对物体的作用，使物体改变静止或匀速直线运动状态。在运动定律方面牛顿超过伽利略的重要方面之一，就在于科学地定义了力这个重要概念。它使原来关于推、拉等力的模糊认识上升到科学概念，从而大大拓宽了人们对力的认识，拓宽了力的范围。

（2）牛顿第一定律确立了惯性的概念。

牛顿第一定律"一切物体总保持匀速直线运动状态或静止状态"，直接解释了所有物体具有的一个重要属性——惯性。惯性是物体固有的属性，不论物体是否受力具有这一性质。惯性在不同的状态下表现出来的形式不同，但都是抵抗运动状态改变的"能力"，当物体不受外力作用时，惯性表现为保持原来的运动状态不变，当物体受到外力作用时，惯性表现为改变物体运动状态的难易程度。牛顿第一定律确定了惯性的概念，但只是定性描述，惯性的大小取决于质量的大小，这将在牛顿第二定律中得到进一步的定量描述。

（3）牛顿第一定律定义了惯性系。

牛顿第一定律把"不受其他物体作用力"作为"物体继续保持静止或匀速直线运动"的条件，界定了牛顿力学适用于一类特殊的参考系，这就是不受力作用的物体在其中静止或做匀速直线运动的惯性参考系。牛顿第一定律正是通过不受外界作用力的物体的运动状态来定义惯性参考系的，从而使它成为整个力学甚至物理学的出发点。

（4）牛顿第一定律突破了原有的力和运动关系方面的观念。

自亚里士多德以来近两千年中，人们相信运动是由力维持的，经过伽利略、笛卡儿到牛顿几位杰出科学家的努力总结建立的牛顿第一定律，否定了几千年来人们关于运动和力的错误观念，通过不受力作用的物体的运动状态的描述，揭示出力是物体运动状态变化的原因。科学的力学只有首先明确不受作用的物体是怎样运动的，才有可能弄清受作用的物体的运动变化规律。牛顿第一定律扫清了人们关于运动和力的关系在认识上的障碍，成为动力学的基础。所以，牛顿第一定律的建立，在观念上是革命性的变革，牛顿第一定律作为牛顿力学体系出发点的一条规律，具有特殊意义，被认为是牛顿物理学的基础。

2. 牛顿第一定律的教学要点分析

新版课程标准对牛顿第一定律的要求是"通过实验和科学推理，认识牛顿第一定律。能运用物体的惯性解释自然界和生活中的有关现象"，并给出示例"了解伽利略在探究与物体惯性有关问题时采用的思想实验，体会科学推理在科学研究中的作用"。

在初中阶段，学生对牛顿第一定律在物理学中的地位并没有清晰的认识，主要是在运动和力的关系的观念上初步形成正确的认识，并且在认识牛顿第一定律的过程中，通过分析和观察"阻力对物体运动影响"的实验，以及伽利略在探究与物体惯性有关问题时采用的思想实验，体会科学推理在科学研究中的作用。对于具体的教学要点，教师可以参考以下几点。

（1）引导学生通过观察和分析"阻力对物体运动影响"的实验，推理得到"如果接触面光滑，小车将保持沿直线方向一直运动下去"的结论，即一切物体在不受外力作用时，原来静止的物体总会保持静止状态；原来运动的物体总会保持匀速直线运动状态。在观察和分析的过程中，让学生感受到"实验与推理相结合"的科学研究方法。在探究"阻力对物体运动影响"的实验中，使学生认识运动和力的关系的基础，这个实验在初中物理教学中占有很重要的地位。

（2）让学生了解伽利略在探究与物体惯性有关问题时采用的思想实验的方法，理解力和运动的关系，知道其主要推理过程及结论，体会科学推理在科学研究中的作用。同时，让学生了解科学发展的历史，体会知识的形成过程，认识到牛顿第一定律是在许多人研究成果的基础上建立的。

（3）让学生知道惯性是物体的一个重要属性，能运用物体的惯性解释自然界和生活中的有关现象；并通过对惯性现象的观察和分析，理解惯性是物体保持运动状态不变的性质，认识一切物体都有惯性；能分析惯性现象在生活中的利用和可能带来的危害，有意识地利用所学知识提出防止惯性带来危害的措施。

牛顿第一定律
（教学设计）

（六）压强

1. 对压强的认识

压强是表征压力作用效果的物理量。压强是力学中的一个重要概念，是对压力作用效果的进一步描述，它会成为后续认识浮力产生的原因等知识的基础。压强不仅和人们的生活密切相关，而且是材料力学、热力学中的核心概念。

2. 压强概念的教学要点分析

在新版课程标准中，属于理解层次的内容要求只有三条，压强就是其中一条，即"通过实验，理解压强。知道增大和减小压强的方法，并了解其在生产生活中的应用"，可见压强在初中物理中占有重要地位。关于压强的教学要点，教师可以参考以下几点。

（1）重视压强概念的建立过程。学生在学习压强之前已经学习了力的概念，知道了力的三要素，知道了力的一种作用效果表现为使物体发生形变，并且知道了压力的概念。压强的学习要从认识到同样的力作用在不同的面积上，或者不同大小的压力作用在相同的面积上，其产生的效果不同开始，意识到需要引入压强的概念。然后通过实验探究影响压力作用效果的因素，再对实验进行分析、归纳和总结，引入压强的概念。

（2）通过压强概念的定义方法，加深学生对用物理量之比定义新物理量方法的理解，同时巩固深化用同样方式定义的速度、密度等概念的理解。

（3）通过应用压强概念，解释一些与压强有关的生产生活中的实际问题，比如，图钉尖很尖锐，菜刀的刀刃很锋利等，加深学生对压强概念的理解，同时培养学生将物理知识应用于日常生活的意识。

（4）完善并深化对压强概念的理解。物质的存在状态不同，压强表现的特点也不同。学生从对固体压强的认识定义了压强 $p=F/S$，建立了压强的概念，但这个概念并不仅适用于固体，也适用于液体和气体。新版课程标准对液体压强和大气压强也提出教学要求："探究并了解液体压强与哪些因素有关。知道大气压强及其与人类生活的关系。了解流体压强与流速的关系及其在生产生活中的应用。"基于此，教学中要在建立压强概念之后，继续通过实验研究液体内部压强的特点，并理论推导液体压强公式；再通过空气和液体压强都具有流动性的对比，把对液体压强的研究拓展到对大气压强的研究，然后把研究从静态流体压强的规律拓展到流体压强的规律。通过这种逐步深入的学习，学生才会获得对固体压强、液体压强、大气压强的全面认识，形成合理的知识结构，深化对压强的认识。

压强概念的建立过程

（七）光的反射

1.光的反射定律

光的反射定律是光传播的基本规律之一，是理解平面镜、球面镜工作原理的基础。光的反射定律在实际中应用广泛。

2.光的反射定律的教学要点分析

新版课程标准要求"探究并了解光的反射定律"，这就要求学生直观地认识入射光线、反射光线、法线的位置关系，定量探究得出光的反射定律。在探究光的反射规律实验中，能制订初步的实验方案，用实验的方法获得反射光线、入射光线和法线的位置关系，测量反射角与入射角，总结出光的反射定律，获得比较全面的探究活动的体验。在教学中，教师应通过实验让学生知道在光的反射现象中光路是可逆的，会根据光的反射定律画出光的反射光路图；通过实例让学生知道光的反射有镜面反射和漫反射两种现象，并能进行识别和解释相关的现象，了解光的反射定律在生活中的应用，加强与生活实际的联系，提高将科学技术应用于日常生活和社会实践的意识。

光的反射（教学设计）

（八）电磁感应现象

1.电磁感应现象是划时代的发现

从物理学角度看，电磁感应在电磁学中的地位举足轻重。如果说静电场和磁场的知识是电磁学的基础，那么电磁感应就是电磁学的核心。电磁感应现象的发现，揭示了电与磁相互联系和转化的重要方面，推动了电磁学理论的发展。麦克斯韦通过对变化磁场、变化电场的研究，建立了完整的电磁场理论，电与磁的关系被全面地揭示出来。利用电磁感应原理制造的发电机使人类获取了巨大而廉价的电能，为电气化时代奠定了基础。工业上广泛应用的感应电动机和变压器就是应用电磁感应原理实现的。电磁感应原理在电工技术、电子工业中的应用实例不胜枚举。可以说电磁感应现象的发现，使人类社会的技术应用水平发生了巨大的变化，在科学上和技术上具有划时代的意义。

2. 初中、高中阶段电磁感应的学习进阶

初中、高中阶段，学生对电磁感应现象的理解经历了不同的阶段。初中阶段，关于电磁感应现象的描述是：闭合电路的一部分导体在磁场中做切割磁感线运动时，导体中就产生电流，这种由于导体在磁场中运动而产生电流的现象，称为电磁感应。

高中阶段，学生通过实验发现，尽管导体与磁场之间没有位置的相对变化，只要穿过闭合电路的磁通量发生变化，闭合电路中就有感应电流产生。法拉第电磁感应定律概括了初中所学的内容，揭示了产生感应电流的条件是穿过闭合电路中的磁通量发生变化，明确了电路中感应电动势的大小跟穿过这一闭合电路的磁通量的变化率成正比，以及感应电流的方向与通量变化的关系。高中阶段，学生还将继续从电磁场的角度认识电磁感应现象的本质，以及从能的转化和守恒的观点，认识到电磁感应现象是把其他形式的能转化为电能的过程。

3. 初中阶段"探究产生感应电流的条件"的教学要点分析

新版课程标准在二级主题"电和磁"中对电磁感应现象的要求是"探究并了解导体在磁场中运动时产生感应电流的条件。了解电磁感应在生活中的应用"。同时在"实验探究"主题中，把"探究导体在磁场中运动时产生感应电流的条件"列为探究类学生必做实验。结合上述初中、高中电磁感应学习进阶的分析可知，初中阶段只要求学生了解由于切割磁感线运动产生的感应电流，而不要求由于磁场变化引起磁通量变化产生感应电流的情况。教学的重点要放在通过探究实验来认识电磁感应现象，并发现磁生电的条件上，因此，做好"什么情况下磁能生电"的实验是教学的关键点。从具体内容上看，要求学生知道导体在磁场中运动而产生电流的现象称为电磁感应现象，知道感应电流的方向与磁场方向、导体切割磁感线的运动方向有关。通过探究产生感应电流的条件，进一步了解电和磁之间的相互联系。知道在电磁感应现象中，外力使导体运动，消耗机械能，导体中产生感应电流从而获得电能，即电磁感应现象中的能量转化情况是机械能转化为电能。了解电磁感应在生产生活中的一些应用，例如，了解发电机的结构，知道发电机的工作原理就是电磁感应，发电机是把机械能转化成电能的装置。

电磁感应（教学设计）

综上所述，"运动和相互作用"主题的重要性可以从不同层面理解，这一主题的内容是物理学中的核心概念之一，涉及力学、电磁学等多个领域，是物理学中的核心概念之一，对学生学习后续的物理知识至关重要。这一主题的内容在日常生活和工程实践中广泛存在，理解和掌握它对培养学生的实际应用能力具有重要意义。学生通过学习和理解这一主题的内容，可以提升对自然界的认识和好奇心，培养科学探究精神、

实践能力和创新思维，提升科学素养。这一主题内容的教学，既要确保学生掌握运动和相互作用的基本概念和规律，又要通过实验和探究活动，帮助学生直观感受并理解运动和相互作用的过程与规律，培养学生的实验技能和观察能力，还要引导学生将所学知识应用到实际问题中，培养学生的问题解决能力。为了能够准确把握这一主题内容的重要性和教学要点，建议教师在以下几个方面提升学科素养和专业技能：在专业知识方面，深入理解和掌握"运动和相互作用"主题的概念及规律，准确、清晰、简练地表述其内涵；将这一主题内容联系实际，并与其他学科相关内容进行有机整合。在教学技能方面，根据课程标准和学生实际情况，设计合适的教学方案，确保教学内容的科学性和系统性；设计富有启发性和趣味性的实验，帮助学生通过观察和操作来理解运动和相互作用的概念。

新版课程标准在课程内容、学业要求和学业质量等不同位置分别从不同视角对学生的学习提出了要求，尤其在学业质量部分，根据学生核心素养发展水平，结合课程内容，对学生学业成就具体表现特征的整体刻画。"运动和相互作用"主题在学业要求中，阐述了学生学习完本主题内容后，在物理观念、科学思维、实验探究、科学态度与责任四个维度的要求。物理观念方面，要求学生了解本主题中的核心概念，认识到运动与相互作用的关系是物理学研究问题的一条主线，能用这些知识解释自然界的有关现象，解决日常生活中的有关问题，形成初步的运动和相互作用观念。在科学思维方面，要求学生知道匀速直线运动、杠杆、光线等物理模型；能运用一些规律分析简单问题，并获得结论；能在解释自然现象和解决实际问题时引用证据，具有使用科学证据的意识；能根据运动和相互作用的知识，指出交流中有关说法的不当之处，并能提出自己的见解。在科学探究方面，能基于观察和实验，提出与本主题内容相关的科学探究问题，并作出有依据的猜想与假设；能制订初步的实验方案；能正确使用相关器材获取实验数据；能通过对数据的比较与分析，发现数据的特点，进行初步的因果判断，得出实验结论；能表述实验过程和结果，撰写实验报告。在科学态度与责任方面，能通过本主题的学习，体会物理学对人类生活和社会发展的影响；具有学习兴趣和严谨认真、实事求是的科学态度；关心我国古代和现代科技成就，为中华民族的科技成绩感到自豪，逐步养成实现中华民族伟大复兴的责任感与使命感等。

要达成上述课程标准对"运动和相互作用"主题四个方面的学业要求，需要教师深入具体地思考：如何基于本主题的内容统筹规划确定素养导向的教学目标？如何设计学习活动促进学生对运动和相互作用关系的认识？如何应用运动和相互作用的知识解释相关现象或解决相关问题？如何让学生在学习中领悟研究运动和相互作用关系的思想方法？等等，切实有效地将素养培养目标落实到本主题内容的课堂教学中。本节内容聚焦探讨的问题就是在"运动和相互作用"主题中如何培养学生的核心素养。

一、把握内容载体的育人价值，做好素养培养的整体规划

"运动和相互作用"主题的课程内容涉及力、电磁、光等物理学各个内容领域，包含初中阶段较多的物理概念和规律，蕴含着丰富的学科思想与方法。但无论哪个核心概念，都可以承载多方面的素养，教学中如果用大量的时间对一个概念展开教学，则可能会出现课时不够的问题。因此，教师应深入理解基本概念和规律、研究方法，研究不同内容载体在促进学生核心素养发展方面所能发挥的重要作用，从而能整体规划教学，使不同的教学内容在落实核心素养上既能各有侧重、突出重点，又能相互促进、整体发展。

本单元的核心问题是"光是怎么传播的"，学生需要通过实验探究，归纳、总结出光的直线传播特点、光的反射定律、光的折射特点，并进一步认识到这些规律在实际中的具体应用，也就是光学元件平面镜和透镜的成像。本单元涵盖光的反射、平面镜成像特点、光的折射、透镜成像特点等知识，规律性强，学生易于在探究实验的过程中收集证据、总结和归纳出规律性的知识，并能体验科学探究的过程，受到科学研究方法教育。整合单元知识，并基于认知过程梳理本单元的知识结构（图4-3-1）。

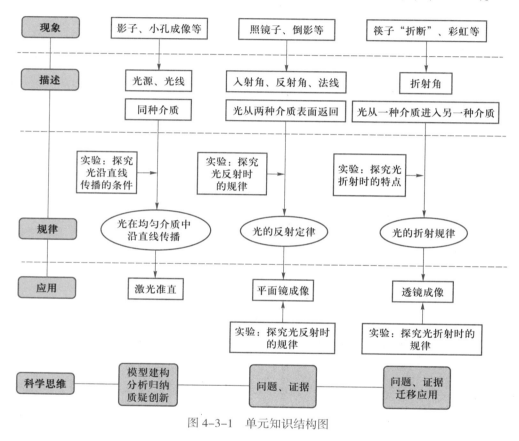

图 4-3-1　单元知识结构图

在具体教学中，进一步细化教学内容与学生核心素养培养的对应关系，使各部分内容在教学中重点承载不同的育人功能，如表4-3-1所示。

表 4-3-1　"光现象"单元发展学生核心素养的教学规划示例

教学内容	核心素养培养
单元认识过程	现象—描述—规律—应用
光线	模型建构
探究光沿直线传播的特点及条件	分析归纳、质疑创新

教学内容	核心素养培养
探究光的反射定律	科学探究：侧重问题、证据要素（提出问题、猜想、设计实验、收集记录与处理数据） 科学方法：描述空间位置的方法
法线	分析、归纳
探究平面镜的成像特点	科学探究：侧重制订实验方案
探究光的折射特点	科学探究：侧重问题、证据要素； 科学方法：迁移应用
探究凸透镜对光的作用	分析、归纳
探究凸透镜成像的规律	科学探究：侧重制订实验方案

【案例分析】

本案例简要分析了"光现象"单元的核心内容，梳理了单元知识结构，呈现了教学内容及相应所承载的素养目标的具体规划。一方面从单元认知过程上看，与"运动和相互作用"主题整体的认知思路是一致的，也就是从现象的观察到现象的描述，再到解释现象背后的本质或规律，最后到规律的应用。这个认知思路也是主题结构化的具体表现之一。另一方面从具体知识内容的认知过程看，学生都要经历探究过程，因此学生在体验科学研究的过程中，也会受到科学研究方法的教育，不仅获得对光传播规律的认识，还能获得科学思维、科学探究能力的提升。例如，光线是在描述和记录观察到光在同种介质中传播特点的过程中抽象出来的物理模型，这个学习过程可以培养学生模型的建构能力。学生在小学阶段就已经认识到光在空气中沿直线传播，教学过程中，如果通过观察光在空气中、水中、玻璃中的传播路径，也能归纳得出这个结论，但学生从小学到初中的学习并没有得到进阶的发展。如果在此基础上对结论提出质疑，再通过探究实验让学生探究光沿直线传播的特点及条件，则可以培养学生分析归纳、质疑创新的能力。而这样的教学过程需要以素养目标为导向。在探究光的反射规律时，对空间中光线位置的描述，不仅引入了法线的概念，而且学习了从空间到平面、再到法线两侧区域的描述方法。在探究光的折射规律时，这种描述方法得到了迁移应用。

总之，进行教学时，不能孤立地讲授某个概念或规律、某种方法或某种技能，要考虑这些内容的横向联系与纵向进阶，前面的学习要为后面的学习打基础，后面的学习要回应和提升前面的学习。因此，教师要深入理解教学内容，基于内容做好学生核心素养培养的整体规划，从而有序地开展教学，促进核心素养的落实。

二、创设学习情境，促进学生学科核心素养发展

新版课程标准在课程实施部分的教学建议中，倡导情境化教学，指出"教师要充分结合学生的生活经验，有目的地创设生动具体的情境，引导学生从经验中概括、提炼事物的共同属性，抽象事物的本质特征，实现从经验常识向物理概念转变；以新奇的现象激发学生的兴趣，通过认知冲突引发学生深入思考，进而引导学生从生活走向物理、从自然走向物理"。

（一）"运动和相互作用"主题情境化教学的优势分析

情境化教学以"情境"为核心，聚焦教学目标，结合具体的教学内容，以及学生的知识掌握情况、认知水平等，为学生设置出生动、形象的情境，旨在唤醒学生的学习动机，使其以更加积极主动的状态投入学习活动。由于物理与生活实际密切相关，身边生活实际情境丰富，同时教材也提供了大量与生活相关的知识，以此创设情境可以让学生在熟悉的现象中开展学习活动，根据生活经验，运用物理知识进行思考，使得物理教学更加契合学生的认知规律，加深学生对知识的理解，从而提升学习效果。

新版课程标准在"运动和相互作用"主题的教学策略建议中，给出了与各知识内容相关的情境素材，供教师在课堂教学中选用。例如，星系、天体、汽车、火车的运动等与运动有关的素材，提物、推车、气球、轮船、潜水艇、撬棒等在不同场景下与力或力的作用效果有关的素材，土电话、乐器、放大镜、彩虹、静电现象等与声、光、电有关的素材，除此之外，还有伽利略、牛顿、法拉第等科学家的事迹等。

（二）情境化教学的设计策略

1. 创设实验情境，促进学生形成物理观念

实验是学习物理知识的有效途径。通过实验，既可以直观地呈现物理知识的产生过程，又可以让学生直接参与实验，获得知识与经验，有效发挥学生的主体性，对培养学生的实践能力、辨别能力和推理能力大有裨益。

例如，在学习"光在均匀介质中沿直线传播"时，为了给学生提供感性认识，教学中一般会演示光在空气中、水中、玻璃砖中沿直线传播的情况，学生往往也会由上述实验直接得到光在"同一种介质"中沿直线传播的结论，实验虽然确实是在均匀介质的条件下进行的，但是学生对介质"均匀"这一实验条件并没有真正的认识，也不能准确地表述出规律成立的条件。教学中，教师可以先对得到的规律进行质疑"光在同一种介质中一定沿直线传播吗？"再设计如图 4-3-2 所示的实验来辅助学生理解。利用漏斗往水的底部注入浓度较高的糖水，然后用激光照射，就能看到光的传播方向在水中发生了偏折，如图 4-3-2（a）所示的现象；再对糖水进行搅拌，使糖水变均匀，会看到如图 4-3-2（b）所示的现象。这个实验不仅帮助学生纠正了"同种介质"中光沿直线传播的原有认识，理解了光沿直线传播的条件是"均匀介质"，而且让学生对在

密度不均匀的介质中光的传播方向会发生偏折也能有直观认识和体会，从而促进学生有关光传播的物理观念的完善。

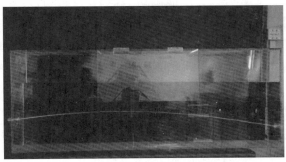

(a) 光在非均匀介质中的传播

(b) 光在均匀介质中的传播

图 4-3-2　光在介质中的传播实验现象

又如，在探究"杠杆平衡条件"时，由于学生的实验一般是用直杠杆，这样能够简化探究过程，但也容易产生"动力 × 动力到动力作用点的杆长 = 阻力 × 阻力到阻力作用点的杆长"的错误认识，为此设计如图 4-3-3 所示的实验来辅助学生理解，一个是直杠杆，另一个是异型杠杆，将图 4-3-3（a）中直杠杆左侧悬挂的钩码调至与异型杠杆左侧悬挂钩码距支点距离相同的位置，直杠杆右端的钩码也调整至如图 4-3-3（b）所示位置，才能在水平位置重新平衡。学生会重新审视原来的结论，并进行修正，得出"动力 × 动力臂 = 阻力 × 阻力臂"的正确结论，从而促进知识和观念的形成。

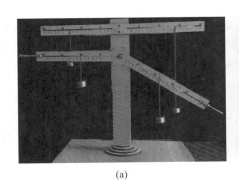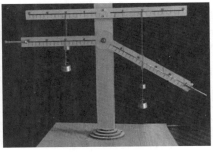

(a)　　　　　　　　　　　　　　　(b)

图 4-3-3　杠杆平衡条件的实验探究

2. 创设问题情境，培养学生物理思维

问题情境是指在教学中要围绕某些问题展开，这些问题应该建立在学生前概念的基础上。问题的前后设置要合理，既能调动学生学习物理的兴趣，又能保证学生在课堂上的思维处于较活跃的状态，能够主动思考、讨论，形成并深化对知识的理解。

例如，在学习压强时，教师可以设置茫茫白雪中两人分别在雪地上行走与利用滑雪板滑雪的对比情境，引导学生对生活现象进行观察和思考，感知压力的作用效果不同，提出问题：压力的作用效果与哪些因素有关呢？问题的指向性很明确，驱动学生进行猜想与探究。在设计探究方案的过程中，学生思考选择不同的实验器材，以及如何实现变量的控制与测量，提高学习能力。在理解压强概念的实际应用价值时，可以设置利用鞋印估测人的体重的任务情境。

3. 创设悬疑情境，促进探究活动开展

通过创设与学生认知矛盾的情境，或者学生未知的情境，能够让学生产生强烈的探究欲望，教师因势利导，以学生认知矛盾或疑惑为切入点，帮助学生更好地进入探究状态。

例如，在学习平面镜成像特点时，教师可以设计魔术活动——浇不灭的火焰。在竖直放置的平板玻璃前方放置一支蜡烛，后面有一个烧杯，烧杯中也有一支蜡烛。"同时点燃"玻璃前、后的蜡烛。然后向烧杯中注水，发现烧杯中的蜡烛并没有被水浇灭。提出问题：为什么这个烧杯中蜡烛的火焰不怕水呢？学生猜测，引出要探究的问题——探究平面镜成像的特点，再组织学生设计探究方案，进行实验。再如，在学习平面镜成像大小相等时，教师可以让学生观察物体距离平面镜远近不同时的成像情况是"近大远小"，提出问题：成像是否"近大远小"呢？在明确探究问题后进行实验探究。

4. 创设生活情境，实现学以致用

物理学科与实际生活息息相关，在实际生活中随处可见物理的身影。同时，课程标准倡导"从生活走向物理、从物理走向社会"。基于这样的教学理念，教师在创设教学情境时，必须坚持联系实际生活的原则，为学生创设生活化教学情境，以便学生更好地开展学习。

例如，在学习机械运动时，可以联系运动会、日常交通情境；在学习透镜及其应用时，可以先向学生讲解日常生活中的一些常见透镜应用的装置，使学生对透镜和透镜的应用有大致的认识；然后让学生认识眼镜的基本结构也是透镜，了解近视、远视、弱视和散光等相关问题，引导学生对相关问题产生的原因做出探讨和分析；再让学生认识到可以借助透镜进行视力矫正，帮助学生了解透镜的具体应用情况。

在教学中，初中物理课堂情境化教学可以根据教学的实际需要创设多样化的教学情境，以期待通过课堂情境化的教学方法，让学生更好地理解和掌握知识，更好地将所学的知识应用到实际生活中，从而实现培养学生核心素养的课程目标。

【案例】运动与静止（教学流程）

本节课教学流程设计如图4-3-4所示。

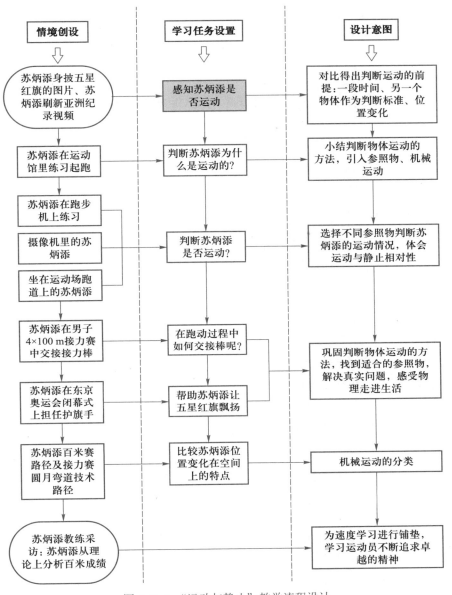

图 4-3-4 "运动与静止"教学流程设计

（案例提供：李敏，北京理工大学附属中学）

【案例分析】

　　本节内容对应的课程标准要求是"知道机械运动，举例说明机械运动的相对性"。通过本节课的学习，学生应了解有关运动与静止的现象，认识到相对参照物物体位置是否变化说明物体是否运动，形成参照物、机械运动的概念；能将所学的判断物体是否运动的知识与实际的机械运动情境联系起来，能够解释物体是否运动的实际问题。由本节课设计的流程图可以看到，教师以苏炳添的运动为主线，设计了系列问题，创设了系列情境，让学生在真实情境中，自主进行观察、分析、概括等思维过程，建构出相关概念。情境创设，不仅激发了学生的学习兴趣，而且给学生提供了真实的感性认识，学生经历建立概念的过程，体会到建立概念的物理意义。这样有助于学生理解概念并能在新情境中迁移应用概念，从而帮助学生从概念理解和应用的角度形成初步的运动观。

三、突出问题教学，发展学生的科学思维和科学探究能力

新版课程标准在"课程实施"部分的教学建议中强调问题教学，指出："教师要有意识地创设问题情境，引导学生发现问题、提出问题，促进学生主动学习，不断增强学生运用物理知识解决实际问题的意识和能力。注重帮助学生养成良好的思维习惯，做到概念清楚、研究对象明确、思维有逻辑、结论有依据。"

（一）问题导向，合理设计探究活动

在"运动和相互作用"主题的 24 条三级主题中，有 16 条明确表述了要求的学习方式，即"通过实验"或"探究"的学习方式。比如"通过常见事例或实验，了解重力、弹力和摩擦力，认识力的作用效果。探究并了解滑动摩擦力的大小与哪些因素有关""通过实验和科学推理，认识牛顿第一定律""通过实验，理解压强""探究并了解液体压强与哪些因素有关""通过实验，认识声的产生和传播条件""探究并了解导体在磁场中运动时产生感应电流的条件"等，由此可见，"运动和相互作用"主题涉及多个实验，本主题教学要发挥实验与探究教学的功能，但注重实验与探究并不能简单地理解为只注重实验操作，还要关注在实验探究中获取知识，发展思维，提升探究能力。为此，本主题教学要注重且突出问题导向，合理设计探究活动。通过问题引导，使学生在实验探究过程中，感受控制变量、科学推理等研究问题的方法，经历通过科学方法收集证据、得出结论的过程，发展学生分析归纳、质疑创新的能力，培养良好的思维品质。

例如，组织学生经历探究影响液体压强因素的学习过程，让学生体会控制变量方法的应用，体会分析归纳物理规律的方法；又如，组织学生经历探究阻力对物体运动的影响的学习过程，引导学生在实验、观察、思考、讨论的基础上，经过科学推理得出牛顿第一定律，体验在实验的基础上进行科学推理的研究方法，发展学生的想象力和分析概括能力，培养良好的思维品质。

【案例】眼睛与近视眼的矫正（问题与探究）

体验活动：将视力表挂在黑板上，近视的同学摘掉眼镜看视力表。

提出问题：如果让不近视的同学戴上度数高的近视镜看视力表，会怎样？

明确学习任务：为什么近视的同学看不清视力表？为什么不近视的同学戴上近视镜后反而看不清视力表了？

问题：人眼为什么能成像？近视眼产生的原因是什么？

利用人眼的剖面图（图 4-3-5）介绍眼睛结构。

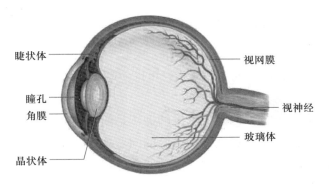

图 4-3-5　人眼的剖面图

瞳孔
角膜
晶状体
睫状体
视网膜
视神经
玻璃体

问题：能否用凸透镜成像规律解释人眼成像？

问题：人眼的哪部分能起到凸透镜的作用？哪部分相当于光屏？

问题：如果像没有落到视网膜上可能是哪里出现问题？

问题：如果晶状体变厚或变薄，像会落到什么位置？

实验探究：用如图 4-3-6 所示的实验装置探究晶状体的薄厚对凸透镜会聚光束作用的影响。

图 4-3-6　实验装置

问题：选择什么器材能够模拟近视眼的成因？

问题：如何矫正近视眼？如何模拟近视眼的矫正？

学生实验，获得结论。

【案例分析】

　　本案例首先以视力正常和近视的学生分别看视力表的情境，明确探究的问题，激发学生的探究兴趣，调动学生的学习动机；然后设置系列问题引导学生将所学的凸透镜成像规律的实验与原有的物理知识联系起来共建新知，从而知道人眼为什么能成像；再通过问题，引导学生进一步思考导致像无法落在视网膜上的原因是什么，将问题聚焦在晶状体的厚薄调节功能上；最后以问题为导向，让学生用凸透镜模拟近视眼及其矫正，使学生经历模型建构与模型应用的过程，在问题解决的过程中实现知识的内化和活化。

（二）问题导向，在问题解决中建构知识和运用知识，发展学生科学思维

问题教学为学生提供了一个交流、合作、探索、发展的平台，促使学生在问题解决中主动运用知识。教学活动以问题为线索，可以使学生在问题情境中探索和发现知识，掌握技能，发展创新思维。

思维总是由问题开始的，因此，思维的训练是问题导向教学的核心。在课堂教学中创设具体的、有趣的、围绕课堂教学内容的问题情境，既可以引发学生的思考，又可以培养学生的问题意识和思维习惯。这种问题意识，既可以培养科学探究中要求的"提出问题"能力，又可以使学生带着问题进行概念建构和规律探究。

例如，在学习浮力时，可以将多种水果放入水中，可以看到有的漂在水面，有的沉入水底，学生饶有兴趣地交流所看到的现象与自己原有的想法是否一致，这时教师提出问题：你们看看身边有什么物体放入水中是浮在水面上的？有什么物体放入水中是沉下去的？而那些沉入水中的物体有没有受到浮力的作用呢？学生在教师精心设置的问题情境中找到了物理学习的兴趣点，教学活动的开展也更加顺畅。

又如，在"机械运动"一章中，"运动的描述"一节开始，教师可以提出问题："要讨论物体是否运动，就要涉及位置、位置的变化的概念。如果要描述一辆行驶在街道上的汽车所处的位置，你认为应该采用什么方法？"这是这节课要讨论的主要问题之一。"讨论物体位置是否变化"首先要知道如何描述位置，引出参照物的概念，在学完如何描述位置之后，再提出问题"位置的变化该怎样描述"，进而研究如何判断物体是运动的还是静止的。

四、基于科学史独特的育人功能，培养学生的科学态度与社会责任感

（一）利用科学史料，促进学生对学科本质的理解

科学史是对学科历史发展轨迹所进行的总结归纳，了解科学史，一方面能加深对学科特点和学科理念的体会，另一方面有助于对学科发展的未来进行展望。物理学是科学的一部分，是现代科学技术的基础。物理概念和规律归根结底起源于科学哲学的思考，科学知识是依赖于社会情境而决定的研究成果。物理学史是物理学家的人物事迹、实验与物理理论及其演变过程在历史上的总结归纳，包含历史上物理学家对不同知识发现、验证、归纳总结的故事，包含物理概念与规律的发展过程及与之相关的科学精神。在"运动与相互作用"主题中，有着丰富的学史资料，例如对运动和力关系的研究，从亚里士多德提出问题，到两千年后伽利略提出的理解，再到牛顿"站在巨人的肩膀上"总结出牛顿第一定律，这个过程体现出科学具有革命性和暂时性，同时体现出科学不等于真理，科学只是现阶段的最好解释，具有相对性。又如，伽利略设计了理想斜面实验，在实验条件比较简陋的情境中，通过科学推理驳斥亚里士多德的观点，体现出科学具有创新性。

科学研究并不是只有成功，也会有失败，奥斯特在探究电和磁的关系时经历过多次挫折，法拉第十年坚持不懈地努力，做了三百多次实验才最终得出电磁感应的条件，这些科学家在研究过程中遇到的困难和经历的失败，也可作为教学的素材，让学生能够认识到科学家的坚持和探索，认识到科学研究的曲折性、复杂性、艰辛性，培养学生实事求是、锲而不舍的科学研究精神。结合教学内容和素养培养目标，将物理学史有效融入教学活动中，可以激发学生的探究热情，促进学生科学文化素养的提升，促进学生对学科本质的理解。

磁现象（教学设计）

科学史料不局限于科学研究的历史过程，还包括科学家的生平和有关科学研究方法的介绍，如介绍牛顿在力学、光学、热学、天文学等领域的成就，让学生从牛顿的生平中领悟科学探究的精神，这也将对促进学生的物理学习起到一定的积极作用。

（二）将我国古代传统文化与现代科技成就引入课堂，培养学生的爱国情怀

在本主题中，除有物理学史上的一些典型素材外，还有许多与我国古代的传统文化有关的素材，以及我国现代科技发展的素材。我国传统文化历经五千年的积累，内容丰富，形式多样，如充满意境之美的诗词歌赋、宏伟壮观的传统建筑、充满神秘感的神话故事、因地而异的民间习俗以及令人钦佩的国人故事等。将我国传统文化融入课堂教学，对学生心理发展和正确价值观的形成都具有潜移默化的影响。将我国传统文化和课堂教学有机结合的途径有多种方式，如视频、图片、讲授、音频以及课堂情景剧等。

例如，在学习"声音的产生与传播"时，教师可以播放经典的乐曲《高山流水》《茉莉花》等引入课题，让学生身临其境，增加课堂的意境之美，还可以介绍琵琶、古筝等古典乐器，使学生感受传统文化的魅力。在学习"光的直线传播"时，教师可以让学生朗诵《月下独酌》，从物理视角释义"举杯邀明月，对影成三人"。在学习"摩擦起电"时，可以结合用塑料梳子梳理头发，体验静电现象，介绍这种现象在西晋张华的《博物志》中就有记载：今人梳头、脱著衣时，有随梳、解结有光者，亦有咤声。在学习"力是物体对物体的作用"时，可以联系成语"孤掌难鸣"。在学习杠杆时，可以介绍我国的《墨经》早于阿基米德两百多年就总结出了杠杆原理，等等。

课程标准也给出了一些我国的现代科技成就素材，如5G技术、北斗卫星导航系统、高速动车组列车、"奋斗号"潜水器等，都可以融入课堂教学，培养学生的民族认同感，提升学生的民族自豪感和实现中华民族伟大复兴的使命感。

科学史教育对培养学生的科学素养和科学精神具有很重要的作用，将物理学史教学融入物理课堂不仅是课程标准的要求，也是物理教学的发展趋势。将物理学史教育融入物理教学，有助于学生的全面发展。

五、通过学科实践活动，提升学生知识的理解与运用能力

（一）"做中学"提升学生动手实践能力和知识的建构与理解能力

形式多样的学科活动可以大大丰富教学方式，将教学与生活相融合，让学生在主动探究、动手实践中学习，不仅可以提升学生的操作技能与探究能力，还能引起学生学习的兴趣。课程标准在教学建议中，提出要注重做中学、用中学。在"运动和相互作用"主题中，有丰富的知识内容能够通过"做"而让学生自主获得。

例如，在学习声音的特性时，让学生课前自主学习，并制作水杯琴、排箫等乐器，再组织学生课上演奏，介绍其中所运用的物理知识，使学生不仅收获了成功感，也对声音的特征有了更具体、更深刻的认识。图4-3-7为学生在课堂上演奏展示的情景。

图4-3-7

又如，在学习"物体的浮沉条件"之后，可以组织学生开展制作"简易浮力秤测质量"的实践活动。如图4-3-8这种简易浮力秤制作的过程，首先剪掉空塑料瓶的瓶底，旋紧瓶盖，在瓶盖上系一个适当的重物，然后将其倒置在水槽里使其竖直漂浮在水面上；再进行标记刻度，标记刻度的方法是：在塑料瓶中不放被测物体时，在瓶上与水面相平的位置标记为零刻度线，再在瓶身上均匀标记其他刻度线，在刻度线左侧标记长度值，如果能在右侧标上相应的质量值，就做成一个简易浮力秤。这个活动，如果仅从原理上讲，主要是利用了物体的漂浮条件，物体在漂浮状态下受力平衡，浮力等于重力。在实践过程中，还需要解决一些具体问题，大致来说有三个问题需要考虑：①如何能使空瓶子竖直漂浮？②如何标记刻度？③如何减小测量误差？这些问题既有调用已知知识来解决的，也有进行操作尝试来解决的，还有需要进一步学习或研究才能解决的，例如要使空瓶子竖直漂浮，就要通过悬挂重物来降低重心，并低于浮力的作用点，这一认知可以通过实践获得，也可以先查阅资

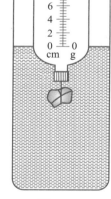

图4-3-8

认识浮力（实验设计）

第四章　关于『运动和相互作用』主题的教学关键问题

110

料再实践；又如标记刻度，可以进行多次用已知量去确定刻度，也可以分析刻度是否均匀分布，迁移应用标记温度计刻度的方法——先确定两个值再均分的方法。

"做中学"不局限于课后或课前的制作活动，可以将课堂演示活动变为学生活动，还可以将小制作过程融入课堂，以此提高学生活动的参与度。做中学是以"做"为中心的学习，让学生通过"做"获得知识、发展思维、积累经验、提升学习能力，这种学习方式有助于学生知识的建构、理解和应用。

例如，在学习"通电导线在磁场中会受到的作用"时，教师可以让学生亲自动手制作一个简易电动机，经历先让线圈转起来，再让线圈连续转动起来的过程，了解直流电动机的构造及工作原理，并认识换向器的作用。以实践活动为主线组织的课堂教学，有助于学生主动获取知识，运用已有知识解决问题。

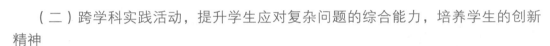

自制简易电动机
（教学设计）

（二）跨学科实践活动，提升学生应对复杂问题的综合能力，培养学生的创新精神

跨学科实践活动是把真实的问题转化为教学中可落实的实践活动主题，围绕主题进行多样化的活动，并取得相应的实践成果。对于综合、复杂的真实问题，不同学科能够提供不同的科学视角，跨学科实践活动需要学生将多学科相融合，从综合的视角，在解决实际问题的过程中习得知识，提升素养。因此，跨学科实践活动有助于学生跳出一个学科对整个科学进行理解，帮助学生把握科学的共性。

课程标准提供了一个与"运动和相互作用"主题相关的跨学科实践案例"人体中的杠杆"，以"手提起重物"为研究问题，这是一个真实的复杂问题。从生理学视角，可认为桡骨在肱二头肌的牵引下绕着肘关节转动；从物理学视角，可以将其简化为杠杆模型。如果不调用生理学的知识，就不能理解人提起重物时的真实感受；如果不调用物理学的力臂概念，就解释不了为什么会费力或不费力，也解释不了手臂的肌肉结构进化的本质原因是什么。从物理学习来看，联系生活的是物理情境，虽然分析的过程涉及人体结构，但其实还是分析物理问题，而最后也主要是依据物理知识来解决问题，也就是说，物理跨学科实践是以物理学科的知识为基础融合其他学科的知识。

杠杆（教学设计）

在"运动和相互作用"主题中，有许多内容与日常生活、工程实践和社会发展联系紧密，教学中可以结合本主题的内容开发出跨学科实践活动主题。例如"自行车中所蕴含的跨学科知识"，从物理学视角，涉及摩擦（轮胎花纹）、压强（车胎充气）、声音的产生与传播（车铃）、光的反射（车尾灯）、内能（车胎打气发热）；从生物学视角，涉及自行车车座大小、硬度和高度是否符合人体结构；从艺术视角，涉及车身色彩搭配；从化学视角，涉及车身的材质特性等。每个视角都能让学生从不同的学科起点开展跨学科实践活动，形成跨学科意识，从而有助于培养学生高阶思维能力的发展。

本节内容侧重如何基于"运动和相互作用"主体内容，做好素养培养整体规划，如何通过情境化教学、问题教学、跨学科实践活动以及融入科学史的教学等具体教学方法和策略培养学生的核心素养。无论采用何种方式方法，都应关注物理是一门实验性很强的学科，鼓励学生亲自动手进行实验，观察运动现象，强化学生的实践操作能力，比如，记录数据，分析实验结果，从而深化对运动和相互作用原理的理解；并适当组织学生进行实地考察，比如参观科技馆，进行社会调查等，让学生亲身体验物理学的实际应用，增强其实践能力和对物理学的兴趣。除此之外，还可以利用数字化资源为学生提供更丰富的学习材料和更便捷的学习方式，增强学生的直观感受和理解能力，也可以通过在线资源和平台，为学生更提供丰富互动机会；同时也要关注实施多元化评价，了解学生的学习情况，培养他们的反思能力和自我管理能力。总之，培养学生核心素养的完整体系是多方面的，在实际教学中，教师应根据学生的实际情况和教学目标，灵活运用这些策略，以取得最佳的教学效果。

 实践分享

浮沉条件的应
用——轮船（教
学设计）

电磁铁及其应用
（教学设计）

电流的磁效应
（教学片段）

第五章

关于"能量"主题的教学关键问题

　　"能量"一级主题包含"能量、能量的转化和转移""机械能""内能""电磁能""能量守恒""能源与可持续发展"六个二级主题。"能量"这部分课程内容具有一定的综合性和跨学科性，与生产生活及社会发展密切相关。

　　"能量"纳入课程内容的一级主题体现了"从生活走向物理，从物理走向社会"的义务教育物理课程基本理念。这部分内容的设计旨在引导学生从物理学视角认识能量，了解不同形式的能量，认识能量转化与守恒的普遍规律，了解节约能源与可持续发展的重要性，初步形成能量观念；发展学生综合分析问题和解决问题的能力，培养学生为社会可持续发展作贡献、将科学服务于人类的使命感。"能量"主题内容具有严整的结构化特点，在物理教学中具有重要的作用和价值，开展本部分内容的教学，有利于培养学生的核心素养。

陶行知曾说过:"活的人才教育不是灌输知识,而是将开发文化宝库的钥匙,尽我们知道的交给学生。"从理论上讲,单元知识结构化教学是指对相应学科及单元知识的结构化处理,以实现对所学知识理解、记忆、掌握、应用等过程的整体联系和系统归纳,是构建"活的人才教育"的有效举措之一。结构化教学强调知识的逻辑结构和学习者的知识结构,尤其注重培养学生的理性和逻辑思维能力。在结构化学习过程中,学生的知识活动促进了知识的逐步内化,创造了新的认知结构。结构化教学很大程度地增强了学生学习的积极性,进而提高了教学效率。

物理教育并不是让学生记住公式、定理、定律等结论,真正掌握是不能通过"灌输"来实现的。针对学科教学的知识分离问题,理论与实践界开始关注学科大概念。在以核心素养为导向的新时代背景下,学科大概念成为引领学科课程教学改革的风向标。

使学生在头脑中建立起学科大概念,帮助学生从物理学科视角解释自然现象和解决实际问题,丰富和完善学科大概念,有利于将所学内容迁移应用到新的试题情境或现实生活中。让学生建立和形成物理学科大概念,仅通过一节课的教学是很难达成的,而单元教学为落实基于大概念的教学提供了有力保障。单元教学设计更注重单元内容的整体性和连贯性,从知识生成逻辑入手,强化概念与规律间的联系,有利于学生形成物理学科大概念。不仅如此,以大概念引领物理教学,还有利于教师从更高的视野与角度去认识教学内容,依托课程标准,结合学科教材,构建概念体系,在一般教学设计的基础上强化大概念的引领作用,使概念与知识的建立更具有系统性与条理性,从而进一步发展学生的核心素养。

一、梳理内容标准,构建进阶框架

能量是科学领域最基础、最核心的概念。义务教育物理课程涉及物质、运动、能量三大领域等诸多知识,包含物质的形态与属性、机械运动与力、能量的转化与守恒等大量概念定义和定理公式。" 能量 "是从自然界及其各种运动中抽象出来的最基本的概念之一,物质的基本结构、运动与相互作用都和能量有关。因此,能量是研究包括物理学在内的自然界规律的重要视角 ,从能量视角研究自然现象和实际问题是人类探索自然的重要思想方法,尤其在量子世界更是发挥着不可替代的独特作用。以"能量"为例,对能量的概括性认识至少应当包含能量本质、能量形式、能量转化与转移、能量守恒及能量耗散等五个方面,它们既分别是对能量认识的关键部分,也彼此基于物理学内在逻辑并深度关联"能量"这一主题,共同构成对能量全面而结构化的基本学习的实质在于主动地形成认知结构。学习者不是被动地接受知识，而是主动地获取知识，并将新获得的知识和已有的知识结构联系起来，积极地构建其知识体系。物理学的核心概念包括物质、运动与相互作用、能量。"能量"作为新版课程标准的一级主题，体现了围绕核心概念组织知识内容的思想（表5-1-1）。

表 5-1-1 "能量"主题内容标准

一级主题	二级主题	三级主题
能量	3.1 能量、能量的转化和转移	3.1.1 了解能量及其存在的不同形式。能描述不同形式的能量和生产生活的联系。 3.1.2 通过实验，认识能量可以从一个物体转移到其他物体，不同形式的能量可以相互转化。 3.1.3 结合实例，认识功的概念。知道做功的过程就是能量转化或转移的过程
	3.2 机械能	3.2.1 知道动能、势能和机械能。通过实验，了解动能和势能的相互转化。举例说明机械能和其他形式能量的相互转化。 3.2.2 知道机械功和功率。用生活中的实例说明机械功和功率的含义。 3.2.3 知道机械效率。了解提高机械效率的意义和途径。 3.2.4 能说出人类使用的一些机械。了解机械的使用对社会发展的作用
	3.3 内能	3.3.1 了解内能和热量。从能量转化的角度认识燃料的热值。 3.3.2 通过实验，了解比热容。能运用比热容说明简单的自然现象。 3.3.3 了解热机的工作原理。知道内能的利用在人类社会发展史中的重要意义
	3.4 电磁能	3.4.1 从能量转化的角度认识电源和用电器的作用。 3.4.2 知道电压、电流和电阻。探究电流与电压、电阻的关系，理解欧姆定律。 3.4.3 会使用电流表和电压表。 3.4.4 会看、会画简单的电路图。会连接简单的串联电路和并联电路。能说出生产生活中采用简单串联电路或并联电路的实例。探究并了解串联电路和并联电路中电流、电压的特点。 3.4.5 结合实例，了解电功和电功率。知道用电器的额定功率和实际功率。 3.4.6 通过实验，了解焦耳定律。能用焦耳定律说明生产生活中的有关现象。 3.4.7 了解家庭电路的组成。有安全用电和节约用电的意识

第五章 关于「能量」主题的教学关键问题

① 许浩. 基于大观念的高中物理单元教学设计 [D]. 成都：四川师范大学，2020.

一级主题	二级主题	三级主题
能量	3.5 能量守恒	3.5.1 知道能量守恒定律。列举日常生活中能量守恒的实例。有用能量转化与守恒的观点分析问题的意识。 3.5.2 从能量转化和转移的角度认识效率。 3.5.3 列举能量转化和转移具有方向性的常见实例
	3.6 能量与可持续发展	3.6.1 列举常见的不可再生能源和可再生能源。 3.6.2 知道核能的特点和核能利用可能带来的问题。 3.6.3 从能源开发与利用的角度体会可持续发展的重要性

能量核心概念发展进阶如图 5-1-1 所示。

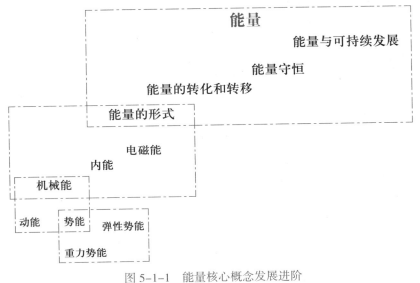

图 5-1-1　能量核心概念发展进阶

二、建立结构化体系，指向素养提升

教师在确定教学目标时，要把握内容的结构性，并考虑学生的差异性。教师应领会物理学科逻辑，既要明确各部分内容在物理学科体系中的地位、价值和彼此的联系，又要了解相关知识内容的发展脉络，防止教学碎片化、孤立化，努力使学生的学习内容结构化、系统化。

建立课程目标体系、心理认知体系、概念进阶体系三个体系，能推动物理学习由碎片化、零散性向结构化、整体性转变，实现学生物理素养的进阶发展和螺旋式上升。

（一）建立结构化的课程目标体系

在单元知识结构化教学过程中，教师应及早思考、统筹安排，基于物质、运动、能量等不同的物理知识，建立结构化的课程体系。教师应系统把握三个年级的所有单元的物理知识，明确具体教学单元在整个物理课程的目标定位，以及各个单元彼此之间的内在联系，提取所学内容中的生活经验和学理知识，重点研究学生在学习进程中的表现、已经存在的知识储备，进阶式发展学生发现、分析和解决物理问题的能力。

（二）建立结构化的心理认知体系

陶行知曾说："教育不能创造什么，但它能启发儿童创造力以从事于创造工作。"结合认知心理学的研究结论，在单元知识结构化设计的过程中，物理教师应重视遵循学生的心理特点，顺应学生的认知体系，引领学生细致观察、动手实验、自主探究，经历从表象到本质、从零散到系统的学习过程。还应着力引导学生将抽象的概念与具体的现象统一起来，掌握学习物理的思维方式与解题办法，揭示自然界中各种物质的基本结构、运动规律和相互作用特点，为学生创造力的培养和增强打好基础。

（三）建立结构化的概念进阶体系

物理教师有必要引导学生抓住物理知识属性、思维方式、要素关系等线索，采取树状图、气泡图、圆圈图、括号图、流程图等方法，帮助学生梳理形成各个领域、各个单元的知识网络或思维导图。通过建立结构化的概念进阶体系，引导学生采用系统的方法和观点去整体掌握物理知识，可以有效降低物理课程的学习难度，帮助学生由浅入深、由简至繁、由易到难地理解物理概念、发展物理思维。

在物理课程中，能量观念作为物理观念的组成部分，构成了物理核心素养中具有基础性和重要性的一环。同时，整合和发展作为当今科学课程改革的核心理念，具体到"能量观念"的教学中便是围绕"大概念"组织能量概念，并通过学习进阶的设计，实现学生螺旋式思维的发展。落实到教学实践上，其中一种思路便是打破课时限制，进行单元教学设计，开展整体化有序的单元教学。综上所述，围绕大概念和学习进阶进行单元教学设计，有助于在整合与发展的理念下开展单元教学。下面分别对能量单元所涉及的大概念条目进行逐一解析，结合教学要素分析确定单元教学目标。

1. 能量存在形式

能量存在于一切宏观或微观物质运动中，且表现为多种形式，如机械能、内能、电能、辐射能、核能等。本条大概念内容丰富，涵盖了中学阶段所有关于能量本质与形式的内容。根据分析可知，它包括：能量存在于宏观物质运动中；能量存在于微观物质运动中；常见的能量表现形式有机械能、内能、电能、辐射能、核能等。机械能守恒定律单元是学生在高中阶段学习机械能这一能量形式的主要内容，在初中阶段学生学习了机械能由动能和势能组成，且势能又分为重力势能和弹性势能。在本单元中，学生还应掌握动能与重力势能的计算方法，弹性势能表达式的探究方法。同时，学生对功能、势能和机械能的学习不能仅停留在掌握概念和会计算的水平，还应从能量转化的角度去理解和分析实际问题。

2. 能量转化

能量可以发生转移或转化，功是能量转化的量度。本条大概念描述了能量转移与转化的特征，以及如何量度能量转化的方式。功与能是两个密切相关的物理量，通过计算做功的大小来反映运动过程中能量转化的多少。机械能守恒定律单元中关于功与能的关系的学习内容包括功、功率、动能定理等。具体而言，学生应理解功和功率；通过实验探究知道恒力做功与物体动能变化的关系；理解动能定理，并能用动能定理解释生产生活中的现象；知道重力做功与物体重力势能变化的关系。

3. 能量守恒

能量是守恒量，其转移和转化过程不会创造或销毁能量。本条大概念是对能量守恒的整体描述，既包括本单元的机械能守恒，也概括了宇宙中一切形式的能量的总和都是守恒的。能量守恒定律的得出不是一蹴而就的，同样，能量守恒观念也不是立刻就形成的。本单元首先应让学生理解功与能的关系，以及动能和势能的转化关系，在此基础上，让学生通过实验认识到机械能是守恒的，进而理解机械能守恒定律的内涵，并将其与生产生活相结合，解释现实中的问题；由机械能守恒这一特殊守恒量，扩展到自然界中各种能量在转移和转化的过程中都是守恒的。

4. 能量耗散

能量耗散从能量转化的角度反映出自然界中宏观过程的方向性。

本条大概念中的能量耗散是对能量转化结果的描述，能量转化的方向性决定了人类不可以无节制地使用能量。能量耗散与人类的生存和发展紧密相连，通过本单元的学习，学生应意识到保护环境、节约能源的重要性。

5. 能量节约

能源能量的转移具有方向性，人类可利用的能源正在逐渐减少，公民应具有节能环保的意识和行动。一方面我们需要增强节能环保意识，另一方面还可以在符合自然规律的前提下提高能量利用率，尤其是通过新的技术手段开发新能源。通过本单元的学习，学生应了解生产生活中关于提高能量利用率的实例和方法，了解新能源的种类和开发途径。

首先，能量大概念能把下位的机械能、内能、电磁能、质能、核能和化学能等各种具体形式的能量统整起来，并与物质和运动建立联系。其次，能量守恒定律指出，在自然界所经历的一切变化中，能量的总量是不变的。这表明，能量大概念本身就暗含着一种分析问题和解决问题的方法，"守恒思想"能有效促进学生的思考和探究。最后，能量转移或转化具有方向性。例如，不可能从单一热源吸收热量并把它全部用来做功。这说明，在现实中能量并不是取之不尽用之不竭的，而是需要合理保护和运用。概括起来，学科大概念对学生展开深度学习有三个重要作用和价值：一是知识建构，学科大概念有利于打通各种具体知识点之间的联系，有助于学生建立完整的知识结构；二是问题解决，学科大概念提供理解和解释自然万物的视角和工具，有助于学生获得认识事物、解决问题的方法和能力；三是价值引导，学科大概念将内化成正确的价值观，有利于立德树人的实现和必备品格的培养。[1]

姚鸿栋等人结合"能量关键概念"以及"学生发展能量概念的过程"两个维度，经验证后提出了一个二维精细化能量进阶框架。该框架的横轴为能量的四个关键概念，纵轴为四个概念发展层级。框架由两个维度组成，横向维度按照教材顺序构建不同主题内容下能量相关概念、规律之间的联系；纵向维度根据科学概念理解发展层级，建立教材中能量概念进阶的连接。[2]

大概念包括共通概念和核心概念，共通概念侧重跨学科内容，而核心概念侧重整合某一学科内的知识。本文中的能量大概念指在物理学科中能量相关核心概念的组织。参考许浩、姚鸿栋、伍苗苗等人的研究，将能量大概念分为能量本质与形式、能量转移和转化、能量守恒三个维度，如表5–1–2所示。[3]

表 5–1–2　能量大概念的维度及发展层级

维度	条目内容
能量本质与形式	能量是系统的一个定量的性质，取决于系统内物质的运动和相互作用及辐射
	能量是不连续的，由一个个能量子组成，在宏观领域能量可以看作是连续的
	能量存在于一切宏观或微观物质运动中，且表现为多种形式，如机械能、内能、电势能、电磁能、化学能、核能等
能量转移和转化	能量可以从一个物体转移到另一个物体，也可以从一种形式转化成另一种形式
	做功可以实现能量的转化，功是能量转化的量度
	自然界中能量转化和转移是具有方向性的
能量守恒	能量不会凭空产生和消失，只能从一种形式转换成另一种形式，或从一个物体转移到另一个物体
	能量在转移和转化过程中总量保持不变
	能量守恒定律在不同物理学领域可以表现为不同的形式

郭玉英等人在层级复杂度和知识整合等认知理论的基础上，经数轮的实证检验，提出了科学概念理解的层级模型，分为经验（facts）、映射（mapping）、关联（relation）、系统（systematic）及整合（integration），细化到物理观念领域中。[4] 西南

---

① 参见：郭玉英，姚建欣.基于核心素养学习进阶的科学教学设计 [J].课程·教材·教法，2016，36（11）：64–70.

② 参见：姚鸿栋.能量观念的内涵分析 [J].物理通报，2021（S1）：37–40.

③ 伍苗苗，张军朋.高中物理能量观念的内涵、构成与认知层次 [J].中学物理教学参考，2017，46（9）：1–4.

④ 郭玉英，姚建欣，张静.整合与发展：科学课程中概念体系的建构及其学习进阶 [J].课程·教材·教法，2013，33（2）：44–49.

大学毛予廷提出层级模型，而后有学者将其发展为学习进阶五级模型，包括物理现象、物理概念和规律、物理核心概念、物理子观念、物理观念。新版课程标准也对物理观念水平进行了划分。基于以上文献，能量大概念的维度及发展层级如表 5-1-3 所示。[①]

表 5-1-3　能量观念的层级进阶

科学概念理解发展层级	能量观念五级进阶	能量观念水平划分
经验	物理现象	能从能量的视角观察自然现象，了解基本的日常经验和零散事实
映射	物理概念、规律	形成初步的能量观念，能建构事物的具体特征与抽象术语之间的映射关系。例如，人扛起重物上楼时，人对重物做的功转化为重物的重力势能
关联	核心概念	具有能量观念，能建构抽象术语与事物数个可观测的具体特征间的关系。例如，物体的功率与力、速度的关系
系统	物理子观念	具有清晰的能量观念，能从系统层面上协调多要素结构中各变量的自变与共变关系。例如，在一个实际情境中，能在系统层面上协调能量本质与形式、能量转移与转化及能量守恒之间的关系
整合	物理观念	具有清晰、系统的物理观念，能由核心概念统整对某一物理子观念（如物质观念、能量观念等）的理解，能从物理学的视角正确描述和解释自然现象，解决实际问题

121

由表 5-1-4 可知，横向主要考查教材中不同核心概念之间通过物理概念、物理规律进行联系的方式；纵向侧重于分析教材是如何描述物理现象的，进而研究从物理现象到物理概念和规律，再到物理核心概念，最后到能量观念的联系和进阶过程。[②]

表 5-1-4　能量观念发展层级（以机械能守恒定律为例）

进阶水平	水平描述
系统（水平 4）	了解动能和势能的相互转化，能综合动能和势能对机械能大小进行判断；知道只有动能和势能转化的过程中机械能守恒

① 杨博，张军朋 . 基于单元设计的高中物理教材能量概念进阶研究：以粤教版"机械能及其守恒定律"为例 [J]. 物理教学探讨，2022，40（11）：33-37.

② 杨博，张军朋 . 基于单元设计的高中物理教材能量概念进阶研究：以粤教版"机械能及其守恒定律"为例 [J]. 物理教学探讨，2022，40（11）：36-37.

进阶水平	水平描述
关联（水平3）	能定性描述物体的"动能"与物体的质量和运动速度有关；能定性描述物体的"重力势能"与物体质量和高度有关。弹性物体形变越大，弹性势能越大。能用机械能的概念来概括动能与势能
映射（水平2）	意识到高处的物体具有能量，在下落时会产生一些效果，下落高度或物体轻重不同，效果不一样；能意识到运动的物体具有能量，物体运动速度不同，具有的能量不同。压缩的弹簧等发生形变的物体具有能量
事实经验（水平1）	高处落下的物体可以产生一些效果，如从高处落下的重锤可以将下面放置的钢桩打入土中。运动的物体具有产生某些效果的能力，如风可以吹动帆船前进

三、设计单元活动，实施单元教学

（一）确立单元教学内容，分析教学流程

新版课程标准中关于科学内容制定了三个一级主题，分别为"物质""运动和相互作用""能量"，对应着物质观念、运动与相互作用观念、能量观念。"机械能"是一级主题"能量"之下的二级主题，也是初中阶段学生构建能量观的重要部分。

"机械能"是最常见的一种能量形式之一，是初中阶段能量部分的学习重点。从初中物理关于能量的主要知识结构来看，学生在8年级首先学习关于功和能的一些基本概念；然后在了解了功、功率的基础上，学习动能、重力势能和弹性势能的概念及其影响因素；再以此为基础学习机械能及其转化。而在实际生活中，能量的转化并不局限于机械能，各种形式的能量之间都会发生转化，进而限定了研究范围，得出在特殊情况下机械能是守恒的。到9年级，学生会继续学习关于内能和其他形式能量的知识，在此过程中慢慢理解能量的转化和守恒定律是自然界中基本、普遍的规律，从而逐步构建较为完整的能量观念。[1]

【案例】机械能（单元教学设计流程）

根据单元教学设计流程（图5-1-2），可以将教材中"动能和势能"1课时、"机械能及其转化"1课时及科学实践活动"一飞冲天的吸管火箭"1课时整合到一起，形成"机械能"单元，作为8年级能量单元的教学内容。尽管本单元主题仅为诸多能量形式中的一种，但在学习的过程中，对"能量"主题下的其他二级主题也有所涉及，如能量的转化、内能、能量守恒，以及能源与可持续发展，这有助于学生快速建立起全面

① 闫秋玥，王小明，李金婷．初中生物理观念的培养初探：以"机械能"单元教学为例[J]．物理通报，2022（7）：57-58．

的能量观念。

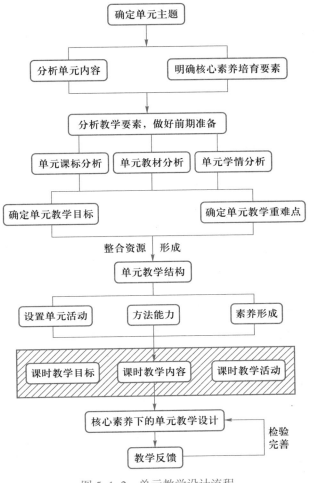

图 5-1-2 单元教学设计流程

【案例分析】

经过整合，我们将"动能和势能""机械能及其转化"以及实践课程"吸管火箭"合并为"机械能"单元，作为 8 年级的核心教学内容。尽管此单元主要聚焦于机械能，但在教学过程中，也将触及能量的转化、内能、守恒定律以及能源与可持续发展等核心议题，从而帮助学生构建全面的能量知识体系。此整合教学策略旨在激发学生对于能量现象的探索兴趣，并培养他们运用理性思维和科学方法解决问题的能力。

（二）根据学生身心特点，进行学情分析

学生能够通过观察生活实际情境或实验现象进行思考并提出猜想，能在教师的引导下借助所学的物理知识展开分析。有一定的生活经验和常识，对生活中的很多情境是熟悉的，但尚未从能量的角度分析这些情境。从本单元开始，学生将以一个全新的视角来分析物理问题，即从能量的角度分析物理现象，找到物理规律。

（三）整体规划教学思路，确立课时架构

"机械能"单元侧重机械能的概念及其转化问题。课程标准对这部分的内容要求为：知道动能、势能和机械能。通过实验，了解动能和势能的相互转化。举例说明机械能和其他形式能量的相互转化。由此可见，在"机械能"单元的学习中，学生要了解机械能这种最常见的能量形式，知道动能、势能与机械能的关系，还要知道机械能之间是可以相互转化的，并能通过实例分析它们之间的转化，初步形成能量观念，为9年级学习内能和能量守恒定律奠定基础。

【案例】机械能（单元教学规划）

机械能单元教学规划如图 5-1-3 所示。[①]

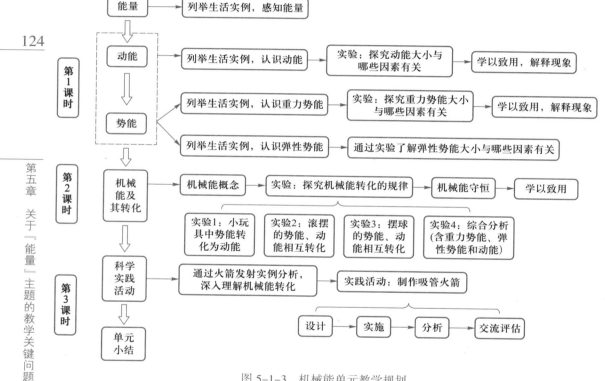

图 5-1-3　机械能单元教学规划

【案例分析】

本单元的学习旨在深入理解机械能概念及其与其他形式能量间的转化关系。这种转化不仅在日常生活中常见，也广泛应用于工程技术和科学研究中。首先，机械能包括动能和势能这两种主要形式，动能和势能之间的转化关系是关键。其次，机械能还可以转化为其他形式的能量，如热能和电能。反之，其他形式的能量也可以转化为机

①　闫秋玥，王小明，李金婷. 初中生物理观念的培养初探：以"机械能"单元教学为例 [J]. 物理通报，2022（7）：57-58.

械能。通过大量实例的体验，让学生对机械能守恒有深刻的感受。最后，为了让学生深入理解机械能转化的规律，通过火箭发射情境实例分析，增加了跨学科实践的内容，学生们不仅能够深入理解机械能转化的规律，还能够培养他们的创新思维和实践能力。同时，这种教学方式也有助于激发学生们对科学探索的兴趣和热情，为他们的未来发展奠定坚实的基础。通过对机械能单元内容的整体规划，构建 3 个课时的教学架构，体现了新课标的理念。这一教学架构不仅注重学生对机械能基本概念和原理的掌握，还强调将理论知识与实际生活相联系，培养学生的实践能力和创新思维。

（四）明确单元教学目标，突出核心素养

在以节为单位的常规教学中，教学目标的确定往往落实到知识与技能，重视学生对物理概念和规律的学习，却将知识之间的联系弱化了，不利于学生物理观念的建立，而单元教学的目标设定则以课程标准和单元内容为核心，不仅能完成教学内容，还更重视知识结构的形成，在这一点上，单元教学在培养学生物理观念上更有优势。

机械能单元的教学目标可以设定为：希望学生能通过实例从做功的角度描述能量，知道能量与做功的关系，知道能量的单位；利用实例或实验，初步认识动能、势能的概念，知道动能、重力势能和弹性势能统称为机械能；能在新情境中运用机械能的相关概念与能量转化与守恒思想解释现象、解决问题，从而初步建立能量的观念。除了掌握相关知识，单元教学目标强调知识网络的建立，形成用能量转化和守恒思想来思考问题的分析思路，最后以能否运用相关概念和思想解释现象、解决问题为评价目标，实现物理观念的培养与应用。关注物理观念培养的单元教学目标的设定，可以使教师站位更高，使单元教学有更准确的定位，有助于教师对教学内容和活动设计实现整体把握。

（五）开展单元教学活动，培养核心素养

学习初中物理之前，学生通过对日常生活的观察和从各种途径获得的知识，都有一些对物理世界的初始认识，即前概念，随着不断学习，他们逐渐形成了自己的观点，物理世界是客观的，但这些观点却是主观的，有的观点正确（符合客观规律），而有的观点片面甚至有误，但这些观点构成了学生的初始观念，可以称为前观念。

例如，日常生活中，学生对"能量"一词并不陌生，也能感受到具有能量的物体有对外做功的能力，只是难以用语言准确地进行描述，因此，在能量概念建立时，教师鼓励学生列举生活实例，引导学生感受具有能量的物体的共性，并用语言进行描述，这就是在学生前概念的基础上建立能量的概念。又如，生活中很多物体的运动过程都伴随着能量的转化，在学习能量的转化与守恒之前，学生没有机械能的概念，也说不出能量转化的规律，但根据观察可以感受到物体运动快慢和下落高度之间的关联。通过学习活动，学生了解到动能和势能的概念后，就可以将以往生活中的前概念过渡到准确的物理概念。关于机械能的转化规律，学生会觉得生活中很多体验都能说明动能与势能之间可以相互转化，这与日常经验相符。有教师经过调查发现，认为机械能不会减少的学生占全班总人数的 60% 以上，他们甚至可以举出生活中的实例来论证，如钟摆可以一直摆动，过山车可以多次翻滚等。只有在课堂上对滚摆和摆球运动进行更细致的观察和实验，学生才能发现尽管滚摆能持续运动一段时间，但摆球却越摆越低，无法回到初始高度，从而认识到机械能在转化过程中往往会不断减少。可见，帮助学生构建物理观念不仅仅是从知识向观念的转变，也是完善或修正前观念的过程。

物理观念的形成既是认知性的，又是体验性的。物理观念不可能通过记忆物理知识自发形成，而需要学生在积极主动的研究活动中深刻理解和掌握相关知识，并且在对知识的理解和应用中不断概括、提炼而形成。所以在教学中，教师要尤其重视探究活动的设计与实施，考虑到单元教学的综合性，其中的探究活动应符合学生的思维逻辑，根据教学目标和具体学情精心设计，以主题统领，以任务呈现。机械能单元教学以机械能为主题统领所有活动，按照课时分配和知识间的逻辑关系呈现出 4 个活动。

活动 1：列举生活实例，认识能量、动能和势能；通过"实验探究动能和势能的影响因素"活动，学生从生活实例中归纳和认识能量，根据现有器材设计实验，探究动能和势能的影响因素，并对实验结果进行分析论证，初步建立能量、动能、重力势能和弹性势能等基本概念。

活动 2："实验探究机械能转化的规律"活动中，学生依次通过体验发条小玩具，观察并分析滚摆的运动、摆球的运动、小球在轨道上的复杂运动，逐步探究机械能转化的规律。

活动 3："分析讨论天问一号从发射到进入火星轨道的能量转化"活动中，学生依据所学的机械能及其转化的相关知识，结合具体的航天情境，分小组分析讨论天问一号从发射到进入火星轨道不同阶段的能量转化。

活动 4："制作吸管火箭"活动中，通过自制吸管火箭的实践活动，分析吸管火箭的机械能转化，锻炼学生的动手能力和小组协作精神。在设计、制作、实验、分析、交流与讨论的过程中，学生充分参与课堂活动，在实践中加深对机械能转化的理解。

活动设计意图如图 5-1-4 所示。

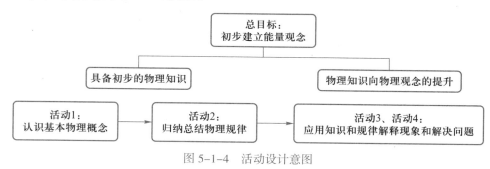

图 5-1-4　活动设计意图

（六）实施多元教学评价，落实核心素养

为了评估学生的学习效果，促进核心素养发展，教学评价是单元教学中的重要一环。落实物理观念单元评价应方式多样，且注重对核心知识的应用与迁移，从而评估学生对知识的理解是否到位、是否形成了较为全面的能量观。例如，机械能单元的评价方式有很多种，针对学生的课堂表现可以进行参与度评价，以及对问题的分析、实验方案的设计与实施、实验后的分析与评估等，这些都能体现出学生在课堂上对所学知识的理解程度和自主加工水平；课后作业任务则是对学生课堂所学知识掌握程度的评估，教师可以针对不同能力水平的学生设计基础性作业和拓展性作业等不同层次要求的作业。在单元教学中，知识网络的组织有助于从知识间的联系出发培养学生的物理观念，教师可以给出有待完善的能量大概念知识结构（图 5-1-5）让学生完善，也可以和学生一起梳理能量相关问题思维导图。①

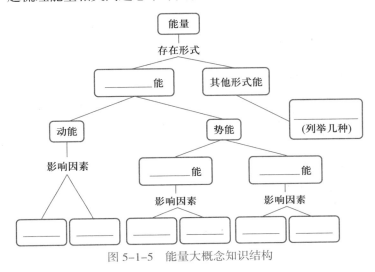

图 5-1-5　能量大概念知识结构

综上所述，在初中"能量"主题的教学中，为了使学生能够系统地掌握能量的基本概念、原理和应用，必须高度重视教学内容的结构化设计。为达成这一目标，教师应首先厘清教学内容标准，构建一个条理清晰的教学框架，在课标的指引下，构建结构化的课程目标、心理认知、概念进阶等体系，将能量的基础知识、能量形式的转换以及能量在实际生活中的应用等核心内容纳入其中。在此基础上设计丰富多样的单元活动，应灵活运用多种教学方法，如讲授、实验演示和课堂讨论等，以全方位、多角度地展现能量的相关知识。此外，为了巩固学生的学习成果，还需要设计一系列层次递进的练习和作业，引导学生逐步深入思考和探索能量的奥秘。综上所述，严谨、系统的教学设计是实现初中"能量"主题教学内容结构化的关键，有助于提高学生的学习效果和科学素养。

① 闫秋玥，王小明，李金婷.初中生物理观念的培养初探：以"机械能"单元教学为例[J].物理通报，2022（7）：58-59.

物理课程要培养学生的核心素养，首要的一个维度是物理观念，而能量观念要素是其中的重要组成部分。"能量" 主题对学生提出如下相关目标要求：认识机械能、内能、电磁能及能量的转化与守恒；能从物理学视角观察周围事物，解释有关现象，解决简单的实际问题，初步形成能量观念；有保护环境、节约资源的意识，能在力所能及的范围内为社会的可持续发展作出贡献，具有实现中华民族伟大复兴的责任感和使命感。

"能量" 作为物理学的一条主线，抽象反映了客观世界物质运动和相互作用的本质。学生建构能量观念，能有效发展综合分析、解决真实情境问题的能力，从而提高物理核心素养，并在生活中有意识地践行可持续发展理念，落实立德树人要求。

但与很多形象的物理概念不同，在初中阶段，"能量" 是一个十分抽象且难以精确定义的概念。人教版初中物理对于 "能量" 的定义是：物体能够对外做功，我们就说这个物体具有能量。这仅仅是从力学的角度对能量进行定义。在之前的 "声现象" 章节中，学生已经学习到声音也具有能量。这就导致学生对能量的内涵把握不够准确。而在学生进一步理解 "能量" 这一概念时，又从功能关系的角度，提出功是能量转化的量度。将 "能量" 与 "功" 这两个抽象概念相互关联、解释，大大增加了学生对能量本质的理解难度。使得大部分学生只是浅显地了解能量的相关知识，但不能系统地构建能量观念，更谈不上从能量转化的角度，去综合分析、解决真实情境问题，从而提高物理核心素养。要构建起完善的知识框架和整合的能量观念，教师在教学过程中，还应梳理和关注以下几个问题：中学物理课程中有哪些能量的相关概念？能量的内涵是什么？学生为什么要构建能量观念？如何在教学中引导学生构建整合的能量观念？

一、剖析能量内涵，关注素养形成

1. 中学物理课程中能量的相关概念

依据新版课程标准的课程内容，能量的相关概念大致可分为以下四类：能量的形式、能量的转化和转移、能量守恒、能源与可持续发展。

首先，与能量的形式相关的概念有机械能、内能和电磁能。其中，机械能包含动能和势能两种形式，内能包含热量、热值、比热容等概念，电磁能未包含下位概念。[①]课程标准对学生所提的要求是能在情境、实验中认识机械能、内能、电磁能等能量的不同存在形式，并利用相关知识简单解释说明生活中的一些现象。

其次，与能量的转化和转移相关的概念有功、功率。其中功包含机械功、电功。功率又包含机械功率、机械效率、电功率、电流的热效应、焦耳定律。课程标准对学

---

① 吴晗清，刘梦，李富强."能量" 大概念的教学研究［J］. 现代中小学教育，2022，38（1）：36-41.

生所提的要求是：能列举生活中能量转化和转移的实例，并通过解决真实情境问题，将物理知识与生产生活相联系。

再次，与能量守恒相关的概念仅有机械能守恒。课程标准对学生所提的要求是：能列举日常生活中能量守恒的实例。有用能量守恒观点分析问题的意识。

最后，与能源与可持续发展相关的概念将能源分为可再生能源和不可再生能源，并列举了核能等新型能源。课程标准对学生所提的要求是：能从能量的转化和转移具有一定方向性的角度，体会节约能源与可持续发展的重要性。

中学物理课程中能量相关概念体系如图 5-2-1 所示。

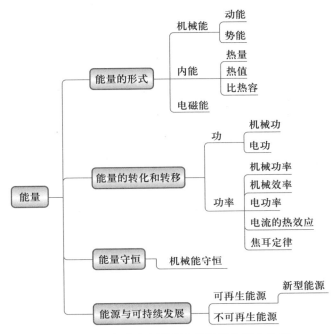

图 5-2-1　中学物理课程中能量相关概念体系

2. 能量观念的内涵和构成要素

能量观念的提出超越了以往碎片化的知识与技能，期望学生围绕"能量"这一核心概念整合与之相关的概念、规律等，从"能量"的视角在头脑中形成对物理世界的完整的概括性认识。[①] 要引导学生构建整合的能量观念，教师首先要厘清能量观念的内涵和构成要素。借鉴物理观念的定义，初中物理能量观念的内涵可以从能量的本质、能量的形式、能量的转移和转化、能量守恒、能量的耗散与利用来构建。

（1）能量的本质

能量的本质需要回答能量是什么。人教版初中物理教材对"能量"的定义是：物体能够对外做功，我们就说这个物体具有能量。这仅仅是从力学角度来判断物体是否具有能量，描述并不完全准确。关于能量的本质，教师可以在学完相关内容后引导学

① 韩泽宇，张红洋. "能量"观念的内涵、构成及建构路径［J］. 中学物理教学参考，2021，50（1）：10–13.

生探讨：

① 能量是表征物理系统做功本领的量度。物体具有能量，具有做功本领表示物体有做功的能力，但物体并不一定在做功。我们可以用做功多少去量度有多少能量转化，功是能量转化的量度。

② 能量主要通过机械能引入，从力学角度对能量进行定义，但其内涵和范围不局限于机械能，能量还与热量、内能相联系，而且热量与内能的关系如同做功与机械能之间的关系一样。①

（2）能量的形式

能量之所以有多种形式，是因为从不同角度所表现出来的形式并不完全相同。在机械运动中，能量主要表现为机械能；在热运动中，能量主要表现为内能；在电路中，能量主要表现为电磁能。

（3）能量的转移和转化

能量的转移是描述同种形式的能量在不同物质间的传递。例如，物态变化过程涉及热量的传递，而能量的转化是描述不同形式的能量相互转化。不同形式的能量可以相互转化是因为能量的本质是相同的，我们只是定义了能量的不同形式而已。但能量的转化并不是无方向的，其他形式的能量可以自发地转化为内能，但内能不能自发地转化为其他形式的能量。

（4）能量守恒

能量守恒是对能量转移和转化过程中所遵循规律的总结。在能量转移和转化的过程中，不管有多少形式的能量发生变化，系统总能量保持不变。不同形式的能量转化多少，可以通过做功多少来量度。

（5）能量的耗散与利用

在能量转化的过程中，由于摩擦力做功，不同形式的能量转化为不能被有效利用的内能，从而导致能量耗散。在此基础上，人类提出可持续发展理念，通过节约能源、开发可再生能源，实现能量利用最大化。

3. 构建整合的能量观念的教学要点

（1）通过真实情境，引入能量相关概念

新版课程标准明确提出，物理课程应当培养学生个人终身发展和社会发展需要的正确价值观、必备品格和关键能力，即培养学生核心素养。而教学过程中如何衡量学生核心素养发展水平，应当让学生在真实情境中学习概念、解决问题，而不是死记硬背，套用理论、公式，情境是认知或学习活动的基础。初中学生的抽象逻辑思维能力较弱，如果教师仅通过概念阐述、理论分析等方式引导学生学习，无疑加大了学生的学习难度。因此，基于学情，为了达成核心素养的培养目标，在"能量"相关概念教学过程中，教师一定要创设贴合学生生活的真实情境，以真实情境作为引入能量概念的载体。

---

① 胡家光. 初中物理能量观念内涵的深度分析 [J]. 课程教育研究，2021（7）：170–171.

例如，在学习功率时，教师可以创设真实情境：过去农民耕地主要依靠耕牛，而今天主要依靠拖拉机。过去多依靠人工搬运重物，现在多使用起重机。依据这些情境提出问题：我们通过不同方式完成相同的工作，所做的功是否相同？为什么我们现在多选择机械工作而不是靠人力？由此引入描述做功快慢的物理量——功率。通过有针对性地引导学生观察、分析真实情境，启发学生主动思考。同时，也使得"功率"定义的引入体现出实际意义。

（2）通过实验探究，促进对能量内涵的理解

对于初中学生来说，虽然他们多能从生活情境中习得能量的相关概念，但对能量的内涵理解还是觉得抽象、难懂。在教学实践中，教师往往通过讲述的方式，让学生理解能量的本质、能量的转移和转化等内涵，并辅以大量的练习。看似课堂效率很高，然而学生学习的积极性却不佳，容易导致教师"满堂灌"、学生陷入"题海"的局面。如何在教学过程中让学生"看见""摸到"这些抽象概念，理解概念的内涵呢？

物理学是一门以实验为基础的学科。实验探究为学生创设了特殊的学习环境，帮助学生亲历物理规律的获得过程，并直观呈现出物理现象。在这一过程中，学生主动探索物理规律，提高了设计实验、分析现象的能力。因此，教学过程中，为促进学生对能量内涵的理解，教师可以多开展探究实验，引导学生主动探索。

例如，在学习"机械能及其转化"时，教师可以组织学生进行滚摆实验，探究动能和势能转化的规律。如图 5-2-2 所示，教师在展示滚摆的构造、实验步骤后，可以引导学生在小组实验过程中观察并思考：摆轮上升或下降过程中的运动快慢如何？动能和重力势能如何变化？增加的能量从哪里来，减少的能量去了哪里？摆轮会一直运动下去吗？通过探究实验，学生自主思考问题，进一步理解能量的内涵。这一过程也培养了学生的实验操作、总结归纳的能力，有利于提高学生的核心素养。

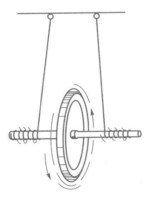

图 5-2-2　滚摆实验示意

（3）通过解释生活现象，构建能量观念

物理是一门与生产生活联系十分密切的学科。在学习完能量相关概念后，许多学生会通过大量的习题进行巩固。但这往往是在模拟情境中就题论题，导致学生所习得的知识是零散的，并未真正形成能量观念，更没有将物理知识与生产生活相联系的意

识。只有将所学知识进行实践应用，才能真正构建能量观念。

因此，教师应有意识地引导学生运用所学知识解释生活现象、解决生产生活中的具体问题，理论联系实际，进一步提高学生综合分析、解决问题的能力，在真实问题情境中帮助学生构建整合的能量观念，发展学生核心素养。例如，教学过程中，教师可以让学生讨论：我国北方楼房中的"暖气"用水作为介质，把燃料燃烧产生的热量带到房屋中取暖，与煤油、酒精等液体相比，选用水作为输送能量的介质有什么好处？通过解释常见的生活现象，学生应用、实践、整合所学知识，逐渐构建能量观念，落实核心素养的养成。

二、理论基础回应，奠基教学实践

（一）皮亚杰认知发展理论

皮亚杰认为，个体的认知发展是以已有的认知结构为基础，并以已有的图示与环境相交互作用而产生的认知需要为动力的。[①] 其认知特点是从具体到抽象，从感性到理性。而在实际教学过程中，学生难以自主构建物理观念，其原因往往是所掌握的相关知识情境是零散、断裂的。因此，基于皮亚杰认知发展理论和所教班级的具体学情，教师在能量教学过程中要精心创设真实情境，既不过分超出学生原有的认知水平和知识经验，又能引起学生的认知不平衡，并有意识地将知识镶嵌于情境中，此时学生就会重新思考，在真实情境中经历同化、顺应、平衡等过程，理解概念提出的实际意义，最终促进能量观念的构建。

（二）建构主义学习理论

建构主义学习理论强调知识学习的能动性和建构性，认为学生是知识意义的主动建构者，而教师只是意义建构的引导者和促进者。[②] 但在传统教学过程中，教师经常直接讲解知识点，给出结论，再辅以大量的学生习题训练，使学生对结论性知识的记忆和应用得到强化。学生常常是被动接受知识，缺乏主观能动性和高阶的分析、推理等思维活动，难以习得概念的内涵。因此，基于建构主义学习理论和物理学科的特点，教师在能量教学过程中应积极引导学生进行实验探究，注重营造学生自主建构的环境，充分发挥学生的主观能动性，并通过探究实验过程，提高学生分析、概括总结的能力，促进学生进一步理解能量的内涵。

（三）学习进阶理论

学习进阶理论认为，学习是一种不断积累、不断发展的过程，学生对核心概念的

①　魏晓东. 基于皮亚杰认知发展理论对创设物理教学情境的思考 [J]. 中学物理，2015，33（12）：20.
②　贺莹晖. 基于能量观念的教材内容呈现研究 [D]. 陕西师范大学，2018.

理解不是一蹴而就的，而是需要经过许多个不同的中间水平。[①]因此教师要依据学生已有的知识结构和思维能力，为学生设计好一个个"台阶"，连接学习的起点和终点，作为学生学习的踏板。这样学生对知识的理解才会不断发展、完善。因此，基于学习进阶理论，在能量教学过程中，教师首先要为学生设计知识进阶过程，在了解能量相关概念后对能量的内涵进行辨析；然后为学生设计思维进阶过程，引导学生运用所学知识解释生活现象、解决真实情境问题；注重培养学生综合分析、解决问题的能力，从而促进能量观念的构建，落实核心素养的培养。

三、分析实际案例，提出实施建议

教师在引入能量相关概念时，可以依据学生的认知特点，精心创设真实情境，或引发学生认知冲突，或启发学生思考类比，充分调动学生思维积极性，再辅以问题引导，合理引出相关概念，降低学生对抽象概念的理解难度。

（一）精心创设真实情境，合理生成概念

【案例】电功率（教学片段）[②]

在引入"实际电功率"这一概念时，教师如果直接告诉学生其定义、计算方法，学生会觉得突兀，不理解为什么要引入这一概念，仅仅是听从老师讲解、按要求练习，缺少生成概念的过程。因此，教学过程可以基于学生的生活经验，精心创设真实情境，合理生成概念。

教师可以先让学生观察标有"220 V 100 W"和"220 V 25 W"铭牌的两只白炽灯泡。

问题1：将两只白炽灯泡接入同一电路中，哪只白炽灯泡会更亮？

学生根据原有生活经验和知识基础进行猜想，"220 V 100 W"的灯泡会更亮。

接着教师将两只白炽灯泡接入电路中，当开关闭合后，学生观察到"220 V 25 W"的白炽灯泡比"220 V 100 W"的亮度更大，如图5-2-3所示。

问题2：猜想为什么"220 V 25 W"的白炽灯泡会更亮？

学生纷纷猜测其中的原因，经过对学生猜想的筛选，最终列出了下面4个代表性的猜想：（1）可能"220 V 100 W"的灯泡的电阻更大；（2）可能"220 V 100 W"的灯泡电功率大；（3）可能两只白炽灯泡是串联（并联）的；（4）可能灯泡的亮度由其两端的电压决定。接着教师揭示两只灯泡是串联的关系。

问题3：两只灯泡串联会怎样影响灯泡的亮度呢？

学生通过讨论，纷纷猜想串联引起灯泡的哪个物理量发生了变化。首先请学生观

① 何春生，郭玉英.基于学习进阶的课堂教学设计与实践：以"功"为例[J].物理教师，2016，37（10）：23-26.

② 程荣贵.创设实验情境，启迪学生思维："电功率"教学片段与评析[J].物理之友，2014，30（3）：22-23.

察两只灯泡的灯丝，发现"220 V 25 W"的灯泡电阻比"220 V 100 W"的电阻大，否定了猜想（1），同时根据电路串联，可以算出两只灯泡两端的实际电压和实际电功率，检验其他猜想。老师结合以上两点，让学生分小组讨论，解释"220 V 25 W"的白炽灯泡比"220 V 100 W"更亮的原因，让学生明确灯泡的亮度取决于灯泡的实际电功率，从而引出概念。

图 5-2-3　两只白炽灯泡的亮度

【案例分析】

在"电功率"这节课中，教师为合理引出"实际电功率"这一概念，并没有采用将两个白炽灯泡并联接入家庭电路等常规做法，而是另辟蹊径将两个灯泡串联。实验现象引发了学生的思维认知冲突，激发了学生的学习兴趣，进入真实情境中思考问题。在此基础上，教师通过实验引导学生观察、分析、讨论，自然生成了不同的猜想假设。再通过——验证猜想，合理生成"实际电功率"这一概念。精心创设的真实情境启发了学生主动思考，也为概念引入提供了实际意义。

因此建议：教师在引入能量相关概念时，可以依据学生的认知特点，精心创设真实情境，或引发学生认知冲突，或启发学生思考类比，充分调动学生思维积极性，再辅以问题引导，合理引出相关概念，降低学生对抽象概念的理解难度。

（二）组织学生进行实验探究，促进学生理解能量内涵

为促进学生对能量内涵的理解，教师可以精心设置问题，引导学生分析、探究实验，让学生直观感受实验规律，最终完成知识的自主建构，提升核心素养。

【案例】焦耳定律（教学片段）[①]

例如，在学习"焦耳定律"时，教师可以先组织学生开展实验探究电热的影响因素。在实验猜想环节，教师首先请一名学生共同完成演示"铅笔芯切割机"实验：用 9 V 电压给铅笔芯通电后，铅笔芯能缓慢切开塑料矿泉水瓶。引入电流的热效应。

问题 1：能否依据现象和已有知识，猜想电热与哪些因素有关？

教师组织学生进行小组讨论，推理归纳，整合交流。学生猜想出电热可能与导体

① 高奕. 核心素养导向的任务型教学研究：以"焦耳定律"为例[J]. 物理教学探讨，2022，40（6）：5-8.

电阻大小、电流大小以及通电时间有关。接着教师引导学生设计实验方案。

问题 2：如何观测电热？

实验方案的设计难点之一是如何观察实验现象。学生经过小组讨论后，得到图 5-2-4 所示三种最具代表性的观测电热的实验装置。

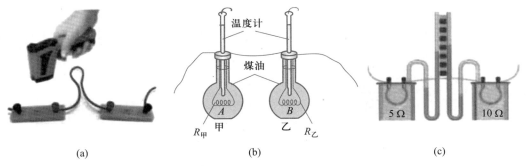

图 5-2-4　三种观测电热的实验装置

问题 3：这三种实验装置的优缺点是什么？

教师引导学生进一步分组讨论和评价实验装置，分析其优缺点。最终得出结论，如图 5-2-4（c）装置更优（直接加热空气加热时间短，热量损失更少）。

问题 4：实验中如何控制变量来进行探究？请完成电路图设计。

教师为学生提供实验装置的相关素材和电路设计模板，引导学生围绕电阻大小和电流大小两个因素设计实验，并鼓励学生简要说明设计原理和操作步骤。电路设计模板与范例如图 5-2-5 所示。

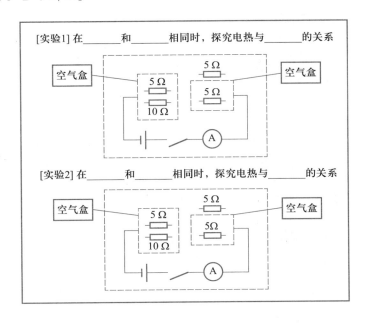

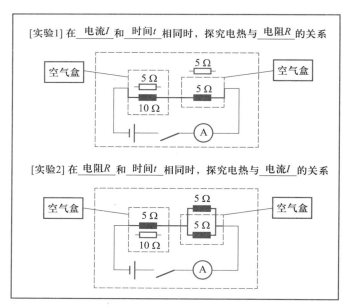

图 5-2-5　电路设计模板及范例

完成实验设计后，教师引导学生进行分组实验，观察并记录实验现象（U 形管两侧液面高度差，如图 5-2-6）。总结实验结论：电热大小与电流大小、电阻大小、通电时间有关。电流这一影响因素对电热的影响更大。

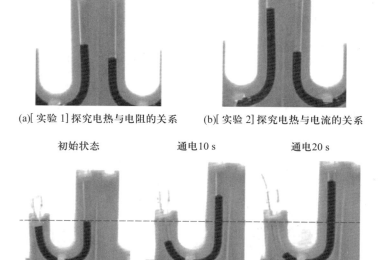

(a)[实验 1] 探究电热与电阻的关系　　(b)[实验 2] 探究电热与电流的关系

初始状态　　　　　　通电 10 s　　　　　　通电 20 s

(c)[实验 3] 探究电热与通电时间的关系

图 5-2-6　实验现象

【案例分析】

在这一案例中，教师通过演示实验为学生的猜想提供依据，再通过问题串逐渐引导学生设计实验，讨论实验方案的选择。学生不仅能领悟到控制变量法、转换法等实验方法在探究实验中的应用，而且提高了实验设计、分析能力。接着教师组织学生进行探究电热影响因素的实验，使学生亲历探究实验的过程，观察直观的实验现象。学生不仅能够自主建构得到电热的影响因素，为学习焦耳定律做了铺垫，还能依据实验现象分析出能量转移和转化的过程，进一步加深了对能量内涵的理解。

因此建议：为促进学生对能量内涵的理解，教师可以精心设置问题，引导学生分析、探究实验，让学生直观感受实验规律，最终完成知识的自主建构，提升核心素养。

（三）实践应用所学知识，促进能量观念的形成

教学过程中应当充分挖掘物理与生产生活相联系的素材，有意识地引导学生养成理论联系实际的意识，在实践应用中促成学生构建物理观念。

【案例】机械能和内能（教学片段）[①]

例如，在复习"机械能和内能"相关知识时，教师可以以汽车的能量为设计线索，重组知识结构，梳理章节相关知识。

首先教师播放视频：汽车在高低不平的道路上颠簸前进，飞机起飞，"辽宁号"航母在海上航行，火箭发射，发动机工作。

问题1：通过这一段视频，你能回忆起我们所学习过的哪些能量？这里的汽车、飞机、"辽宁号"航母、火箭为什么能够运动起来？它们是靠什么驱动的？

教师引导学生回忆所学的能量形式、热机等概念，以能量和能量转化为线索，引入复习课。

问题2：汽油发动机工作有几个冲程？有能量转化的是哪两个冲程？你能说明压缩冲程和做功冲程所涉及的能量变化吗？

常见的热机有两种：柴油机和汽油机，复习课以汽油机为例，来认识热机的工作原理和热机工作过程中的能量转化。学生回忆汽油发动机相关知识，理解内能和机械能之间是可以相互转化的，途径是做功。

问题3：我们还学习过一种改变内能的方式是什么？这种改变内能的方式对我们汽车发动机的降温很有作用！

学生回忆改变内能的另一种方式：热传递。并理解热传递和做功既能使该物体内能增大，又可以使内能减小，它们在改变物体内能上是等效的。

问题4：大家有没有想过，为什么要向我们汽车的发动机水箱灌水，要用水作为冷却液，而不用油？

学生思考、整合相关知识，因为水的"容热"能力强，相同质量的水每升高1℃，吸收的热量更多。为了反映物质的这种特性，我们定义了物理量——比热容。

【案例分析】

在上述案例中，教师以学生常见的汽车为线索，围绕汽车讨论相关的能量问题，

---

① 庞德军，陈卫春.在宽广的人文背景下开展复习课的教学：以苏科版"机械能和内能"章末复习为例[J].物理之友，2017，33（7）：6-8.

在具体情境中镶嵌能量相关知识及其内涵，使学生能结合实践综合应用所学知识，同时帮助学生将抽象的物理概念与生活建立联系，形成整合的能量观念，最终提高核心素养。

因此建议：教学过程中，教师应当充分挖掘物理与生产生活相联系的素材，引导学生养成理论联系实际的意识，在实践应用中促成学生构建物理观念。

初中物理教学中，"能量"这一主题具有极其重要的地位，它横跨物理学的多个领域，是物理学知识体系的核心组成部分。在教学过程中，我们必须聚焦于几个关键要点。建立正确的能量观念是至关重要的，这将为学生后续的学习奠定坚实的基础。培养学生的实验探究能力也是不可或缺的，通过实验，学生可以更加直观地感受到能量的转化和守恒定律，从而加深对这一概念的理解。此外，注重实践应用同样重要，通过实践，学生可以更好地将理论知识与实际生活相结合，提高环保意识和社会责任感。综上，教师在教授"能量"这一主题时，需要全面兼顾能量观念的建立、实验探究能力的培养以及实践应用的重视。

　　培养学生核心素养,是初中物理课程的最重要的理念之一。相比于过去的"三维目标",核心素养更具有学科特色,更能适应新时代人才培养的要求。先进的课程理念需要依托一线教师的课程实践才能落地生根,在实际教学中教师应该怎么做才能培养学生核心素养呢? 本节以"能量"主题为例,阐述初中物理教学中培养学生核心素养的一般策略。

一、"能量"主题在初中物理课程体系中的内涵

　　能量是贯穿所有自然科学和工程技术领域的物理量,是自然科学各分支各学科的核心概念,是所有科学概念中最基本、涉及面最广的概念之一。能量概念反映着科学中各学科领域的相互联系和统一,而且与技术、社会和环境等各方面的理论与实践密切相关。认识和理解能量概念,一方面有助于学习者构建对科学的整体理解,另一方面也能使学生更好地理解能源危机等社会热点问题的本质,更好地适应社会。[①]

　　能量是物质所具有的基本物理属性之一,可以用来表征物理系统做功的本领。能量以多种不同的形式存在,按照物质不同的运动形式,能量可分为机械能、内能、电能和核能等形式。同种形式的能量可以进行转移,不同形式的能量之间可以通过物理效应或化学反应来相互转化。能量守恒定律是自然界的基本和普遍规律,小到原子核内部,大到宇宙天体,只要有能量转化,就一定遵守能量守恒定律。能源是可以直接或通过转换产生机械能、光能、电磁能等为人类提供所需有用能量的自然资源。能源是人类社会发展和进步的物质基础,能源开发和利用方式的进步也推动社会的发展。在人类社会发展的长河中,能源利用方式的变革,伴随着能源开发方式的进步。

　　物理学是自然科学领域研究物质的基本结构、相互作用和运动规律的一门基础学科。义务教育物理课程内容分为物质、运动和相互作用、能量、实验探究和跨学科实践五个一级主题。"能量"主题不仅包含能量相关的物理观念,还包含科学思维、科学探究、科学态度与责任等。每一个物理过程的发生都伴随着能量的变化,因此"能量"内容分布广泛,跨度大,层次多,综合性强。一级主题"能量"下包含六个二级主题,分别是"能量、能量的转化和转移""机械能""内能""电磁能""能量守恒""能源与可持续发展"。在"能量"主题的教学中,教师应挖掘知识模块间的联系,使学生不断拓宽、不断深入对能量的理解,逐步形成较为完整的能量观念,并通过引导学生解决实际问题、参与科学探究和社会实践活动,培养学生的科学思维、科学探究能力、科学态度与责任。

---

　　① 郭玉英,姚建欣,张玉峰,等.基于学生核心素养的物理学科能力研究 [M].北京:北京师范大学出版社,2017.

二、在"能量"主题中培养学生核心素养的策略

（一）选用多元情境，培养学生能量观念

初中阶段，能量观念主要包括能量存在的形式、能量的转化和守恒以及能量的应用。学生的思维发展遵循从感性到理性规律，物理的课程理念也要求教学从生活走向物理，从物理走向社会，所以能量主题的学习进阶顺序应为：先了解各种形式的能量，再理解能量之间的关系，最后运用能量观念理解生活现象或解决实际问题。由于能量概念比较抽象，学生看不见、摸不着能量，因此需要借助丰富的生活经验或实验现象来感知各种形式的能量。

以能量概念为代表的一些学科概念的发展很大程度上是在更普遍、更准确地运用已有认识的过程中达成的，所以教学不应过分强调学生已有认识的不足，而应立足于对学生已有认识的拓展、联结和精细化。以这种理念为指导，从学生日常经验出发，围绕能量观念中的核心概念来统领科学实践活动，在建构能量观念的同时促进学科能力的发展，已成为 20 世纪末以来大量西方教材的处理方式。初中教学可以围绕能量的转移和转化展开，引导学生在真实情境中追踪能量，从项目活动中统整地建构能量观念，同时培养学生的科学探究能力。

例如，教师在介绍动能时，让学生举起实心球砸向沙坑，观察汽车碰撞实验中汽车的受损情况，从而感知运动的物体具有能量；在介绍内能时，让学生摩擦双掌、反复弯折铁丝，观察"加热试管中的水冲开橡胶塞"的实验现象，从而体会内能的存在。也可以让学生列举生活中有哪些形式的能量，举出不同的实例，以启发学生联系生活实际，促进对各种形式的能量的理解。

能量的转化和守恒是能量观念的核心，所有的物理过程都伴随着能量的变化，所有的物理过程都遵循能量守恒定律。但是学生对能量转化和守恒容易存在错误的认识，有的学生认为只有人和动物具有能量，并且能量不守恒，或者是对能量转化的方向性认识不足，认为一种能量和另一种能量可以无条件地相互转化。[①] 在教学中，教师应注重对物理过程中的能量分析，例如，小球从斜面上滚下，引导学生思考小球重力势能和动能的变化；用酒精灯加热烧杯中的水，引导学生观察水温的变化和灯中酒精量的变化。通过对系列情境的观察和思考，学生意识到一种能量增多的同时另一种能量在减少，说明能量间存在着转化。能量守恒定律是一条经验定律，可以用类比的方法，用化学反应中质量守恒定律类比能量守恒定律，让学生理解能量可以从一种形式转化为另一种形式而保持总量不变，正如参与化学反应的原子重新组合成新的分子，但是总的原子数目不变。通过类比的方法，不仅加深了学生对能量守恒定律的理解，而且把质量守恒和能量守恒放在一起，能让学生更好地理解"守恒"这一物理思想。

能量在生活中有很多应用，一方面，这些应用作为感性素材可以帮助学生更好地

---

① 张维.基于学习进阶的初高中物理衔接教学研究：以"能量主题为例" [D]. 辽宁师范大学，2022.

形成能量观念。例如，在介绍电流的热效应时，可以让学生观察热水壶、电热水器、电饭锅等家电的工作过程；在介绍电流的磁效应时，给学生展示电磁铁、电磁继电器、电铃等器件的内部结构。另一方面，学生可以利用能量相关的物理观念解释生活现象。例如，学生学习了核能后，就能理解为什么要建核电站；学习了能量转化的方向性后，就会更加珍惜能源。

（二）解决实际问题，培养学生科学思维

2022 年版课程标准明确指出：科学思维是从物理学视角对客观事物的本质属性、内在规律及相互关系的认识方式；是基于经验事实建构物理模型的抽象概括过程；是分析综合、推理论证等方法在科学领域的具体运用；是基于事实证据和科学推理对不同观点和结论进行质疑和批判，予以检验和修正，进而提出创造性见解的能力与品格。

在进行能量问题的推理时，学生要能从信息中寻找证据作出说明，具有根据能量守恒观点对传媒信息中的不当说法进行质疑的意识，进而培养质疑创新的能力。"能量"主题涉及范围广，渗透到学生生活的诸多方面，应用能量的相关概念和规律可以解决生活中的实际问题。初中阶段能量主题的内容所涉及的数学工具较为简单，解决问题处于学生的最近发展区。解决实际问题的过程，是一个从生活事实中辨析并抽象出物理模型的过程，学生需要先识别出物理模型，从众多的变量中找出关键变量。寻找问题答案的过程，既能促使学生应用学到的物理知识，通过与生活情境的关联，促进能量观念的形成，也能给分析问题、推理论证提供一个具体的情境和动力。

在教学中，教师首先要选择适合初中学生探究的实际问题。面向全体学生，选择学生生活中遇到的场景，比如家庭电路的设计、热水壶煮熟的效率、新能源汽车的能量转化等。其次，解决问题需要用到的知识尽量不要超出初中生的认知水平和知识储备，可以是跨学科的知识，但解决问题所需的数学工具等应简单明确，多一些定性分析的问题，少一些定量计算的问题。最后，教师应该组织学生形成学习小组，小组成员在特长方面要有差异，让学生在合作交流中增强团队的问题解决能力，培养学生交流合作能力。

例如，在学生初步了解家庭电路的结构后，教师可以给学生提出一些实际问题，如给家里的厨房设计电路，要求学生根据厨房可能使用的电器选用合适的空气开关、漏电保护器、开关、插座、电灯等电器，并画出电路图。为了设计电路图，学生首先要了解常用电器的功率，并由此估算电路中的电流，从而选择合适的空气开关；根据漏电的原理给需要的用电器选配漏电保护器；最后还要理清各用电器及开关之间的串、并联关系。在真实任务的驱动下，学生积极主动应用电路的相关知识，在接触各种用电器的过程中，能感受到能量的转化和耗散，发展了分析综合、推理论证等科学思维。

（三）注重实验探究，提高学生探究能力

新版课程标准明确指出：科学探究是指基于观察和实验提出物理问题、形成猜想与假设、设计实验与制定方案、获取和处理信息、基于证据得出结论并作出解释，以及对科学探究过程和结果进行交流、评估、反思的能力。

在实际教学中，让学生做探究性实验不难，但让学生在实验中真正提高探究能力却不容易。很多学生会通过阅读课本或自媒体等形式提前学习相关知识，提前知道实验方案和问题的答案，这时教师如果再让学生提出问题、猜想假设和设计实验就容易流于形式，不是真正的探究。而课程标准和教材中提供的实验案例非常经典，具有不可替代的育人价值，也不可抛弃不用。

为了真正发挥实验对提高学生探究能力的作用，教师可以对经典实验进行加工。首先，在提出问题和形成猜想的阶段，教师可以增加追问，例如"你为什么提出这样的问题和猜想，是基于你发现的哪些事实和现象？""这个问题是可以探究的吗？能够通过实验得到明确的结论吗？""还有别的猜想吗？为什么这个猜想比其他猜想更值得去验证？"等等，以此让学生真正领会提出问题和猜想假设的方法要领。其次，教师要提供多样化的实验器材，不限制实验方案，让学生先设计实验方案再挑选实验器材，即使学生已经知道了经典的实验方案，也可以尝试设计出不一样的实验方案，真正培养设计实验的能力。最后，要注重交流评估环节，不仅要让学生汇报实验结果，还要让学生讨论实验中出现的问题，例如，如何避免操作失误，如何减小实验误差，比较不同实验方案的优缺点，尝试质疑创新，提出与他人不同的方案，灵活选用生活中的物品来替换实验室的实验器材，等等。

（四）参与社会实践，培养科学态度和责任

新版课程标准明确指出：科学态度与责任是指在认识科学本质和了解科学、技术、社会、环境之间关系的基础上形成的，探索自然的内在动力，严谨认真、实事求是、持之以恒的品质，热爱自然、保护环境、遵守科学伦理的自觉行为，以及推动可持续发展和实现中华民族伟大复兴的使命担当。

本主题教学实践中，教师可以采用多样化的教学方式引导学生从热机对社会发展影响的视角，体会科技进步对人类和社会发展的推动作用，从能量转化的角度认识提高效率的重大意义，增强学习物理的动力。

例如，让学生调查家里电热水壶、电磁炉、燃气灶的能量利用效率，写出调查报告。学生综合运用电能、电功、热值、比热容、效率、能量转化和转移等物理概念，通过查阅资料、观察铭牌、做实验测量等方法，得到三种炉灶的能量利用效率。通过对比不同炉灶效率的高低，结合平时的使用习惯和不同能源对环境的影响，提出节能减排的建议，树立低碳生活保护环境的意识，认识到技术进步可以提高能量利用的效率从而造福人类，进而提高学习物理的内部动机。又如，了解扇车的工作原理，说明它工作过程中能量的转移和转化情况。扇车用巧妙的结构实现谷物与杂质的分离，分离过程涉及动能、势能的转化，是我国古人智慧的结晶，学生在了解扇车的过程中，不仅能加深对能量观念的理解，还能领略到传统文化的魅力，提高民族自信心。

【案例】动能和势能

（一）动能

1. 动能的引入

教师播放台风、海啸造成破坏的新闻，以及汽车发生碰撞事故的视频。"八月秋高风怒号，卷我屋上三重茅。"这句诗体现了风具有对外做功的本领。教师用纸盒模拟房子，用力向纸盒吹气模拟风，让学生感受到风具有对外做功的本领，即具有能量。

2. 探究物体的动能与哪些因素有关

台风根据风力不同划分为不同等级，等级越高的台风破坏性越大，可见风的动能大小是不同的。在各类交通事故中，满载货物的大货车在发生碰撞时往往比小汽车造成更大的破坏力。另外，高速行驶的小汽车发生碰撞时比低速行驶的小汽车造成的危害更大。运动场上被快速打出的乒乓球的速度比投出去的实心球速度大，但人们敢用手抓乒乓球却不敢接实心球。通过分析实例，可以得出猜想，物体动能的影响因素可能有物体的质量和速度。

引导学生进行实验探究，教师给学生提供斜面、不同质量的小球、木块、记号笔等实验器材。根据控制变量法，可以先保持物体速度一定，探究物体动能与质量的关系；再保持物体质量一定，探究物体动能与速度的关系。

在设计具体方案时，教师引导学生思考：（1）如何让小车运动起来？（2）如何测量物体的动能？（3）如何测量小球的质量？如何改变小球的质量？（4）如何改变小球的速度？

让小球从斜面上滚下来，即可让小球运动起来。让运动的小球撞击木块，木块被撞击得越远，则表明小球在撞击前的动能越大，把小球的动能转换为木块运动的距离，体现了转换的科学思维。由于小球和木块都在运动，要引导学生明确研究对象为小球，木块只是用来衡量小球动能的工具。为了方便比较，还可以用记号笔标记小木块的初始位置和终止位置。

选用体积相同的钢球和塑料小球，由于钢球和塑料小球质量不相同，可以用天平进一步测量它们的质量。

控制小球速度相同的方法是难点，需要先补充实验：三个带斜面的轨道并排放置在水平桌面上，将质量不同的小球分别放在斜面上相同高度处，由静止释放，观察到小球并排沿斜面始终向下运动。这说明它们在运动过程中的速度几乎是相同的。小球从斜面滑下获得速度，那么让小球从斜面上的不同高度滑下，则可以改变小球到达斜面低端的速度。为了控制变量，应该使用同一个斜面（或保持斜面的倾斜角度、粗糙程度等不变），让小球每次都由静止释放。学生由生活经验不难得到，小球释放时所处的高度越高，到达斜面底端时的速度就越大，这也运用了转换法。

对于已经预习过的学生，可能会按照课本的装置图设计实验方案，这就失去了分析问题、解决问题的思维训练过程，因此可以给这部分学生布置更高水平的任务，自己选用生活中的物品完成此项实验。例如，学生可以把两张课桌拼在一起，将课桌的一侧垫高形成斜面，在水平面上放一个文具盒，用装有水的矿泉水瓶从斜面上滚下。通过改变水瓶中水的质量来改变物体的质量，通过改变水瓶释放处的高度来改变水瓶到达斜面底端时的速度，通过文具盒被撞击后移动的距离来判断水瓶动能的大小。用创新器材完成实验，不仅使学生充分理解了实验的思路，培养了学生科学推理、科学论证和质疑创新的科学思维，还能让学生感受到物理源于生活，从而培养学生探索自然的兴趣。

在明确实验设计方案的情况下进行实验，收集数据，对数据进行分析，得出"物体的速度一定时，物体的质量越大，物体的动能越大"的结论。同理，进行第二个探究实验得到相应结论。综合两个探究实验可得：物体的动能与物体的质量、物体的速度有关，物体的质量越大、速度越大，物体的动能就越大。

3. 运用动能知识解决有关问题

师生共同联系实际举例并进行分析。港珠澳大桥是世界上最长的跨海大桥，该工程在设计、材料和施工上都实现了巨大创新和突破，桥面护栏设计就是其一，护栏安装前都要进行测试，要求护栏经得住各类汽车速度为 100 km/h 的冲击。如果你是负责测试的工程师，你会如何进行测试？用前面实验中获得的知识和方法，让质量不同的车从山坡上相同的高度自由释放，撞击地面上的护栏进行测试。

播放实际测试视频，进行交流与分析。

（二）势能

1. 势能的引入

介绍相关高空落物造成伤害的事故：钥匙从四楼落下砸伤路人。引入重力势能的概念，教师带领学生分析，物体由于被举高而具有对外做功的本领，高处的物体具有重力势能。

2. 探究重力势能的大小与哪些因素有关

通过实验和观察引导学生进行有根据的猜想。播放实验视频：在距离玻璃板 1 m 左右的高度由静止释放一枝鸡蛋，鸡蛋破裂而玻璃板完好无损。把一枚鸡蛋拿到四楼的阳台由静止释放，鸡蛋落下后，鸡蛋破裂的同时玻璃板也碎裂。铅球从高处由静止落下砸出的坑，比从相同高度由静止落下的排球砸出的坑要深很多。

学生提出猜想：重力势能的大小与物体的质量和物体所处位置的高度有关。采用控制变量法分成两个问题进行探究。

问题 1：物体所处位置的高度一定时，物体的重力势能跟物体的质量有什么关系？

问题 2：物体质量一定时，物体的重力势能跟物体所处位置的高度有什么关系？

教师提供橡皮泥、小桌、重物等器材让学生进行实验。

针对问题 1 的猜想：物体所处位置的高度一定时，物体的质量越大，物体的重力势能越大。先进行实验设计和问题分析：研究问题的自变量、因变量和控制变量分别是什么？如何改变自变量（物质的质量）？如何控制不变量（物体所处位置的高度）？如何观察和测量因变量（物体的重力势能）？

物体的重力势能大小可以采用操作定义，把重力势能大小转化为小桌受到物体的冲击后，桌腿被压入橡皮泥的深度。通过实验收集数据，经过分析论证得出结论。同理进行问题2的探究，最后综合实验探究和大量研究结果得出结论：物体的重力势能与物体的质量和物体所处位置的高度有关，物体的质量越大、所处位置的高度越高，物体的重力势能就越大。

在实际教学中，由于学生已经探究了动能的影响因素，如果学生掌握程度较好，可以在探究重力势能影响因素的实验时，减少引导性的问题，让学生尝试独立设计实验方案、完成实验操作、收集证据并得出结论，让各小组之间进行交流，评估各自实验方案的优点和不足，并提出改进方案。通过学生全程自主参与探究过程，培养学生设计实验方案、处理信息和交流反思的能力。

3. 探究影响弹性势能大小的因素

教师给学生准备一些实验器材。两个完全相同的弹簧、棉线、钩码、火柴、橡皮筋。

学生活动：探究弹性势能的大小与什么因素有关。

①小组同学互相讨论，提出猜想。

②学生交流、讨论，利用已有的实验器材设计实验方案。

方案一：把两个竖直放置的弹簧压缩到不同的长度后，用棉线拉紧，上面放上相同质量的钩码，用火柴烧断棉线，钩码被弹起。通过比较两个钩码被弹起的高度来比较弹簧的弹性势能大小。

方案二：用大小不同的力拉相同的橡皮筋，沿着水平方向弹射纸团，通过比较纸团被弹射的距离大小来比较橡皮筋弹性势能的大小。

③学生进行实验。

④学生根据实验现象分析、归纳结论。

⑤学生互相讨论交流，总结得出结论：弹性势能的大小与发生弹性形变的物体有关，与弹性物体发生的弹性形变程度有关。

4. 运用势能知识解决有关问题

通过师生共同列举和分析实例，采用调查、阅读文献等方式，了解目前世界上年代最久、唯一留存、以无坝引水为特征的绿色水利枢纽工程——都江堰水利工程。分析都江堰修筑前，在水量大的季节，岷江水对平原的冲击为什么会增大？都江堰工程使成都平原免受洪水的冲击，哪些措施减少了水对平原做功的本领？

学生对这两个问题的解答都需要对水的势能的两个影响因素进行分析，从而检测学生对所学概念的理解。在调查、阅读文献时，学生还能领会到我国古人高超的智慧，增加民族认同感和自豪感，培养学生实现中华民族伟大复兴的使命担当。

【案例分析】

本案例主要围绕动能和势能两个物理概念展开，通过生动的实例、实验设计和科学思维方法的引导，使学生深入理解这两个概念，并学会运用它们解决实际问题。在动能部分，教师巧妙地利用古诗词和新闻画面引入动能的概念，使学生感受到风、汽车等物体具有对外做功的本领，即具有能量。接着，通过实例分析，引导学生猜想动能的影响因素可能与物体的质量和速度有关。然后，教师设计了具体的实验方案，引导学生思考如何测量动能、如何改变物体的质量和速度等问题，体现了转换法和控制变量法等科学思维方法的应用。在实验过程中，教师还鼓励学生使用创新器材完成实验，培养了学生的创新思维和实践能力。最后，通过师生共同举出实例进行分析，使学生能够将理论知识与实际问题相结合，提高了学生的应用能力和解决问题的能力。在势能部分，教师通过高空落物造成伤害的事故引入重力势能的概念，使学生认识到高处物体具有对外做功的本领。接着，通过播放实验视频和引导学生观察实验现象，使学生猜想重力势能的大小可能与物体的质量和高度有关。然后，教师采用控制变量法设计实验方案，探究重力势能的大小与哪些因素有关。在实验过程中，教师注重培养学生的观察能力和实验操作能力，使学生能够通过实验数据得出科学结论。总的来说，这个教学案例充分体现了物理教学的实践性和探究性，通过生动的实例和实验设计，使学生在探究过程中深入理解物理概念，掌握科学思维方法，提高解决问题的能力。同时，教师还注重培养学生的创新思维和实践能力，使学生能够在物理学习中获得更多的乐趣和成就感。

在初中物理"能量"主题教学中，培养学生的核心素养至关重要。为达成此目标，教师应设计丰富的实验活动，让学生亲手操作，观察能量转换的奇妙现象，并引导他们记录和分析数据，从而深入理解能量的概念和原理，提升科学探究能力。同时，注重培养学生的物理思维能力亦不可或缺，通过逻辑推理和归纳演绎，帮助他们揭示能量的本质和规律。此外，教师应引导学生将所学能量知识应用于实际生活中，如分析家庭用电能耗、探究可再生能源的应用等，以增强他们的实践应用能力。在教学过程中，还需关注学生的科学态度和价值观培养，通过介绍科学探索的历程和成果，激发他们对科学的热爱，并引导他们关注能源与环保问题，树立环保意识和社会责任感。

第六章

关于"实验探究"主题的教学关键问题

物理学通过科学观察、实验探究、推理计算等形成系统的研究方法和理论体系。可见,实验在物理学发展中具有极其重要的地位,义务教育物理课程必须以实验为基础,引导学生经历科学探究过程,学习科学研究方法。新版课程标准增设"实验探究"为一级主题,旨在进一步加强物理课程的实践性,培养学生发现问题与提出问题的能力、收集数据与处理数据的能力、分析论证与解释交流的能力等,引导学生学会学习、学会合作,培养学生严谨认真、实事求是的科学态度。"实验探究"主题包含9个测量类学生必做实验和12个探究类学生必做实验,这两类实验各有侧重、互为补充。值得注意的是,实验探究不仅是物理教学的重要内容,也是重要的教学方式和手段。为了充分发挥实验探究的重要作用,教师在教学中需要认识到:如何在"实验探究"主题中培养学生的核心素养?如何把握"测量类学生必做实验"的基础性和教学要求?如何把握"探究类学生必做实验"的重要性和教学要求?

如何在"实验探究"主题教学中培养学生的核心素养?

"实验探究"主题是实现物理实验育人功能的重要载体。新版课程标准对"实验探究"主题从实现核心素养目标的四个方面做出具体要求。本节围绕这些具体要求,探讨如何在"实验探究"主题中培养学生的核心素养。

一、物理科学实验与物理教学实验的区别和联系

从经典物理学到现代物理学,著名的物理实验不胜枚举,从事实验的物理学家不计其数,他们置身于艰辛的实验研究之中,智慧地、持久地开展充满挑战性的工作,为推动物理学的发展而努力奋斗,甚至献出生命。物理学发展史蕴含着丰富的创造性思维,闪耀着丰富的人文精神光辉,让我们认识到:物理学的发展是艰难曲折的;实验在物理学发展中具有基础性地位;物理学是物理学家们集体智慧的结晶,是时代的产物。实验在物理学发展中的重要地位决定了义务教育物理课程必须以实验为基础。义务教育物理课程标准提出了核心素养目标,它包含的物理观念、科学思维、科学探究、科学态度与责任四个维度相互作用、相互影响,是一个有机整体。以"实验探究"主题为载体开展的教学活动更能激发学生兴趣,培养学生发现问题和解决问题的能力,培养学生的团队协作能力和质疑创新的精神等,因此,"实验探究"主题能全面促进学生核心素养的发展,实现物理课程的育人价值。

物理实验根据实验的主体与客体、实验的功能与目的的不同,可以分为两类:一类是物理学家在特定实验室环境中运用特定仪器设备去探索未知世界、发现新规律的实验,称为物理科学实验;另一类是教师或学生在教学实验室中为实现物理教学目标或学习目标所进行的实验,称为物理教学实验。在中学物理教学中,虽然不能完全像科学家那样开展科学研究,但是却可以利用物理教学实验,尤其是探究类实验,让学生经历与科学家进行科学研究类似的历程,体验科学研究的过程,掌握科学研究的方法,培养科学研究的能力,提升科学研究的素养。

物理科学实验是物理学理论的基础,也是物理学发展的基本动力。在物理学发展中具有重要的作用:①产生新分支、开拓新领域;②发现新现象、探索新规律;③证实基础理论、驳斥错误假设;④测定物理常数、促进理论发展;⑤促进科学进步、加速技术发展。[1]

物理教学实验是中学物理教学的重要内容,也是物理教学的重要方式。在中学物理教学中具有重要作用:①培养学生学习兴趣,激发学生求知欲望;②创设物理学习情境,丰富物理学习环境;③助力物理知识建立,促进物理观念形成;④训练学生科

[1] 李春密. 中学物理实验教学研究 [M]. 北京:北京师范大学出版社,2018.

学方法，提升学生科学思维；⑤经历科学探究过程，发展学生综合能力；⑥培养学生科学态度与责任，弘扬科学精神与人文精神。

可见，物理科学实验和物理教学实验虽然都是实验，但是有一定区别。物理教学实验通常是教师指导学生通过实际动手操作，加深对人类已经认知的与自然科学相关的规律、性质、现象等的理解和认识。而物理科学实验是科学家、学生，依据已经掌握的相关知识，通过严谨的逻辑推理，做出合理的判断，再进行实际操作，以验证其推理、判断、设计是否正确、合理，从而为人类的生产、生活服务。

新版课程标准将初中阶段学生必做的物理实验分为9个测量类学生必做实验和12个探究类学生必做实验两类。测量类实验是指运用各种基本实验仪表和量具对物理量进行测量的实验过程，其主要目的在于学习物理量的测量方法、学会测量工具的使用与读数方法。① 测量类实验以测量物理量和物理常数为主，主要目的是帮助学生理解物理概念及物理量的意义，应用物理规律，训练基本实验技能，并学会各种物理测量方法。② 探究类实验是指在结果未知的情况下，在教师引导和学生配合下，学生围绕某个问题通过实验设计、实验操作、分析综合、得出结论并对结果进行交流的一种实验类型。③ 探究类实验的主要目的在于通过实验学习物理知识、发展探究能力。由此可见，这两类实验相互关联、各有侧重、互为补充，即测量类实验可能包含探究的要素，而探究类实验也需要进行测量，这些活动充分体现了物理课程将理论应用于实际的实践性特点。实际上，关于实验的分类，根据不同的标准有不同的分类方式。本书立足课程标准提出的测量类和探究类实验，也将演示实验、验证性实验、设计性实验、常规实验、创新实验等融入其中进行介绍。

二、落实"实验探究"主题的学业要求，促进核心素养落地

核心素养是课程育人价值的集中体现已经在教育界达成共识，"实验探究"主题的实践性活动是实现物理实验育人功能的重要载体。新版课程标准对"实验探究"主题从实现核心素养目标的四个维度提出如下具体要求。

1. 物理观念方面

学业要求提出"能通过物理实验建构物理概念，深化对物理规律的认识，领悟其内涵及相互联系；有将实验探究方法及实验安全规范等应用于日常问题解决中的意识，能根据教师指导和说明书等解决现实中的简单问题"。这一要求有两层含义，一是实验探究在建构物理知识过程中的重要作用；二是实验探究在应用物理知识过程中的作用。在建构与应用物理知识的过程中促进物理观念的形成。

实验探究是建构物理知识的重要路径，例如，课程标准要求"经历物态变化的实

① 廖伯琴. 义务教育物理课程标准（2022年版）解读 [M]. 北京：高等教育出版社，2022.
② 郭玉英. 中学物理教学设计 [M]. 北京：高等教育出版社，2016.
③ 阎金铎，郭玉英. 中学物理新课程教学概论 [M].2版. 北京：北京师范大学出版社，2018.

验探究过程，知道物质的熔点、凝固点和沸点，了解物态变化过程中的吸热和放热现象"。我们知道，人类对物态变化的认识是从水开始的，因此，教学中从雨、雪、冰、霜这些自然界"描绘"的壮丽景象出发，让学生亲身经历物态变化的实验过程，总结物态变化规律，才能建立熔点、凝固点和沸点的概念，从而深化对物态变化规律的认识，领悟物态变化过程的内涵及相互联系。以实验探究的方式建构物理知识的案例非常丰富（表 6-1-1），在教学中，教师应重视创设真实情境，引导学生发现问题，提出问题，通过实验建构知识。

表 6-1-1

主题	要求
物质	经历物态变化的实验探究过程，知道物质的熔点、凝固点和沸点，了解物态变化过程中的吸热和放热现象。 通过实验，了解物质的一些物理属性，如弹性、磁性、导电性和导热性等。 通过实验，理解密度。会测量固体和液体的密度
运动和相互作用	通过常见事例或实验，了解重力、弹力和摩擦力，认识摩擦力的作用效果。探究并了解滑动摩擦力的大小与哪些因素有关 通过实验，认识力的作用是相互的。 通过实验，认识力可以改变物体运动方向和快慢，也可以改变物体的形状。 通过实验和科学推理，认识牛顿第一定律。 探究并了解杠杆的平衡条件。 通过实验，理解压强。 探究并了解液体压强与哪些因素有关。 通过实验，认识浮力。探究并了解浮力大小与哪些因素有关。 通过实验，认识声的产生和传播条件。 探究并了解光的反射定律。通过实验，了解光的折射现象及其特点。 探究并了解光束在平面镜上反射时，反射角与入射角的关系。 通过光束从空气射入水（或玻璃）中的实验，了解光的折射现象及其特点。 探究并了解平面镜成像是像与物的关系。 探究并了解凸透镜成像的规律。 通过实验，了解白光的组成和不同色光混合的现象。 通过实验，认识磁场。 通过实验，了解电流周围存在磁场。探究并了解通电螺线管外部磁场的方向。 通过实验，了解通电导线在磁场中会受到力的作用。 探究并了解导体在磁场中运动时产生感应电流的条件
能量	通过实验，认识能量可以从一个物体转移到其他物体，不同形式的能量可以相互转化。 通过实验，了解动能和势能的相互转化。 通过实验，了解比热容。 探究电流与电压、电阻的关系。 通过实验，了解焦耳定律

在应用物理知识方面，课程标准也列举了丰富的案例和具体要求。例如，在"物

质"主题有"设计实验方案，比较砂锅、铁锅的导热性能"。在"运动和相互作用"主题有"利用常见物品设计实验方案，说明组成物质的微粒在不停地运动""与利用自身的尺度（如步长）估测教室的长度""估测自己站立时对地面的压强""调查社区或工地噪声污染的情况和已采取的措施，提出进一步控制噪声的建议""用凸透镜制作简易望远镜""调查社区或城市光污染的情况，提出改进建议""利用磁体和缝衣针制作指南针，验证同名磁极相互排斥、异名磁极相互吸引"。在"能量"主题有"定性说明荡秋千过程中动能和势能的相互转化""学读家用电能表，根据读数计算用电量"。这类实验实践性、开放性更强，在运用所学知识解决实际问题的过程中更有利于促进学生形成物理观念，同时，对学生的实验能力、创新思维、团队意识和协作能力也提出了更高的要求。

【案例】创新实验装置与实验活动

除了课程标准明确要求的基本实验之外，教师可以根据实际情况，进一步丰富实验与实践活动。例如，在惯性的教学中，首先要求学生知道惯性是义务教育物理课程内容一级主题"运动和相互作用"中的重点概念，惯性定律无法通过实验直接验证，它是理想化抽象思维的产物，反映了自然界的规律和本质。教材把一切物体都有保持原有静止状态或匀速直线运动状态不变的性质定义为惯性，其表现为物体对其运动状态变化的阻碍。八年级学生受认知发展水平的限制，对惯性概念的理解往往比较困难。因此，教师要从学生熟悉的情境出发，引导学生发现问题、提出问题，进一步设计实验观察、分析、总结，建立惯性的概念。图6-1-1是一种自制惯性演示仪，能演示多种惯性现象，它是利用直线丝杆模组、电吸盘式电磁铁、推拉式电磁铁、铁支架、小铁球、乒乓球、塑料球、塑料杯、细线等材料设计制作的遥控式惯性现象演示装置。

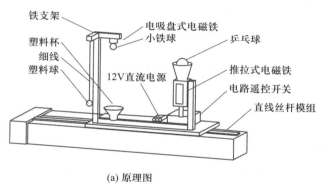

(a) 原理图　　　　　　　　　　　　　　(b) 实物图

图 6-1-1　自制惯性演示仪

按动直线丝杆模组的控制器启动按钮，滑台向右突然加速的瞬间，悬挂的塑料球由于惯性要保持原有的静止状态，因此竖直悬挂的塑料球相对铁支架向后偏移（图6-1-2）；按动控制器停止按钮，直线丝杆模组停止工作，滑台向右突然减速的瞬间，塑料球由于惯性要保持原有的向右匀速运动状态，因此竖直悬挂的塑料球相对铁支架向前偏移（图6-1-3）。借助相机拍摄，再将视频进行慢速播放，能够使学生更好地观察实验现象。此过程是对生活中汽车突然启动和突然刹车时车中乘客身体后倾和前倾的模拟。

图 6-1-2　向右加速

图 6-1-3　向右减速

自制惯性演示仪
（实验演示视频）

进一步，如图 6-1-4 所示，按动无线开关遥控器 A 键，电吸盘式电磁铁工作，将小铁球吸引；按动直线丝杆模组的控制器启动按钮，经过一段时间后，滑台开始向右匀速运动。此时，按动无线开关遥控器 B 键，电吸盘式电磁铁停止工作，小铁球下落。若不计空气阻力，竖直方向，小铁球受重力而自由落体；水平方向，小球由于惯性保持原有的匀速运动状态，因此在相同时间内与滑台在水平方向的位移相同，小铁球能够落在下方的塑料杯中。

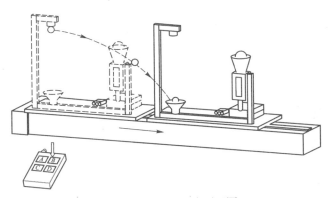
图 6-1-4　自由释放原理图

最后，如图 6-1-5 所示，按动直线丝杆模组的控制器启动按钮，经过一段时间后，滑台开始向右匀速运动。先后按动无线开关遥控器 C 键、D 键，推拉式电磁铁将乒乓球竖直弹射。若不计空气阻力，在竖直方向上，乒乓球做竖直上抛运动；在水平方向上，乒乓球由于惯性保持向右匀速运动状态，因此在相同时间内乒乓球与滑台在水平方向的距离相同。综上所述，在滑台运动过程中，推拉式电磁铁竖直弹射的乒乓球仍然能落入塑料杯中。通过该实验现象的观察与解释，有助于学生理解匀速行驶的

关键问题 6-1　如何在「实验探究」主题教学中培养学生的核心素养？

火车中，将物体竖直上抛，物体仍然能落到原始位置的实际现象。

多功能遥控式惯性现象演示装置的设计与教学实践

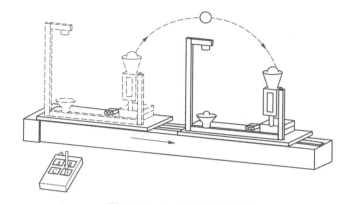

图 6-1-5　竖直上抛原理图

（案例提供：青海师范大学，焦政翰）

【案例分析】

教师通过使用上述实验装置，将多种惯性现象呈现在实际课堂教学中。一方面，有目的地创设生动具体的物理情境，可以激发学生的学习兴趣和探索欲望，扩展学生物理视野；另一方面，让学生观察实验现象，建立惯性概念，引导学生从实验结果中概括、提炼事物的共同属性，抽象事物的本质特征，实现从经验向惯性概念的转变，启发学生运用物理知识解决实际问题。上述演示实验案例还巧妙地将生活中的惯性现象通过实验的方式展现出来，对学生运用物理知识解释生活中的有关现象能产生很好的迁移作用。

2. 科学思维方面

学业要求提出"知道科学探究会受到各种因素的影响，在实验中能关注主要因素，忽略次要因素；能根据实验数据通过归纳推理获得探究结论；有判断实验数据是否合理、有效的意识；能对实验进行反思，提出改进建议"。

【案例】理想实验与实验探究

实验中抓住主要因素，忽略次要因素的例子很多，任何实际问题都是复杂的，本质上理想模型法在研究物理问题时的应用，常需要对它们进行必要的简化，忽略次要因素，以突出主要矛盾。例如，在"探究并了解滑动摩擦力的大小与哪些因素有关"的实验中，我们发现测出的滑动摩擦力并不是恒定值（图 6-1-6），而是有波动的，这是很多原因造成的，比较复杂，但是可以看到波动幅度较小，因此，可以视为保持不变；在"经历物态变化的实验探究过程，知道物质的熔点、凝固点和沸点"实验中，实验也发现熔点、凝固点和沸点并不是一个非常稳定的数值；研究平静水面产生的反射现象时，忽略的次要因素是水面的不平整，突出的主要因素是镜面反射，可以将水面视为平面镜；研究光的传播时，忽略光的亮度、色彩等其他性质，用光线表示光的传播路径和方向；自行车的龙头，汽车后备厢盖的液压杆支撑系统，都可以忽略次要因素，抓住可以绕固定点转动的主要因素，将其看成杠杆。

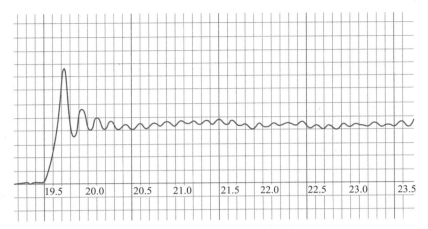

图 6-1-6　摩擦力变化图像

对相关问题和信息进行分析并得出结论，具有初步的科学推理能力。例如，在"运动和相互作用"主题中的内容要求有"通过实验和科学推理，认识牛顿第一定律"。观察和分析速度相同的小车在不同粗糙程度的平面上行驶的距离（图 6-1-7），推理得到"如果接触面光滑，小车将保持沿直线方向一直运动下去"的结论，即一切物体在不受外力作用时，原来静止的物体总会保持静止状态；原来运动的物体总会保持匀速直线运动状态。此处要求学生了解伽利略在探究与物体惯性有关问题时采用的思想实验的方法，体会科学推理在科学研究中的作用。

(a) 毛巾

(b) 纸板

(c) 玻璃板

图 6-1-7　探究力与运动的关系

利用证据对所研究的问题进行分析和解释的意识，能使用简单和直接的证据表达自己的观点，具有初步的科学论证能力。例如，"通过实验，认识声的产生和传播条件"。声的产生和传播比较抽象，可以通过一些简单、直观的实验，例如，将发声器放入玻璃罩中（图6-1-8），逐渐抽出罩内空气，会听到发声器发出的声音逐渐变小，让学生分析导致该现象的原因。

探究声音传播的条件（实验演示视频）

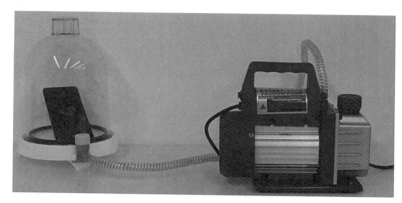

图6-1-8　探究声音传播的条件

绝对的真空是不可能得到的，只能在真实实验的基础上，合理外推得出结论。也就是随着抽气的不断进行，玻璃罩内的空气越来越稀薄，传出来的声音越来越小；然后把空气慢慢充入玻璃罩进行对比，发现声音越来越大。由此推断，没有空气时，声音就传不出来，即真空不能传声。"真空不能传声"的实验是无法直接进行的，这与牛顿第一定律的理想实验类似，同样需要强调科学推理的重要意义。教师还可以进一步启发学生思考，如果这个实验的顺序颠倒一下，还能推理得出正确的结论吗？

（案例提供：四川省成都市温江区二十一世纪学校，陈李沁）

新版课程标准提出的目标要求有：能独立思考，对相关信息、方案和结论提出自己的见解，具有质疑创新的意识。例如，关于力与运动关系，人类经历了漫长的探索过程，中国古代《考工记》记载："马力既竭，辀犹能一取焉。"意思是指：马力已经衰竭了，但是车还能前进几步。表明力不是维持物体运动状态的原因。《墨经》中记载："力，刑之所以奋也。"意思是指：力，就是改变人和物体运动的原因，即力是改变物体运动状态的原因。古希腊亚里士多德认为力是使物体运动的原因。伽利略通过思想实验否定了亚里士多德的观点。笛卡儿对伽利略观点进一步完善，指出运动的物体不受其他物体作用时，会保持原来的匀速运动状态。牛顿在前人的基础上抽象出了力、惯性的概念，建立了力与运动关系的科学认知。教学中，教师一方面介绍科学史实，另一方面重复历史上经典实验（图6-1-9），让学生面对不同观点，引导学生独立思考，通过实验，收集证据，提出自己的见解，培养质疑创新的意识。

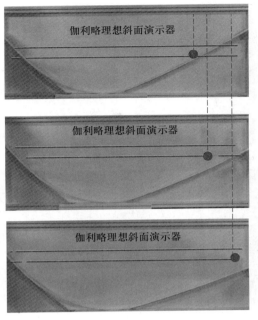

图 6-1-9　伽利略理想斜面实验

（案例提供：四川省成都市天府第四中学，王明粲）

【案例分析】

对力与运动关系的认识，人类经历了漫长的历程，回顾前人对力与运动关系提出的不同观点，有利于培养学生独立思考、提出见解的能力，培养学生质疑创新的精神。

3. 科学探究方面

学业要求提出"有发现问题、提出问题的意识；能根据实验目的设计实验方案，会正确使用已学实验器材收集数据，能遵守实验室规则，注意实验中的安全问题；能对收集的数据进行整理，归纳总结，形成结论并作出解释；有合作交流的团队意识，能撰写简单的实验报告"。

【案例】大气压强（教学活动设计）

在大气压强的教学中，由于身边无处不在的大气"看不见，摸不着"，在生活中常常被忽视。因此，教学就从日常生活中人们司空见惯的现象入手让学生感知到大气压强的存在。如用吸管吸饮料、塑料吸盘吸在镜面上、钢笔吸墨水、拔火罐等，这类现象学生非常熟悉。将装着热水的塑料瓶倒掉热水后，立即密封，并在表面浇冷水，塑料瓶会变瘪；将装满水的玻璃杯用轻塑料片覆盖后倒置不会掉落，这类现象能够激发学生认知冲突。通过这些现象既能培养学生学习兴趣，又能引发学生的探究欲望，由此教师提出问题：什么是大气压强？大气压强与液体压强有什么关系？大气压强遵循什么规律？人们如何利用大气压强？等等，这为知识的建构提供了认知基础。接着介绍并模拟马德堡半球实验（图 6-1-10），在两个质地坚硬的不锈钢盆边缘处紧贴橡胶带，点燃几张纸片放入盆中并迅速合上，盆上浇少许冷水。依次请两名、四名甚至更多同学拔和拉这两个不锈钢盆，学生可以真实感受到强大的大气压强。

(a) 点火

(b) 密封

(c) 测试

图 6-1-10　模拟马德堡半球实验

（案例提供：江西省九江市修水县第二中学，车国华）

　　马德堡半球实验也可以通过两个塑料吸盘模拟，用测力计测出拉开吸盘时大气对吸盘的压力，测出吸盘的面积，估算大气压强的数值。这样的活动激发了学生进一步探究大气压强大小的欲望，由此顺利过渡到托里拆利实验的教学。在学生探究和学习了大气压强后，教师再介绍大气压强在生产生活中的更多应用，例如，汽车制动器常会利用大气压强控制制动力度，飞机降落装置会利用大气压强来控制机翼、襟翼的展开和收缩从而控制下降速度和姿态，自来水厂通常会利用大气压强来推动水流使水经过各种净化设备等。学生经历这样的学习探究过程，在知识建构与应用的过程中促进物理观念素养的形成，这样的设计也充分体现了"从生活走向物理，从物理走向社会"的课程理念。

【案例分析】

　　该案例充分挖掘生活中的教学资源，从身边的现象出发，引导学生提出问题，培养学生的问题意识；根据大量现象以及设计的实验，归纳总结出大气压强的规律。进一步运用大气压强的知识解释生产生活中的现象。激发学生的学习兴趣，培养他们的实践能力和创新精神。经历这样的学习探究过程，学生可以更好地理解和掌握大气压强的概念、规律及其应用，从而提高他们的实际操作能力和问题解决能力。同时也充分体现了"从生活走向物理，从物理走向社会"的课程理念。

【案例】探究压力作用效果（创新实验装置）

　　为了能够定量分析影响压力作用效果的因素，参考微小压强计的工作原理，教师设计了如图 6-1-11 的实验装置。在圆柱形容器顶部覆盖具有弹性的薄膜，底部开孔并用橡胶管与玻璃 U 形管连接。初始，薄膜表面无压力，大气压强 p_0 与容器内部压强 p_1 相等，故 U 形管两侧压强相等，管内液面持平。若在薄膜上部施加外力，使得圆柱形容器内部压强增大，导致 U 形管两侧压强不同，左侧液面高于右侧液面。若忽略薄膜和橡胶管因压强增大而发生的膨胀，根据连通器原理得到 $p_1'=p_0+\rho gh$；又因为外力对薄膜产生的压强 $p=p_1'-p_0$，故 $p=\rho gh$；因此，可以通过 U 形管的液面差估测外力对薄膜所产生的压强大小。进行多组实验，记录不同外力大小和受力面积条件下 U 形管的液面差。

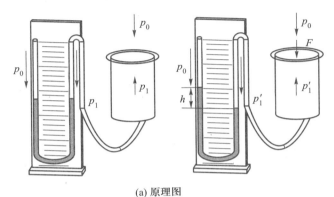

(a) 原理图

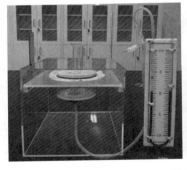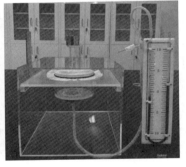

(b) 实物图

图 6-1-11　影响压力作用效果因素的实验装置

在获得数据并有了简单结论后，可以进一步分析数据间比值关系，最终综合推理得出 $p = F/S$。这个过程培养了学生的归纳推理能力，即由一些个别性结论推出一般性规律和方法。

（案例提供：青海师范大学，焦政翰）

【案例分析】

压强概念的建立是压强教学的重点，探究影响压力作用效果的实验是为了更好地理解压强概念。优化创新后的探究影响压力作用效果因素的实验装置，融合了两种定量实验方案，引导学生经历完整的实验探究过程，基于实验数据的分析，总结物理规律。实验方案一与传统实验类似，但将物体的凹陷程度及压力的作用效果进行了定量分析；方案二借助 U 形管液面差的不同反映砝码

探究影响压力作用效果因素实验装置的创新设计与实验

对橡皮膜的压强变化，能够更好地提升课堂教学演示效果。通过两种定量实验方案实施，能够引导学生总结出压力和受力面积都会影响压力的作用效果，且压力越大、受力面积越小，压力的作用效果越明显。

4. 科学态度与责任方面

学业要求提出"能初步体会物理研究是建立在观察和实验基础上的创造性工作；能通过实验探究产生成就感，有学习物理的兴趣和实事求是、严谨认真的科学态度；有节约资源、保护环境的行为及责任感"。

物理研究是建立在观察和实验基础上的创造性工作。例如，相传阿基米德在洗澡时发现，身体越往水下浸，从盆中溢出的水越多，感到身体越轻。通过实验进一步研究，阿基米德发现了浮力的规律。通过还原历史场景，体会阿基米德原理是建立在观察和实验基础上的。类似的例子很多，如2500年前，人们发现用丝绸擦拭过的琥珀能吸引地上的羽毛，后来科学家进一步设计实验，探究电荷间的相互作用；1780年，意大利生物学家伽伐尼发现，用连接起来的两根不同的金属棒接触一只死去的青蛙的腿，青蛙腿好像触电一样抽动，受此启发，伏打用锌片和铜片夹上盐水浸湿的纸片，发明了电池，使人们第一次获得了持续的电流。

【案例】设计演示实验模拟历史情境

关于流体压强与流速的关系，早在1726年，伯努利注意到：如果水沿着一条有宽有窄的沟（或粗细不均的管子）向前流动，沟的较窄部分就流得快些，但水流对沟壁的压力比较小；反之，在较宽的部分水就流得较慢，水压向沟壁的力则会比较大。这个原理虽然发现得较早，但一直没有受到关注。直到1912年秋天，"奥林匹克"号与"豪克"号在海上航行时相撞，就是由于"船吸现象"酿成的重大海难事件。一些科学家突然想到，用伯努利原理来解释这次海难事件是非常合情合理的，此后，伯努利原理才逐渐得到重视。在教学中，教师可以利用注射器改变两纸船之间水流速度，模拟"船吸现象"（图6-1-12）。结合液体流速与压强的关系引导学生分析"船吸现象"产生的原因。并提醒学生在划船和水上航行时注意防止"船吸现象"的发生。培养学生的分析能力，学以致用，树立安全意识。

模拟船吸现象
（实验演示视频）

(a) 两船静止

(b) 往两船之间喷水，两船靠近

图6-1-12　模拟船吸现象

能通过实验探究产生成就感，有学习物理的兴趣和实事求是、严谨认真的科学态度。例如，在讲到重心时，教师介绍了一个刷爆朋友圈的事例："今天地球完美的重力角度，是唯一一天可以使扫帚站立的日子！"不少人在尝试后还直呼："这也太神奇了！"也有人对此并不相信。接着，教师让学生尝试并给出合理解释，从而辨析这条信息的真伪。可以有效激发学生的学习兴趣，让学生相信科学、尊重事实，不要轻信网上的传言，培养学生实事求是、尊重自然规律的科学态度，使学生形成正确的价值观。

在实验中，教师还应强调节约资源、保护环境，例如，倡导学生利用生活中的废弃物品或低成本的材料开发实验；电学实验用到的干电池，不要随意扔弃，否则会对环境造成污染等。

（案例提供：西华师范大学，陈彬；四川省成都市天府第四中学，张晓明）

【案例分析】

此案例充分挖掘了物理学史的育人功能。一方面，通过物理史实介绍物理规律的认知过程，让学生了解人类对于物理概念及其规律的认知是经历了漫长而复杂的过程，体会物理研究是建立在观察和实验基础上的创造性工作。培养学生尊重事实、坚持真理的科学态度。另一方面，利用物理发展史创设情景，激发学生的好奇心和探索欲望，并通过演示实验重现历史情景，引导学生进行观察分析，解释"船吸现象"产生的原因，从而培养学生分析和解释物理现象的能力。

通过以上案例，我们发现，一个实验往往关联到核心素养一个维度的若干要素，甚至若干维度的众多要素。上述案例虽然是在某一方面进行举例说明的，仅仅是为了强调在这一方面的作用，并不意味着孤立与割裂地培养核心素养，在教学中教师应关注核心素养的整体性，以及实验教学对培养学生核心素养的全面性。

本节根据"实验探究"主题的学业要求，从物理观念、科学思维、科学探究、科学态度与责任四个维度，通过案例展示以及对案例的分析，具体阐释如何通过实验探究的实践性活动促进学生核心素养的发展。

如何把握 "测量类学生必做实验" 的基础性和教学要求?

"测量类学生必做实验" 要求学生能通过物理实验建构物理概念,深化对物理律的认识,领悟其内涵及相互联系,在实验探究中具有基础性地位。本节结合具体案例阐述如何把握测量类必做实验的教学要求。

一、测量类实验及其特点

测量是科学实验的重要环节。物理量的测量首先要规定它的标准量,并以之作为单位,将待测量物理量与它的标准量进行比较。国际单位制是进行科学、科技、贸易、交流的保障。测量是按照某种规律,用数据来描述观察到的现象,即对事物作出量化描述。测量是对非量化实物的量化过程。测量其实就是一个比较的过程,即被测量物理量与标准量的比较。

在初中物理教学中,测量类实验是以测量物理量和物理常数为主的实验,主要目的是帮助学生理解物理概念及物理量的意义,应用物理规律,掌握基本实验技能,并学会各种物理测量方法。测量类实验是学生利用已经学过的物理知识,测量某一物理量而进行的实验,是以培养学生实验操作能力,使学生掌握实验原理为目的的重复性实验活动。物理测量方法是以物理理论为依据、以实验技术为手段、以实验装置为工具进行科学研究、取得所需结果的方法,是理论联系实际的桥梁和纽带。[①] 测量类实验是从理论到实践的过程,在认知方式上是先学习概念规律,以实验验证知识、规律,再由理论指导实践,巩固所学理论,在这类实验中并不能产生新的知识,而是注重习得知识的巩固和提高,锻炼实验技能。测量类实验包含以下要素:实验原理、实验器材、实验步骤、实验分析、实验结论等。

新版课程标准规定,初中物理共有 9 个学生必做的测量类实验,其中 6 个直接测量实验和 3 个间接测量实验。直接测量是指用测量精确程度较高的仪器直接得到测量结果的方法。简单来讲,直接测量法不需要通过数学计算,通过测量可以直接得出结果,例如,"用托盘天平测量物体的质量""用常见温度计测量温度""用刻度尺测量长度,用表测量时间""用弹簧测力计测力""用电流表测电流""用电压表测电压"。间接测量是将一个被测量转化为若干可直接测量的量加以测量,而后再依据由定义或规律导出的关系式(即测量式)进行计算或作图,从而间接获得测量结果的测量方法,例如,"测量固体和液体密度"的原理是密度的定义式;"测量物体运动的速度"的原理是速度定义式;"用电流表和电压表测量电阻"的原理是电阻定义式。直接测量与间接测量的区别:①是否需要介质。直接测量法不需要另外测量仪器的帮助;间接测量

---

① 廖伯琴. 义务教育物理课程标准(2022 年版)解读 [M]. 北京:高等教育出版社,2022.

法需要另外测量仪器的帮助。②是否需要建立数学模型。直接测量不需要建立数学模型；间接测量需要建立数学模型。③精确度不同。直接测量法的精确度一般小于间接测量法。④操作便捷与否。直接测量比较简单直观，间接测量比较复杂。

二、认识测量类实验的基础性地位

测量是人类对自然界客观事物取得数量观念的一种认识过程。在这一过程中，人们借助专门工具，通过实验和对实验数据的分析计算，求得被测量的值，获得对客观事物的定量的概念和内在规律的认识。人类的知识许多是依靠测量得到的。在科学技术领域内，许多新发现、新发明往往是以测量技术的发展为基础的，测量技术的发展推动着科学技术的前进。在生产活动中，新工艺、新设备的产生，也依赖于测量技术的发展水平，而且可靠的测量技术对生产过程自动化、设备的安全性及经济运行都是必不可少的先决条件。无论是在科学实验还是生产过程中，一旦离开了测量，必然会给工作带来巨大的盲目性。只有通过可靠的测量，正确地判断测量结果的意义，才有可能进一步解决自然科学和工程技术领域提出的问题。因此，测量是科学研究的基础和前提，测量的可靠性和精确程度直接决定了研究的成败。

测量活动在日常生活和科学研究中具有重要作用：①测量可以使人们客观和精确地把握各种自然现象和社会现象存在的状况。②测量工具通常比人的感官对客观事物的度量更准确。③通过对自然现象和社会现象的测量，有时候还可以发现一些未知的事物和规律。④使用一定标准化工具测量的结果不会随特定的观察者而变化。

测量类学生必做实验要求学生能通过物理实验建构物理概念，深化对物理规律的认识，领悟其内涵及相互联系，在实验探究中具有基础性地位，大量探究类实验都需要测量，测量类实验为探究类实验奠定了坚实基础。例如，在"探究并了解滑动摩擦力的大小与哪些因素有关"的实验中，学生需要测量接触面的压力、滑动摩擦力；在"探究并了解杠杆的平衡条件"的实验中，学生需要测量力与力臂；在"通过实验，理解压强"的实验中，学生需要测量压力与作用面积；在"探究并了解光束在平面镜上反射时，反射角与入射角的关系"的实验中，学生需要测量反射角与入射角的大小；在"探究并了解平面镜成像是像与物的关系"的实验中，学生需要测量物、像到平面镜的距离，比较像与物的大小；在"探究电流与电压、电阻的关系"的实验中，学生需要测量电流、电压与电阻。

三、准确把握测量类实验的教学要求

为了更好地开展测量类学生必做实验，教师需要从以下几个方面入手。

1.使用基本仪器

要求学生会使用与测量类学生必做实验相关的器材：刻度尺、秒表、托盘天平、量筒、温度计、测力计、电流表、电压表等。实验中，教师要引导学生了解实验仪器的基本原理、量程、精确度、操作规范以及测量工具的选取等。其实，间接测量都是以这些测量工具为基础的。

【案例1】用托盘天平测量物体的质量

【结构与原理】

天平是一种衡量物体质量的仪器，由托盘、横梁、平衡螺母、标尺、游码、砝码、底座、分度盘、指针等组成。支点（轴）在梁的中心支撑天平横梁而形成等臂杠杆，每个臂上托起一个盘，其中，一个盘里放着已知质量的物体（砝码），另一个盘里放待测的物体，固定在梁上的指针不摆动且指向正中刻度时的砝码质量就是待测物体的质量。现代天平越来越精密，越来越灵敏，种类也越来越多。

由于砝码质量的变化是不连续的，为了能够方便连续地改变"砝码的质量"，使天平能分辨出比最小砝码更小的质量，天平上还配备了游码，游码每向右移动一格，就相当于往右盘中添加了一个小砝码，当天平平衡时，被测物体的质量就等于右盘中砝码的质量与标尺上游码所对应的刻度值之和。因此，砝码的标称值是否准确、天平是否等臂、横梁转动是否灵敏等，对测量结果产生影响。天平所能称量的最大质量称为天平的"称量"，被测物体的质量不能超过天平的"称量"，否则，会损坏天平支点处的刀口，影响天平测量的精度。

【称量与感量】

称量是指天平能测量的最大质量。天平的称量大小在仪器的标签和说明书中有标识，一般等于砝码盒内砝码的总质量。学生注意砝码盒内砝码大小的配置特点，发现与人民币的配置相同，采用"1、2、5"制，这样就方便组合出不同大小的质量。

感量是指标尺上每一小格表示的质量数，也就是最小分度值，反映天平的灵敏程度。感量与灵敏度成反比，感量越小，灵敏度越高。对于质量较小，甚至小于感量的物体的称量方法，可以采用累积法，也就是"积少成多，测多算少"的方法。

【操作规范】

1. 天平调节环节的操作规范

（1）把天平放在水平台面上。

（2）用镊子将游码轻轻拨至标尺的0刻度处（最左端）。

（3）调节横梁上的平衡螺母，使横梁静止时指针对准分度盘的0刻度，这表明天平横梁水平平衡了。

2. 天平使用过程的规范操作

（1）用已经调节好的天平进行称量时，要把待测物体放在天平的左盘中。

（2）估计被测物体质量的大小，按照从大到小的顺序往天平的右盘中加减砝码。

（3）当加减砝码不能使天平平衡时，要用镊子轻拨标尺上的游码，使天平平衡。

（4）天平平衡后，被测物体的质量就等于砝码的总质量加上标尺上游码所显示的质量。

【使用与保养】

（1）潮湿的物体和化学药品容易腐蚀天平托盘，不能直接放到天平的托盘中。

（2）不能用手触摸砝码，避免将砝码弄湿、弄脏，使砝码生锈，从而使其质量发生变化，影响测量的精度。加、减砝码要用镊子，用镊子夹砝码时，镊子凹的一侧应向上。

（3）在使用天平时，应该把待测物体放在左盘中，砝码放在右盘中，这样做的主要原因：一是由天平的读数原理决定的，若把待测物体放在右盘，天平平衡时，被测物体的质量应等于左盘中砝码的质量减去标尺上游码所对应的刻度值；二是实验者用右手来加、减砝码比较方便。

（4）往右盘中加砝码时，应该先加质量较大的砝码。砝码放在右盘的中心位置。大小砝码同时使用时，应将大砝码放在中间，小砝码放在大砝码的周围。

（5）天平平衡的标志是"横梁静止时指针指向分度盘的中央"，在实际测量时，不必等到天平横梁静止，只要指针左右摆动的幅度相等，就可以认为天平已经平衡。

（6）测量完毕，应将砝码用镊子夹着放回砝码盒内，再整理好其他实验器材。

（7）若将平衡螺母右移至尽头天平仍然不能平衡，则应检查：天平刀口是否准确落在刀槽中；指针及活动部分有无摩擦阻碍，尤其是刀槽必须清除尘垢，切忌涂抹润滑油。

（8）天平长期不用，应在刀子、刀槽上涂抹黄油，放置盒内，置于干燥的地方。

【案例分析】

质量是学生认识各种物质必须具备的基本物理量之一，托盘天平是实验室常用的质量测量仪器，通过学习用托盘天平测量物体的质量，能够帮助学生理解质量的意义，学会质量的测量方法。天平的正确使用是最基本的实验技能，了解托盘天平结构和原理，能够进一步巩固对杠杆的认识。此外，学生还能通过学习托盘天平的称量与感量、操作规范以及使用与保养方法等，进一步掌握托盘天平的使用技巧，培养严谨的科学态度。

2. 掌握测量方法

要求学生亲自动手操作，在操作过程中感悟物理测量方法（如比较法、放大法、转换法等），并能迁移到日常生活中去解决实际问题，如表 6-2-1 所示。

表 6-2-1　常用测量方法的含义与应用

方法	含义	应用
比较法	比较法是将待测量与已知标准量进行直接或间接的比较，从而测出待测量的一种测量方法，是最普遍、最基本、最重要的测量方法。根据比较方式的不同，可以将其分为直接比较法和间接比较法。直接比较法是将被测量与已知的同类物理量或标准量直接进行比较来获得测量结果的方法。间接比较法则是借助一些中间量，或将测量进行某种变换来间接实现比较测量的方法	直接比较法：用米尺测量长度，用秒表测量时间，用量筒或量杯测量液体体积，用常见温度计测量温度，用天平测量质量，用弹簧测力计测量力，用压强计测量压强，用电压表测量电压，用电流表测量电流等
		间接比较法：用天平和量筒（或量杯）测量固体或液体的密度，用秒表和刻度尺测量物体运动的速度，用电流表和电压表测量电阻

方法	含义	应用
放大法	物理实验中，有些实验现象能看到，但不易测量，需要将产生的效果进行放大再做研究。把一些微小量或微小的变化所产生的效果放大，以便于体验或测量，这种方法称为放大法。可以使物理量的数值变大、作用时间延长、作用空间扩展等。具体来讲，有累计放大法、形变放大法、光学放大法。累计放大法是在被测物理量能够简单重叠的条件下，将它展延若干倍再进行测量的方法，又称为叠加放大法。形变放大法是利用力作用产生形变的效果来进行测量的方法。在力学中形变的基本表现形式为体积、长度、角度的改变。光学放大法是利用光路放大微小待测量进行测量的方法。常用的光学放大法有两种，一种是视角放大像；另一种是反射放大	累计放大法：如测量纸的厚度、金属丝的直径等。累计放大法的优点是在不改变测量性质的情况下，将被测量扩展若干倍后再进行测量，从而增加测量结果的有效数字位数，减小测量的相对误差
		形变放大法：如体积的变化由液柱的长度的变化显示；热膨胀杠杆放大法显示
		光学放大法：一种是使被测物通过光学装置放大视角形成放大像，便于观察判别，从而提高测量精度。如放大镜、显微镜、望远镜等。另一种是使用光学装置将待测微小物理量进行间接放大，通过测量放大了的物理量来获得微小物理量。如测量微小长度和微小角度变化的光杠杆镜尺法
转换法	对一些不易观察的现象或不易测量的物理量，通过这些现象或物理量所产生的直观效应来认识，或通过易测的量间接测量或比较，这种方法称为转换法。转换法需要在保证效果相同的前提下，将不易观察的现象转换成易观察的现象；将陌生复杂的问题转换成熟悉简单的问题；将难以测量的物理量转换为能够测量的物理量	例如，通过水花溅起、乒乓球弹开的现象反映音叉在振动；用海绵的凹陷程度来表示压力的作用效果；通过纸屑的弹跳反映发声的鼓面在振动；通过木块被推动的距离来比较动能的大小；通过扩散现象来认识分子的运动；通过U形管两侧液面高度差反映橡皮膜受到的压强；通过吸起铁屑的多少反映电磁铁磁性的强弱；在"曹冲称象"中，将测量大象的重量转化为测量石块的重量；等等

表6-2-1列出了常见的测量方法，事实上，各种测量方法在物理实验中并不是绝对独立的，而是相互联系的，只是根据测量原理与方式等特征进行分类与命名。例如，放大法是将微小的变化（或物理量）放大以便于观察或研究；转换法是将无法观察研究的问题转换为与之相联系的易于观察研究的问题。将乒乓球放在音叉附近观察音叉的振动，就同时用到了转换和放大的思想，放大法本身就是转换法中的一种特殊思想和方法。"曹冲称象"可以称为转化法，也可以称为等效替代法。另外，所有测量都是待测量与标准量进行比较的过程，因此，广义上来讲都属于比较法。

3. 数据分析与实验创新

教师通过对测量数据以及测量仪器使用原理的反思和总结，有判断实验数据是否合理、有效的意识；能对实验进行反思，提出改进建议，有助于产生误差分析以及改进测量仪器的意识，并有助于开展自制教具的设计活动。

【案例2】探究液体压强与哪些因素有关

　　在"探究液体压强与哪些因素有关"的实验中，需要用到U形管压强计测量液体压强。这种压强计具有结构简单、坚固耐用、价格低廉、几乎没有能耗等优点。实验中也发现存在一些不足。由于毛细现象，U形管内的液柱可产生附加升高或降低，其大小与U形管内工作液的种类、温度和U形管内径等因素有关，从而导致读数误差；由于环境温度的变化，引起刻度标尺长度和工作液密度的变化也会带来误差；安装时应保证U形管处于严格的竖直位置，在无压力作用下两管液柱应处于标尺零位，否则将产生安装误差。教学中，由于既要研究同种液体内部压强与深度的关系，又要研究同种液体内部压强与方向的关系，还要研究不同液体内部压强与密度的关系，因此，实验过程需要经历多次测量、记录，存在操作烦琐、记录数据多、读数误差大等不足。关于液体内部的压强，后续还有理论推导，理论推导的结论如果能得到实验的验证，可以进一步加深学生对液体内部压强遵循规律的认识。因此，教师利用高精度气压传感器、亚克力方形液体容器、微小液体压强计（U形管、探头、橡胶管、橡皮筋）、3D打印的传感器外壳、透明塑料刻度贴纸等材料，设计了数字压强计（图6-2-1）。

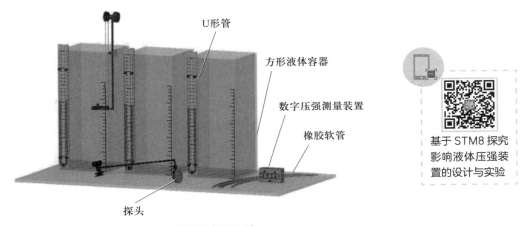

基于 STM8 探究影响液体压强装置的设计与实验

图 6-2-1　自制数字压强计

　　探究深度与液体压强的关系时，控制液体密度一定。将微小压强计探头与U形管相连接，不断增加探头浸入液体的深度，观察U形管两侧液面高度差的变化。探究密度与液体压强的关系时，控制液体深度一定。将微小压强计探头与U形管相连接，探头分别浸入不同密度液体的同一深度，观察U形管两侧液面高度差的变化。得出实验结论：当液体深度越大、液体密度越大时，液体压强就越大。

　　将数字压强测量装置用橡胶管与微小压强计的探头相连接，探头分别浸入不同液体的不同深度，学生观察数字压强测量装置示数，并记录相应数据。分别以探头浸入液体的深度、液体密度为横坐标，以压强传感器的示数为纵坐标，描点连线（图6-2-2）。通过实验数据图像的绘制，得出实验结论：当液体密度一定时，液体压强与深度线性成正比。当液体深度一定时，液体压强与密度线性成正比。

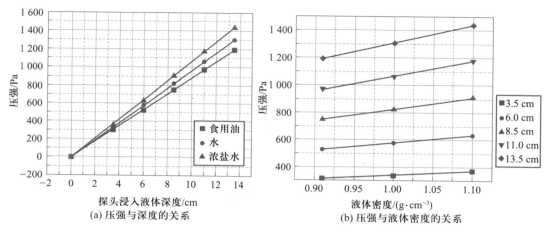

图 6-2-2　压强变化图像

实验由观察微小压强计 U 形管的液面高度差的定性分析，到用数字压强计测量液体压强数值变化的定量分析，探究了液体密度与深度对液体压强的影响。数字传感技术与物理实验教学的结合有着重要的教学价值，一方面，弥补了实际教学中难以通过定量实验探究影响液体压强因素的欠缺，帮助学生经历完整的科学探究过程，对液体压强有更为深刻的认识；另一方面，数字化传感器在实验教学中的应用，革新了物理教学方法，拓宽了学生学习视野，有利于培养学生应用信息技术解决物理问题的能力，助力学生科学探究能力的提升。

另外，采用作图法处理实验数据，还比较容易发现"异常"的数据点，教师可以组织学生思考、讨论、交流，分析这些看似异常的数据是否有效。

（案例提供：青海师范大学，焦政翰；四川省成都七中英才学校，梁翠梅）

【案例分析】

实验由观察微小压强计 U 形管的液面高度差的定性分析，到用数字压强计测量液体压强数值变化的定量分析，探究了液体密度与深度对液体压强的影响。数字传感技术与物理实验教学的结合有着重要的教学价值。一方面，弥补了实际教学中难以通过定量实验探究影响液体压强因素的欠缺，对液体压强有更为深刻的认识；另一方面，数字化传感器在实验教学中的应用，革新了物理教学方法，拓宽了学生学习视野，有利于培养学生运用信息技术解决物理问题的能力，助力学生科学探究能力的提升。另外，采用作图法处理实验数据，还比较容易发现"异常"的数据点，教师可以组织学生思考、讨论、交流，分析这些看似异常的数据是否有效。

4. 联系实际，践行课程理念

创设与学生日常生活联系紧密的测量情境，渗透从"生活走向物理、从物理走向社会"的课程理念。

例如，在"用托盘天平测量物体的质量"实验中，用天平估测物理课本一页纸的质量；用天平估测一盒大头针的数量。在"用刻度尺测量长度"实验中，测量头发丝的直径、硬币的厚度、课本的厚度等。在"用表测量时间"实验中，估测自己相邻两

次脉搏跳动的时间间隔；在"用弹簧测力计测量力"的实验中，先用手拉动弹簧测力计分别体验 1N、2N、3N 等不同大小的力，接着选取身边常见物体进行测量，感受这些物体的重力大小。在"测量物体运动的速度"实验中，测量自己正常步行时的速度。在"用电流表测量电流"的实验中，用柠檬等水果制作一个水果电池，测量能产生多大的电流。在"用电压表测量电压"的实验中，在身体不同部分探测电压，感受生物电；选取身边常见的电源，测量电源两端电压，看看与标识的数值是否相同。除了实验室提供的传统测量工具外，教师还可以引导学生进一步了解生活中常用的新技术产品，如电子体温计、超市常用的电子天平，又如光电传感器、声音传感器、力传感器、电流传感器、电压传感器等数字化测量工具，体会科技进步给人类生活带来的便捷。

　　本节介绍测量类实验的特点及其在物理教学中的基础性地位。从使用基本仪器，掌握测量方法，进行数据分析与实验改进，联系生产生活实际等方面，通过案例展示以及对案例的分析，具体阐释如何准确把握测量类实验的教学要求，促进学生核心素养的发展。

如何把握"探究类学生必做实验"的重要性和教学要求?

"探究类学生必做实验"让学生经历类似科学工作者进行科学研究的过程,有助于学生认识到科学研究的普遍方法以及科学知识的创造性等科学本质,培养学生严谨、求实、合作等意识。在实验探究中具有非常重要的地位。本节结合具体案例阐述如何把握探究类必做实验的教学要求。

一、探究类实验及其特点

探究类实验是指在结果未知的情况下,学生在教师的指导下,围绕要探究的问题进行实验方案设计、实验操作、数据记录、分析综合、得出结论,从而形成科学概念的一种认知活动,这个过程中往往需要团队协作和交流讨论。探究类实验的教学目标是探究、发现对象的未知属性、特征以及与其他因素的关系,培养学生观察、操作和思维等能力,让学生经历类似科学工作者进行科学研究的过程,有助于学生认识科学研究的普遍方法以及科学知识的创造性等科学本质,培养学生严谨、求实、合作等意识。

初中物理共包括 12 个学生必做的探究类实验,这 12 个实验可以大致分成三类,第一类属于定性实验,它们是"探究通电螺线管外部磁场的方向""探究导体在磁场中运动时产生感应电流的条件";第二类以定性实验为主,也涉及测量、分析、比较,含有部分定量性质的实验,它们是"探究水在沸腾前后温度变化的特点""探究平面镜成像的特点""探究串联电路和并联电路中电流、电压的特点""探究滑动摩擦力大小与哪些因素有关""探究液体压强与哪些因素有关""探究浮力大小与哪些因素有关";第三类以定量实验为主,当然也含有定性的内容,它们是"探究电流与电压、电阻的关系""探究杠杆平衡的条件""探究光的反射定律""探究凸透镜成像的规律"。

新版课程标准提出学业要求:能通过物理实验建构物理概念,深化对物理规律的认识,领悟其内涵及相互联系;有将实验探究方法及安全操作规范等运用于解决日常问题的意识,能根据所学知识和说明书等解决现实中的简单问题。这就需要教师创设贴近学生生活的实验情境,唤起学生的已有探究认知和经验,通过实验探究过程,修正原有认知,建构出新的认知能力结构,从而形成对物理概念、规律以及相互之间关系的理解。同时,学生在情境中获得的实验探究方法以及实验安全规范等内容,也会转化为在日常生活中应用其解决问题的观念和能力,帮助学生解决日常生活中的问题。可见,探究类实验是从实践到理论,以探究过程来发现知识和规律,学生的认知方式由实验到理论,再以理论指导实验,丰富了理论的内容。在探究性活动过程中,实验的设计是从问题入手,进行实验操作,得出结论,学生的思维更多地体现从具体到抽象的过程。

二、探究类实验是培养兴趣的重要手段，是获取知识、发展能力的重要途径

物理学是自然科学的重要组成部分，它以观察和实验为基础。许多物理学规律都是人们从物理实验中发现并总结出来的，人们又利用这些规律更好地为社会进步和发展作出贡献。物理学习不仅是学习物理知识，更要提高实践能力和创新意识，提升科学素养。

现代认知心理学认为，兴趣是产生动机的重要条件。探究类实验具有趣味性、挑战性等特点，能充分调动学生的各种感官参与学习活动，因此，更能激发学习兴趣，使学生对学习产生持久的热情。

探究类实验可以让学生体验和感悟科学探究的过程和方法，并在探究过程中培养自主学习的能力，逐步实现学习方式的转变，形成敢于质疑、善于交流、乐于合作、勇于实践的科学态度。从教学角度来讲，探究性学习就是要把以往以结论为中心的教学模式转变为重视结论的形成过程，由学生在自主合作的探究过程中自己得到结论，教师要成为学生探究学习过程的参与者、指导者和促进者。

探究类实验要求学生能发现并提出问题、讨论实验方案、选择实验器材、设计实验步骤、处理实验数据、归纳实验结论等。在实验操作过程中出现的新问题，要通过讨论、交流等方式得到解决，以探究类实验为载体的学习活动更加全面地融入科学探究的各个要素，有利于提高学生逻辑思维能力，培养学生分析和解决问题的能力。

探究类实验将学生带回科学探索的起点，学生亲历科学探究过程，在这一实践活动中探索新知识、解决新问题、取得新成果，在问题解决的过程中尝试从多个角度，采用多种方法，在多个层次上观察和思考，学生既能更加牢固地掌握知识，其思维也得到极大的发展。教师要注意引导学生大胆思考和质疑，培养学生的创新精神和探究能力。同时，要求学生认真对待实验，踏踏实实地进行实验操作，忠于实验数据，杜绝弄虚作假，有利于学生养成按科学规律办事的科学态度和科学作风。

可见，探究类实验能更加全面地体现"科学探究"素养中问题、证据、解释、交流等要素，因此，探究类实验既是教学内容，又是教学方法，还是落实核心素养的重要载体。

三、准确把握探究类实验的教学要求

"实验探究"主题中所列内容均为学生必做实验。教师应提前做好实验教学设计，提前准备好实验器材和场地等，规划好教学时间。教学中，要求每个学生动手完成实验。对于有条件的学校应尽可能多地给学生创造动手实验的机会，以增强实验的育人功能，促进学生核心素养的发展。

1. 问题与猜想

引导学生发现问题、提出问题，启发学生猜想与假设。尽量利用身边的情境引导

学生去发现问题、提出问题。

【案例】探究浮力与哪些因素有关

在"探究浮力与哪些因素有关"的实验中，教师将一个剥了皮的熟鸡蛋放入水中，鸡蛋下沉，往烧杯中加入适量的浓盐水后鸡蛋上浮。由此，教师引发学生思考：鸡蛋为什么上浮？浮力与哪些因素有关？还可以结合生活中的例子，在泳池里，从浅水区走向深水区，你有什么感受？进一步提问：浮力与哪些因素有关？或者将空易拉罐瓶竖直压入水中，让学生亲身体验，然后提出问题：浮力与哪些因素有关？

【案例分析】

在"探究浮力与哪些因素有关"的实验中，观察烧杯中加入浓盐水后，鸡蛋由下而上浮出水面的现象，激发学生认知冲突，产生问题：为何鸡蛋在浓盐水中会上浮？通过这个实验，引导学生思考浮力与液体密度之间的关系。再巧妙结合生活中的例子，联想到在泳池中从浅水走到深水的感受，进一步引发思考——浮力与液体深度之间有什么关系？从而引出要研究的问题。

【案例】探究流体压强与流速的关系

在"探究流体压强与流速的关系"实验中，将玻璃杯放倒，在杯内靠近杯底放一支点燃的蜡烛，然后用吹风机从外面对着杯底吹风，杯子里面燃烧的蜡烛被吹灭了，产生隔着玻璃杯吹灭杯内蜡烛的神奇现象（图6-3-1），激发学生好奇心，引导学生问题，为新课学习做铺垫。

隔杯吹蜡烛
（实验演示视频）

(a) 吹气前

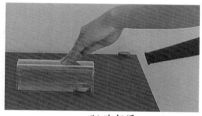
(b) 吹气后

图 6-3-1　隔杯吹蜡烛

（案例提供：西华师范大学，陈彬；四川省成都市天府第四中学，孙海祯）

【案例分析】

该案例中，放倒玻璃杯，将点燃的蜡烛放到玻璃杯内底部，在玻璃杯底部外面用吹风机竟然吹灭了蜡烛，这一现象激发学生兴趣，引导学生提出问题：为什么吹风机能隔着玻璃杯吹灭蜡烛？这个实验通过实际观察和操作，帮助学生提出问题、进行猜想与假设，为后续开展实验探究教学打下铺垫。这样的引导旨在让学生在身边的情境中主动发现问题，培养解决问题的能力，经历丰富多样的学习体验，学生更容易理解抽象的物理概念，同时也激发了对科学探究的积极性。

【案例】物体惯性的探究

在惯性教学中，教师在小车上固定一水槽，槽内盛水，用细线一端连接泡沫小球，另一端固定在水槽底部，水槽顶部用细线悬挂一金属小球。如图 6-3-2 所示，静止时，两根细线均竖直；用手推动小车时，泡沫小球向前，金属小球向后，泡沫小球与金属小球偏离竖直方向不同。这个实验现象可以激发学生的认知冲突，启发学生思考，引导学生发现和提出问题，进而尝试解决问题。

物体惯性的探究
（实验演示视频）

(a) 静止时　　　　　　　　　　(b) 向右加速

图 6-3-2　物体惯性的探究

（案例提供：青海师范大学，焦政翰；四川省成都市天府第四中学，李苓霏）

【案例分析】

关于车辆突然启动过程，乘客后倾的惯性现象学生多大都有所感知。该方案巧妙借助泡沫小球、金属球、水槽、小车等器件设计实验方案，创设小车加速过程泡沫小球与金属小球向相反方向偏离的情景，与学生经验认知相发生冲突，引发学生思考。

2. 实验设计与操作

关注对学生设计实验方案、收集证据能力的培养。注重发挥每个学生的创新潜力，鼓励学生设计实验方案、自制实验器材、改进实验装置及操作方法，尽量留给学生自主探究的时间和空间，不给学生过多的限制。

学校可以开放实验室，为有兴趣的学生提供场地、器材、指导等方面的支持，在确保安全的前提下，教师应鼓励学生利用课外活动时间，在校内外应用简单的器材开展科学探究活动。

【案例】探究凸透镜成像的规律及其应用

在讲到近视眼、远视眼及其调节时，学生已经了解凸透镜对光的会聚作用和凹透镜对光的发散作用，通过实验探究对凸透镜成像的规律已有了解。近视眼、远视眼及其调节，实际上是凸透镜成像规律的应用。因此，本节课充分调动学生利用已有知识和经验，模拟近视眼和远视眼的矫正。一般的照相机是通过前后移动镜头来改变像距的，以便使像能够清晰地成在底片上。人的眼睛则不同，眼睛有一个精巧的变焦系统，晶状体与角膜构成一个透镜，睫状肌牵拉晶状体，改变晶状体的厚度，从而改变透镜的焦距。当人登高远眺时，睫状肌放松，晶状体变薄，远处的风景清晰地成像在视网膜上；当人看近处的物体时，睫状肌收缩，晶状体变厚，使物体的像恰好成在视网膜上。正处于身体发育阶段的青少年，如果长时间看书、手机等近处的物体，睫状肌就像一根根小皮筋，长时间处于绷紧状态，造成睫状肌的调节能力变弱，想放松也松不了，形成近视眼。在了解近视眼的成因后，讨论如何利用所学透镜的相关知识进行近视眼矫正。核心问题是：如何获得一个可变焦系统？实验室提供的透镜是固定焦距的，而这里需要透光性好、厚度可调节的材料。学生经过讨论交流，尝试用透明橡皮膜封住水来实现。为了结构稳定，利用两端无底的圆筒作为支撑物；为了确保镜面光滑，将橡皮膜绷直并用两液混合硬化胶（AB胶）粘牢在圆筒上；为了改变厚度，在圆筒壁开孔连接注射器。测试发现，这一可变焦系统能够成清晰的像（图6-3-3）。利用水透镜模拟晶状体，将物体远离水透镜，向水透镜中注水，调节水透镜变薄，焦距变大，从而在光屏上呈现清晰的像。将物体靠近水透镜，从水透镜中抽水，调节水透镜变厚，焦距变小，再次在光屏上呈现清晰的像。该实验生动完整地呈现出眼睛看清远近不同物体时睫状肌对晶状体的调节功能。

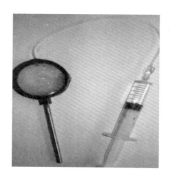

图6-3-3　自制水透镜及成像情况

然后，可以利用自制水透镜模拟近视眼的矫正。由于近视眼在视物时光线汇聚到视网膜前，教师引导学生思考：既然光线汇聚在视网膜前，那么采取什么方式可以使光线重新汇聚到视网膜上呢？学生经讨论交流后提出，可以将物体发出的光在进入眼睛前适当发散，然后经过晶状体就可以汇聚到视网膜上。利用凹透镜对光的发散作用，学生通过实践检验获得成功（图6-3-4）。在此基础上，模拟远视眼的矫正也就能够顺利完成。

图6-3-4　模拟近视眼矫正

学生通过对人眼结构的了解，引发可变焦系统的设计与制作，通过讨论交流，利用身边简易器材制作了学具——可变焦水透镜，并模拟近视眼和远视眼的矫正，极大地激发了创造力，培养了动手实践能力和实验探究能力，学生也在这个过程中不断收获成功的喜悦，增强了学习的信心。学生课后还进一步设计了如图6-3-5所示的装置来模拟人眼成像，以及模拟近视眼与远视眼的矫正（图6-3-6）。

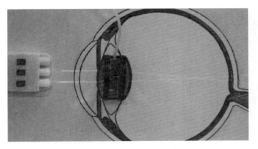

图 6-3-5　模拟人眼成像

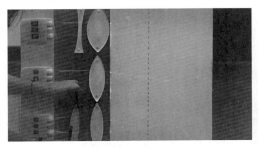

神奇的眼睛（课堂实录）

图 6-3-6　模拟近视眼与远视眼的矫正

（案例提供：四川省成都七中英才学校，梁翠梅）

【案例分析】

眼睛和眼镜与学生息息相关，但是学生对于眼睛的了解却很有限。本案例首先对人眼结构进行介绍，让学生初步了解眼睛的成像模型。然后引导学生围绕"如何获得一个可变焦的系统"这一核心问题，进行讨论交流和设计制作，设计实验装置模拟近视眼和远视眼并进行矫正。教学过程给予学生充分自主探究的空间，学生在教师的引导下，经历了提出问题、设计实验方案以及进行实验操作等环节，极大地发挥了学生的潜力和创造力，培养了学生设计实验方案、合作与交流以及动手操作等能力。

【案例】探究声调与声源振动快慢的关系

在"探究音调与声源振动快慢的关系"实验中，学生发现硬纸片（或塑料片）接触转动的齿轮会发出声音，于是制作了同轴多齿轮发声装置（图6-3-7）。下面是一个马达、电源及开关，发音齿轮从上到下齿轮半径增大，锯齿数量增多。当闭合开关时，三个齿轮同轴转动，用这个硬纸片接触齿轮的锯齿，纸片震动就会发出声音。单位时间内，齿轮越大，就有更多的锯齿刮过纸片，可以感受到音调的变化（图6-3-8）。

【案例分析】

学生围绕"探究音调与声源振动快慢有什么关系"的问题，通过细心观察，发现硬纸片（或塑料片）接触转动齿轮会发出声音，并利用这一现象，设计实验方案，自制实验器材，设计制作齿轮发声实验装置，充分发挥了自身的创造性。

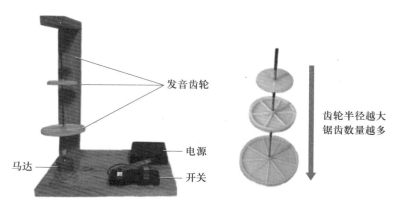

图 6-3-7 发声齿轮

探究音调与声源
振动快慢的关系
（实验演示视频）

音调：低 ——————————————————————→ 高

图 6-3-8 探究音调与声源振动快慢的关系

（案例提供：四川省成都市天府第四中学，彭世坤；西华师范大学，陈彬）

3. 分析、论证、解释

培养学生分析论证的能力，引导学生通过分析论证得出结论并解释结论。

【案例】探究流体压强与流速的关系

在"探究流体压强与流速的关系"一节中，教师首先组织学生开展体验活动，"顽强的纸片"——向两张纸中间吹气，纸向中间靠拢，不会分开；"飞舞的纸条"——向纸片上方吹气，纸片向上飞舞起来；"倔强的乒乓球"——向倒扣的漏斗吹气，乒乓球不掉落。通过这些活动，学生可以感受气体压强与流速的关系，分别对顽强的纸片、飞舞的纸条、倔强的乒乓球进行简单分析，结合不同部位流速的大小，提出猜想：气体流速越大的位置，压强越小；气体流速越小的位置，压强越大。随后，学生讨论交流，设计实验方案，采用多根竖直的圆形细管与下部水槽连通，构成了连通器（图6-3-9）。静止时，管内液面等高。细管上方有个横截面不等的梯形通风管道。从通风管径小的一端吹气，管道内气体稳定流动时，管径大的地方空气流速小，管径小的地方空气流速大，可以观察到细管内液面从左向右逐渐升高。

接着教师引导学生对实验现象分析论证。通过对管内液面进行受力分析，以及分析梯形通风管道中不同横截面气体流速的大小，学生得出气体流速与压强的关系：在气体中，流速越大的位置，压强越小；流速越小的位置，压强越大。

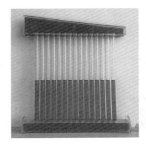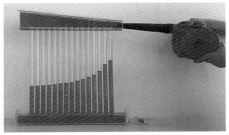

图 6-3-9　探究气体压强与流速的关系

采取同样的思路，教师组织学生设计实验探究液体压强与流速的关系。如图 6-3-10 所示，左边是一个方形容器，右边是若干管径相同的竖直细管，插在一个正面为梯形，截面为矩形的梯形槽上构成，最右边是出水口。静止时，梯形槽上，细管内液面高度相等，构成连通器。下面是水槽，里面放有一个水泵，水泵能把水槽中的水抽入方形容器中。如果取下出水口的活塞，装置中的水就能循环流动。学生通过实验演示，发现细管内液面高度从左向右逐渐降低。

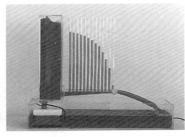

图 6-3-10　探究流体压强与流速的关系

流体压强与流速的关系（课堂实录）

在分析论证环节，学生先认识到当梯形槽内液体稳定流动时，细管中的液体几乎静止，因此，可以根据液柱的高度判断细管下端液体压强的大小，得出液体流速与压强的关系。然后，学生通过梯形槽横截面积的大小得出液体流速的大小；通过液柱的高度得出细管下端液体压强的大小。于是发现：在液体中，流速越大的位置压强越小，流速越小的位置压强越大。

（案例提供：西华师范大学，陈彬；四川省成都石室中学，程从亮）

【案例分析】

本案例始终围绕学生的活动展开。首先通过顽强的纸片、飞舞的纸条、倔强的乒乓球等一系列学生体验活动，让学生获得关于流体压强和流速关系的丰富的直观感受，激发学生的好奇心。然后学生在直观感受基础上经历提出猜想、设计实验方案、观察实验现象、进行分析论证等过程，探究气体压强与流速的关系，并将这种进行实验探究的方法思路迁移到探究液体压强与流速的关系。在探究实验过程中，引导学生对实验现象进行分析论证，解释现象产生的原因，从而论证自己的猜想，得到流体压强与流速关系的正确结论，充分发展学生的分析论证能力。

【案例】探究平面镜成像规律

在"探究平面镜成像规律"实验中，教师从生活实际入手，举例生活中常见的平面镜，同时提出问题：平面镜成像有什么特点？在此基础上提出猜想：平面镜成的像的大小可能与物的大小相等、像到平面镜的距离可能与物到平面镜的距离相等。根据实验目的设计实验方案，此实验用镜子不方便确定像的位置，需要对实验器材进行替换。如图 6-3-11 是创新设计的平面镜成像演示仪（图 6-3-11 和图 6-3-12）。利用金属导轨和滑块搭建井字型框架，将红绿灯固定于伸缩杆顶部，伸缩杆底部安装在纵向导轨的滑块上。移动纵向导轨、滑块，调整伸缩杆高度即可改变红灯在三维空间中的位置。打开红灯，有机玻璃板上呈现红灯的像；移动绿灯，使之与红灯的像完全重合，根据三基色原理，红灯的像将变为黄色的像，此时即可用绿灯的位置确定红灯像的位置。为了提高实验效率，在横、纵导轨与伸缩杆上粘贴刻度纸，学生能快速获取红灯与其像的位置坐标。经反复操作，获取多组数据，归纳出实验结论：平面镜所成的像与物体关于平面镜对称，即二者大小相等、到平面镜的距离相等，且像和物体的连线与镜面垂直。

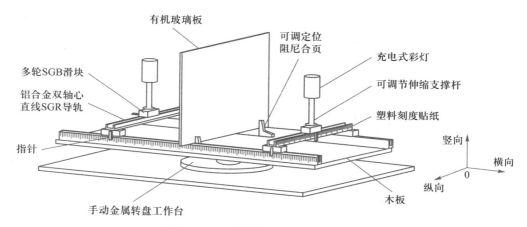

图 6-3-11 平面镜成像演示仪示意图

图 6-3-12 平面镜成像演示仪实物图

针对实验目的恰当选择并灵活改进器材、设计合理可实施的方案是实验成功的必要前提，因此，教师在确定像到平面镜的距离、像与物的大小比较方面要积极思考。

此实验探究过程并不复杂，着重培养学生的经历和体验，强调亲自动手演示的过程。同时，注重培养学生信息处理能力，学生从多组物距、像距、玻璃板后蜡烛能否与像重合等信息中产生客观有效的判断，思考平面镜成像特点，总结实验方法，发展了科学思维能力，充分经历从信息中分析、归纳规律的过程。接下来，教师在原有基础上提出并交流新的问题：若玻璃板和桌面不垂直，会怎样？这又引入了玻璃板倾斜放置的实验探究，激发学生寻找证据，分析论证，加以解释。

三维可调节式平面镜成像实验装置的创新设计与实验

（案例提供：青海师范大学，焦政翰；四川省成都市天府第四中学，彭世坤）

【案例分析】

创新设计的三维可调节式平面镜成像实验装置，进一步完善了传统实验方案的不足，简化了实验操作过程，提高了实验测量精度。通过立体、直观的实验现象能够有效激发学生的实验探究兴趣，拓宽学生视野。教师借助该装置引导学生通过实验探究，从实验现象和数据中概括、提炼事物的共同属性，自主归纳平面镜成像的规律，助推学生分析论证能力的发展。

4. 交流与评估

注重对学生交流合作、评估反思能力的培养。组织学生对实验方案、实验探究过程和结果等进行评估与交流，鼓励学生充分发表见解，调动学生在探究活动中的积极性和主动性。

【案例】探究并了解滑动摩擦力的大小与哪些因素有关

在"探究并了解滑动摩擦力的大小与哪些因素有关"实验中，首先，教师给学生提供不同类型的例子：①增大压力，增大摩擦的例子——为了让自行车更快停下来，可以用力捏闸；②减小压力，减小摩擦的例子——体操运动员在单杠上做动作时，握杆不能太紧；③增大接触面的粗糙程度，增大摩擦的例子——冬天向冰冻路面上撒沙子，增加摩擦；④减小接触面的粗糙程度，减小摩擦的例子——冰壶运动员手持冰壶刷不断擦冰，使冰的表面略微融化，成为一种介于冰和水之间的特殊状态，以减小冰壶所受的阻力，并使之按照特定的方向滑行，直至抵达终点。随后，教师组织学生讨论交流，通过生活经验提出滑动摩擦力与接触面压力、接触面积、接触面粗糙程度等因素有关，并且为后面实验设计奠定基础，培养学生科学探究的意识，以及发现问题、提出问题、形成猜想与假设的能力。接着，教师引导学生设计方案，采用控制变量法，验证提出的猜想，培养学生制订简单的科学探究方案，形成控制实验条件的意识，会通过实践操作等方式收集信息，初步具有获取证据的能力。根据测得的滑动摩擦力大小及相关数据和信息，引导学生得出结论，初步具有对科学探究过程和结果作出解释的能力。最后，教师组织学生讨论交流，引导学生用恰当的方式表述自己的观点，同时注意自我反思和听取他人意见，培养与他人交流的能力。在测量水平运动的物体所受的滑动摩擦力时（图6-3-13），学生实验后会发现用弹簧测力计直接拉动小木块很难做到匀速拉动，示数很不稳定；在拉动小木块的过程中，弹簧测力计随着小木块一起运动，读数误差也较大。于是，教师组织学生讨论：如何更加准确地测量滑动摩擦力的大小？引导学生发现问题后，组织学生对器材进行评估，最终找到改进实验的方法（图 6-3-14）。

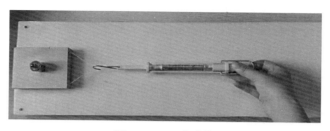

图 6-3-13　改进前

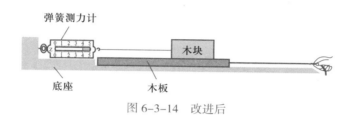

图 6-3-14　改进后

为了便于学生观察，提高课堂效率，基于上述方案，还可以将实验装置进行数字化改进（图 6-3-15），用力的传感器替代弹簧测力计，利用软件处理数据；用电机带动长木板，确保稳定性；用电脑实时呈现拉力的变化图像，间接地反映了摩擦力变化的情况。

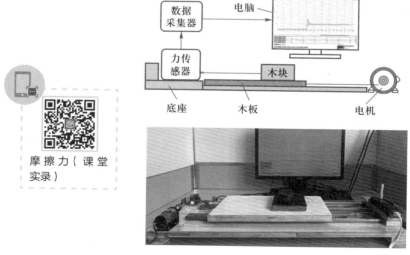

图 6-3-15　数字化改进

（案例提供：西华师范大学，郑鑫、王驰）

【案例分析】

本案例首先呈现了四个改变摩擦力大小的真实情景，组织学生经历发现并提出问题、形成猜想、设计实验方案、进行实验操作、收集证据、形成结论等实验探究环节。在这个过程中，引导学生进行合作交流，鼓励学生发表个人建议和听取他人建议，并对自己和他人的建议进行评估反思，调动学生的积极性，培养交流合作、评估反思的能力。实验结束后，组织学生对实验探究的各个环节进行交流、评估和反思，针对实验中的问题讨论得出改进方案。充分发挥学生的主动性，培养了学生评估反思能力。本案例围绕学生活动和学生思维展开，尤其注重学生合作、交流、评估、反思等能力的培养。

本节介绍探究类实验的特点及其在物理教学中的重要地位。从问题与猜想，实验设计与操作，分析、论证、解释，交流与评估四个方面，通过案例展示以及对案例的分析，具体阐释如何准确把握测量类实验的教学要求，促进学生核心素养的发展。

第七章

关于"跨学科实践"主题的教学关键问题

　　"跨学科实践"是新版课程标准中的重要内容，是新增的一个一级主题，它对物理课程内容的拓展延伸，对物理教学实践的深刻变革有着重要的指导作用。它也是课程标准在落实立德树人根本任务，发展素质教育，聚焦中国学生发展核心素养，培养学生适应未来发展的正确价值观、必备品格和关键能力等方面表现出的具体变化，对于引领今后的物理教学具有重要的意义。

　　"跨学科实践"与"物质""运动和相互作用""能量""实验探究"并列成为初中物理课程内容的一级主题，引起了广大物理教师的高度重视，成为教学实践中重点关注但仍存在诸多困惑的教学内容。如何把握"跨学科实践"的定位和教学要求？如何有效地组织开展跨学科实践学习活动？如何理解跨学科实践学习与项目学习的联系？如何进行跨学科实践学习的评价？本章将对以上问题进行深入剖析，以期帮助教师对跨学科实践有更深入的认识，在教学中更好地实施。

《义务教育课程方案(2022 年版)》明确提出"加强课程综合,注重关联"的原则,要求加强课程内容与学生经验、社会生活的联系,强化学科内知识整合,统筹设计综合课程和跨学科主题学习。设立跨学科主题学习活动,加强学科间相互关联,带动课程综合化实施,强化实践性要求。并提出原则上用不少于 10% 的课时设计跨学科主题学习。新版课程标准则在"课程内容"中把"跨学科实践"设为一级主题,设置对应的二级主题和三级主题,并分别提出活动建议,形成了完整的内容要求结构。显然,"跨学科实践"已经成为基于核心素养的初中物理教学的重要组成部分,需要教师用心领会、认真研究并加以落实。那么,如何把握"跨学科实践"的定位和教学要求?下面我们一起探讨并思考这一教学关键问题。

一、什么是"跨学科实践"

1. 传统学科教学的特点及弊端

所谓学科,是指相对独立的知识体系,是人类在认识客观世界的过程中根据各类知识的某些共性特征对知识进行的系统划分。在基础教育阶段就有语文、数学、物理、地理、生物等多个学科的划分,分学科教学是当前学校教育的最主要、最基本的活动形式,学生获得知识、发展能力、形成品质、掌握方法主要是在学科教学过程中实现的。这种分学科教学有利于学生系统、高效地获取学科知识,但分学科教学在联系实际时,因受到学科的局限,往往只能是蜻蜓点水或只能局限在某一角度,难以实现对真实情境中实际问题的解决,容易出现知识与现实生活的脱节。重知识轻能力,重记忆轻应用,重片面回答问题轻综合解决问题,这是分学科教学中存在的主要弊端。

随着科技社会的快速进步,应用型、复合型、创新型人才培养需求不断升级,靠单一的学科知识很难解决相对复杂的实际问题。于是,跨学科融合、跨学科研究、跨学科学习、跨学科实践等新的提法不断出现,冲击着以分学科为主的传统教学。

2. 跨学科实践的含义

课程标准提出的跨学科实践,是指通过具有"跨学科性"与"实践性"的主题内容引领学生开展学习的方式。这里的跨学科,可以理解为跨越学科、超出学科,注重学科知识与日常生活、工程实践及社会热点问题的密切关系,旨在发展学生跨学科运用知识分析和解决实际问题的综合能力及动手操作的实践能力。当然,在解决较为复杂的实际问题的过程中,需要"学科融合",打破学科壁垒,实现学科互通,拆除学科之间的"围墙",使多学科课程资源相互融通,将不同领域的学科知识、技能、研究方法以及思维方式整合到教学的实施过程中,从而培养学生全面认识事物、解决实际问题的能力,养成严谨认真、尊重事实的科学态度和乐于实践、敢于创新的优秀品质。

3.跨学科实践的特点

跨学科实践可以打破学科知识碎片化、学科课程书面化的局面，指向现实世界的真实问题。以真实问题带动学生深入思考，创新研究，实践探索，建构多学科知识间的有机关联，加强学科知识与生活实际的紧密联系，促进学生从整体上理解问题，从多学科视角思考可能的解决方法，选择和整合恰当的学科观点，形成对问题更深层次的认识。这样的学习方式可以有效提高学生综合运用多学科知识观察、分析和解决实际问题的能力，有利于培养学生的创造力、批判性思维等高阶思维，形成基于学生个人成长和社会发展需要的、完整的、开放的、综合的问题解决能力。学生通过跨学科实践的过程，将学科知识与现实情境相联系，充分体验探索的乐趣，享受解决问题的喜悦，增强节约能源和保护环境的意识，从而形成正确的价值观、必备品格和关键能力。因此，跨学科学习是实现从学科素养到核心素养顺利发展的重要桥梁。

4.与跨学科实践相近的教学方式

近年来，国内外在这方面的研究和实践有很多，各种表述也很多，如研究性学习、探究性学习、项目化学习、问题解决式学习、深度学习、STEAM 教学等。初中物理的 STS 教学内容本身就是跨学科学习的典型素材。这些学习方式之间存在细微的区别，但其基本原则与追求是一致的。这些学习方式都注重对现实情境中真实问题的分析与解决，重视科学与技术、社会、人文等领域的深度融合，在这样的学习过程中跨学科成为必然。这些学习方式受到教育专家和广大教师的广泛关注，相信对这些学习方式的研究和实践，对初中物理跨学科实践能产生积极的影响。

二、初中物理跨学科实践的正确定位

跨学科实践相对单一学科教学，更具有综合性、开放性和实践性。教师在开展跨学科实践时，要加强物理学科知识与学生日常生活、工程实践及社会发展的紧密联系，遇到相关联的其他学科内容时要做好恰当的整合与融通，科学地处理好初中物理课程内容与其他学科及实践内容的关系。

1.立足物理学科是根本

选取跨学科实践的主题，确定跨学科实践的教学目标，开展跨学科实践学习，都应该充分考虑物理课程的主要内容，要有突出的物理学科素养，并能有效落实物理学科概念、规律及思想方法。以物理学科内容为基础，整合主题中涉及的其他学科内容，根据真实情境去解决实际问题、拓展知识、强化实践，这样会有更清晰的主线，才能收到更明显的学习效果。

2.突出实践性是关键

跨学科实践并不是浅层的多学科相加，不能把书面解题时涉及多学科知识和方法的过程称为跨学科实践。联系生活，强化实践，分析和解决实际问题才是跨学科实践的主要特征。教师应通过活动主题的有效设计，引导学生在真实的情境中实际参与、亲身体验，动手操作，形成感悟。这个过程既有所学多学科知识的应用，也有新知识的建构；既要关注学生解释、预测、操作等能力的表现，也要关注学生在实践活动中对相关学科，尤其是物理学科概念的建立或深化。在实践中增强感悟，在体验中发展思维，在过程中构建知识体系，这是跨学科实践的关键。

3. 学生主体参与是核心

学生在跨学科实践的学习过程中，围绕主题开展有序的系列活动，离不开教师的有效设计与合理指导。但教师要注意必须突出学生的主体地位，通过问题引领或任务驱动，让学生主动参与、大胆设计、独立思考、敢于创新，在充分的自主活动中提升解决问题的能力，养成良好的科学态度，这是实施跨学科实践的初衷。

4. 实现减负增效是追求

跨学科实践并不是在原物理课程的基础上增加新内容，应与其他主题教学一体化设计，可以独立完成，也可以穿插在其他主题中进行，使跨学科实践成为物理课程的有机组成部分。教师可以逐渐把跨学科实践中的教学经验，迁移至其他内容主题，增加跨学科实践的占比，强化整个初中物理课程的实践性，提高学生的学习兴趣，减轻学生的学习负担，提升教学效果，最终达到减负增效提质的目的。

三、初中物理跨学科实践的教学要求

课程标准对跨学科实践主题的学习内容共设置了 3 个二级主题，二级主题下又提炼了 9 个三级主题，并提出了 9 条活动建议，列举了 10 条教学实例，形成了完整的内容要求结构。这些内容要求是初中物理教学组织开展跨学科实践的基本遵循，教师要用心研读，举一反三，守正创新，把跨学科实践扎实有效地开展起来。

1. 物理学与日常生活

留心观察日常生活中常见物品（如厨房用品、交通工具、体育器材、学习用具等），关注身边存在的安全隐患（如家庭用电、高空坠物、乘车旅行、玩水用火等），留意周边能源损耗和环境问题（如四大污染问题、机动车能耗问题、家庭燃气消耗问题、气候变化问题等），这些都是开展跨学科实践最贴近学生的主题来源。从上述三类事物或现象中发现问题并提出物理解决方案，是初中物理开展跨学科实践的有效途径。

2. 物理学与工程实践

我国古代科技对人类文明发展做出过诸多贡献，当今我国又有很多工程技术走到了世界前列，尤其在信息时代，物理学的作用更为突出。挖掘有价值的跨学科实践主题，引领学生进行证据收集，分析论证，展示交流，汇报研讨，对于学生构建和应用知识，提高实践能力，培养学科素养有着重要的作用。

3. 物理学与社会发展

这个二级主题下提出的新材料及其应用、能源与可持续发展，以及我国科技发展的新成就。这些内容与时代发展紧密相关，与人类社会文明进步相互依存，是培养学生的科学态度及社会责任必不可少的资源。

教师通过对以上三个二级主题内容进行科学规划、合理设计、有效实施，带领学生经历实践探索的过程，发现问题，提出假设，设计方案，收集证据，并对相关现象进行解释，对相关成果进行交流。学生在这个过程中构建并应用简单的物理模型，独立思考，分析论证，科学推理，不断发展科学思维能力，形成对客观世界的整体认知。通过了解我国科技发展的新成就，学生为我国科技创新成果感到自豪，体会物理学对人类生活、工程实践和社会发展的重要影响；乐于思考与实践，敢于探索，勇于创新，形成安全意识、环保意识，践行健康生活，增强科学强国的责任感和使命感。跨学科实践的实施，必将有效提升学生核心素养，真正落实物理学科育人功能。

四、落实跨学科实践的教学建议

跨学科实践是初中物理必不可少的学习内容，是有效提高教育质量，落实核心素养的重要指标，是值得教师努力探索并付诸实施的教学方式。为了更好地做好落实工作，下面提出几点教学建议供参考。

1. 匹配充足的课时

根据课程方案提出的要求，约 10% 的课时要用来开展跨学科实践学习，初中物理两个年级至少需要设计约 15 课时的跨学科学习任务。教师要结合课程标准对跨学科实践主题的具体要求，与其他主题通盘考虑，合理规划，每个学期都应开发数量充足的跨学科实践主题，结合大单元设计，既要充分实施跨学科实践，又要确保不增加学生的学习负担，有效提高教学效果。教师还要通过这 10% 的跨学科实践，撬动其他 90% 课程内容的改革，让跨学科实践变得更加丰富、充实、有效，从而达到整个初中物理教学过程的不断优化。

2. 提高教师的跨学科教学能力

跨学科实践对教师的综合能力提出了更高的要求。要创造性地设计出合理的跨学科实践主题，有序地组织学生开展高效的跨学科实践学习，引导学生在跨学科实践中获取相应的知识、能力以及核心素养的发展，这些都要求教师具备较强的跨学科教学和指导能力。教师应更多地联系生活实际，关心科技发展，关注社会热点，积极参加跨学科教研和学习活动，开阔视野，活跃思维，丰富多学科知识储备，提高创新能力和实践操作能力，这样才能为有效实施跨学科实践做好准备。

3. 熟悉跨学科实践的操作流程

跨学科实践首先应整体规划学习主题。教师可以根据不同学期的具体课程内容，按照课程标准在跨学科主题下的相关要求，结合学生认知特点，紧密联系学生生活实际、身边工程实践以及社会热点，规划出合理的、明确的、能有效激发学生兴趣的实践主题。然后对实践主题进行方案设计，从目标定位、任务分解、问题梳理、活动安排等方面进行全面考虑，同时要对学生已有知识和能力、环境因素及客观条件等进行分析，做好课时规划和活动方案的详细设计。最后是实践操作，活动前要准备充分，活动时要做好组织，活动后要及时总结经验、提炼成果。在阶段性开展跨学科实践后，教师要开展必要的跨学科交流研讨和效果反馈，不断完善和修正操作流程，为跨学科实践的后续推进积累丰富的经验。

4. 为跨学科实践营造良好环境

对于初中物理教师来说，跨学科实践是一种较新的教学方式，实践活动占用课时多，与传统课堂教学有着较大差别，尤其在开始实施的过程中还存在一些不足，可能不被认可，甚至还可能招来家长、社会等方面的质疑。这时，教师要坚定信念，立足长远，而且要与其他学科教师同伴互助、团结协作，不断优化设计，改进操作，让学生通过跨学科实践真正提高能力，收获更多进步。为了不断改善学生的学习生活，营造出更有利于其发展的环境，我们需要持续提升教学质量，这样才能赢得更多的支持，从而确保跨学科实践的有效实施。

在跨学科实践的组织过程中，如何进行整体规划？怎样开展科学有序的实践活动？能否高效达成预期的教学目标？是否真正促进了学生学科素养的发展，真正实现核心素养的提升？这些问题是教师组织开展跨学科实践过程中应当重点考虑并有效落实的。

一、确定跨学科实践的主题内容

跨学科实践重点培养学生在真实情境中综合运用知识解决问题的能力。这种能力的培养不是一蹴而就的，需要教师设计由浅入深的系列探究活动，使学生通过亲身经历才能获得。因此，开展跨学科实践，必须围绕现实世界中的真实问题来展开，选择并确定跨学科实践的主题内容是我们面临的第一要素。

跨学科实践主题内容的选择要体现跨学科性和实践性的特点，以物理学科为主体，选取与日常生活、工程实践、社会发展有密切联系的内容，发展学生跨学科运用知识的能力、分析和解决问题的综合能力、动手操作的实践能力，培养学生积极认真的学习态度和乐于实践、敢于创新的精神。

确定跨学科实践主题内容可以通过以下几种途径。

1. 从学生熟知的日常生活中确定主题内容

跨学科实践主题内容可以与日常生活建立联系，发现日常生活中与物理学有关的问题。学生在个人成长、家庭生活、学校生活、社会生活中会遇到很多问题，这些问题虽然司空见惯，但经过提炼，大多能成为很好的跨学科综合实践活动主题，如用电、乘车、乘坐电梯等存在的安全隐患如何解决；如何践行低碳生活，强化节能环保的意识；了解机动车的尾气排放情况，撰写关于城市空气污染和汽车尾气排放的调查报告。学生可以通过跨学科实践运用所学知识分析解决这些问题，并提出切实可行的方案。

2. 从生产生活涉及的工程实践中寻找主题内容

跨学科实践主题内容可以与工程实践相联系，发现实践过程中与物理学有关的问题。例如，学生在了解我国古代"龙骨水车"的工作原理的基础上，尝试设计相关装置；通过对桥梁建筑技术方面的应用案例的了解，寻找跨学科实践主题内容，体会物理学对桥梁发展的促进作用。

3. 关注社会热点，从社会发展中发现主题内容

跨学科实践主题内容可以与社会发展相联系，发现社会热点中、科技发展的成就中与物理学有关的问题，体现主题的时代性。例如，引导学生结合实例，尝试分析能源的开发与利用对社会发展的影响；了解一些新材料的特点及其应用，了解新材料的研发与应用对社会发展的影响。

跨学科实践要坚持学科立场，立足本学科的核心思想来解决问题，同时，依据课

程标准选择适合的主题作为跨学科主题学习的内容。

【案例】跨学科实践主题的确定

　　"透镜"内容属于课程标准内容的一级主题"运动和相互作用"中的二级主题"声和光"。课程标准的有关内容要求：用凸透镜制作简易望远镜，并用其观察远处的景物。通过查阅资料，寻找具有发展学生核心素养的素材，确定主题题目。

　　跨学科实践素材："中国天眼"、天文学者"蔡峥：为人类寻找星辰大海"、望远镜的发展史等。

　　本跨学科实践主题确定为：制作望远镜。目标指向培养学生国家认同、责任担当的核心素养。

【案例分析】

　　跨学科实践的主题来源有多种途径，无论是从学生熟知的生活、生产生活涉及的工程实践、社会热点中确定，还是从课程标准或教材中寻找，都需要与真实世界联系，提炼出立足于学科的主题。

　　在"透镜"跨学科实践案例中，通过学生收集望远镜资料中认识到，人类对宇宙不断深入的探索中，望远镜的使用使人类观察到月球，及太阳系内的其他行星以及更遥远的星球，打开一扇观察宇宙的窗口。自制望远镜的工作原理涵盖教材"透镜及其应用"中的核心概念——透镜、凸透镜成像规律、透镜在生活中的应用。同时也是初中物理课程标准活动建议的素材——用凸透镜制作简易望远镜，并用其观察远处的景物。学生自制望远镜可以观测月球，既可以追随科学家的脚步去记录月全食的变化特点，也可以利用自制望远镜解决生活中的需求：近距离观察古建、花鸟鱼虫等。

二、确定跨学科实践的教学目标

　　确定跨学科实践的教学目标是实现跨学科实践的关键。教学目标应基于核心素养的培养，围绕主题学习内容展开，在充分体现学生主体地位的同时，确定通过哪些途径、任务或方式，学生获得哪些综合性的学习经历与体验、核心知识和思想方法，建立怎样的情感态度和价值观等综合素质，来明确表述目标要求。

　　教学目标的确定，一要分析课程标准，明确预期的学习结果；二是分析教材，明确需要学习的内容；三要分析学情，明确学生的学习起点，三者互为补充，缺一不可。

【案例】制作望远镜（单元目标的确定）

　　（一）课程标准分析

　　认识凸透镜的会聚作用和凹透镜的发散作用。探究并知道凸透镜成像的规律。了解凸透镜成像规律的应用。了解人眼成像的原理，了解近视眼和远视眼的成因与矫正方法。具有保护视力的意识。

　　（二）教材分析

　　本单元是人教版八年级《物理》上册第五章。"透镜及其应用"是初中物理一级主题"运动和相互作用"的重要组成部分。对透镜及其应用的探究和学习，是学生对光学的进一步学习。通过学习本章，学生将对经典物理学的古老分支——几何光学的基本概念和基本规律——形成初步认识，能够解释生活中常见光学仪器的成像原理，了解近视眼和远视眼的成因及矫正方法，经历猜想与假设、分析与论证等探究过程并掌握相应的科学方法，为今后的学习奠定基础。

教材在内容安排上诠释了课程标准"注重科学探究""从生活走向物理，从物理走向社会"的基本理念。第3节"凸透镜成像的规律"是本章的核心内容。为了确保学生可以通过自主探究的方式得出科学规律，本章第1节首先介绍了透镜的基础知识，使学生对透镜的分类及其对光的作用有所认识。第2节介绍照相机、投影仪和放大镜的成像特点，使学生获得具体、生动的感性认识，为提出探究问题埋下伏笔。第4节和第5节则是对透镜成像规律的实际应用，不仅帮助学生巩固所学知识，而且使学生进一步体会到物理与生活的密切联系。

（三）学情分析

透镜在生活中有着广泛的实际应用，学生有一定的感性认识。对学生来说，在感性认识的基础上，对透镜的外形和透镜对光线的作用很容易接受，但是学生在生活中对透镜成像的认识，大部分限于放大镜能成正立的像（但不知道是实像还是虚像）。至于照相机、投影仪中透镜成像特点是什么，绝大部分学生是不清楚的，这就限制了学生对探究实验的猜想。本章教学要培养学生的科学探究素养，采用项目式学习，引导学生在制作望远镜的过程中掌握知识，感受光学魅力，提高解决问题的能力。

（四）确定"制作望远镜"单元目标

（1）调查并了解望远镜的结构和工作原理；通过活动体验，认识望远镜对生产、生活的意义。

（2）搜集和处理有关望远镜的信息，利用归纳、演绎、建模等思维方法阐述自己的观点；分析比较不同望远镜的工作原理，能从实际需求、可行性等方面考虑，选择合适的材料进行制作，选择并优化自制望远镜的方案。

（3）能基于观察和实验，提出与透镜成像规律有关的探究问题，并作出有依据的猜想与假设；在关于凸透镜成像的科学探究中，能制订初步的实验方案；能正确使用光具座等相关器材获取实验数据；能通过对数据的比较与分析，发现数据的特点，进行初步的因果判断，得出实验结论；能表述实验过程和结果，撰写实验报告。

（4）通过活动体验，养成科学求真的态度，提升反思和自我管理的能力；乐于探索望远镜制作过程，善于小组合作，通过解决物理、技术等问题，初步形成创新品格；能合理取材，有可持续发展的意识，增强节能和环保意识。

（案例提供：山西省晋中市榆次区教学研究室，王伟）

【案例分析】

跨学科实践解决的是现实生活中的问题，学生面对真实问题知识结构可能是零散的、发散的，解决问题时，需要的学科知识可能依据现有教材需要重新组合。无论是因为多学科融合还是需要重组教材，首先都需要知识统整和提炼核心概念，对课程标准、教材和学生学情进行分析，基于主题提炼核心概念，寻找到主题背景下知识逻辑关系。其次，确定理解这些核心概念的需要培养和发展学生的学科素养是什么，通过什么样的方式、方法或过程可以发展学生的关键能力，养成良好的品格。

三、提出跨学科实践的驱动性问题

好的驱动性问题能够推动探究活动的开展。驱动性问题对教师和学生都很有价值。对于教师而言，驱动性问题可以帮助教师抓住跨学科实践的核心意图，带着问题去设计活动内容，也可以根据驱动性问题灵活调整活动内容，而不至于偏离活动的核心目的。对于学生而言，好的驱动性问题能够激发学生去解决问题和主动学习，推动跨学科实践的持续开展。

好的驱动性问题能够引发学生的高阶思维。驱动性问题的设问应具有开放性，使学生在实践过程中调用已有的知识和经验，引出新的问题和探究，促进思维形式从低阶向高阶渐进。

好的驱动问题需要教师了解学生的学习基础及兴趣，从而提出能促进学生进行批判性思维和创造性思维的跨学科问题。同时，好的驱动问题关注学科的整合，涵盖知识结构，能够持续激发学生从事跨学科探究实践过程。

好的驱动问题能提供启动学习的需求，能够驱动、引领和串联不同阶段的任务和活动，为学生的学习提供有意义、有价值的真实问题。

教师在设计跨学科实践的驱动问题时，应突出真实性和综合性，驱动问题要既能激发学生的求知欲和好奇心，刺激学生主动提出问题，又能覆盖学科与跨学科的重要学习目标，让学生在解决问题的同时实现核心素养的发展；同时，驱动问题也要能分解成多个子问题，以便学生进行团队合作，设计方案并实施探究，最终实现问题解决。

【案例】制作望远镜（驱动问题）

驱动问题 1：人们用望远镜可以观察到遥远的星空，你了解望远镜的镜头吗？

驱动问题 2：望远镜有两个镜头，这两个镜头有什么作用呢？

驱动问题 3：望远镜的镜头是如何让人们观察到遥远的星空的？

驱动问题 4：望远镜成像和人眼成像有什么异同？

驱动问题 5：在了解了透镜的成像原理及应用之后，你能尝试设计并制作望远镜吗？

【案例分析】

驱动问题应具有层次性和次序性，可以以问题串的形式呈现，但驱动问题需要贯穿整个跨学科实践全过程，能推动学生的学习进展，同时能引导学生关注问题背后的思考，并且能够将不同课时之间的建立关联，帮助学生整合他们所学的内容。

驱动性问题的设计

四、设计跨学科实践的表现性评价

在跨学科实践过程中,通过表现性评价,评价学生在任务情境中表现出的探究与解决问题能力、创造能力、语言运用与表达能力。设计表现性任务,实施表现性评价,是"跨学科学习"的重要内容与必要环节,将评价与学习活动融为一体,旨在以评促学。

五、设计跨学科实践的学习任务

跨学科实践根据情境任务的需要,自主整合调用知识,建构知识与情境、任务,活动与成果之间的关联与互动,进而解决问题、达成目标。这需要通过恰当的活动载体,在知识与情境、任务及各学习要素间建立联系,从而运用知识、创造知识。如果任务是目标,那么活动便是载体,系列学习任务是实现目标的手段与路径。教师要将任务转化为不同的学习活动,通过学习活动达成目标。

学习任务是指在规定学习时间内完成某种设定要求的作品、作业、方案、设计、项目、实事等事项。一般是一个核心任务和若干分项任务所构成的学习任务。教师根据问题解决和探究学习过程的需要,重塑学科知识和技能结构,设计学习任务,可以引导学生自主、合作、探究学习,改善学生的学习体验,促进深度学习,提高综合运用多种学科知识分析问题和解决问题的能力,发展学生的跨学科核心素养。

教学设计时,教师应着力思考如何组织多样化、连续性的学习任务和活动,一方面联结学习情境,另一方面指向表现性任务,目标指向学生学科能力和核心素养的提高。

【案例】制作望远镜(学习任务设计)

任务一	"千里眼"的神奇镜头		
驱动问题1	人们用望远镜可以观察到遥远的星空,你了解望远镜的镜头吗?		
活动内容	子任务1:认识望远镜的镜头 活动1:学生展示并介绍课前收集的素材(了解望远镜,激发学生兴趣) 活动2:教师利用多媒体展示望远镜的发展历程(我国第一台光学太空望远镜"仰望一号"、中国巡天空间望远镜等)使学生体会到我国望远镜发展的历程,坚定热爱祖国、为国争光的信念	子任务2:知道凸透镜、凹透镜对光线的作用 问题:观察凸透镜、凹透镜对光线有什么作用? 活动1:在阳光下,学生用放大镜寻找最小、最亮的光斑 活动2:多媒体演示经过透镜的三条特殊光线的路径	子任务3:规划制作望远镜任务单并设计作品评价表 活动1:学生交流、讨论,进一步规划任务单 问题:你认为自制的望远镜应该具备哪些功能?(从不同维度进行评价) 活动2:小组合作,制作作品评价表

活动内容	活动3：了解望远镜的结构。学生交流望远镜的结构，初步规划制作望远镜的任务单 问题：望远镜的镜头与近视镜和远视镜的镜片有什么异同？ 活动4：学生通过活动，用不同的方法来辨别透镜类型。教师补充主光轴、光心的概念（判定望远镜镜头类型）	活动3：绘制三条特殊光线的路径（确定望远镜镜头的作用）	
任务二	为何可以观测"千里"		
驱动问题2	望远镜有两个镜头，这两个镜头有什么作用呢？ 我们先来了解一下照相机、投影仪、放大镜的成像特点		
活动内容	子任务1：照相机成像原理 问题：照相机是如何拍摄景物的？ 活动1：学生介绍照相机发展史 活动2：照相机为什么能成像？照相机成像与物体的大小、位置、正倒有什么关系？ 活动3：小组讨论，如何用照相机将像放大或缩小？	子任务2：投影仪的成像原理 问题：投影仪与照相机的成像特点有什么不同？ 活动1：投影仪的成像原理？ 活动2：小组讨论、总结投影仪的成像特点	子任务3：放大镜的成像原理 问题：放大镜的成像特点，它成的是实像吗？ 活动1：用放大镜看书上的字，并改变放大镜到书的距离，观察字的放大情况 活动2：小组讨论实像与虚像的本质区别 活动3：思考并确定望远镜两个镜头的作用
驱动问题3	望远镜的镜头是如何让人们观察到遥远的星空的？ 探究并了解凸透镜成像的规律		
活动内容	子任务4：探究凸透镜成像的规律 问题：凸透镜成像，像的虚实、大小、正倒与物距有什么关系？ 活动1：把凸透镜靠近课本，观察课本上的文字，文字的像与文字有什么不同？ 活动2：在房间里对窗户而立，移动凸透镜的位置，你能否透过凸透镜看到窗外景物清晰的像？		
任务三	我们的"千里眼"		
驱动问题4	望远镜成像和人眼成像有什么异同？		
活动内容	活动1：阅读课本，学生总结眼睛的结构 问题：眼睛是如何看到远近不同的物体的？ 活动2：分析眼睛的成像特点 活动3：近视眼的成因及校正 问题：眼睛看不清物体怎么回事？ 活动4：学生自主学习，交流远视眼的成因及其矫正 活动5：引导学生学习科学世界（为估测老花镜的度数做准备）		

任务四	制作望远镜，并进行优化
驱动问题5	在了解了透镜的成像原理及应用之后，你能尝试设计并制作望远镜吗？
活动内容	学生在分析望远镜的各部分结构的基础上，根据小组合作完善的任务单，设计合理的方案，并利用生活中常见物品和凸透镜制作望远镜

（案例提供：山西省晋中市榆次区教学研究室，王伟）

【案例分析】

跨学科实践的学习任务可以以学习目标为引领，结合预期的学习结果，将主题拆解为不同任务以完成不同阶段的学习目标；也可以依据学生的学情，结合学生的认知逻辑、生活经验或兴趣进行设计；还可以参照主题资源进行设计，例如从认识望远镜的历史、作用到望远镜的结构、成像特点等方面进行设计。当然，也可以结合以上三种途径，综合设计学习任务。在本案例中，更多的是侧重从学习目标入手，首先，结合不同类型的望远镜，认识透镜，知道透镜的种类和作用；其次，从成像原理入手，知道透镜的成像规律及生活中的应用；接着，从仰望星空借助望远镜工具，到人眼观测，了解人眼的成像原理；最后，对自制的望远镜进行优化、交流和展示，进一步改进望远镜。

六、有效组织跨学科实践的教学建议

1. 以物理学科视角为原点

跨学科实践需要立足学科视角，把物理学科的知识跟日常生活、工程技术、社会发展的主题结合起来，综合分析和具体解决真实的现实问题，只有坚持学科立场开展跨学科实践，才能避免虚化和浅表化，这也是物理课程跨学科实践的主要特点。

2. 彰显跨学科实践解决真实问题的价值

提升解决真实问题的能力，是发展核心素养的重要途径之一，跨学科实践的重要价值也体现在此。教师引导学生创造性地解决真实问题，将所学到的学科知识、能力和方法进行迁移，持续发展学生核心素养，使学生形成跨学科思维，在立足学科本质的前提下，运用知识解决问题。

3. 以发展核心素养为导向

跨学科实践旨在促进学生学以致用，发展学生跨学科运用知识的能力，培养学生积极的学习态度和实践创新精神。跨学科实践的主题教学为物理知识与学生的核心素养发展搭设桥梁，为外在的知识转变成学生内在的关键能力和必备品格提供了坚实的保障。

近年来，不少教师在研究和实践项目式学习，这种学习方式与跨学科实践活动存在一定的联系。那么能否通过项目式学习实现跨学科实践？如何以项目式学习的方式进行跨学科实践？在教学过程中有哪些策略或建议？通过尝试解决这些问题，以寻求通过项目式学习实现跨学科实践的合理方法和有效途径。

一、为什么通过项目式学习可以实现跨学科实践？

项目式学习的核心理念是"做中学"，是一种在真实情境中创设项目主题，使学生调动所有的知识、能力、品质等创造性地解决真实问题并形成成果的学习方式。跨学科实践活动的内容设计旨在发展学生跨学科运用知识的能力、分析和解决问题的综合能力和动手操作的实践能力，这些能力的培养同样需要在真实的、综合的情境中进行。由此可见，跨学科实践和项目式学习都需要围绕真实问题进行探索，本质上都追求在复杂问题中进行实践与创新。

跨学科实践和项目式学习都倡导打破学科界限，让学生在实践中思考和解决问题，实现核心素养的提升。在项目式学习中，学生要运用跨学科的知识和方法，解决一个个真实的问题，在知识的学习和运用过程中获得更深的理解，最终形成一定的成果。

因此，从育人理念、内涵和价值追求上，跨学科实践和项目式学习存在一致性，项目式学习可以成为实现跨学科实践的有效路径。

二、以项目式学习实现跨学科实践的理论依据

1. 项目式学习的特点

项目式学习作为新版课程标准倡导的学习方式，旨在让学生在解决真实问题或实施真实任务的过程中完成学业，从而激发学生的内生动力，从而培养学生自主积极的科学态度和学习知识、解决问题的能力。项目式学习实质上就是一个在做事中学习的过程，需要在真实的情境中解决实际问题。项目式学习具备以下特点。

（1）聚焦真实情境

项目式学习需要以某一项目主题为载体，项目主题需要承载核心知识体系，可以是当前的社会热点问题，也可以是生产生活中的实际问题。

（2）强调学生持续探究

在学习活动中，学生要扮演现实世界中的角色，在真实任务的驱动下，经历真实生活中的问题，通过科学的方法和手段展开研究、分析、合作和交流。知识在探究中不断生成，成果在实践中逐步产生，批判性思维、决策能力和团队合作能力在体验中不断提升。

（3）跨越学科

学习过程强调联系生活、联系实际，关注学生对核心知识概念的理解和掌握。在解决实际问题的过程中，学生要跨出物理学科，综合应用已有的生活经验、科技成果、工程技术等进行跨学科实践。这有助于学生树立从生活走向物理、从物理走向社会的理念，增强社会责任感，从而培养学生的核心素养。

（4）形成公开成果

学生在解决挑战性问题的过程中，需要经历调查、研究、决策、设计、制作等环节，最终以报告、方案、模型等形式呈现。这不仅是真实问题的探究过程，也是精心设计项目作品、规划和实施项目任务的过程，注重"做中学"和"学以致用"。

2. 以项目式学习进行跨学科实践应注意的问题

以项目式学习进行跨学科实践时，教师需要在物理核心知识教学的基础上，根据实际需要开展跨学科实践，引导学生通过跨学科、多角度思考问题，建立起物理学科知识与社会生活实际的关联。

将跨学科实践活动融入项目式学习过程之中，学生在获取事实性知识时，可以适当开展调查研究、收集信息、自制模型等实践活动，将学科知识体系的建立和跨学科实践活动有机融合在一起。

在项目式学习的基础上，学生基于真实的任务情境，进行与日常生活、工程实践、社会发展有关的系列跨学科实践活动，将物理知识与实际生活相结合，有助于提高实践能力和问题解决能力。

三、通过项目式学习实现跨学科实践的重点环节

通过项目式学习实现跨学科实践，需要用项目式学习的各个环节来统领整个学习过程，教师可从以下四个方面进行。

1. 项目主题的确立

在项目式学习过程中，为了解决真实任务中的实际问题，需要确立一个项目主题，这个项目主题既要承载学科核心知识，又要与跨学科实践建立联系。教师首先要熟悉教学内容对应的课程标准要求，并对知识内容体系和学生学情进行详尽的了解和分析。其次教师根据教学核心知识内容，结合当地实际，联系传统文化、日常生活、工程实践、科技和社会发展等方面，进行资料搜集和真实情境创设，以选取符合核心知识体系的项目背景。最后对项目背景下的真实情境进行分析研究，确定出既能够承载核心知识，又能够激发学生学习兴趣项目主题。在这个主题引领下，促使学生在核心知识学习的基础上，应用跨学科思维，综合应用知识解决学习过程中的实际问题，从而实现跨学科实践。下面以人教版八年级物理"简单机械"的学习为例，体会确立项目主题的方法。

【案例】建筑材料的搬运（项目主题的确立）

（一）教学内容

1. 课程标准分析

对应课程标准一级主题："运动和相互作用"

二级主题：机械运动和力

三级主题：知道简单机械。通过实验探究并了解杠杆的平衡条件。

2. 教学内容分析

本项目在知识内容上属于力学范畴，涉及前面所学的力学知识，具有一定的综合性。涉及的物理概念有杠杆、滑轮的定义，物理规律是杠杆的平衡条件。从力学角度认识简单机械，通过实验探究了解杠杆平衡条件。从古人使用杠杆入手，结合生产生活中的简单机械，学生经历由感性认识到规律探索、本质理解、模型建构、实际应用的过程。从生产生活实际出发，选择不同类型的杠杆、滑轮，以达到省力或方便的目的。

（二）学情分析

学生已具备了一定的力学知识，对一些生活中的简单机械有初步的感性认识，但对于工程实践中的复杂机械认识不足，对于综合应用知识解决实际问题的能力存在不足。

（三）项目背景分析及主题的确立

简单机械与生活息息相关，不仅在人们的生活中扮演着重要的角色，而且由简单机械衍生出的复杂机械改变着人们的生活。一些大型机械如塔吊、臂架泵车、起重机等复杂建筑设备都离不开简单机械。在生产力并不发达的古代，人们就能够利用杠杆、滑轮等简单机械建造高楼，在山西晋中榆次老城就有一处距今600多年的古楼。早在春秋战国时期，杠杆和滑轮就应用在建筑中。

近年来随着城市的发展，许多老旧小区需要改造。周边老旧小区改造过程中用到了多种工具或机械设备，你知道工人在施工时如何将废旧的建筑材料撬动并拆除，又如何将需要的建材运至高处？你能否自制一个机械模型来搬运建材？

在"撬动建材"时用到了杠杆，在"提升建材"时用到了滑轮、滑轮组，而"撬动建材"和"提升建材"过程正是搬运建材的过程，因此将本项目学习的主题确立为"建筑材料的搬运"。

（案例提供：山西省晋中市榆次区第四中学，曹建红）

【案例分析】

项目主题是贯穿于整个项目学习活动的核心与灵魂。本案例片段呈现了"简单机械"中"杠杆和滑轮"的项目式学习主题确立的过程。教师对课标、教学内容和学生学情等方面的分析，体现了以项目式学习进行跨学科实践需要立足物理学科且符合学生生活实际。在对项目背景分析时，首先结合简单机械在古代和现代建筑中的重要作用，将物理知识的学习与传统文化、工程实践建立联系，为跨学科学习活动做好铺垫。其次通过"当地城市老旧小区改造中撬动和提升建材"这一熟悉的真实生活情境，将物理知识的学习转化为真实问题的解决，在学生解决问题的过程中，确立出统领整个学习过程且能与跨学科实践建立联系的项目主题。

2. 项目学习目标的确定

在项目学习中，教学目标是教师组织教学活动和学生以项目学习进行跨学科实践的重要依据，也是培养学生核心素养的有力保障。在项目主题确立后，要依据课程标准设计聚焦核心素养的教学目标。

【案例】建筑材料的搬运（教学目标）

1. 通过观察和体验，初步了解生产生活中的杠杆和滑轮，概括杠杆使用时的共同特征，形成物理观念。

2. 结合实例分析并得出杠杆的五要素，具有初步构建模型的思维能力。

3. 通过实验探究杠杆平衡条件，经历制订实验方案的过程，正确获取、比较和分析实验数据，得出结论并进行解释，提高科学探究能力。

4. 通过分析复杂机械、组装简单机械，初步应用跨学科知识，为搬运建筑材料设计合理的方案或自制模型，对方案的可行性、产品的材料、性能做出判断和改进，形成质疑创新的精神，提高解决实际问题的能力。

5. 了解我国古代和现代建筑中机械工程设备的重要作用，为中华民族的科技成就感到自豪，初步形成社会责任感和使命感。

（案例提供：山西省晋中市榆次区第四中学，曹建红）

【案例分析】

项目学习目标是教师把握教学方向的依据，也是学生学习的方向和目标。本案例项目学习目标基于课程标准，依托教材，通过提取核心概念，形成指向核心素养和跨学科实践的学习目标。该目标充分体现核心素养的关键要素，如形成物理观念、具有建立模型的科学思维、培养科学探究能力、解决实际问题的能力、具有科学态度与社会责任感。与传统的教学目标相比，此项目化学习目标体现了对学生已有知识和能力的判断，对学生需要进一步达成的能力水平提出具体的要求，指出跨学科实践的重点环节，也为教学评价提供了依据。

3. 项目活动的设计和实施

教师依据项目学习目标，将项目主题分解为若干驱动型任务，每个任务的解决方案以真实问题为线索。在问题引领下，围绕物理核心知识，联系生活实际，贴近学生的已有经验，选择或创设合理的真实情境，以观察、实验、调查等方式设计出具有可操作性、实践性和开放性的学习活动，从而实施跨学科实践。

项目活动的实施可从课前活动、课上活动和课后活动三个方面进行。课前教师组织学生预习、搜集准备活动材料。课上提倡自主学习、合作探究。在产品模型的设计和制作中，教师引导学生综合跨学科的知识和方法，开展积极讨论、主动交流、大胆质疑、勇于创新、合作分享，将传统的课堂转变为学生科学探究、产品制作的体验室。课后鼓励学生对课堂上设计的产品模型进一步完善和改进，最终形成完整的、可发布的作品成果。

下面以"建筑材料的搬运"为例，尝试在项目学习活动过程中进行跨学科实践。

【案例】建筑材料的搬运（教学片段）

本项目学习分解为三个任务，安排 3 课时实施。

（一）任务一：探究如何撬动建筑材料（第 1 课时）

问题 1：用什么机械可以撬动物体？

课前活动：

1. 收集古代和现代生活中的杠杆，尝试自制简单机械模型，如杆秤、跷跷板、投石机等。

2. 观察周围老旧小区改造的施工现场的机械设备是如何撬动和提升建材的工作场景，录制视频或拍摄照片。

课上活动：

1. 体验自制或自带杠杆工具，概括其使用时的共同特征，得出杠杆的定义。

2. 通过撬钉子、起瓶盖、夹核桃等活动，体会杠杆的作用。

3. 结合生活中的杠杆和多媒体辅助，体会杠杆模型的建立，通过作图描述杠杆的五要素。

问题 2：如何撬动物体更省力？

学生活动：

1. 利用撬棒撬动物体并体会省力、费力的情景，小组讨论其原因。

2. 小组合作设计实验方案并探究杠杆的平衡条件。

3. 对生活中常见的杠杆进行分类，并说出分类的依据。

设计意图：通过收集资料、自制模型等活动，让学生在实践中形成物理观念。通过观察、体验杠杆，体会建立杠杆模型的过程，培养学生的科学思维。通过实验探究得出杠杆的平衡条件，并对杠杆进行分类、作出解释，培养学生的科学探究能力和团队合作能力。

（二）任务二：探究如何提升建筑材料（第 2 课时）

问题 1：利用哪些工具可以提升建筑材料？

学生活动：

1. 小组展示收集到的施工现场提升建材的视频或图片，观察并思考定滑轮和动滑轮的作用。

2. 利用已有器材，小组合作探究定滑轮、动滑轮使用时的特点，并交流展示。

问题 2：如何提升建材可以做到既方便又省力？

学生活动：

1. 小组合作组装滑轮组，探究滑轮组使用时的特点，并推理得出有多个滑轮的滑轮组使用时的特点和规律。

2. 小组展示各种滑轮组，介绍其优缺点并说出依据。

课后活动：

学生自主确定时间，小组讨论设计机械模型。

设计意图：引导学生"做中学"，形成物理观念；通过实验、推理、比较等方法，认识滑轮和滑轮组的特点和作用，为后面跨学科实践活动做好准备。

（三）任务三：自制搬运建筑材料的机械模型（第 3 课时）

问题 1：如何设计搬运建筑材料的机械模型？

课前活动：

1. 上网查阅或实地调查起重机等机械设备的类型、结构、各部分的组成、作用和工作原理。

2. 尝试拆解、组装玩具起吊车，初步体验模型各部分的工作原理。

课上活动：

1. 创设情境，展示真实任务

老旧小区改造改善了人们的居住条件，学校基础设施也需要经常修缮。学校食堂是一个平房建筑，由于修建时间较长，在下雨时，屋顶西北角会有少量渗水，学校决定趁雨季还没有到来进行修缮。现在运回了一批水泥、沙子、防水材料等建材。请同学们帮忙设计如何将这些材料运至房顶？

2. 小组合作，设计方案

小组讨论，展开头脑风暴，设计出多种方案：

在房顶坚固的地方安装一个定滑轮，通过定滑轮将材料运至房顶；可以让一个人站在房顶，用动滑轮将材料提升；还可设计一个定滑轮和一个动滑轮组成的滑轮组……有的小组提出，以上方法都需要人亲自拉，能否用其他动力？如电动机、液压等。还有的小组提出，可以利用杠杆和滑轮组合，这样不需要将定滑轮固定安装在房顶，可以直接用杠杆和滑轮组合将材料提升至房顶。接着小组讨论机械的动力如何解决、如何组装、讨论实现各部分功能的可行性方案，设计图纸、做出规划。

问题 2：如何制作模型？

小组分工合作寻找材料、准备工具、确定活动的时间、地点等。

课后活动：小组合作进行模型制作，并进行不断改进和完善。

设计意图：基于"搬运建材修缮房顶"这一真实任务，学生展开讨论，跨越学科，从工程实践的角度对方案进行设计、评价和筛选，最后形成方案、解决实际问题。在项目学习过程中，培养学生在实践中选择模型、应用模型的科学思维，以及批判质疑、勇于创新的科学精神。

（案例提供：山西省晋中市榆次区第四中学，曹建红）

【案例分析】

项目导引是项目学习实施过程的重要环节，也是实现跨学科实践的主要抓手。在任务一和任务二的引领下，学生致力于建构"杠杆和滑轮"的核心知识体系。在第三个任务的引领下，学生开展了跨学科工程实践活动。体现了跨学科实践是在建立学科核心知识的基础上，应用物理知识和跨学科知识解决实际问题。学生基于真实的任务进行激烈的思辨，创新意识在思维的碰撞中逐步显现；积极向上、精诚合作、无私奉献的团队精神逐步形成。

4. 成果展示，拓展提升

在成果展示课上学生将小组研发的作品进行公开发布，从作品的形式、内容、功能、结构、可视化效果等方面进行展示。此过程不仅体现了学生通过项目学习进行跨学科实践的综合成果，还能体现学生综合多学科知识解决实际问题的能力。

【案例】自制搬运建材的机械模型（成果展示）

（一）课前准备

1. 学生预演并完善改进作品。

2. 小组准备汇报内容。

要求：汇报说明要简洁有力、形式要丰富多样，可采用多媒体辅助、拍照或摄影、绘图等方式。

内容：制作过程，出现的问题及解决办法，作品的结构、功能、优缺点、创新点、是否体现节能环保等。

（二）课上活动

1. 组内推选一名代表进行交流展示。

2. 活动评价。

说明：利用项目评价表进行"组内评价、组间互评、教师评价"。最后汇总公布评价结果。评出最佳实验设计奖、最佳创意作品奖、最佳口才表现奖等。对参与实践活动的每位学生给予积极的评价和鼓励。

【案例分析】

上述案例将项目成果展示活动安排为课前准备和课上活动两部分。课上活动包括交流展示和活动评价。课堂融合了跨学科理念，为学生提供了自主交流展示的平台，充分调动了学生的积极性。在成果交流展示环节，学生通过分享、汇报、展示自己的项目成果，既锻炼了交流表达能力、审美能力、团队协作能力，又树立了自信心，形成具有克服困难、敢于质疑的精神品质，有助于学生核心素养的形成与发展。在活动评价环节，对学生进行多样化、多角度，多层次的真实评价，使学生检测到自己的真实能力，为学生今后进一步开展跨学科实践活动积累了丰富的经验，促进了学生能力的提升和发展。

四、对通过项目式学习实现跨学科实践的教学建议

第一，教师应打破物理教材界限，选取有价值的主题。

新版课程标准指出："跨学科实践的内容应与日常生活、工程实践及社会热点问题密切相关。"由此可见，跨科学实践并非局限于书本内容和已有知识，而是以真实情境为依托，以解决具体问题为载体，以培养学生核心素养为目标的跨学科实践活动。跨学科实践主题要与真实情境、现实问题紧密相关。

在确定跨学科实践主题时，教师一是要关注和挖掘具有教育价值的素材，将其改编成跨学科实践的具体任务，通过任务驱动，引导学生综合运用知识解决实际问题，提高学生的实践能力。二是要选择能够激发学生学习兴趣的主题。要充分考虑到问题情境能否引发学生持续探究的欲望和动力，注重从学生实际出发，激发学生的求知欲。三是要注重各学科教师之间的协同合作。跨学科实践主题的开发和设计需要经过不断的研究和打磨，可协同其他学科的教师共同完成。

第二，学生应在"做中学"，提高实践能力。

以项目式学习进行跨学科实践，其最大的特点就是要求学生通过做事来完成知识的学习和实际问题的解决。首先，引领学生以任务分解的方式梳理出需要解决的若干小问题。其次，结合学生的实际确定解决问题的途径和方法。鼓励学生参与到任务分解的环节中，提出自己的见解，自主选择解决问题的方法。让学生在开始学习时就知道自己要完成的学习任务，从产品的设计、研发、迭代更新中逐步提升解决问题的能力，达成学习目标。在学生遇到困难时，教师需要给予恰当的启发和引导，不要大包大揽，要把关键问题留给学生，要充分信任和依靠学生，最大限度地激发他们的求知欲和思维潜能。

第三，及时展示项目成果，做好评价总结。

跨学科实践应积极开展形式多样的成果展示活动，以增强学生的成就感，激发学生对实践活动的兴趣，帮助学生树立自信心。通过及时有效的评价，促使学生完善自己的作品。每个小组在分享自己的成果时，学会认真听取其他小组的意见和建议，以改进和完善自己小组的成果，从而培养学生的责任感。通过合理有效评价促进学生跨学科思维的发展，为培养学生核心素养提供有力保障。

相比传统的单一学科教学，跨学科实践教学更具综合性、开放性，不仅立足本学科的课程内容，更要注重培养学生的综合实践能力和跨学科思维能力。这种情况下，旧的评价观念、评价方式和评价方法已经无法满足新的评价需求。我们必须更新评价观念、改进评价方式和评价方法，以更好地促进"教—学—评"一致性，全面提高评价质量，促进学生在跨学科实践中的有效参与。具体来说，跨学科实践教学能否有效激发学生的学习兴趣？能否让学生获得理想的学习成果？能否有效达成预期的学习目标？这些都是教师在进行跨学科实践评价时需要重点解决的问题。

针对初中物理跨学科实践学习的特点，我们需要采取与之相适应的新的教学评价。下面从评价原则、评价内容以及评价方式三个方面讨论如何设计跨学科实践评价。

一、初中物理跨学科实践的评价原则

第一，跨学科实践评价要以素养为本。评价要对学生在跨学科实践中的物理观念、科学思维、科学探究、科学态度与责任等方面的发展状况进行诊断，以改进学生的学习和教师的教学。评价要充分理解核心素养和跨学科实践的要求，以提供准确的评价。

第二，跨学科实践评价要真实全面。评价应该从多个角度、多种情境出发，获取不同场合、时间和形式的学生行为表现信息，以准确评价学生是否具有跨学科实践所需的能力和素养。评价的目的是为改进学生的学习和教师的教学提供依据，同时也为学生跨学科实践能力的提高提供有效的反馈和指导。

第三，跨学科实践评价需要采取主体多元、形式多样的评价方式。评价主体应包括学校、教师和学生等不同角色。评价方式应该有机结合学生自我评价、同伴评价、单项评价、整体评价、定量评价和定性评价等方法，以充分评价学生在跨学科实践中的物理观念、科学思维、科学探究、科学态度与责任等方面的发展状况。

第四，跨学科实践学习评价要加强反馈的有效性。评价应针对学生在物理观念、科学思维、科学探究、科学态度与责任等方面的表现优势和不足，采取多元化的方式进行反馈，包括口头反馈、书面反馈、多媒体反馈、自我反思和同伴互评等。评价结果应该让学生了解自己在跨学科实践中取得的进步、已有的优势和潜能，以及存在的问题和不足。同时，学生应参与评价结果的判断和解释，以促进反馈的效果，为跨学科实践的提升提供有效支持。

第五，跨学科实践学习评价要发挥评价的激励与发展功能。评价不仅仅是为了获得学生当前的学习状态，还应该为学生的未来发展提供激励和指导。在评价过程中，应该结合跨学科实践，关注如何通过评价促进学生跨学科能力的发展。

二、初中物理跨学科实践的评价内容

教师在跨学科实践评价中扮演着重要角色。教师需要创设具有综合性、实践性和开放性的跨学科问题情境，鼓励学生运用多学科知识和跨学科思维分析、解决问题，并收集学生的行为表现和活动成果，注重对学生能力与品质的评价。

（1）提出问题的能力。在跨学科实践中，学生应能在真实、综合的情境中发现问题，提出假设。

（2）收集和处理信息的能力。在跨学科实践中，学生要具备收集、整理、分析、解释和展示信息的能力。评价内容应注重学生在信息处理和呈现方面的表现，包括能通过调查等方式收集信息、提出证据、准确地呈现数据和结论等。

（3）综合解决实际问题的能力。跨学科实践的核心是解决实际问题，学生应能在跨学科实践中尝试找出影响活动成效的主要因素，运用简单模型解决问题；能利用归纳或演绎的方法对跨学科问题进行推理，获得结论；能基于证据说明操作的合理性；能在操作中独立思考，提出自己的见解。因此，评价内容应注重学生在解决问题方面的综合能力，包括分析问题、制订计划、实施方案、评估结果等。

（4）团队合作能力。在跨学科实践中，学生要具备团队合作的能力，评价内容应注重学生在团队合作中的表现，包括能与他人共同实施方案、合作交流、撰写简单的活动报告等。

（5）个人品质和价值观。评价内容应注重学生的个人品质和价值观。在跨学科实践中，学生能体会物理学对人类生活、工程实践和社会发展的影响；乐于思考与实践，敢于探索，勇于创新，进一步增强安全意识，践行健康生活；具有节能环保、促进可持续发展的责任感。因此，评价内容应注重学生的责任感、使命感、民族自豪感等方面。

三、初中物理跨学科的评价方式

1. 学生自我评价与同伴评价相结合

在跨学科实践教学中，学生自我评价与同伴评价相结合可以促进学生的主动性和合作意识。在完成任务后，学生可以自我评价，从而加深对自身能力和不足的认识，并针对不足之处提出改进意见。同时，学生也可以相互之间进行同伴评价，互相帮助发现问题和优点，加深彼此之间的合作，提高团队合作能力。

2. 单项评价与整体评价相结合

在跨学科实践教学中，单项评价和整体评价可以帮助教师更全面地评估学生的能力和表现。单项评价是对学生特定技能或能力的评价，如解决问题的能力、表达能力等。整体评价则是对学生在整个实践活动中的综合表现的评价。教师可以结合学科特点和实践任务的特点，选择合适的评价方式。

3.定量评价与定性评价相结合

在跨学科实践教学中，定量评价和定性评价可以帮助教师更准确地了解学生的表现和能力。定量评价是对学生的表现进行数字化的评价，如测试成绩、任务完成时间等。而定性评价则是对学生的表现进行描述性的评价，如对学生的表达能力、创新能力等进行描述性的评价。教师可以结合实践任务的特点和评价目的，选择合适的评价方式。

4.终结性评价与过程性评价相结合

在跨学科实践教学中，终结性评价和过程性评价相结合可以帮助教师全面了解学生的学习过程和成果。终结性评价是指在整个实践活动完成后对学生的成果进行评价，如实践报告、展示作品等。过程性评价则是对学生在学习过程中的表现进行评价，如学习笔记、讨论记录等。教师可以结合实践任务的特点和评价目的，选择合适的评价方式。

【案例】节能房温度的调节（项目学习设计）

在学习人教版八年级《物理》上册"物态变化"一章时，教师设计了"节能房温度的调节"项目学习主题，以项目学习的形式带领学生开展跨学科实践。整个项目学习以问题的解决过程为线索，将跨学科实践的课题分解为若干驱动性任务，并分为三个阶段：项目引导课阶段、项目探究课阶段、项目展示课阶段。下面结合该案例，讨论如何根据评价原则、评价内容、评价方式三个方面设计跨学科实践评价。

（一）项目引导课阶段

1.教学设计

环节一：由社会热点"东北大面积限电"引入，引导学生分析限电背后的原因，师生得出要践行"节约用电，从我做起"的环保理念。

环节二：从生活的用电分析，引导学生知道降温取暖的电器耗电最多，因此要采取措施节约这些电器的用电量。教师播放视频《古人是如何降温的》，带领学生吸取古人的降温智慧，并组织学生讨论分析古人降温措施背后的原理，引导学生得出利用物态变化改变温度的节能方法，提出节能房的项目实践。

环节三：从调节节能房的温度这一实际需求出发，引导学生逐步分析并提出调节节能房的温度需要解决的问题，进而将这些问题分解为三个任务：温度宜居节能房；酷暑降温有妙招；寒冬保温战。

环节四：向学生提出项目设计最终展示的要求和规范。

2.评价设计

在引导课中，教师要注重对学生提出问题和提出假设的能力的评价，强调学生能在真实、综合的情境中发现问题，提出假设。对此教师设计了评价表（表7-4-1），开展组内、组间及教师评价。

调节节能房温度
（教师导引课及
展示课课件）

表 7-4-1　发现问题和提出假设的能力评价表

评价内容	组内自评	组间互评	教师评价
能够独立思考问题、主动发现问题			
能够对发现的问题提出假设			
能够大方、流利地表达自己的见解			
在讨论中既能表达自己的意见，又能接受和融合组员的意见，形成决定			

【案例分析】

在引导课中，教师一方面注重对学生提出问题、提出假设的能力的评价，强调学生能在真实、综合的情境中发现问题，提出假设；另一方面关注学生对自己观点的表达能力，以及与同伴之间的合作能力、互相质疑的精神。导引课评价表的设计要立足这两方面能力，结合三种评价维度展开。对此教师设计了评价表（表 7-4-1），开展组内、组间及教师评价。

（二）项目探究课阶段

项目探究课阶段的任务是完成"如何调节节能房温度"，将其分解为三个任务。

任务一：温度宜居的节能房

1. 在调查生活环境中常见温度值的过程中，认识温度及其单位，形成理性思维和科学观念。

2. 在自制温度计过程中，了解液体温度计原理，通过动手解决问题进一步学会使用实验室温度计。

任务二：酷暑降温有妙招

1. 通过探究实验，了解熔化、汽化、升华需要吸热，进一步思考降低温度的措施，发展科学探究和科学推理的能力。

2. 通过实验检测冷风扇、喷雾风扇降温效果，利用冰块熔化降温成果报告，改进节能房的降温措施，通过动手解决实际问题。

任务三：寒冬保温战

1. 通过微观结构推理液化、凝固、凝华需要放热，形成理性思维和科学观念。

2. 通过探究水在低温环境中放热效果，形成报告，改进节能房的保温措施，通过动手解决实际问题。

可见，在这个阶段，学生需要通过调查等方式收集信息，提出证据；能对跨学科实践活动方案、实施过程及结果进行解释；能运用简单模型解决问题；能利用归纳或演绎的方法对跨学科问题进行推理，获得结论；能与他人共同动手制作模型，合作交流，并撰写简单的活动报告。

因此，本阶段的评价要包括：对收集和处理信息的评价（表7-4-2），对探究实验的评价（表7-4-3），对项目作品的评价（表7-4-4和表7-4-5），对课堂表现的评价（表7-4-6）。

表 7-4-2　对收集和处理信息的评价

环节	维度	组内自评	组间互评	教师评价
收集信息	1. 设计调查表			
	2. 调查数据可靠			
	3. 调查数据不少于任务安排			
	4. 标明数据来源			
	5. 知道为什么学习温度			
	6. 进一步了解温度的物理含义			
	7. 对温度变化有较科学的分析			
	8. 了解现代建筑调节温度的措施			
处理信息	1. 会估计并选择量程合适的温度计			
	2. 知道实验室温度计、水银体温计和寒暑表的区别			
	3. 认识温度计的量程和分度值			
	4. 会正确使用实验室温度计测量液体的温度			
	5. 知道一些其他温度计			

表 7-4-3　对探究实验的评价

维度	内容	组内自评	组间互评	教师评价
提出问题	能提出问题，并用准确的语言表述			
作出假设	能对提出的问题作出假设，并用准确的语言表述			
制订计划	积极参与制订计划全过程，提出自己的看法和建议			

维度	内容	组内自评	组间互评	教师评价
实施计划	1. 能正确使用温度计 2. 温度计能正确读数 3. 烧杯内加适量水，放在石棉网上的中心位置 4. 点燃酒精灯方法正确 5. 记录温度值的时间控制合理 6. 熄灭酒精灯方法正确 7. 取出温度计，能正确记录数据，正确绘制图像 8. 整理器材			
得出结论	与小组成员共同总结实验过程，分析实验数据			
表达、交流	交流、总结和归纳，提出实验改进意见			

表 7-4-4 对项目作品 1 的评价

自制温度计作品			
维度	组内自评	组间互评	教师评价
1. 外形美观			
2. 瓶子无弹性，体积较小			
3. 吸管较细			
4. 水有颜色便于观察			
5. 瓶口密封好、不漏气			
6. 热胀冷缩现象明显			
7. 吸管的长度足够长，浸在热水中，吸管中的水不会溢出			
8. 标有刻度			
9. 标刻度的方法科学可行			
10. 标有单位			
11. 有说明书			
12. 利用其他方法制作的温度计			
13. 知道温度计的工作原理			

表 7-4-5 对项目作品 2 的评价

冷风扇、喷雾扇作品				
维度		组内自评	组间互评	教师评价
设计图	在选材、尺寸、功能等方面做了全面呈现			
结构	合理、稳定性高			
功能	降温效果显著			
材料	能应用多种材料，且能充分回收利用废弃物，体现节能			
产品介绍	语言流畅，能全面介绍			
小组的合作	多处体现小组合作			

211

表 7-4-6 对课堂表现的评价

维度	内容	组内自评	组间互评	教师评价
知识技能	知识技能、基础知识扎实并能融会贯通，能熟练运用学习方法进行分析、推理和运算			
表达能力	讲话有力，吐字清晰；肢体语言大方得体；与倾听者有很好的目光交流			
合作共享	分工明确，彼此协作自然流畅；成员间彼此尊重耐心倾听、互助共享；能对问题提出有效的解决方案			
自主意识	有明确的学习动机和目标定位；能做时间的主人，具有强烈的自我能效感			
创新能力	能创造新理念和新方法；能将创意和方案转化为有形物品或对已有物品进行改造与优化			
人文情怀	重视人类精神文化；关心丰富多样的个体需求；对个体尊重与爱护			
文化传承	认识中华文化传承对人类发展的巨大意义；努力传承先进的历史文化			
项目作品	能准时、高质量完成学习作品			

【案例分析】

在项目探究课阶段，学生的主要任务是依托项目学习课本的相关知识，再利用所学完成本阶段的项目制作。学生需要通过调查等方式收集信息，提出证据，形成观察和获取信息的能力；能对跨学科实践活动方案、实施过程及结果进行解释；能运用简单模型解决问题；能利用归纳或演绎的方法对跨学科问题进行推理，获得结论；能与他人共同动手制作模型，合作交流，并撰写简单的活动报告，以上这些技能和能力均需要在评价中体现。

（三）项目展示课阶段

环节一：项目与知识回顾。

从节约能源的主题中回顾节能房项目的提出——"可以利用物态变化调节节能房的温度"。温习提问学生三种物态和六种变化。

环节二：展示与质疑。

一共六个小组展示。再从每个小组中推选一名组员代表组成评审小组，对各组展示亮星评价。各组选出的评审代表，和本组组员交流，要保证客观公正地评价小组成果。

六个小组依次展示，限时五分钟。每组展示完成后，评审小组亮星、点评，限时三分钟（表7-4-7）。

表7-4-7 "节能房设计"展示评价表

评价维度	PPT 设计美观大方★	内容切实、有创意★	表达流畅、自然、准确★	解释合理并能结合所学知识★	有积极向上的品质和精神★	总计 ★★★★★
一组						
二组						
三组						
四组						
五组						
六组						

小组展示后评选星数最高的组为"节能房项目设计之星"；六组投票，评选评审团"项目评审之星"一名（小组讨论，组长举手投票）。

小组展示内容分为三个部分。

第一部分：研究过程——对调查、搜集、统计、分析过程中的经验、心得，以及遇到的困难等进行展示。

第二部分：研究成果——展示本组的三个调查成果，以及从你的成果中总结提炼哪些要点，可以应用到你的节能房设计中。

（1）探究——温度小调查；

（2）解释——建筑中利用物态变化降温的原理；

（3）延伸——其他给节能房降温的措施。

第三部分：研究心得——分享在活动中所产生的丰富多彩、真实鲜活的感受和体验，比如通过这次项目调查对节约用电、节约能源有什么的新认识，对节能房的设计有什么感悟，等等。总之，要表达自己的真实感受。

环节三：评价与交流。

每组展示后，评审代表和本组组员交流，与展示组员提问质疑，商量出该组星数打星，再选一人点评，说明扣星的原因或者五星的原因。最终评选出星数最高的小组为"最佳项目设计小组"这种评价方法可以激励学生发挥主动性，提高团队合作和创新思维能力，同时也有利于学生更好地理解项目的实际应用及意义。

调节节能房温度
（学生小组展示交流课件）

（案例提供：山西省晋中市高等师范专科学校附属学校，张子和）

【案例分析】

项目展示与评价是一种总结性课型，是教师组织学生围绕研究项目展示活动成果、开展活动评价的课型，展示和评价是其核心要素。那么，应该如何把握展示和评价这两个要素呢？

1. 展示

成果的展示既要检验学生项目学习开展的真实性，又要促进学生巩固所学知识，能运用学到的知识解决问题，完成项目。学生探究能力的发展不是靠教师的讲授获得的，而是在实践、体验、交流、反思中逐步生成的。由于学生的经验有限，在研究过程中必定会存在诸多问题。因此展示的内容不仅包括学生的设计成果，还应包括学生掌握的研究方法，研究活动对学生情感、态度、价值观产生的影响等。在整个探究过程中，学生获得了知识的学习、观念的构建、能力的提高和个人的成长。

因此，学生展示这一要素可以分成三个部分。第一部分，展示研究过程。对调查、搜集、统计、分析过程中的经验、心得，以及遇到的困难等进行展示。第二部分，展示研究成果。展示本组在"探究、解释、延伸"三个方面的调查成果。第三部分，展示研究心得，分享活动感受和体验。

2. 评价

在项目学习的总结交流阶段，评价是一个非常重要的环节。评价过程要依据项目探究的过程和项目展示的生成。项目探究和展示的多元化指向了评价的多元化，因此，评价应包括学生自评、小组互评和教师点评。学生自评可以帮助学生找到自身不足并改正，引发积极思考。小组互评可以充分培养学生的合作交流意识与能力。教师评价的重点是鼓励学生在研究过程中获得健康积极的体验，提炼出解决问题的基本方法和程序，学习一些技能和方法，帮助学生形成理性认识，而不应局限于项目完成结果的好坏。

对于跨学科实践评价，有以下教学建议供教师参考。

第一，跨学科实践评价应紧密围绕跨学科实践目标。教师要确定清晰的跨学科实践的学习目标，并将评价与这些目标相对应。

第二，结合实际情况进行评价设计。教师应该根据具体的教学内容和学生的实际情况进行评价设计，以便更好地了解学生的学习进展和实践成果。

第三，采用多元化评价方式。教师可以设计相应的自评和互评工具，引导学生自我反思、自我评价和互相评价，以提高学生的自我认知和学习效果。还可以采用创新评价方式，如项目展示、作品展览、口头报告等，促进学生积极参与，提高活动效果。

第四，注重课程设计和实施。跨学科实践教学评价需要与课程设计和实施相结合，教师需要根据评价目标和标准，结合教学实际，合理设计任务情境，让学生在跨学科实践中提高能力素质，获得全面发展。同时，教师要注重评价和教学的有机结合，将评价结果反馈到教学中，为教学提供有效的支持和指导。

第八章

学业质量与评价

　　基于核心素养内涵构建的学业质量体现科学的学业质量观，以学生发展为本，强化素养导向，为课程教学、教材编写、考试评价提供依据。核心素养融入课程目标、内容要求、学业要求、学业质量，整体上对教学和评价提出了要求，这样的设计有利于教师的教和学生的学，加强了课程标准的指导性和可操作性。坚持素养立意，采用主体多元、形式多样的评价方式开展日常教学评价，构建与实施测评学生核心素养的评价体系，能实现以评导学、以评促学，促进学生学习和教师教学的改进，发挥评价的育人功能。

新版课程标准基于核心素养内涵、维度及要素，提出了学业质量，这是重要的突破点之一。物理课程要培养的核心素养由物理观念、科学思维、科学探究、科学态度与责任组成，学业质量是学生在完成课程阶段性学习后的学业成就表现，反映核心素养要求。学业质量是以核心素养为主要维度，结合课程内容，对学生学业成就具体表现特征的整体描述，为初中学业水平考试命题提供依据，同时对学生学习活动、教师教学活动、教材编写等发挥指导作用。如何理解学业质量，学业质量与考试评价的关系是什么？如何以学业质量促进初中物理教学改进？这些问题对发挥评价的育人功能，引导核心素养的培养与实践具有重要意义。

学业质量是对学生学习效果的评价，关注学习过程和学习结果，反映学生经历学习过程后知识获得、能力发展及品格养成的发展状况。

一、基于核心素养的学业质量构建

基于核心素养内涵的学业质量重塑义务教育阶段的学业质量观。首先，体现了从分解式质量观到整合的学业质量观的转变。过去仅以学科知识为纲，关注学生在单个知识点上的学习结果，容易窄化物理课程的育人目标，而学业质量从物理课程要培养的核心素养的四个方面进行整合，明确学生全面而有个性发展的必要维度及关键内容。其次，物理课程要培养的核心素养凸显物理学科本质，四个维度是一个有机整体，承载了物理课程独特的育人功能，指向学生的全面成长与自主发展，能充分发挥评价的育人功能。最后，学业质量指向学生通过物理课程学习形成的综合性学习结果，不是对孤立知识与技能的习得，而是从物理学视角解决真实情境中各种现实问题的能力与品格，从整合性、情境化、开放性等任务创设的角度评价学生的素养表现。

学业质量的构建以物理核心素养为依据，采用核心素养的四个维度、14 个要素评价学生的学习结果，阐明了义务教育阶段物理课程的育人要求，以学生核心素养发展为主线，构建科学系统的评价体系。

在"物理观念"维度，学业质量描述为"能从物理学视角观察事物，把所学概念和规律与实际情境联系起来，解释常见自然现象和解决常见物理问题，能综合运用物理概念和规律，分析和解决熟悉情境下的简单物理问题"。由此可以看出，在解释自然现象和解决问题时，学业质量描述为"常见自然现象""常见物理问题"，同时在综合运用物理概念和规律解决问题时，指明"熟悉情境""简单物理问题"。

在"科学思维"维度，从模型建构、科学推理、科学论证、质疑创新四个方面提出应达到的要求。如要求在熟悉的情境中，会用所学模型分析常见的实际问题，通过归纳推理和演绎推理建立物理概念、探究物理规律，能依据证据进行论证，具有质疑意识和创新能力。

在"科学探究"维度，从问题、证据、解释、交流四个方面提出应达到的要求。如要求能针对一些现象，发现并提出要探究的物理问题，能根据经验和已有知识做出猜想与假设，能针对提出的问题设计合理的科学探究方案，能获取证据并进行初步的因果判断，形成结论并做出解释，能描述探究过程，说明探究结果，进行交流和反思。

在"科学态度与责任"维度，从科学本质观、科学态度、社会责任三个方面提出应达到的要求。如要求能初步认识科学本质，体会物理学对人类认识深化及社会发展的推动作用，具有严谨认真和实事求是的科学态度，能与他人合作，初步了解科学、技术、社会、环境之间的关系等。

二、课程目标与学业质量的关系

新版课程标准从物理观念、科学思维、科学探究、科学态度与责任等维度凝练了义务教育物理课程核心素养目标，引导学生学会学习、学会合作、学会生活，是物理课程育人价值的集中体现，明确了物理课程要培养的核心素养的发展路径。学业质量是依据物理要培养的核心素养研制的，因此课程目标与学业质量既有联系也有区别。

初中物理课程目标是基于核心素养内涵，结合初中阶段学生身心发展特点、认知规律提出的，通过义务教育物理课程的学习，学生应达到的四个方面的目标要求。学业质量是学生完成初中物理课程学习后的学业成就表现，课程目标指明了课程实施的目的和方向，学业质量是测量与评价课程目标的依据。同时，学生的核心素养随着学习过程的推进，呈现出逐步发展和提升的过程。学业质量能为教师教学提供依据，教师在教学活动中应把握学业质量要求，结合教学内容合理设计教学目标，组织教学内容，设计教学活动，组织和实施教学，促进学生核心素养的发展。教学评价要关注学生在问题解决、讨论发言、动手操作等活动中表现出来的知识理解、技能掌握、能力发展和学习态度等情况，把握学生在核心素养各维度上的特征及表现，整体评价学生核心素养的发展情况。

三、学业质量与考试评价的关系

初中物理学业水平考试旨在检测学生在义务教育阶段结束时的学业成就，为初中毕业和升学提供重要依据，为评价区域和学校的教学质量提供参考，为改进教学提供指导。物理学业水平考试应围绕物理课程要培养的核心素养，注重考查学生在物理观念、科学思维、科学探究、科学态度与责任四个方面的素养水平。学业质量能促进基于核心培养的初中学业水平考试命题，转变以知识为中心的学业质量观，树立以素养为核心的学业质量观，强化评价的育人导向，发挥评价对教学的导向作用，通过评价了解学生核心素养的发展状况，查找教学过程中存在的问题，提出改进教学的方法，引导教师积极探索基于情境、问题导向的教学方式，促进学生核心素养培养的落实。

四、以学业质量评价学生学业成就

学业水平考试应体现考试评价对落实课程标准要求和培养学生核心素养的作用，注重发挥考试评价的育人导向，实现从知识立意到素养立意的转变，全面考查学生核心素养，落实立德树人根本任务。在内容方面，考查学生对基础知识的掌握情况，考查的物理内容及认知水平应依据课程标准要求，不出现偏题、怪题。在测试目标方面，应明确考查核心素养四个方面体现的要素和水平。通过设置层次不同的任务，考查学生的科学思维能力和科学探究能力，关注学生在真实情境中解决实际问题的能力，避免机械记忆。在题型结构方面，应发挥不同题型在考查核心素养方面的功能，主观题和客观题比例适当，探究性、综合性、开放性试题比例合理。在试卷难度结构方面，应依据课程内容和学业质量等确定试题的难度，试题难度分布科学合理，实现两考合一的功能。在试题情境方面，试题情境应多样化，密切联系生产生活实际，体现社会主义核心价值观、中华优秀传统文化、现代科技发展成就等。试题情境真实、适切，创设真实问题情境考查学生解决问题的能力。

【案例】以学业质量评价学生的学业成就

交警用酒精测试仪来检查和判断驾驶人是否"酒驾"。测试仪里面的酒精气体传感器是一种气敏电阻，它的阻值随酒精气体浓度的增大而减小。酒精气体浓度越大，测试仪中电压表的示数也越大。在图 8-1-1 的四个电路图中，符合其原理的是（　　　　）。

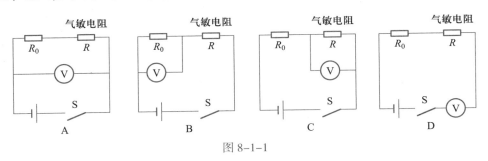

图 8-1-1

答案：B

【案例分析】

该题以交警用于检查"酒驾"的酒精测试仪为背景，考查学生运用欧姆定律，串、并联电路的电流和电压特点等知识解决生活中实际问题的能力，从增强交通安全防范措施和常识方面进行生命健康与安全教育，培养学生的责任担当意识，这是科学态度与责任的素养表现特征。

题目简述了酒精测试仪的用途和检测原理，气敏电阻实际上是一个酒精气体传感器，它的阻值随酒精气体浓度的增大而减小。根据欧姆定律可知，电路电压不变，电路中的电流随电阻减小而增大。这是学业质量中科学推理素养的行为表现。在四个选项中，学生需要判断电压表采用哪种连接方式能使电压值增大，选出符合检测原理的电路图。

题目依据课程标准命题原则，注重能力考查，情境真实适切。通过生活中交警检查"酒驾"的场景，考查学生运用物理知识分析问题和解决问题的能力，实现对课程标准中的内容要求"理解欧姆定律""了解串、并联电路电流、电压特点"的考查，体现素养立意的命题。题目选用真实的情境素材，考查欧姆定律这一核心知识内容，并没有导致试题很难，实现了对学生核心素养的考查，同时发挥了试题的育人功能，引导初中物理教学加强物理知识与生产生活的联系，关注生命健康与安全教育。

五、以学业质量促进物理教学改进

研制学业质量标准对推进新时期物理课程改革具有现实意义，准确把握学业质量的要求，以学业质量作为评价尺度，能强化评价与课程标准、教学的一致性。以学业质量改进教学过程，在课堂教学中落实学生核心素养的培养。例如，有目的地创设生动具体的情境，以新奇的现象激发学生的兴趣，通过认知冲突引发学生深入思考，让学生在问题情境中探索和发现知识，掌握技能，发展创新思维。

【案例】人体中的杠杆（跨学科实践）

（一）教学设计思路

具体教学设计思路如下：

1. 创设问题情境，让学生体会人体中蕴含的物理知识，从生物学视角进行分析。

2. 列举生活中常见的几种机械，说出它们的特点，概括其共同属性，抽象出它们的本质特征。从物理学视角可将它们简化为简单的机械模型，并进一步学习杠杆的动力、阻力、支点、动力臂、阻力臂等概念，弄清这些概念的含义。

3. 完成"探究杠杆的平衡条件"的实验，归纳出杠杆的平衡条件。讨论分析人体活动及劳动过程中的"省力杠杆""费力杠杆""等臂杠杆"，知道它们能运用于不同的地方。

4. 开展专题研究，选择人体结构和动作中的杠杆模型，或者人在劳动过程中的杠杆模型等。用杠杆相关知识对所研究的实例进行具体分析，写一篇小论文。

（二）学习评价设计思路

对学生学习过程和学习结果的评价可从以下几方面思考：

1. 学生是否知道杠杆的平衡条件，是否能解释人体结构、日常生活中的有关问题。

2. 学生是否能用杠杆模型分析简单问题，并获得结论，是否能在解决实际问题时引用证据，并设计实验方案。

3. 学生在探究杠杆的平衡条件的过程中，是否会调整实验仪器并完成实验操作，是否能测量出力和力臂，是否能通过分析实验现象，寻求数据间的规律，归纳出物理规律。

4. 学生在调节杠杆平衡等实验操作过程中，是否具有合作意识；在记录与分析论证实验数据等过程中，是否具有严谨认真、实事求是的科学态度和不懈求索的科学精神。

【案例分析】

基于学业质量对跨学科学习的评价，教师应收集学生在运用多学科知识和跨学科思维分析、解决问题中的行为表现和活动成果，评价学生提出问题的能力、收集和处理信息的能力、综合解决实际问题的能力以及团队合作能力，从学生理解什么、能做什么、能解决哪些问题等方面进行评价。

基于核心素养内涵构建的学业质量体现科学的学业质量观，以学生发展为本，强化素养导向，为课程教学、教材编写、考试评价提供依据。以学业质量评价学生学业成就、促进物理教学改进，有利于教学实践中更好地落实课程理念和课程目标。

　　新版课程标准规定：课程内容由五个一级主题构成，每个学习主题包括内容要求、学业要求和教学提示三部分。内容要求部分以一级主题、二级主题、三级主题的形式架构内容，确立概念体系。每个一级主题分别从核心素养的四个方面提出学业要求。学业要求是对学生学完相应主题内容后在核心素养四个方面上的表现提出的要求。学业质量是学生在完成课程阶段性学习后的学业成就表现，反映核心素养要求。学业要求和学业质量应发挥什么作用？内容要求、学业要求、学业质量是什么关系？

　　"内容要求"是对具体学习内容提出的基本要求，它规定了基础知识的学习，以及通过怎样的方式学习，具体指向学什么和学习过程等方面的要求。内容要求部分以一级主题、二级主题、三级主题的形式呈现相应的概念体系，有利于教师的教和学生的学。

　　例如：

　　2.2.5　通过实验和科学推理，认识牛顿第一定律。能运用物体的惯性解释自然界和生活中的有关现象。

　　例 6　了解伽利略在探究与物体惯性有关问题时采用的思想实验，体会科学推理在科学研究中的作用。

　　例 7　能运用惯性，解释当汽车急刹车、转弯时，车内可能发生的现象，讨论系安全带等保护措施的必要性。

　　这是一级主题"运动和相互作用"下的二级主题"机械运动和力"中的一条内容要求，该条目是关于牛顿第一定律的内容要求。要求学生通过实验，观察并分析速度相同的物体在粗糙程度不同的平面上的运动情况，探究运动物体在不受其他外力的情况下，运动情况会怎样。在此过程中了解伽利略在探究与物体惯性有关的问题时采用的思想实验，体会科学推理在科学研究中的作用。该条内容要求指明了采用怎样的方式学习，学习的具体规律是什么，应从哪些方面培养学生的能力，解释自然和生活中的有关现象则体现了知识的迁移和应用。

　　思想实验是基于客观事实，运用逻辑推理来进行判断，并得出结论。学生在思考的过程中，假设平面足够光滑，忽略摩擦阻力，充分发挥想象力进行科学推理并做出判断。对于惯性而言，要求学生能发现生活中与惯性有关的现象，能将所学知识与实际情境联系起来，解释常见的现象，如当汽车急刹车、转弯时，车内可能发生的现象，讨论系安全带等保护措施的必要性，这体现了知识内容的育人价值。该条目说明物理课程内容注重以具体事实、鲜活案例、生活经验和基本概念等为出发点引导学生进行理性思考，加强物理知识与生产生活的联系，同时提出了对学生科学思维能力的培养要求，这对提升学生核心素养十分重要。

　　"学业要求"结合教学内容提出学生通过该主题的学习应该具备的能力和品格，从物理观念、科学思维、科学探究、科学态度与责任四个方面提出了具体要求，指向学生学得怎样，通过学习后能做什么，旨在加强对教师教学和学生学习的过程性监督与评价，增强课程标准对教学过程的指导性。例如，课程内容的五个一级主题在物理观念方面的要求如下：

（1）能描述固态、液态和气态的基本特征及在相互转化过程中的特点，能说出生活中常见的温度值，知道质量的含义，理解密度，能说出物质世界从宏观到微观的大致尺度；能根据这些知识解释有关自然现象，尝试运用这些知识解决日常生活中的有关问题，形成初步的物质观念。

（2）了解机械运动、分子热运动、声和光、电和磁，了解重力、弹力、摩擦力，通过牛顿第一定律和力的作用效果，认识机械运动和力的关系；能用这些知识解释自然界的有关现象，解决日常生活中的有关问题，形成初步的运动和相互作用观念。

（3）能列举能量转化和转移的实例，知道能量在转化和转移过程中是守恒的，认识机械功、热量、电功、热值等是与能量转化或转移密切相关的物理量，知道它们的含义；能用能量转化与守恒的观点解释常见的自然现象，解决日常生活中的有关问题，形成初步的能量观念。

（4）能通过物理实验建构物理概念，深化对物理规律的认识，领悟其内涵及相互联系；有将实验探究方法及安全操作规范等运用于解决日常问题的意识，能根据所学知识和说明书等解决现实中的简单问题。

（5）能在跨学科实践中综合认识所涉及的知识；能用物理及其他学科知识解释与健康、安全等有关的日常生活问题，探索一些简单的工程与技术问题，分析与能源、环境等有关的社会热点问题，初步具有运用跨学科知识解决简单问题的能力。

学业质量对物理观念方面提出的要求是：

能认识物质的形态、属性及结构，认识运动和力、声和光、电和磁，认识机械能、内能、电磁能及能量的转化与守恒，能掌握所学的物理概念和规律；在学习和日常生活中，能从物理学视角观察事物，把所学概念和规律与实际情境联系起来，解释常见自然现象和解决常见物理问题，能综合运用物理概念和规律，分析和解决熟悉情境下的简单物理问题，具有初步的物理观念。

通过以上对比发现，学业要求是针对该主题提出的，内容比较具体，而学业质量是从学生经过初中物理学习后应达到的素养要求提出的，具有概括性。总体来看，内容要求、学业要求、学业质量都是围绕如何培养学生核心素养设计的。

依据课程标准要求，分析教材内容，梳理学业要求，能落实学业质量的要求，强化评价与课程标准、教学的一致性，促进"教—学—评"有机衔接，发挥评价的育人功能。以"光现象"为例，该内容属于"运动和相互作用"一级主题下的二级主题"声和光"，课程标准对该部分内容的要求如下：

2.3.3 探究并了解光的反射定律。通过实验，了解光的折射现象及其特点。

例5 探究并了解光束在平面镜上反射时，反射角与入射角的关系。

例6 通过光束从空气射入水（或玻璃）中的实验，了解光的折射现象及其特点。

2.3.4 探究并了解平面镜成像时像与物的关系。知道平面镜成像的特点及应用。

2.3.5 了解凸透镜对光的会聚作用和凹透镜对光的发散作用。探究并了解凸透镜成像的规律。了解凸透镜成像规律的应用。

例 7 了解凸透镜成像规律在放大镜、照相机中的应用。

例 8 了解人眼成像的原理，了解近视眼和远视眼的成因与矫正方法。具有保护视力的意识。

2.3.6 通过实验，了解白光的组成和不同色光混合的现象。

例 9 观察红、绿、蓝三束光照射在白墙上重叠部分的颜色。

活动建议：

· 用凸透镜制作简易望远镜，用其观察远处的景物。

· 调查社区或城市光污染的情况，提出改进建议。

课程标准对"光现象"有四条内容要求，包括光的反射定律、平面镜成像的特点、凸透镜成像的规律、光的色散等内容，明确应通过实验、科学探究等方式进行学习，培养学生的科学思维能力和科学探究能力，如探究光的反射定律、探究平面镜成像的特点、探究凸透镜成像的规律。

分析教材可知，小孔成像、照镜子、水中景物的倒影、筷子变"折"、彩虹、海市蜃楼等都是生活中的光现象。学生通过对这些现象的分析，认识到光的传播是有规律的，光在同种均匀介质中沿直线传播，光到达两种介质的界面会发生反射现象，光从一种介质进入另一种介质会发生折射现象，这说明光的传播是有条件的。通过对以上内容的学习，学生能用这些知识解释瞄准、激光准直、潜望镜、望远镜等生活中有关的问题，体会科学研究方法。

【案例】光现象

"光现象"一章的相关学业要求如下（示例）：

（1）了解光现象；能用光现象知识解释光现象，解决有关问题，形成初步物理观念。

（2）知道光线、平面镜等物理模型；能运用光的反射和折射规律分析简单问题，并获得结论；能在解释自然现象和解决实际问题时引用证据，具有使用科学证据的意识；能在探究光的反射和折射规律时，设计不同的实验方案，提出自己的见解。

（3）能提出与光现象有关的科学探究问题，并作出猜想与假设；在关于光的反射、平面镜成像等科学探究中，能制订初步的实验方案；能正确使用刻度尺等相关器材获取实验数据；能比较和分析数据，得出实验结论；能表述实验过程和结果，撰写实验报告。

（4）知道物理学是对相关自然现象的描述与解释；具有对光现象等知识的学习兴趣和严谨认真、实事求是的科学态度；关心我国古代和现代科技成就，为中华民族的科技成就感到自豪。

"光现象"一章的教学目标如下（示例）：

（1）了解光的传播规律；能解释日常生活中的相关的光现象。

（2）学会应用"光线"等模型分析光现象；通过实验现象的合理推理，得出光的反射和折射规律；能在解释自然现象和解决实际问题时引用证据；能设计不同的实验方案。

（3）能提出有关光现象的探究问题；在平面镜成像等科学探究中，能制订初步的实验方案，获取实验数据；能比较与分析实验现象或数据，得出实验结论；能表述实验过程和结果，撰写实验报告。

（4）通过对光现象有关的自然现象的解释，体会到知识的价值；通过联系实际，激发学生的好奇心和求知欲；树立将科学技术应用于日常生活和服务社会的意识。

以"探究平面镜成像的特点"为例，教师组织学生开展实验探究的片段如下：

（1）将格纸平铺在桌面上，用支架将薄玻璃板立在桌面上，并与桌面垂直。

（2）将蜡烛 A 放在薄玻璃板前，用蜡烛 B 去重合蜡烛 A 的像，当两者完全重合时，测出蜡烛 A 和蜡烛 B 的高度，记录在实验数据记录表中。

（3）不断改变蜡烛 A 的位置，每次都使蜡烛 B 与蜡烛 A 的像重合，测出物体位置和像的位置，记录在实验数据记录表中。

明确本章学业要求及教学目标，能从整体上把握本章内容结构化的知识体系，以及能力要求，对于学什么、怎么学、学到什么程度、学习后能做什么都有清晰的认识，有利于指导教师组织学生经历基本的、典型的学习活动，从而让课程"活"起来、"动"起来，让学生真正进入课程，有效落实核心素养。只有目标清晰，在教学中才能落实教学目标，教师对此要予以重视。

【案例分析】

通过实验探究，学生对像与物的大小关系，像和物对应点的连线到镜面的位置关系、像和物到镜面的距离关系建立起认识，并能用光的反射现象进行解释，得到结论：像和物大小相等，像和物到平面镜的距离相等，像和物对应点的连线与镜面垂直，像的大小与物体到平面镜的距离无关。据此，教师可重点关注对学生科学探究能力的评价，了解学生核心素养的发展状况。由此表明，教师应整体考虑内容要求、学业要求、学业质量，拟定教学目标，组织教学内容，设计教学活动，开展教学评价。

学业质量是物理课程与教学的一个组成部分。教师应树立全面科学的教育质量观，避免孤立地实施学业质量，整体考虑内容要求、学业要求、学业质量等，不仅包括学生的学业质量，还包括课堂教学、课程建设、教师专业发展等方面，只有这样才能让学业质量发挥其应有的价值。

教育的目的在于培养人和发展人，物理学习评价应全面落实新时代教育评价改革要求，以学生发展为本，强化素养导向，注重以评价促进学生发展，不仅关注终结性学业成就的考核，也要重视对学生学习过程的评价，以评价促进学生学习和教师教学的改进。评价方式是多元的，其中过程性评价不仅关注获取知识的结果，而且强调学习过程的参与，可以客观反映学生核心素养发展水平。如何将过程性评价更好地融入课堂教学中，构建目标明确、主体多元、功能全面的评价体系，对于培养学生的核心素养具有重要意义。

过程性评价应围绕核心素养的达成和学业质量的具体要求，创设真实且有价值的问题情境；采用主体多元、形式多样的评价方式，全面客观地了解学生核心素养的发展状况；找出存在的问题，明确发展的方向，有效地反馈评价结果，发挥评价的诊断和激励功能，促进学生核心素养的发展。

一、过程性评价的原则

1. 坚持素养立意，重视真实全面的评价

坚持素养导向，理解核心素养的内涵和学生的行为表现，准确把握学业质量的要求，从物理观念、科学思维、科学探究、科学态度与责任等方面对学生进行综合评价，不仅关注对学生发现问题、提出问题、分析问题、实践操作、推理论证和解决实际问题等能力的评价，而且注意对学生科学态度与责任的评价，借助多种任务情境，获取学生在学习过程中的行为表现信息，真实全面地判断学生核心素养的发展状况，为改进学生的学习和教师的教学提供依据。

2. 采取主体多元、形式多样的评价

充分发挥学校、教师、学生等参与评价的积极性，发挥各评价主体在评价中的作用，从不同视角进行评价。强调方法多样，将定性评价和定量评价相结合，纸笔测试与表现性评价相结合，综合利用多种评价方式，保证评价结果的准确性和有效性。

3. 增强反馈的有效性，发挥评价的激励与发展功能

采取恰当的方式进行反馈，让学生参与评价结果的判断和解释，指导学生采用自评的方法了解自己取得的进步，发现学习过程中的问题和薄弱环节，分析形成的原因，并通过自我反思改进学习方法。教师应关注学生的个体差异，激发学生学习物理的兴趣和动机，既要重视学生在特定任务情境下生成的结果，又要重视在结果形成过程中学生的思考、认识、反思和调整，根据评价结果发现教学中存在的问题，研究有针对性的改进措施，通过评价促进学生发展，以评导学，以评促学，激励学生进步，发挥评价的育人功能。

二、过程性评价的实施

在教学实践中，教师应通过多样化的评价，判断教学目标的达成情况，反思教学行为，及时调整教学思路或方式，加强对学生学习的指导，引导学生在实践中学习和应用知识，促进学生核心素养的发展。过程性评价主要包括课堂评价、作业评价、阶段性评价、跨学科实践评价。

1. 课堂评价

课堂评价以过程性评价为主，教师应关注学生在问题解决、讨论发言、动手操作等活动中的表现，把握学生核心素养典型特征，对学生的知识理解、技能掌握、能力发展和学习态度等进行评价，同时要重视学生的个体差异，采用恰当的方式进行评价，帮助学生建立自信，激发学生学习物理的兴趣和动机，为学生进一步改进学习提供帮助和指导。

2. 作业设计

教师要精心设计作业，注重发挥作业的诊断评价功能，指导学生改进学习。作业类型要多样，既要有书面作业，又要有实践活动类作业；作业内容不仅要有对基础知识、基本技能的练习，还要有应用知识和技能开展的探究性、实践性活动。

3. 阶段性评价

阶段性评价应结合学生在课堂评价、作业评价中的表现设计单元评价、期中评价、期末评价，了解学生通过系统学习后，对物理概念、物理规律、物理学思想和方法的理解。单元评价应明确本单元核心素养的侧重点，强调学生在真实任务情境中创造性地解决实际问题的能力。期中、期末评价既要考虑覆盖面，又要突出重点内容；试题的形式和内容要落实课程标准要求，符合学生认知水平；试题难度要合理；试题素材应融入真实问题情境，贴近学生生活；注重思维过程，考查学生对基础知识的理解，以及运用知识解决问题的能力；探索开放性试题，让学生潜能得到自主发挥。

4. 跨学科实践评价

教师应重视通过跨学科实践活动评价学生核心素养的发展状况，通过创设具有综合性、实践性和开放性的跨学科问题情境，收集学生在综合运用多学科知识与技能分析问题和解决问题的过程中的素养行为表现。同时，教师还应注重对选题价值、方案设计、实践操作、成果展示、反思交流、团队合作等方面进行评价，依据物化成果综合评价实践活动完成质量。

三、案例分析与教学建议

依据核心素养内涵和学业质量确立过程性评价的目标，定位于诊断核心素养形成状况与发展水平。理解和把握物理课程目标、内容要求、学业要求和学业质量，对制订具体明确、可测可评的评价目标具有重要作用。

【案例】依据学业质量、学业要求确定评价目标及要求

以二级主题"机械运动和力"的"压强"单元为例，课程标准对"压强"单元的内容要求如下：

2.2.7 通过实验，理解压强。知道增大和减小压强的方法，并了解其在生产生活中的应用。

例8 估测自己站立时对地面的压强。

2.2.8 探究并了解液体压强与哪些因素有关。知道大气压强及其与人类生活的关系。了解流体压强与流速的关系及其在生产生活中的应用。

例9 了解铁路站台上设置安全线的必要性。

活动建议：

·查阅资料，了解我国"奋斗者"号载人潜水器的深潜信息，讨论影响其所受液体压强和浮力大小的因素。

·查阅资料，了解我国长江三峡水利枢纽工程中船闸是怎样利用连通器特点让轮船通行的。

"压强"单元由压强、液体压强、大气压强、流体压强与流速的关系等内容组成。分析教材可知，与压强相关的生产生活中的现象有很多。例如，蚊子用口器刺破人体皮肤进行叮咬；人在雪地行走，脚容易陷入积雪中，用滑雪板不仅不会陷进雪里，还能在雪地上滑行；潜水员在不同深度的水中作业时，需要穿抗压能力不同的潜水服；如果堵住茶壶盖上的小孔，壶中的水就很难倒出来；铁路站台上设置安全线；等等。通过对这些现象的分析理解压力的作用效果，液体压强与哪些因素有关，和液体一样，空气内部各个方向也存在压强。流体流动时的压强与静止时的压强不同，这与它们的流动速度有关。通过对以上内容的学习，学生能用这些知识解释增大和减小压强的方法、连通器在生产生活中的应用、液压系统和液压机是如何工作的、喷雾器的工作原理等，学会运用所学知识解决实际问题；体会概念建立、规律探究中的科学研究方法，如控制变量法、比值定义法、模型建构法、演绎推理法等；通过探究液体压强与哪些因素有关等实验，经历科学探究过程，培养科学探究能力，以及认真严谨、实事求是的科学态度；关注科学技术对自然环境、人类生活和社会发展的影响，如了解长江三峡船闸的工作原理，体会我国水利工程建设的伟大成就，增强自豪感和责任感。

依据学业质量、内容要求和学业要求确定"压强"单元具体的评价目标及要求。

（1）理解压强概念，知道压力的作用效果，了解液体压强的影响因素，知道大气压强的特点，以及流体压强与流速的关系；能结合实例用这些知识解释生产生活中的相关现象，解决实际问题。

（2）能运用控制变量法、比值定义法、模型建构法、演绎推理法等科学研究方法建立概念，探究规律；能在解决实际问题时使用科学证据，并获得结论；能在交流中提出自己的见解。

（3）能经历"探究液体压强与哪些因素有关"等实验，基于观察和实验，提出科学探究问题，并作出有依据的猜想；能制订实验方案，会使用U形管压强计等相关器材获取实验数据；能通过数据的比较与分析进行初步的因果判断，并得出实验结论；能表述实验过程和结果，并撰写实验报告。

（4）知道物理学研究需要观察、实验和推理，具有探索精神和严谨认真、实事求是的科学态度，关心我国科技发展成就，具有责任感和使命感。

【案例分析】

评价目标依据核心素养内涵和学业质量确立，关注学生在学习过程中的知识理解、技能掌握、能力发展和学习态度，反映学生核心素养的典型特征，引导教师注重学生在课堂教学情境中的行为表现，收集反映学习过程的证据，评价学习效果，如对"探究液体压强与哪些因素有关"的表现性评价设计，可从学生发现问题、提出问题、形成猜想与假设、设计实验与制订方案、获取与处理信息、得出结论并作出解释、反思评估交流等活动中，收集真实反映学生探究能力、科学态度等方面发展状况的证据，突出对学生核心素养典型特征的评价，课后作业也可围绕此实验展开。

坚持素养立意，采用主体多元、形式多样的评价方式开展日常教学评价，把握评价的关键要素，确立评价目标、选择评价内容、制定评价指标，对学生的表现进行持续性的测量和证据收集，能实现以评导学、以评促学，促进学生学习和教师教学的改进，发挥评价的育人功能，激励学生进步。

构建与实施学生核心素养测评体系，教师要正确认识核心素养的价值内涵以及测评的基本内容与路径。在此基础上，还要把握好测评的基本环节以及具体测评任务的设计。这样从理论与路径方法，再从路径方法到程序，最后到具体实践操作，核心素养的测评系统方可切实建立起来。

一、正确认识核心素养测评

核心素养是为了培养学生足以应对真实的、不确定的问题的综合素质而提出来的育人价值与追求。换句话说，要想测评学生核心素养发展状况，最佳的方式就是通过让学生解决真实的、不确定的问题。有学者提出，核心素养的测评要重点关注学生综合运用（跨）学科思想方法和探究技能，结构化知识和技能以及价值观念，创造性解决复杂的、不确定性现实问题的能力，直接评价那些对个体或社会有价值的学业成就。[①] 对于问题的真实性，只要是现实生产生活中存在的问题，便不再有异议，但是对于"不确定"，这里有一点值得讨论，即怎么样的问题才是不确定的问题。准确地讲，这个"不确定"是对学生而言的，而不是对教师而言的，更不是对科学家或几千年的科学研究积淀而言的。例如，通过测量多种物质的不同质量和体积，探究反映物质本质属性的密度，对于学习新课的学生来说，密度是什么、为什么要定义这一物理量等问题都是不确定的、未知的。面对这种"不确定"，学生从哪些角度来思考，抓住哪些关键要素，抽象出哪些核心概念，对各个概念之间的关系做出怎样的猜想，以及如何通过相应的活动收集证据进行分析推理等，这一过程培养的是学生的综合素质。因此，教师可以帮助学生在今后更从容地应对科学家甚至几千年的科学研究积淀面临的"不确定"的问题。初中物理课程提出的物理观念、科学思维、科学探究、科学态度与责任具有很高的共通性、迁移性，是物理学科可以贡献给学生应对未来未知问题的综合素质。

那么，学生解决真实的、不确定的问题时，教师应评价学生什么？从核心素养测评来讲，就是要评价学生在探究实践活动中的真实表现。学生的表现主要有两种形式：一种是科学解释，另一种是实践行为。科学解释是在尊重证据的前提下，根据理论或创设理论对自然世界进行例行解构和连接搭建的活动。在这一过程中，抽象概括、归纳演绎、证据评估、假设检验等科学思维是解释的逻辑基础，相对充分、准确和客观的证据是实证基础。[②] 学生做出科学解释的基本内容如表 8-4-1 所示。

① 杨向东.核心素养测评的十大要点 [J].人民教育，2017（Z1）：41-46.
② 姚建欣.中学物理课程中科学解释学习进阶及其教学应用 [M].广西：广西教育出版社，2021.

表 8-4-1　科学解释的基本内容 [1]

指标	具体内涵或问题
目的	花费时间，清楚地表述目的；区分你的目的和相关联的目的；定期检查并确认你没有偏离目标；选择明显、真实的科学目的
问题	清晰准确地表述要研究的问题；用不同的方式表述问题，以明确它的内涵与范围；将问题分解为若干子问题；区分具有标准答案的问题、观点性问题和需要多种观点进行解释的问题
假设和观点	清晰地表述你的假设，并确定其是否合理；表述你的观点，考虑你的假设如何支持你的观点；查找其他观点并表述你的观点的优势与不足；在评论所有科学观点时候努力做到公平
数据、信息和证据	保留能够被可获得的数据支撑的主张；从你的立场和相对立场出发收集信息；确保所有使用的信息是清晰的，准确的以及与在研问题相关的；确保你已经收集到了足够的信息
概念与观念	表述关键的科学概念并清晰地解释它们；考虑备选的概念或备选的概念定义；确保你所使用的概念是明确的
推断、解释和结论	推断证据的含义是什么；核实各个推断之间的一致性；基于推断验证假设
兴趣、态度和思想信念	明确你对该问题的感兴趣程度；在问题解决过程中，你是否专注，不放过任何细节，思维推理不跳跃；对于问题所涉主题或内容，你有哪些先有的观念或信念，它们如何影响你作出假设、判断与推理
启示和影响	发现你的科学推理所产生的影响；寻找消极的和积极的影响；考虑所有可能的影响

231

　　实践行为包括科学实践与工程实践，是指面对与科学相关的真实问题，在积累和辨别经验、信息和材料的基础上，利用科学知识或者方法，进行抽象、概括和推理，开展调查与探究、设计与制作，提出理论解释或问题解决方案，并逐步优化的学习活动。[2] 这里暂不讨论工程实践，从科学探究这个层面来讲，其行为指标如表 8-4-2 所示。

表 8-4-2　实践行为的指标描述 [3]

指标	具体内涵或问题
观察	什么条件会影响我们观察的现象？为了确定物理事件或现象的因果关系，科学家力图证实影响研究对象的因素

　　① 理查德·保罗，琳达·埃尔德. 什么是科学思维 [M]. 3 版. 谢雅姝，译. 北京：外语教学与研究出版社，2021.

　　② 任建英. 义务教育科学领域课程中"实践要求"的发展探析 [J]. 基础教育课程，2023（13）：23-31.

　　③ 理查德·保罗，琳达·埃尔德. 什么是科学思维 [M]. 3 版. 谢雅姝，译. 北京：外语教学与研究出版社，2021.

指标	具体内涵或问题*
设计实验	我们要区别对待可能的影响因素，哪些是导致现象的直接原因，哪些不是？在科学实验中，实施者设计实验以保持对所有因素的控制。他们区别对待每个变量并观察其对所研究现象的影响，以判断哪些是影响效果的关键因素
致力于精确的测量	对于关键因素和它们所产生的影响，其中的准确定量关系是什么？
力图发现物质运动规律	可否以定律的方式说明这一准确定量关系？比如，对于恒定质量的气体，温度不变，压强越大，体积越小。这就是玻意耳定律
研究相关或相似的现象	当我们研究了很多相关或类似的现象，是否可以一般化以覆盖所有情形？
形成一般的假说或物理理论	体会一般性的假说和物理定律之间的关系。物理定律是宏观的，而一般性的物理理论可以解释物理定律的微观机理，如气体的动能定理可以解释玻意耳定律
力图测试、修正和优化假说	通过综合性研究和实验，对一般性的物理理论进行测试、修正和优化。由此，或延伸到可能存在某种联系的所有已知现象，或洞悉其局限性，或在预测新现象的过程中扩展其应用

由此可见，科学解释主要呈现为口头表述或者纸笔作答，实践行为泛指学生在科学实践活动中的行动，包括实验操作。两种形式在学生表现分类上是互斥的，但是彼此又存在着紧密的联系，如学生的科学解释反映了学生的物理观念、科学思维、科学态度与责任等方面，而这些要素又是影响学生行为的重要因素。然而，从理论上或根本上讲，学生的实践行为应该作为评估其素养的唯一标准，只有实践行为才是改变环境或者世界的力量。然而，鉴于实际教学及素养评估的特殊性，学生的科学解释也是非常重要的参照依据。一方面，从便利性上考虑，物理观念、科学思维、科学态度与责任等素养从学生的科学解释中更加容易获取证据，科学探究等素养可以从学生的实践行为中获得证据。另一方面，为了确保证据真实可靠，科学态度与责任等素养从实践行为中获取的证据更加可信。按照如上阐述，我们初步将两种表现形式与核心素养测评有机勾连起来，如图 8-4-1 所示。

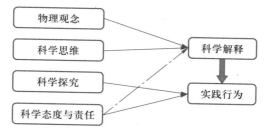

图 8-4-1　两种学生表现形式与核心素养测评的关联

在以上理论认识与关联对应的前提下，下面具体来讨论与阐释核心素养测评的逻辑链条和测评任务的设计框架。

二、核心素养测评的逻辑链条

核心素养测评是评价学生核心素养发展状况的重要途径。通过测评，诊断或评估学生的核心素养，为改进教学、考查选拔等工作提供基本的参照依据。这里提到的核心素养测评，整合了日常评价与终结性考试，[①] 有助于建立促进学生核心素养发展的评价体系。核心素养测评的主要环节如图 8-4-2 所示。

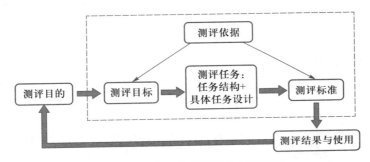

图 8-4-2　核心素养测评的主要环节

（一）测评目的

测评目的主要包括两类：一类是为了改进教学而进行的学生核心素养发展状况诊断，这类测评存在于日常教学活动中，涉及课内和课外以及各种阶段性测验活动；另一类是为了考查和选拔学生而进行的考试评价，在初中阶段主要是指学业水平考试。

（二）测评依据

测评依据主要包括三个方面：一是素养导向。新版课程标准指出：物理学习评价应以学生发展为本，强化素养导向，着力推进评价观念、评价方式和评价方法的改革。物理观念、科学思维、科学探究、科学态度与责任的内涵与主要要素，物质、运动和相互作用、能量等各个一级主题的学业要求，以及学业质量是设计测评的重要依据之一。二是物理内容的结构化认识。准确把握初中物理内容在整个基础教育阶段科学知识中的横向与纵向位置，在此基础上明确考核内容边界，是开展测评的基础性要求。三是学生的学习认知规律。初中学生正处于形象思维比较完善、逻辑思维不断发展的阶段，而考查物理概念和规律的建构过程对逻辑思维的要求比较高。情感与态度的培养或了解有赖于学生的深刻体验，需要在实践活动中进行。教师在设定测评目标、任务和标准时要把握好这些规律。

---

① 杨向东. 核心素养测评的十大要点 [J]. 人民教育，2017（Z1）：41–46.

（三）测评目标、任务和标准

由于秉持统一的测评依据，因此三者一脉相承。测评目标是评价学生核心素养的发展状况，但是评价者对评价哪些素养以及素养维度要有清晰的分解与认识。有学者提出，要将素养发展看作一个整体来评价，但是在测试操作上，素养的分解以及在此之上的针对性测评任务设计是必要的，同时也要注意，在分维度测评之后要回归一个整体性的认识与评价。例如，一个学生很好或者较差地解决了一个真实的物理问题，但是何以说明"很好"或"较差"呢？还是要从核心素养及各个维度上的具体表现来佐证支撑，而不是一个几乎不能促进任何教学改进的、抽象概括的评价。

将测评目标与测评任务相结合可以产生测评标准。测评标准主要反映学生在测评任务中针对测评目标的表现，这种表现要有质的差异，从而确保产生有意义的测评结果。有学者针对中学生在解决实验问题过程中的科学能力表现进行了研究，具体分为观察型、验证型和应用型，在设定相关评价标准时可以有机结合。以"应用型"为例，如表 8-4-3 所示。

表 8-4-3　应用型实验活动各科学能力要素的难度水平 [①]

难度水平	科学能力要素
水平一	表征问题，建立解释，描述研究过程，论证质疑
水平二	预测现象，设计实验，使用可利用的仪器或其他实验方法得到待测量，描述现象，记录数据，寻找规律，检验假设的有效性，理论与实验的一致性判断
水平三	确定误差，确定误差来源影响实验数据的方式，采取方式减小误差或提供减小误差的方法，基于实验结果与预测的不一致性来判断对于模型，方程或陈述的修正

这样的测评逻辑和教学设计逻辑，在理念上高度一致，因为在科学实践活动中培养学生的核心素养同时需要观测、收集与评价学生的表现，真正实现教、学、评一体化。

（四）测评结果与使用

在合理的测评标准下，学生在科学解释和实践行为上的表现便成为测评结果。通过结果分析，教师对学生核心素养的发展状况有了客观判断，以此作为依据，可以针对性地改进教学，或将其作为初中毕业和升学的重要依据，使测评形成一个闭环。

三、测评任务的设计框架

根据教学或者考查需要，测评任务可以是一个任务群也可以是一个单一任务。任

---

① 赵芸赫，李春密，马宇翰，等. 中学生实验问题解决过程中科学能力的表现研究 [J]. 物理教师，2022，43（12）：2-7.

务群要在整体上做好规划，包括素养分布、内容结构、题型结构等，形成多维细目表。以下重点讨论一个单一测评任务的设计问题。

一个单一测评任务的设计需考虑素养要求（学业要求）、内容结构、情境设置和测评方式等方面。[①] 详见图 8-4-3。不同于双向细目表，该框架整合了核心素养、学科内容、情境设置和测评方式四个维度。四个维度之间相互关联、有效协作，共同支撑一个良好测评任务的设计。从任务调控的角度来说，改变情境开放与综合程度、学科内容容量和问题解决过程，就可以设计或控制任务解决过程中的心智要求，形成评价核心素养的不同梯度，实现对核心素养发展状况的合理评价。

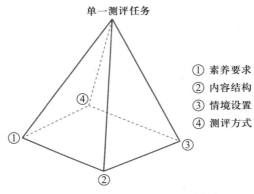

① 素养要求
② 内容结构
③ 情境设置
④ 测评方式

图 8-4-3　单一测评任务的设计框架

（一）维度一：素养要求

确定素养要求，即明确该任务要测评哪些核心素养的哪些维度，这些素养与维度应该在什么水平上。例如，对于科学思维的学业质量，新版课程标准明确要求："在熟悉的情境中，会用所学模型分析常见的实际问题……在获取信息时，有判断信息的可靠性和合理性的意识，能从物理学视角对生活中不合理的说法进行质疑并说出理由，发表自己的见解。"测评任务要从中确定考查哪些方面，结合前文中"科学解释的基本内容""实践行为的指标描述"等表现进行细化，并和内容、情境等维度做好关联。

（二）维度二：内容结构

物理内容本身具有很强的结构性，包括纵向的层次和横向的关联。以能量为例，其对应的"物理观念"是"封闭系统的能量是守恒的"，下面的"子观念"包括"能量的形式是多种多样的""能量是可以转移和转化的""能量的总量是不变的"。这些"子观念"之下包括具体的概念、规律等，如机械能、动能、势能、太阳能、动能定理、机械能守恒定律等。它们存在纵向的进阶，但各自又可以拆解为几个核心方面或者问题，如初中阶段的动能概念，可以测试学生对动能定义以及动能和物体质量、运动速

① 杨向东. 指向学科核心素养的考试命题 [J]. 全球教育展望，2018，47（10）：44–45.

度的关系等方面的理解。这样就可以通过一个个真实科学任务的完成情况来评价学生概念、规律的建构及子观念的形成，从而实现测评物理观念的目标。这一过程往往依赖任务群的整体设计，如图 8-4-4 所示。

图 8-4-4　物理观念的评估路径

（三）维度三：情境设置

情境提供了连接现实生活世界和学科领域的桥梁，为引发学生在核心素养上的表现提供了载体。以真实情境为基本素材，简单的、结构良好的情境可以考查学科核心素养的较低水平；复杂的、开放性的情境蕴含着大量干扰因素，考查学生对相关知识、技能、思维和观念的创造性整合，体现学科核心素养的较高水平。[①]

情境是否真实、综合程度如何、与内容的相关程度、有效信息量等方面都将影响学生在解决问题过程中的表现。例如，布置一个真实任务：请学生观察月相变化并给出解释。月相变化是真实问题，而且也具有开放性，学生需要通过观察采集素材，提炼要素、抽象模型，再通过模型还原予以解释，用模型预测来验证、修正模型及理论。这其中涉及的一个重要问题就是，真实问题学术化（学科化）。[②]在初中阶段，可以将月相变化问题转化为"太阳、地球和月亮三个球体的位置变化"这一学科问题。

（四）维度四：测评方式

测评方式主要包括纸笔作答和实际操作。为什么将测评方式作为一个独立维度呢？这和上文中讨论的学生表现形式有密切关系。测试任务是纸笔作答还是实践操作，直接影响了测评目标及其标准的设计，因而是一个非常重要的维度。例如，要解决某一个 STSE 问题，学生在设计问题解决方案时，是否考虑到污染等环境问题，考虑到了即表现出社会责任，然而如果有机会和当地环保部门共同行动解决这一问题，却因为经济等方面的因素弱化污染控制，则在实践行为上表现为责任欠缺。又如，在物理实验中，学生是否做出多次测量的行为，即反映出其对"证据准确性、客观性"的关注情况，这便是科学探究中证据意识的一个重要表现。这里力图说明的是，不同测评方式下的学生表现描述和取证内容是不同的，可靠性也是不同的。事实上，实际操作的测评任务很多，如课堂各类物理实践活动。

义务教育科学领域课程中"实践要求"的发展探析

①　杨向东 . 核心素养测评的十大要点 [J]. 人民教育，2017（Z1）：41-46.
②　约翰·杜威 . 我们如何思维 [M]. 马明辉，译 . 上海：华东师范大学出版社，2020.

作业是重要的教学活动之一，是学生自主学习内化的过程，作业和教学、评价有密切的联系。作业质量能反观学校的教育质量。从某种角度来说，作业的有效设计和实施直接影响教学目标的达成，也会影响教育目的的实现与学生的发展。实际教学中，作业数量过多、质量不高、功能异化等问题突出。教师应深化对作业功能的认知，发挥作业的积极功能，以实现教学目标，促进学生发展。

一、认识作业的功能

作业的功能指向多样，主要体现在三个方面，即巩固与应用、诊断与改进、培养与发展。作业能帮助学生巩固所学知识和技能，理解和运用知识解决问题，能帮助教师检测教学效果，精准分析学情，改进教学方法，促进学校完善教学管理，还能促进学生思维发展，使学生养成良好的学习习惯、掌握学习方法，培养自主学习能力与创新能力，激发学习兴趣，促进师生交流。作业功能的发挥受多种因素影响。教师对作业的功能定位，会直接影响作业目标、内容、形式等，从而影响作业效果，如加重学生学习负担，影响身心健康等。

作业是课程与教学活动的重要组成部分，是实现课程目标要求的重要环节。设计高质量的作业能切实发挥好作业育人功能。教师应综合考虑课程标准要求、教学、作业和评价的协同作用，科学合理、适切有效地进行作业设计。

二、作业设计的依据

新版课程标准的评价建议明确指出，作业评价旨在促进学生学习和发展，避免单一的作业类型，兼顾基础性作业和探究性、实践性作业，注重评价学生的学习态度和学习成果，发挥不同类型作业的育人功能，学业质量是作业设计的依据。义务教育物理学业质量是依据物理课程要培养的核心素养中的物理观念、科学思维、科学探究、科学态度与责任为主要维度，结合课程内容要求，总体描述学生学业成就具体表现特征而制定的。因此，作业设计应指向课程育人目标，围绕学生核心素养发展，结合课程内容，以阶段性学业要求和学业质量为依据，把握学情，关注学生对物理概念和规律的掌握，以及在解决物理问题中核心素养四个方面的不同表现，培养学生利用所学知识解决实际问题的能力。依据学业质量中描述的素养行为特征及要求，设计有利于培养学生核心素养的作业，能更好地发挥作业的育人功能。

三、作业设计的系统规划

教师对作业设计应进行全方位思考。从明确目标、丰富内容、形式灵活、类型多样、难易合理、调控数量等方面进行系统规划，注重基础性、情境性、实践性、开放性、个体差异性。强化素养导向，贴近学生生活实际，作业素材可来源于实验、社会热点、科技前沿、传统文化、日常生活、环境保护等方面。作业类型兼顾书面作业和实践活动类作业、课内作业和课外作业，例如，组织观看科普视频（如"天宫课堂"），设计一些学生能利用简单器材在家就可自主完成的小实验、小制作，以及参观科技馆、博物馆、开展社会调查等情境性、开放性、综合性的作业设计，能帮助学生在实践中逐渐形成正确的价值观、发展问题解决能力、元认知能力、批判思维能力，具有坚持性、责任心和合作能力等。作业难易应进行合理分配，超越学生认知能力的作业设计会导致学生失去学习自信，还容易带来抄袭、弄虚作假等问题。应充分关注学生已有知识技能基础、兴趣爱好、学习能力、认知风格、智能倾向等方面的差异，具体包括：一是通过作业的难度或者作业的数量不同体现差异，让学习能力不同的学生达成符合自己现阶段学习需求的目标；二是通过不同作业类型满足学生的学习风格或兴趣差异，激发学生对作业的兴趣；三是通过给学生提供不同的结构性材料或者辅助性学习材料体现差异，让学生通过不同的时间、步骤来完成作业，实现同一知识的内化，缩小学习成果间的差距。合理调控作业量尤为重要，避免机械训练、简单重复，才能减轻学生课业负担，但减少作业量和作业时间来减轻课业负担只能起到治标的作用，只有激发学生的作业兴趣，使学生产生完成作业的持续性愿望，才能收到标本兼治的效果。

在实际教学中，教师可以从优化基础性作业、加强实践性作业两个方面着手，来设计和实施体现核心素养的作业。

1.优化基础性作业设计

基础性作业旨在巩固基础知识和基本技能，侧重帮助学生运用所学概念和规律解释自然现象，解决实际问题，巩固和深化对学习内容及物理学思想与方法的理解，培养学生解决问题的能力。

【案例】

如图 8-5-1 所示，用同一支密度计分别测量甲、乙两种液体的密度，下列说法正确的是（   ）。

A.密度计在乙液体中所受的浮力大

B.甲液体的密度大于乙液体的密度

C.密度计上的刻度值上大下小

D.密度计在甲、乙两种液体中所受的浮力相等

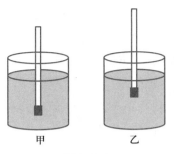

图 8-5-1

【案例分析】

上述题目对应的课程标准内容要求是"2.2.4 了解同一直线上的二力合成。知道二力平衡条件""2.2.9 知道阿基米德原理,能运用物体的浮沉条件说明生产生活中的有关现象"。解答时需要综合运用二力平衡条件、阿基米德原理解决常见的物理问题。在熟悉的情境中,能用字母符号建立数学表达式,进行推理,比较甲、乙两种液体的密度大小,这是科学推理行为的素养表现。通过比较甲、乙两种液体的密度大小,能从信息中寻找证据,进行论证,说明密度计的刻度值分布特点,这是科学论证行为的素养表现。这表明,学生能否正确解答题目取决于是否具备相关的素养。

选择题是物理作业中的常见题型,但仅从选项结果只能获取学生作答结果的对错信息,无法收集学生在问题解决中的素养表现特征,不能诊断学生学习中可能存在的问题,易忽视学生良好思维习惯的养成。那么,如何获取学生在问题解决中的素养行为表现信息呢?为了让学生展示解答过程中是如何思考的,可以在原题的基础上进行创编,在第四个选项后增加"请说明理由_____"。要求学生在选出选项后说明解答理由,由封闭性题目到半开放题目,将选择题改编为选择说明题,这是对题型创新的积极探索,可以实现培养学生核心素养的功能。

创编后的作业关注学生问题解决过程中的思维方式,注重对学习过程的评价。具体而言,一方面,学生通过书面形式进行信息交流,用科学语言阐释问题,能理清解题思维的发展过程,知晓仅获得答案是不够的。另一方面,教师能获取学生在问题解决中的科学推理、科学论证的素养表现信息,判断学生能否运用所学概念和规律解决实际问题,能否进行推理和论证,同时能发现学生学习中存在的问题和不足,检测学习效果,为改进教学提供依据。

2. 加强实践性作业设计

实验是重要的实践形式,也是物理学习的重要方式,以实验为载体的科学探究是落实核心素养的重要手段和途径,能促进学生素养的提升,有利于学生的全面发展。新版课程标准在课程内容中新增"实验探究""跨学科实践"主题,进一步强调物理课程的实践性,就内容要求的三级条目而言,超过一半以上的条目提出了通过实验的方式进行学习,各主题的活动建议也呈现了多种多样的实践形式,包括实验操作、社会调查、设计与制作、举办论坛、科学阅读、科学辩论、撰写报告等,实践内容丰富多彩,涉及物理学与生产生活的联系、中华优秀传统文化、现代科技发展成就等。实践是人类特有的理解世界的方式，物理课程凸显实践育人，作业不应局限于物理习题的演算，科学观察、社会调查、研读科普资料、分享活动体验等都应成为学生作业的一部分，凸显"做中学"理念的育人价值。

【案例】

用圆珠笔管等材料设计并制作一个简易密度计，将制作好的密度计分别放入清水和盐水中，密度计静止时进行标度，作为液体的密度。你能解释简易密度计的刻度线分布特点吗？

【案例分析】

上述作业设计的形式灵活，采用小实验、小制作的方式，让学生通过动手操作收集信息、获取证据，通过信息比较发现密度计刻度分布的特点，得到结论，并对实验结果作出解释。动手实践、动脑思考的小制作类作业可以鼓励学生发挥特长、发展个性，在掌握所学知识的基础上，利用身边的物品、器具、材料等进行实验方案设计、组装、测试、优化，引导学生做中学、做中思、做中创，在自主实践中主动学习、独立思考、大胆设计、敢于创新，能在解决问题的过程中获得成就感，培养实践能力，提升思维品质。

制作类作业活动成果不同于以试题解答为主的作业形式，呈现出形式多样、灵活而丰富的特点，可采用方案设计、作品或模型、实验报告、制作过程的视频资料等形式呈现。作业评价可根据物化形式的特点，组织成果展示、研讨、小型报告会等多种方式的交流活动，采用自评、生生互评、教师评价相结合的方式关注学生在实践活动中表现出来的知识理解、技能掌握、能力发展和学习态度等情况。

总体来看，作业设计应处理好继承与发展的关系，优化基础性作业、加强实践性作业是作业设计的积极尝试和有益探索。

作业设计在实现作业的巩固与应用、诊断与改进功能的基础上，更应关注作业的培养与发展功能，更加注重促进学生思维发展，培养自主学习能力，激发学习兴趣，促进交流，这是设计体现核心素养的作业的主旨。教师应增强作业设计意识和能力，探索作业设计的有效方法，系统化选编、改编、创编符合学习规律、难度适当的基础性作业，探索综合性、开放性问题，设计情境化作业，加强实践性作业设计，培养学生的实践能力，提升作业设计质量。

指向核心素养的初中物理作业设计的策略及建议

第九章

课堂教学改革

在新版课程标准的引领下，课堂教学改革迎来了新的机遇与挑战，不仅是对传统物理教学模式的革新，更是对学生全面发展、核心素养培养的深度探索。课堂教学作为培养学生核心素养的关键环节，其改革与创新显得尤为重要。在课程实施中，教师需要理解并遵循教学建议，确保教学内容的科学性和有效性。通过多样化的教学方式，更好地激发学生的学习兴趣和动力，培养学生独立思考，提高解决问题的能力，培养团队合作精神，提升教学质量。

课堂教学改革涵盖多个方面，是一个系统工程，需要教师、学生、教育管理者等多方共同努力。本章聚焦课堂教学改革的五个关键问题，包括：如何理解课程实施中的教学建议？如何理解真实情境在课堂教学中的意义？如何通过问题解决、合作学习促进学生核心素养的发展？如何在单元整体教学中培养学生的核心素养？如何合理利用现代信息技术促进教学方式的多样化？通过理论研究和实践探索，以期引导教师更好地理解和实施新的教学理念和方法，并通过课堂教学改革的有效实施，最大限度地促进学生的全面发展。

课程标准是教材编写、教学、评估和考试命题的依据，是国家管理和评价课程的基础，体现了国家对不同阶段的学生的基本要求，规定各门课程的性质、目标、内容框架，其中的教学建议对教师实施教学过程、培养学生核心素养有明确的指导作用。

新版课程标准的主要指导思想是坚持基础教育课程改革的大方向，注重学生科学素养的提升，关注学生应对未来社会的挑战，突出课程的基础性、时代性和应用性，因此，要求教师能根据课程理念、课程目标和课程内容等，结合教学的实际情况，创造性地开展物理教学，将培养学生核心素养贯穿物理教学活动的全过程，对教师的教学活动提出了更高的要求。那么，一线教师应如何在教学中落实课程标准？本节将对新版课程标准中的教学建议进行解析。

一、依据教学建议，明确核心素养的教学目标

教师要从分析课程标准、教材及教学内容、学业要求等方面入手，梳理出教学目标，并结合学生的实际情况，如学生的知识基础、能力水平、学习动机和情感态度等，兼顾不同层次、不同类型的学生。只有教学目标清晰，才能更好地指导教学实践，教师对此要予以重视。

（一）分析课程标准

课程标准中三级主题均是按照现象、本质、规律、应用这个逻辑来展开的。以"声"为例，现象是认识声音；本质是声音的产生；规律是声音的传播条件；应用是声学知识的应用，噪声的危害及控制等。

（二）分析教材及教学内容

通过教材中的一系列的教学内容，学生要实现逐步从现实世界跨越到物理世界，完成从生活走向物理的跃迁。要实现这个跃迁，就要通过一系列教学活动，知识是形成素养的载体，活动是形成素养的渠道。通过活动而展开的知识应用，有助于学生了解知识，知道知识是有用的、有价值的，这对学生核心素养的发展具有重要作用。

（三）分析学业要求

在每个一级主题后面均设有学业要求，即从物理观念、科学思维、科学探究、科学态度与责任四个方面呈现学生在学完一级主题后应达到的学业成就，具有清晰、具体的内容指向。

二、依据目标内容表述，明确教学行为层次

新版课程标准调整了原有表述科学内容的行为动词分类，修订为认知性目标行为动词、技能性目标行为动词和体验性目标行为动词三个类别，行为动词更为清晰、简明，便于教师把握学科内容的教学。

（一）认知性目标行为动词

认知性目标行为动词的"了解"在原来"了解、知道、描述、说出"的基础上增加了"列举、举例说明、说明"三个新行为动词；"认识"能力水平保持不变；"理解"水平的行为动词由原来"区别、说明、解释、估计、理解、分类、计算"调整为"解释、理解、计算"。从行为动词的修订变化看，"说明"由原来的"理解"水平调整到"了解"水平，能力要求有所降低，而将"区别""估计""分类"整合到"了解"的能力层次上。

（二）技能性目标行为动词

技能性目标行为动词的描述保持"独立操作"不变，行为动词的举例由原来的"测量、会、学会"修订为"会、会测量、会选用、会使用、会根据……估测、会用……测量"等更为具体的表述。

（三）体验性目标行为动词

体验性目标行为动词的描述由原来的"经历、反应、领悟"三个层次修订为"经历、认同、内化"三个层次。三个能力层次的行为动词举例与修订前相比，更加简化。"经历"水平的行为动词删减了"感知、调查、学习、体验"，增加了"尝试、能"。修订后，体验性目标行为动词把原来的"反应"调整为"认同"，其行为动词包括"关心、关注、有……意识"；"领悟"调整为"内化"，其行为动词包括"养成"。例如："能用水的三态变化解释自然界中的一些水循环现象"，调整为"用水的三态变化说明自然界中的一些水循环现象"，行为动词由"解释"修订为"说明"。

三、依据实践性导向，确保实践活动的教学质量

新版课程标准凸显了物理课程的实践性，强调通过各种情境、实践性活动的设置体现学生在教学中的主体性地位。

（一）规范物理实验教学，物理课程要切实发挥实验的育人功能

演示实验教学应注意引导学生观察实验现象，启发学生积极思考和加强同伴间交流。对于学生实验，教师应引导学生自主进行实验，鼓励学生利用生活中的常见物品进行实验，从而加强学生知识理解和能力训练，同时强化学生的创新意识、安全意识、环保意识等。

（二）跨学科实践教学实施的思考

跨学科实践要选择具有综合性、实践性的课题，合理制订跨学科实践方案，以问题的解决过程为线索，将跨学科实践的课题分解为若干驱动性任务，以观察、实验、设计、制作、调查等方式设计活动，将跨学科实践课题转化为可操作的教学设计和实施方案。

教师应科学引导、循序渐进，使跨学科实践的教学质量逐步提升。要重视活动成果的呈现和交流，注重活动总结，以设计作品、制作模型、撰写报告等多种物化形式呈现成果。根据物化形式的特点，组织学生开展成果展览、报告会、研讨会等多种方式的交流活动。

四、课程教学建议实施路径

（一）围绕学生核心素养的发展设计教学目标

新版课程标准把发展学生的核心素养作为物理课程的根本目标，教师应在领会核心素养、理解课程内容、掌握学生情况的基础上设计教学目标。义务教育阶段物理课程要培养的核心素养内涵包括物理观念、科学思维、科学探究、科学态度与责任四个方面，这四个方面是各有侧重、相互联系、相互促进的整体，同时也是物理课程育人功能和价值的集中体现。围绕学生核心素养的发展设计教学目标，使学生能更好地理解和运用知识，提升学生分析问题和解决问题的能力。

教师应认真研读课程标准，掌握核心思想。"物质""运动和相互作用""能量"三大主题涉及物理学三个基本内容领域，是培养学生物理观念、科学思维、科学探究能力、科学态度与责任感的重要载体。教师应深入理解物理学的基本概念和规律、研究方法等，在教学目标设计时条理清晰、重点突出地对相关物理内容作出学习要求。新版课程标准在一级主题中新增了"实验探究""跨学科实践"两大主题，在与此有关的教学中，建议教师结合"物质""运动和相互作用""能量"三大主题一并进行，这样既能降低课程难度，又能凸显物理课程的实践性与综合性。建议教师在实验教学中，尽可能让学生动手实验，发挥实验的育人功能，促进学生核心素养的养成。在跨学科实践活动中，教师应注意选择具有综合性和实践性的课题，制订合理的活动方案，引导学生进行跨学科实践，同时注意控制学生的课业负担，促进学生全面发展。

（二）注重科学探究，灵活运用多种教学方式

从物理课程标准的要求到物理教学实践，需要一定的转化过程。首先，教师要根据学业要求、教学目标，并结合学情，以及教学条件、教学资源等方面设计教学活动，包括学习活动、教学方式、教学流程、教学手段、实验素材等。其次，教师应依据学生发展阶段、教学内容特点、教学资源等情况，灵活选用教学方式，促进教学目标的有效达成。课堂中的有效学习依靠多种不同的教学方式，如讲授式、自学式、探究式等。

已有实践证明，探究式学习方法能在课堂上保持学生强烈的好奇心和旺盛的求知欲。加强科学探究的教学，教师可以从以下几个方面着手。

1. 倡导情境化教学

充分结合学生的生活经验，有目的地创设生动、具体的情境，引导学生从经验中概括并提炼事物的共同属性，抽象事物的本质特征，实现从经验常识向物理概念的转变。以新奇的现象激发学生的兴趣，通过认知冲突引发学生深入思考，进而引导学生从生活走向物理、从物理走向社会，运用所学知识解决实际问题。

2. 突出问题教学

教师要注重为学生提供一个交流、合作、探索、发展的平台，在教学活动中以问题为线索，帮助学生养成良好的思维习惯，做到物理概念清楚、研究对象明确、思维有逻辑、结论有依据，让学生在问题情境中探索和发现知识，发展创新思维。

3. 注重"做中学""用中学"

在教学中，教师要注重通过活动帮助学生学习和运用知识，提升学生的操作技能与探究能力。教师可选取能引起学生兴趣的课程素材，让学生通过阅读拓展材料、收集各种形式的信息、开展调查研究和讨论展示等方式去学习；也可结合所学，研究一些小课题或制作一些小模型、小用具等，以此增强学生的动手实践能力。

4. 信息技术与课程整合

教师要充分发挥信息技术的优势，将信息技术有效融入物理教学，创新教学方式，提升教学效率。同时，应鼓励学生将信息技术运用到物理学习中，帮助学生适应数字时代的要求，提升学生运用信息技术的能力。

【案例】力（教学目标设计）

第1课	课题	7.1 力	授课人	周彦波
教学目标	1. 物理观念 （1）知道力是物体对物体的作用。 （2）知道物体间力的作用是相互的；力总是成对出现的。 （3）会分析已知力的受力物体和施力物体。 （4）知道力可以使物体发生形变也可以使物体的运动状态发生改变。 2. 科学思维 在生活经验的基础之上，通过观察、活动清晰认识力的存在。 3. 科学探究 （1）通过实验，认识力的作用是相互的。 （2）通过实验，认识力可能改变物体运动的方向和快慢，也可以改变物体的形状。 4. 科学态度与责任 初步认识物理学的基本研究内容，形成科学的世界观			
教学重点	在给出已知力的条件下，指出施力物体和受力物体			
教学难点	在引导学生形成力的概念时，寻求现象的共性，从而形成对力的清晰认识			

【案例分析】

初中物理的核心素养内涵包括物理观念、科学思维、科学探究、科学态度与责任四个方面。在教学方式上，课程标准不仅强调知识学习，还特别强调学习过程，把科学探究作为课程目标之一，强调科学探究在课程中的作用，将学习重心从知识的传承积累向知识的探究积累过程转化，在知识的传授过程中，培养学生的科学态度与责任。其中，物理观念主要包括物理概念、规律、现象、本质、应用等，以"力"为例，物理观念的形成是从知道力是物体对物体的作用开始，知道物体间力的作用是相互的，力总是成对出现的，再进一步分析已知力的受力物体和施力物体，最后知道力可以使物体变形或者使物体的运动状态发生改变；科学思维有模型建构、科学推理、科学论证和质疑创新四个要素，通过对生活中的现象、相关的问题的分析、实验探究、知识的理解形成科学思维；实验探究有问题、证据、解释和交流四个要素，主题旨在强调物理课程的实践性，凸显物理实验整体设计，明确学生必做实验的重要性；科学态度与责任有科学本质观、科学态度、社会责任三个要素，无论在具体的知识点还是在探究活动中，教师都要考虑到对学生科学态度与责任的培养。

【案例】纸模台灯（教学设计）

环节	情节设置	问题提出	教师活动	学生活动	设计意图	学生发展
项目实施	1.设计方案，绘制草图。请各组设计一个具有本组特色的纸模台灯	设计过程中，需要考虑哪些问题？需要用到哪些知识？	提示：在设计过程中，首先考虑台灯的稳定性、科学性，其次是创新性、美观性	小组成员利用头脑风暴法群策群力，分别从稳定性、科学性、创新性、美观性提出台灯的设计方案，绘制设计图	通过设计提示，要求学生认真思考，培养学生思考问题的能力	培养小组合作探究能力
	2.根据设计方案制作纸模，提出要求：小组成员要分工明确，共同完成	制作过程中发现了哪些问题？	在制作过程中，教师进行巡视，及时关注小组制作过程中出现的问题	小组成员分工明确，各尽其职，依据设计图，完成纸模台灯的制作	通过纸模台灯的制作过程锻炼学生把科学、技术、工程、艺术、数学相结合的能力	通过小组讨论与合作，培养学生团结合作精神
	3.经检测与调试，迭代优化，学生展示纸模台灯	问题：纸模台灯能立在桌面不倒吗？纸模台灯能亮吗？	教师引导已经完成制作的小组，对小组作品进行检测与调试	以小组为单位检测与调试纸模台灯：如果台灯不亮，检查分析电路；如果台灯不稳定，调整台灯外形结构，并分析台灯构造不合理的原因	通过设计提示与要求，引导学生认真细致地思考，提高学生思考问题的能力	通过评比和互评，总结出针对各种问题的解决办法

（案例提供：周彦波，曲丹丹，哈尔滨新区第二学校）

【案例分析】

本课例以台灯这一日常用品所涉及的物理原理、制作过程为教学内容，采用项目式学习的方式进行科学探究活动，通过纸模台灯的制作活动锻炼学生的工程思维，体现出科学、技术、工程、艺术、数学的结合，全面培养学生的科学素养与实践能力。

在制作台灯模型的过程中，设计图纸是非常重要的环节，要考虑到材质、尺寸、台灯的外形等多方面的内容。活动过程中，学生不仅是纸模台灯的制作者，而且是作品的设计者。学生在检测与调试后发现问题，思考如何对设计图中存在的问题进行必要的优化，并在作品优化过程中体现出创新思维。在不断优化迭代的过程中，学生亲历了科学探究的"复杂"过程，思维和技术能力不断提升。

教师在反思环节中发现学生在制作纸模台灯的过程中对科学探究活动中的实验电路连接与结构分析不够精准，因此得到启示，在今后的活动设计中不仅要关注学科的融合，还要着重培养学生科学思维与科学探究的能力。

综上所述，课程实施中的教学建议为教师提供了明确的方向和指导，有助于创新教学方法，提高教学质量，培养学生的核心素养。教师应深入理解教学建议的精神，将其融入日常教学中，为学生的成长和发展助力。

充分结合学生的生活经验，有目的地创设生动、具体的真实情境，激发学生的学习兴趣，引发学生认知冲突而深入思考，引导学生从经验中概括并提炼事物的共同属性，抽象事物的本质特征，实现从经验常识向物理概念的转变，有效落实新课标倡导的理念。

一、真实情境问题的提出

（一）真实情境在物理教学中应用的依据

学过物理的人能或多或少地体会到，物理知识往往在真实情境中更容易形成。即使有些物理知识不是在真实情境中形成的，如果教学中实施真实情境，也会对此知识的形成起到"推波助澜"的效果。

在真实情境中问题的解决常常要应用物理知识，反过来物理知识往往又是在真实情境中形成的。"任何知识要具有生命力，都必须作为一个'过程'存在于一定的生活场景、问题情境或思想语境之中。"[①] 可见，物理知识往往存在于真实的情境之中，这样的物理知识才是鲜活的。物理知识一旦离开了特定的环境，也就离开了真实情境，这时的物理知识就成了"一潭死水"，也很难被学生掌握。从教学的角度讲，"所谓知识的情境化，就是指教师在教学过程中有意识地引入或创设一定的情境，把知识转化为与知识产生或具体运用的情境具有相似性结构的组织形式，让学生参与、体验类似知识产生或运用过程的情境，从而直观地、富有意义地、快乐地理解知识或发现问题乃至创造知识。把知识还原到情境中，会使学习者直观感受到知识的原始形式，增强感受力，也同时增强理解力，甚至还会增强创造力。知识教育的情境化不仅能提高知识接受的效率，还能使知识的内涵丰富地呈现在学习者面前。抽象知识脱离了知识产生的具体情境，知识丰富的情境内涵被抽象掉了，直观、形象、生动的知识形式转化为单一、枯燥、抽象的形式，于是理解起来也可能产生错位，或者晦涩难懂"。[②]

在情境教学中，"教师创设教学情境，让学生在情境中生发自己对事物的原初性的感受，表达身体对事物的体验，激发他的感性思维和内在探究事物的渴望和能力，而不能用概念来代替学生的知觉，不能用语言来代替事物本身。要用教学活动、教学情境和生活情境来刺激学生的身体感知，调动学生的眼、耳、口、鼻、手、身等多角度、多方面的体验知觉外部世界，注重口动、手动、眼动、耳动、身动的互动和结合来激发学生的学习兴趣，培养学生良好的学习行为习惯，使学生能自然地释放身体和情感，

---

① 郭晓明，蒋红斌. 论知识在教材中的存在方式 [J]. 课程·教材·教法，2004（4）：3-7.
② 陈理宣. 论知识的结构形式选择与知识的教育形式生成 [J]. 课程·教材·教法，2014，34（11）：46-51.

提高学习质量"。^①对真实情境的解读和定义也是多元的。美国教学设计专家乔纳森认为，情境是利用一个熟悉的参考物，帮助学习者将一个要探究的概念与熟悉的经验联系起来，引导他们利用这些经验来解释、说明，形成自己的科学知识。

（二）真实情境在物理教学中应用的意义

真实情境，它赋予知识和认识以真实的情境，它可以使物理知识和物理认知变得形象化、具体化、生活化、情趣化、生动化、活泼化、背景化、问题化和思维化，从而可以大大提高学生的学习效果和效率。可以说，真实情境是学生认识的桥梁，也是知识转化为核心素养的桥梁。具体而言，真实情境是沟通学生的生活世界与科学世界的桥梁，是沟通文字符号与客观事物的桥梁，也是沟通知识与思维的桥梁。

真实情境现已被广泛应用在中小学课堂上，对教学活动产生了积极的促进作用："第一，情境可以有效刺激学生，不仅使学习过程成为对知识本身的接受，更会使学生产生情感的共鸣；第二，情境可以使枯燥乏味的知识产生丰富的附着点和切实的生长点，让教育具有深刻的意义；第三，情境增加了学习活动的生动性、趣味性、直观性，让学生在理论知识与应用实践的交互碰撞中真正理解知识、提升能力。"^②

知识只是素养的媒介和手段，真实情境是知识转化为素养的重要途径。因此，构建从真实情境中阅读、实验、思考、建构的认知路径，是知识通向核心素养的必然要求。

"充分结合学生的生活经验，有目的地创设生动、具体的情境，引导学生从经验中概括并提炼事物的共同属性，抽象事物的本质特征，实现从经验常识向物理概念的转变。以新奇的现象激发学生的兴趣，通过认知冲突引发学生深入思考，进而引导学生从生活走向物理、从物理走向社会，解决实际问题"。^③

二、真实情境问题的分析

在当前的课堂教学中，真实情境逐渐成为学生的思维发生处、知识形成处、能力成长处、情感涵育处。创设真实情境就是构建课程知识内容与学生的生活、经验、情感、生命融合的过程，为此，真实情境的创设要体现以下特质与要求。

（一）注重源于生活，体现物理学科特点

教师在教学中创设真实情境时，首先要注重联系学生的现实生活，在学生的日常生活中去发现、挖掘鲜活的真实情境资源。只有在生活化的真实情境中学习，学生才能切实感受到知识的价值。其次要挖掘和利用学生的认知经验和生活经验。物理是以实验为基础的一门学科，真实情境创设不仅要紧扣教学内容，凸显学习重点，还应体

---

① 杨晓 . 让"身体"回到教学 [J]. 全球教育展望，2015，44（2）：3–10.
② 高彤彤，任新成 . 多元智能理论与情境教育的发展 [J]. 上海教育科研，2015（3）：40–44.
③ 李春密 .《义务教育物理课程标准（2022 年版）》课程内容与教学实施的思考 [J]. 物理教学探讨，2022，40（12）：1–6.

现物理学科特点。真实情境的创设应能体现物理知识的发现过程、应用条件，以及物理知识在生产、生活中的意义与价值。只有这样，它才能有效地阐明物理知识在实际生活中的价值，帮助学生准确理解物理知识的内涵，激发其学习的动力和热情。

学科性是教学真实情境的本质属性。强调物理学科性，意味着要挖掘物理学科自身的魅力，利用物理学科自身的内容和特征来创设真实情境。

（二）注重形象性，突出生动性

真实情境的创设应注重形象性，能给人以形象的直观感受，其实质是要解决形象思维与抽象思维、感性认识与理性认识的关系问题。真实情境的创设，首先应该是感性的、摸得着、看得见的，能丰富学生的感性认识，并促进感性认识向理性认识的转化及升华；其次应该是具体的，能有效激发学生的想象力，使学生超越已有的经验范围和时空限制，获得更多的新生知识，并促进形象思维与抽象思维的同步发展。

同时，真实情境的创设应突出其生动性，表达生动、活灵活现，让学生好像身临其境一样，可以给学生留下的深刻印象。"教师要充分结合学生的生活经验，有目的地创设生动、具体的情境，引导学生从经验中概括、提炼事物的共同属性，抽象事物的本质特征，实现从经验常识向物理概念转变；以新奇的现象激发学生的兴趣，通过认知冲突引发学生深入思考，进而引导学生从生活走向物理、从自然走向物理"。

（三）注重丰富内涵，强调情感融合

在物理教学中创设真实情境，一定要注重创设有内涵问题的真实情境。真实情境中创设的问题应具备目的性、适应性、新颖性和趣味性的内涵。这样的真实情境能有效引发学生思考。情感融合的真实情境能有效地激发学生的学习动力。第斯多惠认为，教学的艺术不在于传授的本领，而在于激励、唤醒和鼓舞。没有兴奋的情绪就无法激励人，没有主动性就无法唤醒沉睡的人，没有生机勃勃的精神更无法鼓舞人。赞科夫也强调："教学法一旦触及学生的情绪和意志领域，触及学生的精神需要，这种教学法就能发挥高度有效的作用。"[①]

（四）注重问题提出，凸显解决策略

"'问题教学'为学生提供了一个交流、合作、探索、发展的平台，促使学生在问题解决中主动运用知识。在教学活动中以问题为线索，让学生在问题情境中探索和发现知识，掌握技能，发展创新思维。教师要有意识地创设问题情境，引导学生发现问题、提出问题，促进学生主动学习，不断增强学生运用物理知识解决实际问题的意识和能力"。

---

① 赞科夫.教学与发展［M］.杜殿坤，张世臣，俞翔辉，等译.北京：人民教育出版社，1985.

三、真实情境创设的路径

"情境既可以是观念的、想象的、情意的、问题的，又可以是物理的；既可以是虚拟的，又可以是真实的；既可以是基于学校与课堂的功能性的，又可以是基于社会的、自然的、日常生活中的。"[①] 教师一般可以通过以下几种路径创设真实情境。

（一）通过联系生活创设真实情境

现实生活是教学的源泉，是科学世界的根基。物理课堂教学只有联系生活，走进生活，从生活走进物理，从物理走向社会，才能使学生真正体验和理解物理知识的内在意义和价值。因此，现实生活应该是初中物理教学的基础和前提，教学活动应密切联系现实生活。如雨后彩虹、树荫中的光斑等都是生活中的常见现象，学生要想知道这些现象的成因就需要学习相关的物理知识。

（二）通过实物创设真实情境

教学中的实物主要指模型、标本、教具等直观形象的物体。通过实物模拟生活中的真实情境进行辅助教学，让学生亲自观察、亲手触摸、亲身体会，有助于调动学生参与学习活动的欲望，帮助学生集中注意力，激活学生的思维，为突破难点、强化理解奠定坚实的基础。如展示抽水机、热机的模型及工作过程等教学活动。

（三）通过图像及视频场景创设真实情境

在教学中，图像是一种直观教具，包括板书、挂图、幻灯片或教材上的图片等，可为学生提供直观、生动、形象的画面，特别是视频能呈现一些不易被直接观察到的实物和内容，比静态的图画、模型更形象、更动感、更丰富，能让物理知识变得生动起来，让学习物理变得容易起来。

视频资料可以是教材配套的，也可以是网上下载或录屏的，还可以是教师根据教学需要自行录制的。只要能在教学过程中创造真实情境，教师都要有意识、有目的地去收集和制作。例如，在测量滑动摩擦力的实验中，当拉动下面的木板时，弹簧测力计示数并不稳定，可以将实验现象录制视频，让学生讨论分析其原因所在，形成质疑意识，掌握分析问题的方法，具备分析问题的能力。

（四）通过实验创设真实情境

从物理学科的角度来说，依托实验创设真实情境的载体主要是实验操作，包括教师的演示实验和学生的分组实验。课程标准指出："实验探究包含测量类和探究类学生必做实验。旨在体现物理课程实践性的特点，培养学生发现问题和提出问题的能力、动手操作和收集数据的能力、分析和处理数据的能力、解释数据的能力、表达和

---

① 王文静. 基于情境认知与学习的教学模式研究 [D]. 上海：华东师范大学，2002.

交流的能力，引导学生学会学习、学会合作，培养学生严谨认真、实事求是的科学态度。"

（五）通过讲好物理故事创设真实情境

物理教师在教学中要讲好物理小故事，爱护和培养学生的好奇心、求知欲，保护学生的探索精神、创新思维，营造崇尚真知、追求真理的氛围，为学生潜能的充分开发创造宽松的环境。这对培养学生的"善好奇、会学习、重过程、乐探索"良好学习品质有非常大帮助，还可以帮助教师轻松地完成教学目的，使课堂教学达到形式与内容的完美统一。

讲好物理故事的作用可归纳为四点：一是物理故事能帮助学生理解课堂知识。二是物理故事能提高学生的学习热情。三是物理故事能培养学生的学习方法。四是物理故事能渗透德育教育。例如，教师在教学"电磁感应现象"一课时，可讲述有关法拉第的小故事。

（六）通过新旧知识的联系及背景知识创设真实情境

学生在学校里学到的不是零散的、片面的知识，而是"提炼浓缩"又"易于消化"的系统的、整体的知识。任何知识都是整体知识网络上的一个点或一个结，离开了知识网络，单一的知识将丧失存在的基础。知识只有建立在整体联系中才易于理解、掌握，从而实现其价值。也就是说，旧知识是新知识学习的基础，新知识要么是在旧知识的基础上引申和发展起来的，要么是在旧知识的基础上加深获得的，或由旧知识重新组织而成的拓展与应用，所以旧知识是学习新知识的支撑和基础。

所谓背景知识是指与教材内容相关联的知识的总称。背景知识虽然不如旧知识与新知识的关系那么密切、直接，但背景知识同样是学生学习和理解教材的一种重要的认知基础。如果没有必要的背景知识，对知识的理解和思考往往会受到一定的限制和阻碍。背景知识越丰富的同学，理解知识的水平就越高。

（七）通过问题创设真实情境

问题是学习新知识、探究新问题的出发点，是开启任何一门科学的钥匙。问题是思想、方法、知识得以积累和发展的"驱动力"，是萌生新思想、新方法、新知识的"种子"。学生的学习同样必须重视问题的作用。现代教学论指出，从本质上讲，尽管学生的学习需要感知，但感知不是学习产生的根本原因，根本原因是问题。没有问题也就难以诱发和激起求知欲，没有问题或感觉不到问题的存在，学生就不会去深入思考，学习就只能停留在表层和形式上。因此，真实情境的创设离不开提出问题。

总之，真实情境是多种多样、丰富多彩的，不论教师采用何种教学情境，都要抓住教学情境的实质和功能，即促进学生的有效学习。

【案例】水的物态变化（教学片段）

下面是通过联系生活实际创设真实情境引入新课的教学环节。

问题提出	教师活动	学生活动	设计意图	学生发展
问题1：我们通常见到的水有哪些状态？ 问题2：什么因素发生了变化使它们的状态发生了变化呢？ 问题3：从视频中你看到哪些天气现象？ 问题4：它们都是谁的"化身"？ 问题5：请同学们联系生活实际中的所见所闻，举出你在怎样的环境中见到了水，此时水是哪种状态？	1.请同学们观察下面的视频（教师播放用黄山宣传片制作的视频），回答下列问题 2.今天我们就来学习跟这些"化身"有关的内容，即水的物态变化	回答1：有液态的水、固态的冰、气态的水蒸气。 回答2：是温度的变化使它们的状态发生了变化。 回答3：我看到云、雨、雪、雾、霜。 回答4：都是水的"化身"。 回答5：①烧水或做饭时，饭锅冒出白气——小水珠。②夏天从冰箱里拿出的冰激凌也会冒白气——小水珠。③夏天从冰箱里拿出冷冻的水，一会儿瓶子上就会有一层水珠——小水珠。冬天北方的雾淞——小冰晶。④夏天早晨的雾——小水珠。⑤天空中的云——小水珠或小冰晶。⑥窗花——小冰晶。⑦冰冻的衣服变干了——水蒸气。⑧地面的积水过几天不见了——水蒸气	联系学生生活实际创设真实情境，促进学生学习水的六种物态变化现象。 学习跟水的"化身"有关的内容，即水的物态变化	1.通过回忆以前生活中经历过、观察到的现象，引导学生从生活中观察现象、发现物理问题，培养学生的观察能力； 2.通过对所观察到的现象的描述，培养学生的语言表达能力； 3.通过对问题的分析，鼓励学生大胆发表自己观点，培养学生的参与意识

【案例分析】

本案例创设的情境与问题具有开放性，有助于开启学生的创造潜能，培养学生的创新思维，符合当前教学改革的主旋律。教师依据教学内容设计了多个新颖、开放性的问题能有效激发学生的学习热情和好奇心。

本案例中，教师创设的情境紧密联系学生生活实际。

设计的问题开放，可以使学生回忆起自己的所见所闻，联想起不同的场合所看到的现象，各抒己见，不同程度的学生都能积极回答问题。虽然很多学生开始把白气当成水蒸气，把霜和雪的形成当成凝固过程，但这样可以使错误的认识显露出来，这正是我们物理课堂所追求的效果。开放性的情境与问题有助于培养学生思维的灵活性、深刻性和广阔性。

（1）培养学生思维的灵活性。由于开放性问题的答案不唯一，给学生提供了创造的想象空间，使学生积极开动脑筋，并在寻求多种答案的过程中，提高了发散思维与求异思维，从而培养了学生思维的灵活性。

（2）培养学生思维的深刻性。对于开放性问题，从不同的角度分析，必须利用已有的知识，做出正确判断，才能得出结论，培养学生思维的深刻性。例如，白气是不是水蒸气？让学生列举在生活中见过的升华和凝华现象，特别是有的学生提到人工造雪是何种物态变化时，引起了激烈的讨论。

（3）培养学生思维的广阔性。思维的广阔性是指全面地观察问题，运用已有知识多方面寻求解决问题方法的一种思维能力。在课前导入环节，教师提出开放性问题，让学生举例说出身边物态变化，正是培养这种思维能力的好时机、好途径。

（案例提供：李臣，哈尔滨市第四十九中学）

【案例】究竟谁的错？（教学片段）

在流体压强与流速关系的新课导入环节，教师讲述了这样一个故事：1912 年秋天，"奥林匹克"号正在大海上航行，在距离这艘当时世界上最大远洋轮的 100 米左右处，有一艘比它小得多的铁甲巡洋舰"豪克"号正在向前疾驶，两艘船似乎在比赛，彼此靠得较近，平行着驶向前方，忽然，正在疾驶中的"豪克"号好像突然被大船吸了过去，完全不受舵手的操纵，竟一头向"奥林匹克"号撞去。最后，"豪克"号的船头撞在"奥林匹克"号的船舷上，撞出个大洞，酿成一场重大海难事故，当时无法解释造成这场事故发生的原因，据说海事法庭在处理这件奇案时，也只得糊里糊涂地判处船长操纵不当！是船长操纵不当吗？当时的判处合理吗？

【案例分析】

这个故事可以在学习流体压强与流速关系时作为新课引入使用，也可以在讲完流体压强与流速关系后，对这起事故发生的原因进行剖析，还可以向学生展示我国海军舰队的队形，使学生了解其中的"奥秘"。

教师可以从如下几个方面着手讲好物理故事：一是导入新课时讲好物理故事。二是突破难点时讲好物理故事。三是承前启后时讲好物理故事。四是归纳总结时讲好物理故事。

在物理教学中，适当讲述一些物理学小故事，会使课堂变得更加有趣、生动，提高教学效率。在故事中蕴藏着科学家——人，研究过程——事，研究成果——知识体系等多方面的教育资源，它对学生的教育价值是巨大的。小故事有大作用，一个优秀的物理教师，应善于和学生分享物理故事，使课堂更加生动有趣，既可以丰富教学设计，又可以调动和激发学生的学习热情，从而提升教学质量。

（案例提供：李臣，哈尔滨市第四十九中学）

【案例】向上爬的苹果（教学片段）

下面是通过实验创设真实情境引入新课的教学环节。

情节设置	问题提出	教师活动	学生活动	设计意图	学生发展
分组实验：向上爬的苹果。 器材：每小组一根木棒或塑料棒、一个较大苹果或土豆（图9-2-1）	1.用手敲打棒的上端时看到苹果发生了怎样的运动？ 2.你知道这是为什么吗？请同学们试着回答	1.取一根木棒或塑料棒、一个较大的苹果或土豆； 2.将木棒或塑料棒穿过一个苹果或土豆； 3.用一只手握住棒的上端，另一只手敲打棒的上端（注意不要伤到手）	观察演示实验；观察到苹果向上运动了； （1）苹果没有动，是把木棒打下去了，所以苹果相对于木棒向上运动了； （2）木棒没动，苹果向上运动了； （3）苹果由于具有惯性没有运动，而敲打木棒使木棒向下运动，所以看到苹果相对木棒向上运动了	1.实验器材简单，操作方便，现象明显，与惯性知识联系紧密； 2.为了引入新课内容——惯性； 3.激发学生的学习热情，并给学生留下了深刻的印象	1.通过观察实验现象，培养学生的观察能力； 2.通过对实验结果的分析培养学生的分析问题的能力； 3.通过对问题的分析培养学生的参与意识和表达能力

【案例分析】

这个实验将知识与日常生活紧密联系，使学生有目的、有意识地进行观察和实验。通过分析观察和实验的结果，让学生提出自己的看法，启迪思维，培养观察能力和表达能力。课堂教学中教师重视观察和实验，重视培养学生观察和实验能力，以达到培养学生科学素养的目的。

这个演示实验使用的器材简单，操作方便，教师和学生都能操作。实验现象明显，趣味性强，紧密联系教学内容——惯性。教师自制实验器材，起到了很好的示范作用，可以激励学生建立自己的家庭实验室，促使学生乐于探究，主动开展探究活动。

图 9-2-1

在学生回答问题的过程中，体现出"学生为中心"的理念，让学生在学习过程中充分发挥主动性，给学生创造开放的、和谐的环境，鼓励学生提出问题，拓展思路，各抒己见，集思广益，并解决问题。教师注意了学生之间的相互合作与交流，正确地引导学生积极参加学习活动，使学生的学习不偏离教学目标，并为新授知识做了铺垫。虽然惯性现象在日常生活中是十分常见的，但学生不一定能留意到。这节课以"爬杆的苹果"引入新课，提出问题引发学生的思考，通过实验吸引学生的注意力，提高学生的学习兴趣。

结合实验可以让学生再举几个生活实例，让学生感受到惯性在生活中无处不在，感受物理与生活是息息相关的，培养学生对周围事物的观察能力。同时，注意提醒学生不要在教室或走廊里打闹乱跑，以免由于惯性带来伤害；坐车出行时，在行驶的车上要注意避免由于惯性可能带来的伤害等。还可以在这个实验的基础上拓展：要想实验现象更明显一些，实验器材如何改进？

（案例提供：李臣，哈尔滨市第四十九中学）

对真实情境的问题解决对课堂教学具有重要意义，教师可以着重从以下两个方面入手。

第一，基于真实情境应发挥的功能和作用，从客观规律的角度讲，在教学中教师要注重知识从哪里来，最后又到哪里去的问题，更好地体现从生活走向物理，从物理走向社会的理念。为此，教师要面对不同的教学环节、不同的教学内容，采取不同形式创设情境。

第二，基于真实情境应具有的意义和价值，从主观能动性的角度讲，在教学中教师要注重学生学习知识的心理感受，注重学生学习情绪的调动，调动学生的学习热情，积极主动地完成学习任务，为此教师要根据课堂教学的学习氛围、学生的学习兴趣，采取不同的形式创设情境。

新版课程标准明确提出，核心素养是课程育人价值的集中体现，是学生通过课程学习逐步形成的适应个人终身发展和社会发展需要的正确价值观、必备品格和关键能力。物理课程要培养的核心素养，主要包括物理观念、科学思维、科学探究、科学态度与责任。物理课程旨在促进学生核心素养的养成和发展，引导学生学会学习、学会合作、学会生活，为学生的终身发展奠定基础。其中，可以通过问题解决、合作学习的途径培养学生学会合作的能力，从而促进学生核心素养的发展，充分体现物理学的育人功能。教育是为国家的未来培养人，为时代的需求培养人，未来各行业分工越来越精细，人们面临的问题也越来越复杂，而且往往不是个体能独立解决的，这就意味着每个人都要学会跟不同的人打交道，学会倾听与理解、合作与表达，这都是学生核心素养的体现。

随着现代教育模式的不断丰富以及教育改革措施的落实，初中物理课程需要以培养学生的核心素养为目标，尤其需要培养学生问题解决能力、科学探究活动中的合作能力。在目前的教学实践中，由于教师的教学模式、课程理念等还存在许多问题，容易造成学生问题解决能力差、合作学习不足等情况。因此，初中物理课堂需要加强问题解决、合作学习的认识和推广，以更好地促进学生核心素养的发展。

一、问题解决、合作学习的内涵

问题解决是由一定的情境引起的，按照一定的目标，应用各种认知活动、技能等，经过一系列的思维操作，使问题得以解决的过程。例如，科学探究活动就是典型的问题解决的过程。科学探究环节中的提出问题、猜想与假设构成了问题解决的情境，而要推出结论，必须收集证据并进行一系列认知操作，最终使问题得以解决。

合作学习是指学生为了完成共同的任务，有明确责任分工的互助性学习。合作学习鼓励学生为集体和个人的愿景而一起工作，在完成共同任务的过程中实现自己的理想。课程标准强调，通过发展学生的自主性，使学生学会合作，从课程目标、课程实施、课程评价等方面对促进学生的合作交流提出了具体要求。教师应树立促进学生合作发展的强烈意识和正确思路，在教学过程中注重培养学生的问题意识和合作交流意识，引导学生质疑、调查、探究，在实践中合作学习。同时，教师应关注学生个体差异，满足不同学生的学习需求，创设能引导学生主动参与的问题情境，激发学生的积极性，培养学生掌握和运用知识的意识和能力，使每个学生都能得到充分的发展。

二、走向深度学习的合作学习

（一）合作学习的意义

对教师来说，合作学习模式更符合生本教育理念，在初中物理教学中，应用合作学习模式能有效促进教学目标的实现。教师在合作学习中的角色是学生学习的组织者、引导者和合作者，着力于激发学生的学习积极性，向学生提供宽敞的学习空间，尽可能多地给学生提供参与活动的机会，帮助学生在合作学习活动中真正建立物理观念、形成科学思维、完成科学探究、具有科学态度与责任，成为学习活动的主人。对学生来说，在合作学习中找到自己的优势和定位，建立与教师、教材、同伴以及活动任务的联系，从而提高问题解决和合作学习的能力。

（二）合作学习的价值

问题解决、合作学习是当代中学生必备的两项关键能力。在教学中，采用问题解决、合作学习的方式可以为学生提供交流、合作、探索、发展的平台，促使学生在问题解决中主动运用知识，在问题情境中探索和发现知识，掌握技能与方法，发展创新思维。

（三）合作学习的方式

合作学习主要包括三种方式，一是课前的小组学习。课前预习提纲在前一节课的课后布置，目的是让学习小组根据学习内容的需要，分工协作，课前完成学习任务。由小组长把任务分配给小组成员，由小组成员分别承担子任务，然后汇总每个成员的子任务来完成整个小组的学习任务，小组成员必须在规定的时间内完成各子任务。二是课内的小组合作，是指在课内通过小组活动共同完成学习任务的一种合作方式。创设学习情境、课内讨论、交流和展示是小组合作学习的主要内容，小组和小组之间也可以取长补短，开阔视野和思路，并能培养学生的团队意识和竞争意识。三是项目式合作学习。通过师生合作互助的方式，建立课堂学习与生活实践之间的联系，培养学生的核心素养。项目式合作学习将物理活动课与科学探究有机融合，具有重大的创新价值。四是问题式合作学习。问题式合作学习是指师生之间、生生之间的互相提问、互助解答、互为师生，即互相答疑解难，可以促进学生的语言表述能力和思维发展。

三、通过问题解决、合作学习促进学生核心素养发展的路径

（一）将问题解决、合作学习融入科学探究过程

通过问题情境设置，采取问题解决、合作学习的方式，有效地开展科学探究活动，

是学生全面发展的需要，在初中物理教学中设置合作探究活动，能够实现利用小组分工合作进行物理学习。在探究中，学生之间的合作交流环节多、学习过程愉悦，有助于促进学生核心素养的发展，体现学科教学综合育人的功能。下面以"重力"为例，分析如何将问题解决、合作学习融入物理科学探究过程。

1. 从发现问题走进问题解决的第一阶段

我们生活的世界时时处处都存在各种各样的矛盾，当某些矛盾反映到意识中时，个体才发现它是个问题，并设法解决它。这就是发现问题的阶段，是问题解决的第一阶段。发现问题是解决问题的前提。发现问题对学习、生活、创造发明都十分重要，是思维积极主动性的表现，在促进心理发展上具有重要意义。

【案例】大气压强（教学片段1）

下面是创设情境引起认知冲突的教学环节。

情境设置	问题提出	教师活动	学生活动	设计意图	学生发展
体验大气压强的存在，与原有认知发生冲突	1. 瓶吞鸡蛋：在瓶中放入一个燃着的纸片，鸡蛋会自动进入瓶里吗？ 2. 巧断竹筷：在桌子上放一张报纸，将筷子放在报纸的下方，用手可以将筷子打断吗？ 3. 覆杯实验：用一张硬纸片可以支撑整杯水吗？ 4. 矿泉水瓶提水：用一个矿泉水瓶可以提起满满一瓶水吗？	教师展示四幅图片，配以文字说明实验过程，学生判断此现象的真伪	每名学生都能对教师提出的问题主动思考、做出猜想。 通过4人的小组讨论交流，虽然猜想有对有错，但都进入教师精心设计的情境中，学生激起了对新知识的浓厚兴趣	通过四个趣味实验吸引学生的注意力，引导学生根据实验现象进行猜想，激发学生的求知欲，为后续的动手实验提供了有力保障	学生观察实验现象，发现问题，并思考其本质

（案例提供：伊枫，哈尔滨市风华中学）

【案例分析】

教学中教师首先提出了四个问题，造成学生的认知冲突，再通过四个趣味实验揭示答案，并让学生去体验大气压强的存在，从而在发现问题的基础上，激起学生对新知识的探索。

2. 从分析问题走进问题解决的第二阶段

要解决问题，必须明确问题的性质，也就是弄清有哪些矛盾，矛盾有哪些方面，它们之间有什么关系，以确定所要达到什么结果，分析必须具备的条件、其间的关系和已具有哪些条件，从而找出重要矛盾、关键矛盾之所在。

【案例】大气压强（教学片段2）

下面是学生通过动手实验进行科学探究的教学环节。

情境设置	问题提出	教师活动	学生活动	设计意图	学生发展
理论分析，实践验证	瓶吞鸡蛋、巧断竹筷、覆杯实验、矿泉水瓶提水是不是真的？小组合作进行理论分析、探究验证	教师观察小组活动，并用手机实时投屏。在指导的过程中随时捕捉学生的实验现象，录制实验的动态过程，指导小组合作探究活动	学生利用实验的器材，选择一个或几个问题进行验证。例如，学生展示竖直方向的覆杯实验。有的学生补充做了各个方向的覆杯实验	学生通过动手实验，根据所观察到的现象初步认识到大气压强的存在；在汇报实验时需要再现实验过程；证明大气压是向各个方向的	学生通过实践活动分析问题的能力

（案例提供：伊枫，哈尔滨市风华中学）

【案例分析】

本案例是在发现与学生认知发生冲突的问题基础上，分析瓶吞鸡蛋、巧断竹筷、覆杯实验、矿泉水瓶提起这四种物理现象真伪的问题，教师指导学生分组合作探究，逐步深入地分析大气压强的存在以及证明向各个方向都有大气压强。

3. 从提出假设走进问题解决的第三阶段

在分析问题的基础上，提出解决该问题的假设，即可采用的解决方案。其中包括依据的原则，采取的方法和具体的途径。提出假设是问题解决的关键阶段，正确的假设可以引导问题顺利得到解决，不正确、不恰当的假设则会使问题的解决走弯路或误入歧途。

【案例】大气压强（教学片段3）

下面是提出假设的教学环节。

情境设置	问题提出	教师活动	学生活动	设计意图	学生发展
对大气压强产生原因的微观解释，提出验证假设方案	大气压强产生的原因是什么？	教师通过地球大气层的视频以及微观世界的分子运动图片，向学生展示大气压强产生的原因	小组讨论交流，归纳大气压强产生的原因：气体分子在不断运动和撞击。形成初步验证方案	使学生对大气压强的理解从感性认识上升到理性认识，逐渐形成物理观念	学生实现从学习知识到创造知识的进阶发展阶段

（案例提供：伊枫，哈尔滨市风华中学）

【案例分析】

教学过程中，引导学生提出假设，从微观分子运动的视角解释大气压产生的原因。即当气体分子在容器内运动时，它们不断地高速运动并相互碰撞，这种分子的撞击不仅会使气体内部产生压强，也会对容器壁产生压强。大气压就是由大气中气体分子运动的相互撞击所产生的。为了验证这一假设，教师可以进行扩散实验和水压实验，引导学生分析实验结果，从而加深对大气压产生原因的深入理解。

4. 从检验假设走进问题解决的第四阶段

假设只是提出一种可能的解决方案，还不能保证问题一定能获得解决，所以问题解决的最后一步是对假设进行检验。通常有两种检验方法：一是通过实践检验，即按假定方案实施，如果成功就证明假设正确，同时问题也得到解决；二是通过心智活动进行推理，即在思维中按假设进行推论，如果能合乎逻辑地论证预期成果，问题就得到初步解决。但必须指出，即使后一种检验证明假设正确，问题的真正解决仍有待实践结果才能证实。不论哪种检验如果未能获得预期结果，必须重新提出假设并做出检验，直至获得正确结果，问题才算解决。

【案例】大气压强（教学片段4）

下面是通过实验探究寻求规律的教学环节。

情境设置	问题提出	教师活动	学生活动	设计意图	学生发展
学生设计实验：粗略测量大气压强的数值	大气压强看不见、摸不着，大气压强真实存在吗？	教师提供真空吸盘，弹簧测力计和刻度尺、注射器、小桶、沙子、水、玻璃板等器材。学生分组进行实验设计，粗略测量大气压强	学生通过投影仪、手机投屏、挂图的方式展示测量大气压强的多种实验方案	学生利用多种方案进行估测，经历科学探究的过程，学习科学研究的方法，真正成为课堂的主人	学生在小组合作学习中不断交流、合作，拓宽思路，学会分析、解决问题

（案例提供：伊枫，哈尔滨市风华中学）

【案例分析】

本案例中，教师引导学生设计一个简单的实验来粗略测量大气压强的数值，即验证大气压强真实存在的科学探究活动。通过小组合作探究的学习方式测量所在地区的大气压强的粗略数值，不仅帮助学生了解大气压强的基本测量方法，培养他们实验设计和数据分析等能力。同时，也可以让学生深入了解大气压的影响因素和测量原理。并成功证明实验假设的正确性，最终解决大气压强是否客观存在的物理问题。

（二）基于问题解决，在校本活动课中开展合作学习

小组合作学习是时代赋予校本活动课程的有效学习方式，运用物理原理设计与生活息息相关的问题清单任务，以小组为单位的活动组织形式、让学生在小组合作中学会与人相处、增进友谊、促进分享、发展协作能力、体验共同进步。在小组合作中要调动每个成员的积极性，发挥每个成员的特长，并能取长补短，在团结融洽的气氛中分工协作，有效开展活动。下面结合"桥梁制作"的活动案例，为教师提供借鉴和参考。

【案例】桥梁制作（活动设计）

（一）活动方案

1. 探索——教师引导学生认识和了解不同结构的桥，探究其几何结构对承重力的影响。

2. 设计——小组内部讨论激发创作灵感。

3. 制作——教师引导各小组对纸桥模型进行构思、设计与制作。

4. 拓展——对未来桥梁设计的设想和建议。

说明：教师通过各种桥梁图片和资料，激发学生的积极性，引导学生通过合作进行相关资料的收集。

（二）收集分析资料

1. 收集资料

教师提示查找范围，并结合学生学情研究桥梁的结构。学生对力学还没有进行过深入学习，教师有必要补充必要的力学基础知识，如重力、弹力和摩擦力的介绍，力的合成与分解的知识等，使学生对相关力学概念有初步了解。

学生分成若干个小组，分工合作。课前上网浏览各种桥的资料，各组根据自己提出的设计要求，收集有关资料。

2. 分析资料

各组以合作讨论的形式对收集的资料分析比较，寻求适合本小组纸桥模型制作"初步设想"的有价值资料。

3. 分析材料和技术要求

本次实践制作纸桥模型所用的材料统一为印刷资料的普通用纸和宽度为 8 mm 的透明胶带，桥高不低于 10 cm，跨度不小于 20 cm，质量不超过 100 g。

（三）活动过程

1. 物体几何结构对承重力影响的技术试验

（1）各组用四张 A4 纸，分别做成 U 形、口形、O 形和 W 形四种形状。

（2）各组进行承重试验，学生通过观察和试验，了解用相同的材料组成不同的结构，它们的承重能力是不相同的，从而将承重能力最强的结构用到模型的设计方案中去。

2. 问题思考

根据小组讨论，填写本小组"初步设想"的表格（表 9-3-1）。

表 9-3-1 初步设想

模型是什么类型的桥？	模型的造型是怎样的？有哪些结构？相互是怎样连接的？	制作这个模型要用到哪些材料？需要什么工具？	如何进行模型外观的美化设计？

（四）纸模型桥梁的设计表达

1. 合作设计草图

（1）学生以小组为单位合作设计样稿，用草图表达模型的设计意图。

（2）运用实物投影仪对各小组的设计草图进行展示。

2. 优化设计

教师充分发挥学生的主体性，组织学生交流合作，表达各自的设计意图，相互指出草图设计的合理性、新颖性并提出可以改进的地方，通过引导和帮助，让学生借鉴合理建议，优化设计方案。

（五）纸模型桥梁的制作

教师引导学生讨论模型制作的工艺过程，熟悉制作流程、制作模型所需要的材料和用途等。

教师引导学生通过合作进一步修改模型的设计草图。

（1）模型各部分的连接要用 8 mm 透明胶带粘牢固，教师应给予引导和帮助。

（2）拼接时要进行模块组装，桥墩和桥面分别组装，然后整体组装。

（3）模型组装好之后，还必须进行整体外观的调整和美化，做到结构合理、外观好看。

（六）交流评价

各小组展示和介绍小组制作的桥模型的特点，交流经验和感受。

教师组织学生对展示作品分别进行评价，指出作品的合理性、新颖性及可以改进的地方，提出具体、实用的改进意见。对每组作品进行承重测试，并记录成绩。

教师以鼓励为主对学生活动及作品给予评价，捕捉学生作品的亮点加以表扬。允许学生对问题的解决提出不同方案，引导学生从多角度进行自评和互评。

桥梁制作活动如图 9-3-1 所示。

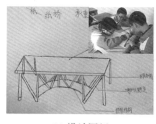
(a) 设计图纸

(b) 教师指导

(c) 小组合作

(d) 成果展示

图 9-3-1　桥梁制作活动

（案例提供：伊枫，哈尔滨市风华中学）

【案例分析】

在此校本活动中，以学生为主体，每位学生都积极参与，填写"初步设想"表格，通过活动将问题逐一解决。在参与活动的过程中，学生成为学习的主人，开展小组合作学习使每个人都获得充分发展。学生通过项目式合作学习，把"初步设想"提升为"设计方案"，学会用绘制草图来表达自己的设计意图，并通过合作交流，优化设计，确定最后的方案。在桥梁的制作环节，教师及时对学生制作过程中出现的问题进行分析和指导，培养学生的创新意识和合作能力。要求学生在学会独立思考，同时还要充分发挥小组的集体智慧，强化合作意识，在互动氛围中共同解决问题。

在实际教学中，教师可以关注以下几点，通过问题解决、合作学习促进学生核心素养的发展。

第一，明确目标任务，掌握问题解决、合作学习的步骤。首先，要充分利用生活实例，把实际生活案例与物理问题紧密结合，让学生在熟悉的学习情境中发现问题，从而以生活情境为载体创设问题，达到问题解决的目标。其次，要让学生明确合作学习的目标和任务，并对操作程序予以说明，培养学生的合作意识，引导学生建立积极的合作关系，分享自己的成果，从中感受到合作学习的必要性。

第二，灵活调控，及时为学生提供指导与帮助。在问题解决、合作学习的实施中，要建立和谐的合作氛围。在小组讨论环节，要引导学生合理分配和利用时间，提高合作效率。另外，安排合作交流的时间要适中，不宜过短，否则，蜻蜓点水式的合作根本达不到目的；也不宜过长，否则学生讨论容易偏离主题，也浪费时间。可以根据学习任务的难易程度和学生讨论的实际情况确定讨论时间，也可以采取更民主的方法，由大部分学生共同决定。

第三，合理评价，激发学生的表达和展示。在问题解决、合作学习的评价中，建议采用表现性评价，关注学生在解决问题的过程所表现出来的核心素养，并形成教学经验，即便面对不同的学生，也有据可循。在小组合作学习结束时，要求各小组展示成果，鼓励学生对同一问题提出不同的看法，积极讨论，激励学生深入思考问题，选择有特色的小组发言，给学生提供优秀的范例参考。

每一个单元都如同物理奥秘海洋中一座岛屿，等待着我们去探索。通过单元整体教学设计，带领学生从宏观视角俯瞰物理世界，把握知识脉络，将知识点融会贯通，帮助学生构建完整知识体系。通过实验教学、案例分析、互动讨论等多元化教学方法，寻找知识宝藏，体验探索的乐趣，激发学生学习兴趣，培养自主学习能力。

一、单元整体教学设计内涵

"单元整体教学设计"是为了实现高质量育人，基于核心素养，研读课程标准，分析教材内容，了解学情，在系统科学思维指导下，从培养学生核心素养的角度出发，按照课程安排与教学计划以大主题、大任务、大概念等为统领，对教学内容进行分析、整合、重组，形成具有明确的学习主题，由确定目标、达成评价、创设情境、设计任务、反馈结果、设计作业等要素构成统筹规划和科学设计，具有系统化、关联性、递进化、科学化特征。实施单元整体教学设计，可以帮助学生理解物理知识，厘清知识间的联系，从整体角度全面地、具体地思考问题、解决问题，从而有效地提高核心素养。

指向核心素养的单元整体教学设计，以大单元为单位进行教学设计并组织实施，更关注学生物理观念的形成过程和科学思维发展过程。教师可以利用链条式、网格式、表格式、思维导图等多种形式促进学生深入理解物理知识的内在联系与核心概念，使学生思维水平不断提升。

教材中的自然单元主要是为学生初级认知服务的，以知识模块为单元，分解概念和规律形成学习的小主题或小问题，而单元整体教学设计更加注重整合教材自然单元，同时注重学生对知识认知的理解和有效迁移，培养学生自主构建完整的、科学的、合理的知识框架，应用单元整体教学可以有效培养学生的知识整合能力和综合判断能力，使物理教学具有科学性、整体性和前瞻性，满足物理学科育人价值的需要。

二、实施单元整体教学设计的重要性

教学是一项复杂的工作，对于教师而言，想要达到预期的课堂效果，就必须认真思考、不断探究，对教学手段和方式进行改进和创新。

首先，从课程理论得知，单元是实现教学目标的基本单位，一个相对完整的教学过程，同时也是学生发展知识、提升思维方法和形成情感态度价值观的基本单位。[①]物理学习需要培养学生的系统思维以及综合分析能力，这个过程可以通过单元整体教学设计来实现，因为单元整体教学设计强调通过综合性课堂活动培养学生自主探究、

---

① 孟红萍.单元整体设计要渗透到整个单元的教学中[J].中国校外教育，2015（9）：55.

研究创造等能力，关注提升学生内在核心素养，促进学生个性全面发展。[①]

其次，从物理学科的知识本身来看，同一个大单元的知识之间联系紧密，前后衔接，不同单元之间不仅相互独立还相互联系，会用到同样的物理学习方法和教学方法等。

最后，学生系统思维能力的提升有助于学生核心素养的培养。日常教学中，概念是一个个地教，定理是一个个地学，学生容易陷入对局部和细节的学习。单元整体教学设计的构想，就是要打破这一传统的教学思路，运用系统观点看待教学，通过知识体系的内在联系将教学内容加以整合。[②]

总之，实施大单元整体教学可以使教师从整体的角度来思考教学，帮助教师找到培养学生核心素养和提升学生系统思维的方法，帮助学生深入理解知识，发展核心素养。

三、单元整体教学设计的特点

相比课时教学设计，单元整体教学设计具有系统性和整体性特点。

这里的系统性是指以大主题、大任务或大概念为中心规划和课时设计，必须是建立在课程标准、核心内容、基本学情的深度分析基础上的"再建构"。

这里的整体性是指在系统分析的基础上组建大单元，进行单元整体教学设计，以及整体规划下的课时设计。单元整体教学设计的基本路径是：确定单元主题→明确单元目标→设计结构化任务或主题性活动→统筹安排与科学设计课型、课时、评价。

单元整体教学设计一般要在教材自然单元的基础上，考虑物理学科及跨学科内容，重组构建新单元，如图 9-4-1 所示。

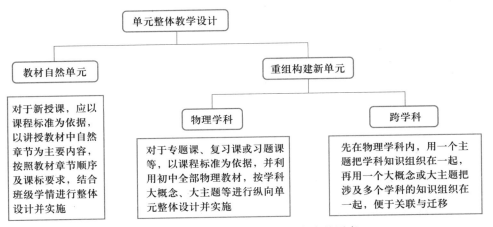

图 9-4-1　单元整体教学设计要考虑的因素

单元整体教学设计的重点就是"整体"，主要体现在整体观念、整体内容、整体目标、整体评价、整体结构、整体视野、整体作业。

① 朱春晓. 单元整体教学设计的实施策略探究 [J]. 中学物理教学参考，2019，48（Z1）：7–10.
② 李宏彦. 基于单元整体教学理念下的整式教学设计 [J]. 数学学习与研究，2019（8）：44–45.

第一，整体观念。单元整体教学不同于一般的学科理念，是物理学科知识的整合，注重把不同自然章节的知识聚合在一起，解释知识之间内在的联系。

第二，整体内容。单元整体教学不仅是所用版本教材单元的内容，更是基于课程标准要求分解的主题单元或问题单元，通过不同版本教材的比较和分析，增加课程的丰富性，满足不同学生的选择性，体现以学生为本的主体性。

第三，整体目标。单元整体教学目标指向运用所学内容解决问题的迁移应用目标，指向核心素养的发展，学习的目的不只是为了得到高分，更是为了提高从做事到做人的终身发展能力。

第四，整体评价。单元整体教学从无评价或只看结果评价，走向逆向设计、结果先行，基于目标设计评价，从"学习的评价"到"促进学习的嵌入式评价"，过程评价（表现性评价）、结果评价、多元评价。

第五，整体结构。单元整体教学包括：知识结构、认知结构、教学结构。分析吃透单元内容，将其问题化和任务化。在一定情境中，赋予其知识策略及行为活动方式设计。改变过去零碎的、不成体系的或"部分 + 部分 = 整体"的知识组织形式，走向大主题、大概念统领的真实情境下的"整体—部分—整体"的任务活动建构方式。围绕一个概念建构概念网络，网络上的节点和通道越丰富，概念理解就越深刻。

第六，整体视野。单元整体教学不再只盯着知识点、考点，而是"左顾右盼，上挂下联"，课内课外、校内校外，将视野从学习放大到生活。

第七，整体作业。单元整体教学的作业基于课程标准，结合教材和学情分析，通过集体备课分层、分类设计，不是照搬教辅资料、对教材"照本宣科"、重复机械训练的作业，有效提升作业设计质量，增强作业实施效果。

四、单元整体教学设计路径

（一）确定单元整体教学目标

单元整体教学目标的确定要以核心知识为载体，指向学生对物理观念和科学思维的理解，指向学生对应用所学知识和方法解决新问题的迁移能力。确定单元整体教学目标的路径如图 9-4-2 所示。

（二）梳理单元知识体系

教师教学方式的转变为学生学习方式的转变提供可能。单元整体教学跳出教材固有编排顺序的束缚，提倡围绕体现单元核心概念的学习主题呈现教学活动。确立单元核心概念是进行整体教学规划的首要步骤。物理学科核心概念是具有概括性的聚合概念，位于知识网络中心位置。[①] 提取物理核心概念需要教师细致解读教材内容，关注知

---

① 李刚. 科学大概念的课程转化研究 [D]. 长春：东北师范大学，2019.

识内部层级，厘清知识与方法、经验和生活之间的关联；找准本单元在课程中的定位及单元教学内容的特点，根据学生发展需求、认知基础和学习兴趣点将核心概念分解为若干个纵横关联的主要概念及下辖的分解概念。[①] 纵横式梳理不同层级、不同角度、不同关系的知识，设置聚焦核心概念的单元整体教学目标。这不仅有利于突出单元教学重点，还能帮助教师准确判断学生学习认知难点。

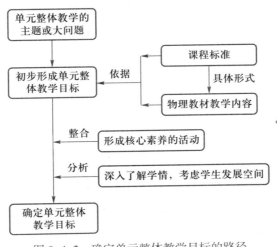

图 9-4-2　确定单元整体教学目标的路径

　　例如，"声现象"单元以声音的产生、传播、接收为主要教学内容，单元整体教学设计便于学生抓住声现象的核心知识及知识间的联系，单元知识体系如图 9-4-3 所示。

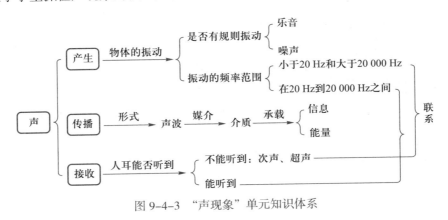

图 9-4-3　"声现象"单元知识体系

（三）明确单元整体教学基本信息

教师可以参考表 9-4-1 明确单元整体教学基本信息。

---

① 王喜斌.学科"大概念"的内涵、意义及获取途径 [J]. 教学与管理，2018（24）：86-88.

表 9-4-1　单元整体教学基本信息

单元基本信息	
单元名称	
单元课时数	结合单元主题和学情，规划具体的课时数目
一、单元学习主题分析	
主题名称	可以使用单元名称或单元名称下更加具体的体现意义和价值的主题名称

主题核心素养目标	物理观念	
	科学思维	
	科学探究	
	科学态度与责任	

学情分析	分析学生在物理方面已有的知识、技能、生活、方法等经验，着眼单元整体描述学情，建议采用经验和数据相结合的方式
单元大概念架构	依据所提炼的单元大概念、大问题，架构起单元大概念统领下的单元知识结构体系、思维能力进阶序列和学科素养培育路径，设计单元学习目标、课堂教学、学生学习和评价反馈一体化系统，并提供给学生必要的学习支架和学习资源

二、单元学习目标设计	
单元整体学习目标	1.单元学习目标应该整体涵盖物理学科核心素养（体现单元是整体落实学科核心素养的学习单位）。 2.可以采用素养整合方式描述学习目标，一条目标可以对应多个素养，并在对应关系说明栏目中简要说明目标对应的主要素养。 3.目标尽可能可测，关联核心素养或学业质量水平

三、各课时学习目标
（聚焦课时内容，符合物理学科要求，内容具体、可操作、可反馈）

	目标要求	目标解析
第 1 课时		
第 2 课时		明确各学习目标达成后，学生的具体表现和评价方式
第 3 课时		

四、各课时任务设计及教学活动

第 1 课时	任务 / 活动 1	
	任务 / 活动 2	呈现教学活动中的学习任务与学生活动，概述教学过程中的物理观念、科学思维、科学探究、科学态度与责任等
	……	
第 2 课时	……	
第 3 课时	……	

（案例来源：哈尔滨德强学校，崔德皓）

（四）选择单元整体教学评价方式

单元整体教学评价是为了测量学生是否达到了预期的学习目标，应立足单元整体教学目标，特别关注大概念的理解水平，有针对性地采用思维结构评价和表现性评价的方式展开。基于大概念的单元整体教学设计主要目的之一是促进学生知识的结构化，思维结构评价关注的是学习过程中学生思维的结构化发展。

教师在进行评价设计时，可以围绕学生对单元基本问题的回答展开，依据答案中蕴含的物理观念、科学思维、科学探究、科学态度与责任等要素的数量和关系，将其划分成不同水平，以此评价学生思维的结构化程度。表现性评价则是针对学生在学习过程中的不同行为表现展开的评价。基于大概念的单元整体教学设计致力于培养学生在真实情境下的问题解决能力，并为此设计了一系列学习任务和探究活动。表现性评价通过对学生完成这些学习任务和探究活动时在合作交流、知识整合、解决应用、成果展示等方面展现的个体差异，把握学生在面对复杂情境时展现的能力水平。

【案例】

根据新版课程标准中"物质"这部分内容的设计旨在引导学生从物理学的视角认识物质世界，了解身边的形态和变化，了解物质的属性、结构与物质世界的尺度初步形成物质观念；引导学生学习科学研究方法，提升科学探究能力，体会科学、技术、社会、环境之间的关系。

环节	情境设置	问题提出	教师活动	学生活动	设计意图	学生发展
创设情境	从生活入手，展示家庭使用的室内输电线图片	【提问】家庭室内输电线的芯线是由什么材料制成的？为什么选用该材料？	【展示图片】教师创设教学情境，并提出问题引发学生思考。教师讲述导线在我们生活中无处不在，为我们输送的电能	【回答】可能是铜，可能是铝，也可能是铁。【思考】思考原因	通过展示图片，让学生体会身边的物理知识，引发学习兴趣，产生学习动机	增强学生的生活经验，形成更多的量化直觉
	展示金属产量及价格给学生提供回答问题依据	【提问】导电性能最强的金属是哪种？【提问】为什么选取该材料制作导线芯线？为什么不选该金属制作导线？	【展示数据】请同学们观察相关信息。	【回答】可能回答由铜制成，铜的导电性强。可能回答铝，因为铝的导电性能也挺好的，市场价格较低。银的成本太高，不可能是银	通过展示相关信息，为学生提供回答问题依据。引发学生学习兴趣	提高学生利用已知信息进行分析、判断的能力

环节	情境设置	问题提出	教师活动	学生活动	设计意图	学生发展
探求新知	展示提供回答问题的依据	【提问】铁和铝的成本较低，并未选择铁和铝，而选择铜了，铜比铁和铝的导电性能到底能强多少呢？	【图片展示】展示两根长度、直径相同，材料不同的导线，引导学生讨论比较方法	【讨论交流】小组讨论如何比较两根导线的导电能力。	让学生比较物质的导电能力	通过合作交流，互相帮助，使学生建立自信，产生学习兴趣和动机
	1.将导体并联接入电路，在相同电压下比较电流大小 2.将导体串联接入电路，在相同电流下比较电压大小	【提问】用什么样的方式来比较不同物质的导电性？	教师进一步引导学生进行总结。	【进行实验】学生分组讨论，设计电路，按方案进行实验，收集实验数据。		
	3.利用伏安法测电阻，比电阻大小	如何设计比较导电能力的电路，并进行实验？	教师组织学生讨论需要的材料：相同长度，相同粗细的铜丝、铁丝（或铝丝）。比较不同小组的实验结论，并与铜、铝的实验数据进行对比，评估误差，确定选择铜的合理性	【回答】思考并写下分析和计算步骤。总结：长度、横截面积、温度相同时，物质的导电能力与其电阻有关，电阻较小的材料导电性能较强	进行实验，培养学生动手实验能力，体验实验过程的乐趣	通过小组讨论、交流，探讨问题，并且让学生成为课堂的真正主人
拓展提升	探索高压输电的材料选择。展示高压输电线图片	【问题】高压输电线是什么金属材料？还用铜导线吗？在选择高压输电线材料时应该主要考虑哪些因素？	【引导】引导学生讨论分析：远距离输电，导线长度很长，而且线上的荷载电流比较大，高压电线比家用导线要粗很多，这样就会带来导线自重过大的问题。导线过重一方面会提高成本，另一方面也容易被拉断	【思考体验】哪些因素影响高压电线材质的选择？讨论后得出答案。【回答】在选择时既要考虑材料的导电性，又要考虑密度等	通过探索户外高压输电线的材料选择，深化问题，增加学生思维深度	培养学生实验探究的能力，以及学生分析和解决问题的能力

环节	情境设置	问题提出	教师活动	学生活动	设计意图	学生发展
拓展提升	展示铜、铁、铝的密度及其电阻率	【问题】铜、铁、铝的密度有怎样的关系？	【展示数据】【引导】学生观察真实高压输电线的特别之处（内有钢芯）。【引导】高压输电线设计钢芯的原因	【讨论交流】小组讨论选择密度适中、导电能力适中的铝。【回答】导线中间有钢芯，是一根钢芯铝导线。【回答】为了增强抗拉性	联系生活实际，从身边的问题着手，以实物为参照，更加清晰直观，易于理解	遵循初中学生身心发展规律，贴近生活，关注学生生长点
反思转新	探索高铁接触网的材料选择。展示高铁列车上方的输电线路图片。【播放视频】（略）播放铜、铁、铝的硬度比较视频	【问题】高铁的接触网是什么材料制成，是不是也用钢芯铝绞线呢？为什么？	【展示图片】展示高铁接触网图片，科普高铁通过受电弓从接触网取电的知识。【展示数据】展示耐磨性和硬度关系，给出硬度测试方法和数据图像。教师：总结出还是需要耐磨性更好的铜作高铁接触网的材料。为增强抗拉性，高铁接触网的线杆之间距离要短于高压输电线	【分析比较】分析比较硬度大小，学习利用图像语言描述性质的方法	将知识运用到实际，促进知识的理解、内化。利用视频展示可更直观形象	以具体事实、鲜活案例、生活经验和基本概念等引导学生进行理性思考

（案例提供：崔德皓，哈尔滨市德强学校；王淳，哈尔滨市实验学校）

【案例分析】

本案例为了探究物质特性的认识与应用，教师以生活中"导线"为钥匙开启整节课，为大概念"物质特性"的相关知识找到应用的载体，从生活出发让学生真切感受到物理来源生活又回归于生活的理念。从家庭使用的导线逐渐延伸到高压输电线，又拓展到科技前沿高铁接触网，从生活中的事物中提出物理问题。让学生从冰山一角去窥探整座冰山，以"小"见"大"。

案例中，教师设置了若干认知冲突，引发学生认知结构不平衡，再利用不同物质的不同特性引导学生不断解决认知冲突，重新建立平衡，从而推进思维的发展。冲突1：家用导线用"铜"，高压输电线用"铝"，高铁接触网用"铜"。冲突2：银和铜比较，选择导电能力相对较弱但成本更低的铜；铜和铁、铝比较，却选择了导电能力更强但成本更高的铜。冲突3：相同条件比导电能力，可直接比电阻大小。不同条件下，比较导电能力时，不能简单比较电阻大小，还需比较物质的其他特性。

本案例围绕家庭导线、高压输电导线、高铁接触网的材料选择展开活动与探究，教学手段多样化，多次采用交流合作的方式解决问题，让学生成为课堂的主人。案例中存在横向、纵向若干个角度的隐含逻辑线索和深层次概念。线索1："选择何种材料制作导线"这一问题的解决暗含了"结构决定性质，性质决定用途"的思想。线索2：家用导线、高压输电线、高铁接触网同为导线但选材不同，表明真实问题的影响因素是复杂的，要多角度考虑，权衡利弊，主次分明，寻找效益最大化的方案。线索3：可以用文字描述、函数描述、图像描述等不同方法描述物质的特性，表明描述世界的方法是多样的。

教师可以关注以下几点，在单元整体教学中培养学生的核心素养。

第一，为了使学生形成对物理知识的整体认识框架，教师在单元整体教学设计过程中应确保教、学、评一致性，让学生明确教学目标，提高学生对物理学习的兴趣，并了解学生物理知识的掌握程度，确保物理教学的高效性开展。学习是在生生互动和师生互动的过程中产生的，共同构建教、学、评一致性的课堂，是进一步提高单元整体教学质量的保障。

第二，单元整体教学设计不仅要根据物理学科本身的特点进行设计，建议更要结合学情，要根据学生的知识结构、兴趣点、思维情况、认知状态和发展规律、个性特点、发展状态和发展前景、生活环境、成就感等切入点来系统地分析学情，从而来确定单元整体设计的大主题和大问题。

第三，单元整体教学设计在课堂教学上更具有操作性，建议运用小组合作式探究学习方式，有利于培养学生核心素养，提高学生的表达能力、自信心和合作能力。在单元复习课时，教师可以采用小组绘制思维导图的方式，将不同自然章节的知识进行联系。

第四，单元整体教学的实施适合采用项目化学习方式。项目学习不仅关注知识的学习、技能的掌握，而且关注问题的情境性和实践性。在项目学习中，引导学生经历科学探究的整个过程：设计探究方案、收集和处理信息、分析和解释探究结果、反思探究过程等，有助于促进学生科学思维和科学探究能力的发展。

如何合理利用现代信息技术促进教学方式的多样化?

信息技术日新月异，为教学方式的创新提供了无限可能。通过灵活运用多媒体、网络、人工智能等技术，我们能够打破传统框架，实现教学方式的多样化，满足学生个性化需求，培养他们的综合素质与创新能力。

现代信息技术，是借助以微电子学为基础的计算机技术和电信技术的结合而形成的手段，对声音的、图像的、文字的、数字的以及各种传感信号的信息进行获取、加工、处理、储存、传播和使用的能动技术。对学生来说，信息技术是学习活动中的一种认知工具，信息技术可以作为课程学习内容和学习资源的获取工具，作为情境探究和发现学习工具，作为协作学习和交流讨论的通信工具，作为知识建构和创作实践工具。我们经常接触到的信息技术主要可以分为图文类、视频类、互动类、信息采集处理等几大类。例如，各种办公软件、白板类软件、网页、微信公众号；学校提供的各种教学视频资源、互联网视频平台、国家智慧教育云平台、慕课平台等；用于实验教学和学习的虚拟仿真实验软件和用于演示数理知识的电子画板类软件；疫情期间居家办公常用的线上办公平台，定制的智能测评系统，学生手机、平板中的答题小程序以及各种学习软件，课堂实验中应用的各种传感器。

教学方式是指教师在教学过程中为了达到教学目的，完成教学内容而采取的行为方式。新版课程标准明确指出"灵活运用多种教学方式，合理运用信息技术。教师要充分发挥信息技术的优势，将信息技术有效融入物理教学，创新教学方式，提升教学效率。同时，应鼓励学生将信息技术运用到物理学习中，帮助学生适应数字时代的要求，提升学生运用信息技术的能力"。随着教学改革的推进，信息技术融入课堂已经不是新的话题，但很多物理课堂的现代教育技术手段还停留在播放软件展示的层面上，因此，如何在课堂中有效融入信息技术是提升核心素养的关键问题。

一、将信息技术融入教学促进教学方式多样化的作用

（一）利用信息技术引导学生自主学习

物理实验在初中物理的学习中占据着重要的位置，学生在发现问题、提出问题、做出猜想假设、设计实验方案、收集证据、分析论证得出结论、交流合作、评估反思的过程中，可以大致了解整个实验过程，但是缺少理论指导和相关基础知识。依托现代信息技术，教师可以让学生在实验之前，通过线上提供的多媒体视频教学资源了解实验步骤、实验设计理念、实验原理等各种信息，让学生课前对相关内容有初步的了解，有利于课堂上通过物理实验构建物理概念，深化对物理规律的认知，领悟其内涵及相互联系，以发挥实验的育人功能，促进学生核心素养的养成。这样可以指导学生

自主学习、自主探究，对学生形成正确的物理观念、科学思维、科学态度与责任感具有重要意义。

（二）利用信息技术突破教学难点

课堂上一些演示实验由视频、动画或者交互性更好的动图来做，有时会得到比实际操作更好的教学效果。借助视频慢放、虚拟实验室、电子画板等各种教学软件辅助传统实验教学，可视化地呈现物理知识、物理规律的形成及演变过程，数据直观、过程动态，既有利于学生了解知识本质，又能活跃课堂气氛，增进师生交流，以此培养学生的直观想象能力，提高课堂教学的效率和质量。[①] 同时，让学生知道科学探究会受到各种因素的影响，在实际操作当中应关注主要因素，忽略次要因素。此外，视频、动画、交互性动图可以反复观看，便于学生更清晰地观察事物的变化。例如，利用快录、慢录、显微摄影等技术手段拍摄的音像资料，可以展示物理过程的细节，其中的交互性动图甚至可以一帧一帧地观看、从不同角度观看，能突破视觉和思维的限制，将抽象的知识变得形象、具体、直观，将单调的公式和数字与运动的图像结合，便于学生理解掌握，帮助学生解决学习难点。例如用慢录快放展示颜料在液体中的扩散，用快录慢放展示足球受力后的形变及运动方向的变化等。[②]

（三）利用信息技术激发学生兴趣，提高学习主动性

兵无常形，水无常势，信息技术种类繁多，根据需要将其融入教学当中，可以使学生在学习过程中始终保持新鲜感，激发学生的学习兴趣，提高学生学习的主动性。

信息技术在初中物理教学中得到了广泛应用，在许多学校的课堂教学中，多种教学软件和硬件已成为教师使用的主要教学手段，电子触摸白板和触屏一体机在教室中普遍使用。利用现代信息技术可以辅助情境教学，教师充分结合学生的生活经验，有目的地创设生动、具体的情境，引导学生从经验中概括并提炼事物的共同属性，抽象事物的本质特征，实现从经验常识向物理概念的转变。通过演示视频或动图创设学习情境，促使学生积极参与、乐于探究、勤于思考，引领学生了解物理学的本质，从物理视角认识自然、理解自然，养成科学思维习惯，增强科学探究和解决实际问题的能力，形成科学态度和正确价值观。以新奇的现象激发学生的兴趣，通过认知冲突引发学生深入思考，进而引导学生从生活走向物理、从物理走向社会，解决实际问题。

（四）利用信息技术科学反馈，根据学情因材施教

在教学过程中，教师在讲完一个知识点之后，可以使用电脑软件或者手机程序面对面即时出题，学生使用手机、平板、电脑等智能终端当场答题，实时对课堂上每个

① 李景志，杜文家 . GeoGebra 在物理教学场景中的应用 [J]. 中学物理，2023，41（7）：18–21.
② 李春密 .《义务教育物理课程标准（2022 年版）》课程内容与教学实施的思考 [J]. 物理教学讨论，2022，40（12）：1–6.

学生的学习情况进行监测，了解每个学生在课堂学习中存在的差异。软件进行信息采集和处理后，可以通过大数据分析班级学生对所学知识的掌握情况，使教师和学生清晰地知道自身问题所在，并根据反馈了解学生真实情况，以开展更加有效的教学。既可以使教学和管理更具有针对性，又提高了学生课堂的参与度。软件能够根据每个学生对知识的掌握情况选择适合学生能力水平的问题，为每个学生布置不同的个性化作业和综合练习，在保持学生对当前知识掌握的同时，查缺补漏，以便因材施教。

（五）利用信息技术拓展教学思路，提高教学效率

传感器在实验教学中具有数据读数快、处理快的优点。为了增强学生的感性认识，通过信息技术手段进行图像的实时显示、存储、绘制等，把测量信号变化的"痕迹"记录下来，使暂态现象凝固化，就可以有效地增强学生的感性认识，加深对知识的理解。利用手机等通信设备上的测量类、虚拟物理实验类应用软件，可随时随地为学生创造实验条件，如利用录音功能展现不同声音的波形、强度等。

（六）信息技术的广泛使用是数字时代的要求

教师应鼓励学生将信息技术运用到物理学习中，帮助学生适应数字时代的要求，提升学生运用信息技术的能力。如今各行各业都开始与人工智能相结合，在很多传统行业，特别是那些需要重复性和精确性任务的职业，将受到人工智能和机器学习技术的影响，人工智能甚至有取代人类个别领域工作的趋势。然而随着技术的发展，即使人工智能会越来越聪明，人类的情感和创造力等素养也依旧是不可替代的。在不久的将来，与人工智能合作将成为每个人必备的能力。所以，课堂教学方式需要为此做出改变，在促进学生全面发展的同时，教师不仅要在课堂教学中更多地应用人工智能，还要鼓励学生使用并挖掘人工智能的更多功能，人与人工智能协同教学也必将发展成为课堂教学的新方式。教师与人工智能协同工作，不仅可以提高教学工作的效率，让教师有充分的时间和精力进行教育教学的改进，也可以更快捷地为学生定制个性化的学习方案，增强学生与教师的有效互动，真正做到因材施教。

二、利用现代信息技术促进教学方式多样化的路径

（一）虚拟实验在课堂教学中的运用

新版课程标准提出："当有些物理实验无法通过传统实验器材完成，或很难达到预期的效果时，可借助信息技术手段，通过数字实验设备等完成，以便更好地发挥物理实验的育人功能。"真实实验注重经历操作，强调体验合作，即通过真实实验经历科学探究过程，由实验数据归纳物理规律，验证物理定律，在实验过程中深入理解物理规律，强化实验探究技能，提升科学素养和科学精神的养成。虚拟实验则重点在真实实验基础上，实现真实实验受条件限制而实验现象不明显，或是与实验结果有较大偏差

的可视化环节。真实实验与虚拟实验相结合，可以使实验教学锦上添花。一些课堂上难以完成的实验，如用水银柱测量大气压等，可以先给学生播放视频，再用虚拟实验模拟一遍实验操作过程，加深学生的印象，提高学习效果。

【案例】磁感线的描绘（教学片段）

　　场是物质的，是真实存在的。而场的性质通常可以用场线描述。电流周围存在磁场，在磁感线的描绘教学中，用软件绘制的动态磁感线图，使抽象的概念具体化，并且通过改变参数可以显示不同条件下场的分布。图9-5-1为使用电脑软件绘制的通电螺线管产生的磁感线动图，这些动图随着控制参数的变化显示出美丽的图形，可以使学生感受到物理世界的神奇和物理规律的美妙。

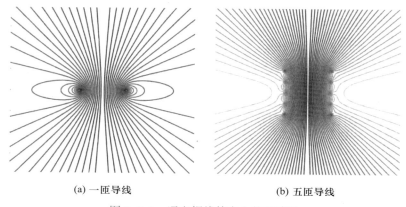

(a) 一匝导线　　　　　　　(b) 五匝导线

图 9-5-1　通电螺线管产生的磁感线

（案例提供：杜文家，哈尔滨市第三十三中学）

（二）发挥软件计算绘图优势，精准绘制实验结果曲线

　　在实验数据的处理中，一般情况下需要在坐标纸上描点，再画出平滑曲线，但由于数据有限，即使使用计算机描点作图，得到的曲线也并不光滑。利用软件强大的数据处理功能，可以先根据实验数据精确描点，再根据分立的数据点拟合曲线，最后根据曲线计算出更多的物理信息。

【案例】晶体（海波）熔化实验（教学设计片段）

　　本实验采用"水浴法"，可以使试管中的海波均匀受热，且温度上升缓慢，便于观察和记录海波的加热时间和温度，通过实验数据绘制出海波的熔化曲线并用曲线确定其熔点。

　　（1）在试管内放入海波并插入温度计，海波的量要适当。

　　（2）在烧杯中倒入适量预先加热温度为40℃的热水，水量以能浸没试管中的海波为准。

　　（3）按教科书上的图例组装实验装置，点燃酒精灯待海波的温度稳定上升到43℃时开始记录，每隔30s记录一次温度，直至55℃时为止。

（4）从海波开始熔化到全部熔化为液体的过程中，要用搅拌棒不断搅拌。

（5）实验后整理实验器材，根据表中记录的数据在方格坐标纸上制出海波的温度随时间变化的熔化曲线，并从中确定海波的熔点。

表 9-5-1 是在晶体（海波）熔化实验中所得到的一组数据。

表 9-5-1　实　验　数　据

序号	1	2	3	4	5	6	7	8	9
$T/℃$	42.8	43.9	44.6	45.0	45.8	46.1	46.7	47.0	47.6
t/s	0	30	60	90	120	150	180	210	240
序号	10	11	12	13	14	15	16	17	18
$T/℃$	47.7	47.9	47.9	47.9	47.9	47.9	48.0	47.9	47.9
t/s	270	300	330	360	390	420	450	480	510
序号	19	20	21	22	23	24	25	26	27
$T/℃$	47.9	48.8	49.0	49.0	49.6	50.0	51.1	53.1	55.8
t/s	540	570	600	630	660	690	720	750	780

学生可以在坐标纸上描点作图，也可以利用软件将表 9-5-1 中的数据以时间为横坐标、温度为纵坐标描点绘制图像，如图 9-5-2 所示。

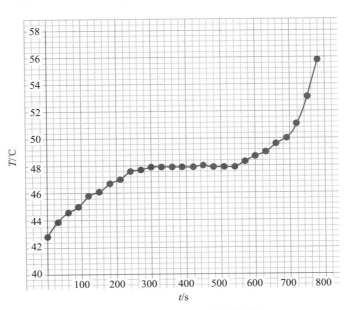

图 9-5-2　在坐标纸上描点作图

（案例提供：杜文家，哈尔滨市第三十三中学）

【案例分析】

在上述案例中，从表 9-5-1 中可以看出，实验测量出来海波的熔点为 47.9℃，教材中的表中显示其标准熔点为 48℃。这可能与实验环境有关，如外界大气压并不是一个标准大气压，也可能是由于海波纯度问题或粉末状海波的导热性不好造成的，还有可能是由读数不准造成的，这些在实验中都是很常见的问题。去掉坐标描点后观察由表 9-5-1 中数据所形成的曲线，由于实验过程中存在的各种客观因素，该曲线不是平滑曲线（图 9-5-3），不利于总结规律。可以通过软件对数据的分析，重新拟合出的平滑曲线（图 9-5-4）。

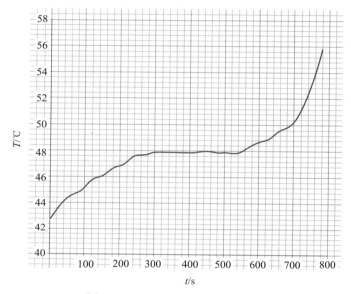

图 9-5-3　去掉坐标描点后的曲线

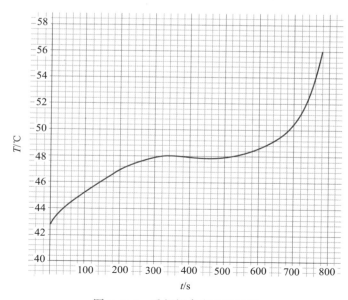

图 9-5-4　重新拟合出平滑曲线

（三）课堂教学应用辅助教学软件，快速反馈学情

课堂教学中应用辅助教学软件可以提高学生的参与度，并快速反馈学情。课堂教学是典型的信息传递过程，如果学生不能快速、准确地获得有效信息，就无法达到及时获取知识的目的，因此，学生获得信息速度与质量极大地影响学生的参与热情。相对于传统的教学方式，辅助教学软件可以大大提高课堂信息采集和处理速度，并提高学生的参与度，不仅能快速反馈学情，也有助于培养学生自主学习和探究的能力。

【案例】电现象（教学片段）

环节	情境创设	问题提出	教师活动	学生活动	设计意图	学生发展
创设情境，引入新课	用塑料梳子梳头时，发丝会随着梳子摆动，头发会变得蓬松	为什么头发会随着梳子摆动？头发为什么会变得蓬松？	组织学生用丝绸摩擦过的玻璃棒或用毛皮摩擦过的橡胶棒，靠近灰尘、头发、小纸屑、乒乓球，观察现象。将问题设计成填空和选择题，在电脑或平板终端显示	在教师的指导下进行实验、观察现象，经小组讨论得出：灰尘、头发、小纸屑、乒乓球都会被玻璃棒和橡胶棒吸引，接触之后还会立即弹开。通过阅读教材或者查阅信息，了解现象产生的原因，小组交流讨论后，利用平板或电脑独立回答问题	联系学生生活实际创设真实情境，实验现象明显，学生感同身受，学生在实验中留下深刻的印象，课堂气氛活跃。全体学生都能参与课堂提问互动，由电脑程序自动批阅并反馈给教师和学生，教师可迅速地了解学情，适当调整教学方案	遵循初中学生身心发展规律，贴近学生生活，关注学习生长点，以具体事实、鲜活案例、生活经验和基本概念等引导学生进行理性思考。关注学生的个体差异，帮助学生建立自信，激发学生学习物理的兴趣和动机

（案例提供：杜文家，哈尔滨市第三十三中学）

【案例分析】

课堂提问要面向全体学生，充分体现"以学生发展为本，以提升全体学生核心素养为宗旨，为每个学生的学习和发展提供机会"的教学思想，调动每个学生思考问题、回答问题的积极性，尽量让全体学生都能够参与学习过程，让每个学生都有回答问题的机会，体验到参与课堂活动和成功回答问题所带来的乐趣。提问对回答问题的人数要有量的要求，每个问题要根据难易及重要程度提问一个人或几个人，有助于学生之间形成一种交流合作、讨论问题的氛围。每节课可使全体学生参与课堂问答，也可以重点关注中低程度学生的参与度，选择适合学生能力的问题，争取每节课都能让绝大多数学生有回答问题的机会，这样可以更好地激发全班学生的学习热情，使他们上课

时集中注意力并积极思考。课堂提问不能满足于个别学生的回答。对个别学生的回答，无论是否正确，都要考虑他的答案是否具有代表性。传统手段很难解决如何使课堂提问真正做到面向全体学生。在电脑、平板上运用智能答题软件，很好地解决了这个问题，学生在课堂上既可以面对面地交流讨论，又可以独立回答问题，教师可以在第一时间得到反馈，及时调整教学方案。

在教学实践中，教师可以着重从以下几个方面入手，合理利用现代信息技术促进教学方式的多样化。

第一，当一些物理现象很难真实呈现时，可利用信息技术辅助手段，让学生比较直观便捷地进行观察。有时学生很难理解抽象的物理概念，使用虚拟实验可以将抽象转化为具体，有助于学生的学习理解。

第二，鼓励学生将信息技术运用到物理学习中，帮助学生适应数字时代的要求，提升学生运用信息技术的能力。例如，上述案例中使用软件对数据进行分析，将温度计更换为热敏传感器并连接电脑，由计算机软件实时记录时间和温度，并形成图像。

第三，教师要积极主动地利用具有互动学习功能的网络学习产品，提高物理课程学习的效率。依托现代信息技术，将部分提问改用智能终端进行回答，采用各种辅助教学软件实时问答，班级里所有学生都能参与互动，教师也可以利用软件的强大统计功能快速掌握学生的学习情况，了解增强师生的有效互动，更好地做到因材施教。

第十章

初中物理教学研究

　　新版课程标准明确了初中物理的课程性质、课程理念、课程目标、课程内容、学业质量和课程实施，强化了课程育人导向。其中，在"课程实施"部分从区域教研、校本教研、教师研修三个方面提出了教学研究建议。要将课程标准对学生核心素养发展的要求落实落细，初中物理教师必须深刻领会国家对人才培养的要求，认真研读课程标准，加强教学研究，不断提升教学实践能力，有效提高教学质量，落实立德树人根本任务。

　　在此过程中，教师需要在教育教学理论的指导下，按照科学的研究思路和方法，在教学实施中开展研究，解决教学实践中遇到的问题。本章聚焦课程标准实施过程中的五个关键问题，即如何做好教学研究？如何有效开发和利用物理课程资源？物理教学如何体现"教—学—评"的一致性？如何在物理教学中落实中华优秀传统文化教育？如何在物理教学中落实革命文化教育？分别从问题阐述、理论回应、案例分析（实施建议）三个方面进行深度剖析，希望为广大一线教师提供有益的借鉴。

新版课程标准在"教学研究建议"部分，从教学研究的角度，对课程标准的研修、理解、实施，从区域教研、校本教研、教师研修三个方面提出了建议。尽管教研活动可以帮助教师认识、认同、理解新版课程标准，但是在课堂教学的具体实施中要产生实际效果，还需要教师进行大量的教学实践才能实现。在这一过程中，教师要有针对性地对具体教学问题进行研究，经历教学研究的过程，形成破解该教学问题的方法，以发展学生的核心素养，提升自身的专业素养，落实课程标准要求。

部分教师还存在不会研究、不知如何入手等问题，这就需要提高教师发现教学问题的能力、应用研究方法的能力、表达研究成果的能力，让"科研兴教"落地生根，让教学研究队伍逐渐壮大。

285

一、教学研究的重要性

教学研究的价值和意义具体表现在以下三个方面。

（一）教学研究能促进教师职业专业化

教师职业专业化决定了教师的教学研究存在三层递进关系：一是学习先进教育理念，掌握教育科学理论体系，具备学科教育和教学能力；二是运用教育科学理论分析和解决学科教学具体问题，提高教学水平和教育质量；三是掌握教育科学研究方法，开展学科教学研究与实验，并通过研究成果反哺教学，提升专业发展水平。[①] 目前，广大教师已经意识到"研究素质"对其专业发展的重要性。教学研究能够促进教学改革，提高教学质量。因此，教师应当朝着成为教育研究、教育科学创新的主体发展。

（二）教学研究能促进教学体系创新化

创新教学体系是教师专业发展的责任。将学科知识在课堂里教"活"是教师教学始终追求的目标。教师如果一直重复已有知识而没有独到的见解和创新，就不能使学生看到自己所具有的那种科学精神，他的教学就是失败的。教学和研究是有机的统一体。研究活动经过实践检验所产生的定理、定律等，在编入教科书后成为教学内容，这些知识是进行更深层次科学实践的理论基础。当教师面对日常生活中的各种问题，通过一门学科的相关命题进行分析，掌握各种事物之间是怎样联系的，就更易于系统地理解一门学科，同时缩小基础知识与高深学问之间的鸿沟，增加直觉思维和创造思维的机会。因此，一个好的教师也应该是一个出色的科研工作者。

---

① 李建辉.教育科研与中小学教师专业发展：基于福建省三市（区、县）的调查 [J].教育研究，2015，36（7）：150–158.

（三）教学研究能促进角色定位发展化

当今教师不再只是凭借熟练掌握的有限知识和肤浅的教学操作方法传授规定课程的教书匠，而是要参与课程设计与建设，承担更多的创造者的任务，并在这一过程中把自己发展成为教育和教学的专家型教师。随着教育改革不断深化，教师要培养学生的个性并为其进入现实世界开辟道路，必将为提升自己的专业水平、追寻自己的发展价值而选择。从角色定位发展角度，教师岗位职责的转变、教学角色的转换、职业价值观的转变也促使教师做好教学研究。

二、教学研究的特点、方法和表达

教学是教师育人的基本途径，教师要做好教学工作，需要有先进的教学理念、精湛的教学能力和足够的精力投入。教而不研则浅，研而不教则虚，教学与研究是相辅相成、互为条件的，只有将教学与研究结合起来，将研究作为教学的组成部分，将研究成果积极应用到教学实践中，才能实现高水平教学。教学研究是一种以教师为研究主体，以发现与解决教育教学情境中存在的教育教学问题为中心的探究活动。下面就从教学研究的基本特点、常见方法和成果表达三个方面进行阐述，让广大教师对教学研究有一定的认识。

（一）教学研究的基本特点

初中物理教师开展教学研究的根本目的是解决初中物理领域中存在的教育教学问题。研究主体为教师本身。因而，初中物理教学研究具有不同于其他群体的教育研究特点。了解教学研究的基本特点，有利于初中物理教师在教学中发现问题，并提炼出有价值的教学研究问题。

1. 研究目的具有针对性

初中物理教师身处教学实践之中，其关注的问题主要是实践中出现的问题以及如何解除它们带来的困扰，以进一步提高教学质量，因此，初中物理教师进行教学研究的主要目的并非为了发现普遍规律、形成或发展教育理论，而是为了解决教学实践中遇到的具体问题，寻求有效的问题解决方案或措施。也就是说，其教学研究的目的具有明显的针对性。

2. 研究内容具有微观性

课堂中的问题是课堂教学实践盛开的花朵、结出的果实，是课堂教学理论创新与发展的源头活水。课堂中的问题既有人的问题，也有事的问题，也有人与事、人与物的关系问题，问题层出不穷，但总的来说有两大类，即课堂中的课程问题与课堂中的教学问题。[①] 初中物理教师虽然有教育理论的宏观指导，但实际教学与班级管理往往充

---

① 王鉴，王子君.论教学研究的独特性及其价值取向[J].课程.教材.教法，2021，41（6）：37–44.

满了不确定性，初中物理教师很难有充足的时间与精力研究教育领域的宏观问题，因此，其研究的内容主要是一些教学领域中的微观问题，即以课堂教学为中心，围绕课程标准、教材和教法等内容展开。

3. 研究成果具有实效性

初中物理教师处于教育教学实践的第一线，能够真切体验教育教学实践中每一个细小的环节，很了解教育教学实践中的困难和需求。通过教学研究，他们可以客观、准确地分析教育教学实践中存在的问题，提出解决问题的设想与措施，进行周密的科学论证和反复的实践验证，最终找出解决这些问题的有效方法，因此其研究成果具有实效性。

（二）教学研究的常见方法

教学研究方法是指研究者在研究教学现象及其规律时所采用的原则、策略、程序、工具、方式的总和，它主要体现"怎么去做"教学研究的问题。了解、熟悉和掌握教学研究方法是保证教学研究的科学性和高效率的必要条件。下面对初中物理教学研究的常见方法进行介绍。

1. 行动研究法

行动研究法是指研究者有计划、有步骤地对教学实践中产生的问题边研究边行动，在研究的过程中通过合作探讨和自我总结，理论联系实际，不断反省研究过程中存在的问题，并不断完善解决方法，以解决实际问题为目的的一种科学研究方法。教师参与行动研究能够提高专业理论水平，更好地为教学实践服务。教师开展行动研究时，学着用自己能够理解的语言文字重新构建教育理论，描述研究结果，学着在自己的教学实践中不断尝试更有效的实践方法。在行动研究的过程中，教师不仅可以发展进行研究所需要的技能，还能提高阅读、解释和应用他人研究成果的能力。

2. 个案研究法

个案研究是指研究者针对单一个或某一类研究对象进行深入研究的过程。研究者需要通过各种方式和渠道搜集资料，加以分析和整理，探求造成某种特殊状况的原因，提出适当的解决问题的对策。"个案"又称为"案例"，指某种具有代表意义的事情。

3. 问卷调查法

问卷调查法是研究者以严格设计的问卷来搜集有关信息的一种调查形式。这也是初中物理教师常用的一种教学研究方法。问卷调查的过程主要包括问卷设计、问卷实施和问卷结果统计处理等步骤。问卷设计决定着整份问卷的质量，是问卷调查中最关键的环节。

4. 文献研究法

文献研究法是研究者通过系统、科学地收集、鉴别、整理各种文献，并对其内容进行深入分析，形成对特定现象的科学认识的方法。文献研究法是一种批判、继承的研究方法，研究者通过对相关文献的比较分析，找出研究对象的内在联系，归纳总结其蕴含的规律，分析其形成的原因，提出新的观点或理论。

5. 比较研究法

比较研究法是指研究者对某种教育现象在不同时期、不同地点、不同情况下的不同表现进行比较分析，从而揭示教育的普遍规律及其特殊表现，得出符合客观实际的结论。研究者在比较研究的过程中，通过观察事物、认识事物、探索规律，得到事物间的相互联系和差异的比较。比较研究法需要教师有较强的资料搜集和整理能力，通过搜集大量的研究资料对有关研究内容进行比较分析；或是通过观察和分析不同的事实，比较不同的教育现象，对所比较的事实、教育现象进行充分的研究，分析其差异、成因和影响因素等。

（三）教学研究成果表达

教学和研究是教师专业发展的"双翼"。教师在研究中不断生成、凝练与表达实践智慧，是其专业发展的本质要求和应然属性。初中物理教学研究成果表达是指采取恰当的方式将初中物理教学成果以一定的可见形态加以沉淀。教学研究是从具象到抽象、从特殊到一般的思维范式变革，因此，教学成果表达就会表现为以反思为内核、以转化为表征的学术整理过程。这个过程基于具体的教育情境，着力揭示成果的深层结构及其适用条件，文字则是实现这种表达的重要载体，因而遵循"文以载道"的基本原则，按照问题解决的特定逻辑结构，从宏观和微观两个层面对成果加以提炼，形成可见、可阅、可解的文本形态，实现对初中物理教学研究成果的固化。[①] 下面对常见的教学研究成果的撰写方法进行介绍。

1. 学术论文的撰写

学术论文是对初中物理教学领域中的问题进行探讨、研究，描述教学研究成果的文章。撰写学术论文是在教学研究的过程中或在某项研究结束之后，对研究成果进行较为系统的思考、完善、整理或阐释。学术论文的撰写一般要经历如下"五个阶段"。

（1）选定问题

确定一个好的论文选题等于成功了一半。学术论文可以从以下方面进行选题：①课堂教学实践中所遇到的突出问题和难题；②教育管理实践中遇到的难点、热点问题；③从教师自身阶段性的成功、失败经验的总结、反思中提炼；④从他人课题研究成果中提炼；⑤从各种文献资料中筛选挖掘；⑥从本学科与其他学科的交汇点选取；⑦在国内外教育改革信息热点和前沿中寻找问题。[②]

（2）命名标题

标题是论文的中心观点，一般要简洁、精练、概括、新颖、巧妙，要求能点明主题、准确得体、简短精练、鲜明醒目，便于索引，字数尽量在 10 ~ 15 字内，最长不超过 20 字。若因字数限制，标题难以完全表达论文内容时，可以使用副标题，对标题

---

① 王真东，尧逢品，杨贤科. 实践视域下的中小学教育科研课题成果及其提炼 [J]. 教育理论与实践，2022，42（11）：3–7.

② 丁玉祥. 中学物理教学论文撰写中常见问题的病因诊断及写作指导 [J]. 云南教育（中学教师），2010，627（12）：33–35.

作进一步补充说明。

（3）拟定提纲

拟定提纲一般由略到详，在落笔写作之前，一定要针对主题，把思路理清，列出一个符合逻辑的提纲轮廓：可先把每个章节或部分整理成短小的单元；仔细思考这些单元的表述顺序；删去不必要的章节。通过副标题和分部表述的标题顺序，将性质相近的单元进行归并，列出总的提纲。

（4）撰写初稿

初稿的写作不要求尽善尽美，有时可以是意识流的记录，贵在全神贯注、一气呵成。当然也可分部撰写，先写已深思熟虑的部分、重要部分、好写部分。通常，论文的首段主要是提出问题，即说明论文的写作目的，做到文字简短；论文中间主要是解决问题，要求结构严谨、层次分明、逻辑连贯，且小标题整齐对称。论文结尾主要是反思升华、得出结论，要求简短总结、语言优美。

（5）修改文稿

人们常说："好文章是改出来的。"修改文章一般可采取"三轮修改法"：第一轮修改：逐字逐句阅读，看有无漏字、别字；标点符号是否正确；语句是否通顺、有无口语；公式、物理量所用字母、专业术语是否规范。第二轮修改：看对问题的论述是否严谨，是否符合逻辑，结论是否科学。第三轮修改：看篇幅是否冗长，删除多余部分，使文章精练。总之，初稿修改是撰写论文的重要工作，要一丝不苟。正所谓"精雕细刻出精品，千锤百炼铁成钢"，要力求使文章臻于完美。

2. 研究报告的撰写

教学研究本质来说是循环往复，更准确地说是螺旋形的，而撰写研究报告只是对一段研究工作的总结与梳理。研究报告是一项研究的结束，是研究者客观地、概括地介绍研究过程，总结、解释研究成果。好的研究报告可以很好地反映研究者对相关理论和实践的思考。研究报告主要包含以下九个部分的内容。

（1）课题的提出（研究背景、课题的缘起等）

该部分主要交代课题研究的起因和基础，文字表达宜简洁、明了，要紧扣课题名称中的核心关键词，依据相关背景因素中的不同层次，逐层解释。

（2）概念界定

该部分极为重要，堪称研究报告之"凤头"。可以理解成对课题名称的特定注解，第一时间帮助研究报告的研读者确认课题组的研究定位，其表达及思路宜前后贯通，细致确切。可以从课题名称出发，将关键概念层层析出，从重要到次要，逐一理清。

（3）理论依据

该部分重点介绍课题研究的相关指导性理论，要求体现科学性、相关度。一般涉及高位的教育、教学、管理方面基本理论流派的相关理论，也可以是中位的相关教育政策和教育教学指导纲要，还可以是低位的同一领域其他研究业已证明有效的具体策略和方法。

（4）主要研究目标和内容

研究目标部分主要指明方向和意愿，表述宜条目化，每一条两三句即可，条目之间一般要呈现递进关系。研究内容的本质是课题组对课题研究定位再审视和工作任务化，要与前文中的"概念界定"和后文中的"研究成果"形成呼应，承上启下。

（5）研究方法

该部分根据研究的实际情况，将主要采用的研究方法一一呈列。建议在列举研究方法名称之后，用简洁的语言点出科研方法的定义，更要个性化地补充介绍本项研究进程中此类科研方法的运用阶段和具体功效。

（6）研究步骤

研究步骤是研究工作的规划图和进程表，安排要合理，推进要规范。基本包括阶段时间、阶段任务、具体负责人、阶段性成果等要素。该部分可以分段说明，也可以用表格形式呈现。时间划分宜粗不宜细，一般是以季度或半年为界。

（7）研究成果

该部分的篇幅常常占整篇研究报告的一半及以上，甚至可以说，报告中的其他部分都是为"研究成果"做铺垫的。特别要提醒的是，相关研究论文等，其本身并不是研究成果，而只是承载研究成果的系列文本而已，因此，切忌以简单列出论文发表、活动获奖、校本教材出版等目录来代替真正的"研究成果"。研究成果要立足于课题的整体设计、系统落实，有针对性地回答问题。也就是要将研究进程中思考的问题、搜索的资料、有益的尝试、科学的验证、确切的结论清楚明白地表达出来。课题组要综合提炼多篇相关论文的系列观点，整合地表达研究成果。

（8）研究后的思考

该部分主要是做课题研究的整体反思，指出研究尚有欠缺的地方并思考主要原因，明确相关主题的后续研究方向等。

（9）主要参考文献及著作目录

该部分是结题报告的附录部分，通常以文献研究的规范格式列出撰写本报告所参考的相关资料。

【案例】电流做功与电功率（复习课教学设计）

下面以"电流做功与电功率"章末复习课教学设计为例[①]，呈现教学研究成果的形成过程。

（一）研究的源起

在倡导培养学生核心素养的今天，基于核心素养的教学设计是广大教师研究的方向。复习课作为物理教学的一种非常重要的课型，对培养学生核心素养有着极其重要的作用。因此，以提升学生核心素养为目标，对复习课的教学进行深入研究，具有非常重要的价值。

① 夏波．提升学生核心素养的复习课教学设计：以"电流做功与电功率"章末复习为例[J]．中学物理教学参考，2016，45（23）：27-30.

第十章　初中物理教学研究

（二）研究的过程

首先，应用文献研究法，收集与初中物理复习课相关的文献，并对收集到的文献从理论层面和案例层面进行系统的研究，了解当前的研究进展，明确自己的研究方向，提炼提升学生核心素养的复习课教学策略。其次，应用行动研究法，将已形成的教学策略应用到实际教学中，不断优化和应用，以形成具有操作性、推广性的教学策略。

（三）研究的成果

当研究的教学策略成熟后，对研究过程进行系统的思考，撰写学术论文。该文以"电流做功与电功率"章末复习的教学设计为例，从挖掘核心素养、经历教学环节两个方面，以科学知识、科学方法、科学精神与态度、科学应用为序设计教学环节，提升学生的核心素养。

1. 该文的第一部分——"挖掘核心素养，理清设计思路"

物理课程作为自然科学领域的重要基础课程，在培养学生方面的价值主要体现在科学知识、科学方法、科学精神与态度、科学应用四个方面为学生今后生活和工作做准备，使学生形成终身发展所需的正确价值观、必备品格与关键能力，形成学生的物理学科核心素养。教师可以依据课程标准，结合教材，对本章要培养的核心素养挖掘。

例如，在科学应用方面，该文作了如下阐释：学习知识的根本目的，是利用所学的知识去分析解决实际问题，这也是学生最重要的一项生活技能。在章末复习时，教师可以命制出能代表本章核心知识或联系生活实际的习题给学生练习。通过研究发现：在章末复习时，要突出四类核心问题的处理方法，即电能表及其相关计算，电流的热效应及焦耳定律，"伏安法"测电功率，电功和电功率的有关计算。

2. 该文的第二部分——"通过教学环节，提升核心素养"

这部分设计了四个环节，即"建构科学知识，百花齐放""提炼科学方法，贵在应用""搜寻人物历史，内化精神""整合精编习题，提升能力"。

例如，在"整合精编习题，提升能力"环节，该文作了如下阐释：章末复习课，离不开高效的练习。习题的选择要"准""精""全"。"准"是指选题一定要直击考点，因此，选题应建立在试题研究的基础上；"精"是指针对各考点的选题要精，切忌盲目地陷入"题海"；"全"是指在"准"和"精"的基础上，设计能全面考查某些考点的习题。根据"三原则"，针对本章内容设计了四道习题供学生课堂练习。

（四）研究的反思

新授课教学应注重学生核心素养的培养，复习课教学应注重学生核心素养的提升。这项研究就是针对提升学生核心素养的复习课进行的，经历了科学研究的过程，形成提升学生核心素养的复习课教学策略，同时得出研究结论：提升学生核心素养的复习课教学设计，强调在课前学生自主经历构建科学知识、提炼科学方法、内化科学精神和态度的过程；在课中通过生生互助和师生互助提升科学应用能力，从而提升核心素养。

提升学生核心素养的复习课设计

【案例分析】

该案例以"电流做功与电功率"章末复习的教学设计为例，从挖掘核心素养、经历教学环节两个方面，以科学知识、科学方法、科学精神与态度、科学应用为序设计教学环节，提升学生的核心素养。培育学生核心素养是新课标的新要求，是广大教育工作者研究的重点，该案例从初中物理众多课型中的复习课为切入点，对提升学生核心素养的复习课进行了深入细致的研究，形成了相应的教学设计策略和案例。从教学研究的基本特点来看，该案例研究的问题，符合当下的热点，切入点小，并取得了成效，因此，具有针对性、微观性、实效性等特点。从教学研究的常见方法来看，该案例形成了提升学生核心素养的复习课教学设计策略，并在实践过程中不断反省研究过程中存在的问题，不断优化和完善相关策略，运用了行动研究法；形成的策略是在大量的案例研究基础上的提炼，也经历了大量的案例研究的检验和优化，并以"电流做功与电功率"章末复习为案例进行了呈现，运用了个案研究法。从教学研究成功的表达来看，该案例采用了学术论文的方式进行表达，经历了论文撰写的"五个阶段"，具有学理性和实践性，可以为复习课及其他课型的研究提供借鉴。总的来说，该案例体现了教育研究的基本特点、运用了教育研究的常见方法、用学术论文的形式表达了研究成果，较好地体现了如何做好教育研究。

新版课程标准的颁布，对进一步推动我国初中物理教育改革，发挥初中物理课程的育人功能，产生了积极的影响。教师是学科教育的实施者，一定要加强对新课标的认识与理解。因此，开展教育研究，对于改进初中物理教学、提高教学质量，具有重要意义。在区域教研中，要发挥三级教研体系的联动作用，建设一支新课标的研修队伍；在校本教研中，要结合校情开展新课标的研究，提升教师的科研能力及专业素养；在教师研修中，要从个人的专业理论、实践认知等出发，针对教育教学中的重难点进行研究，以提升个人的专业能力和综合素养。当前，我国基础教育教学改革正步入深水区，新课标、新思想、新理论等问题急需从理论和实践层面予以回答。这就要求教师们平时要善于学习、勇于实践、勤于总结、敢于创新，做好教育研究，实现自我发展，在专业领域上取得成就。

课程标准在"课程资源开发与利用"部分，从重视文本课程资源的开发与利用、加强实验室课程资源的开发与利用、发挥多媒体教学资源的优势、注重社会教育资源的利用四个方面提出了建议。课程标准倡导教师应依据学生发展阶段、教学内容特点、教学资源等的情况，灵活选用教学方式，促进教学目标的有效达成。丰富的物理课程资源是教师灵活运用多种教学方式的必要条件。物理教师要认识到课程资源对发展学生核心素养的必要性，知道如何有效开发和利用物理课程资源。

一、课程资源开发与利用的重要性

在物理课程资源开发和利用方面，为了解决部分教师主观认识不足、受客观条件制约，以及部分学校的资源整合不足等问题，学校应尽可能为教师提供开发与利用物理课程资源的条件，使课程资源系统化、优质化。其价值和意义具体表现在以下三个方面。

（一）符合课程改革要求

不论是物理学科发展对课程资源的要求，还是我国基础教育课程改革和课程标准对物理课程资源的需求，物理课程资源的开发与利用都具有广泛重要的意义。具体来说，首先，它对促进教学论的研究和课程论研究内容的充实非常有利。其次，它对物理教与学的方式转变非常有利。使用新创造的资源，对学生和教师都是一种眼界的拓展，有助于培养学生的创造力，发挥学生的合作精神。再次，它对物理课程实现更好的发展，实现物理学科自身多元化的价值也是非常有利的。

（二）符合物理课程性质

物理课程是自然科学课程的重要组成部分之一，从初中物理课程的性质和价值及基本理念，可以看出初中物理教育的目的，既能体现物理学本质，又能使学生掌握物理知识，提高学生学科素养。物理学以物理概念为基石，以物理学的定律为支撑部分，建立起了物理学的大厦，在初中物理课程教育阶段中，最大的特征就是要秉着物理学科的教育目的，兼顾学生年龄和环境因素等的影响，因地制宜，将物理教育的本质体现出来。[1] 从教材的编写到教学内容的选择，都应重视学生生活环境因素的影响，选取生活实际相关的课程资源，有助于课程目标的达成和学生情感、态度及科学价值观的培养。

---

① 李双艳.高中物理课程资源使用现状比较调查研究 [D].南京师范大学，2017.

（三）符合物理教学观念

物理教师承担着传播物理知识培育物理育人才的重要责任，是"人师"与"经师"的统一体。在大多数情况下，物理教师的施教活动都是在没有监督的情况下进行的，在具体的教学活动中，他们的课程资源观和教育观念起着非常重要的作用。[1] 有什么样的课程资源观和教育观念，就有什么样的课程资源选择方法与教育方法，就会产生与之相应的教学行为。当前，物理教师的物理教学观念在不断发展，逐步从"教教材"走向"用教材"。对于课程资源，大多数物理教师能自觉加强课程资源意识，提升对课程资源的感知能力，认真挖掘周围的课程资源，开发与利用身边丰富的课程资源为自己的课堂教学所用。

二、课程资源开发的基本原则和途径

随着新版课程标准的颁布，物理课程资源作为一个重要的概念被提出并引起了教育工作者的关注。它是物理课程的组成要素之一，也是课程实施必要且直接的条件。物理课程资源的开发和利用的程度将直接影响课程目标实现的范围和水平。新版课程标准要求物理教学贴近学生生活，加强物理与社会、技术、生活的联系；同时，物理课程应关注学科间的渗透，注重学生全面而个性地发展，发展学生的核心素养。而课程理念的实现都必须以丰富优质的物理课程资源为基础。下面从物理课程资源的含义及分类、物理课程资源开发和利用的基本原则、物理课程资源开发和利用的基本途径三个方面进行阐述。

（一）物理课程资源的含义及分类

物理课程资源是指学习物理课程可利用的所有资源，包括文本资源、实验室资源、多媒体资源和社会资源等。

1. 文本资源

文本资源包括物理科普、物理学史、科学家故事、著名物理实验、中国古代科技、现代科技前沿等方面的书籍和报刊等，可以激发学生学习兴趣，扩展学生视野，有助于学生更好地理解和运用所学物理知识，并从中学习科学家精神。

2. 实验室资源

实验室资源包括专门的实验室、基本仪器设备、自主开发的物理实验器材、数字化实验仪器、综合实验室等。学校可以安排充足的学生实验和演示实验，指导学生开展感兴趣的拓展实验，合理安排跨学科实践。

3. 多媒体资源

多媒体资源包括音像资料、多媒体软件、互联网数据库等，可以让学生了解科学

---

[1] 李俊永. 陕北地区中学物理课程资源开发与利用的调查及其对策研究 [D]. 延安大学，2014.

技术最新成果，关心科技发展，使信息传递多样化，教学活动智慧化，使物理课程的学习更加生动、直观、高效。

4.社会资源

社会资源包括科技场馆、少年宫、科研院所、高等学校、工厂等机构，可以丰富、拓展物理学习资源。学校可以合理安排并组织学生参观考察、实践体验、实验探究等活动，还可以利用科技工作者资源，开展"大手牵小手"的科普活动等。

（二）物理课程资源开发和利用的基本原则

1.指向性原则

物理课程资源的开发应遵循指向性原则，既要指向物理，又要指向学生。初中物理课程资源的开发要与物理科学发展相适应，教师在开发课程资源材时，要深入思考隐藏在物理学科领域中的深层次的知识和物理原理，即指向物理。初中物理课程资源的开发要基于学生的物理知识学习，要适应学生的个性、能力、经验和现实生活的需要，设计科学、合理的课程资源学习规则，即指向学生。

2.互补性原则

与传统的文本文献资源相比，网络资源具有开放性、共享性的特点，信息量大，涉及范围广，交互性强，使用方便。其强大的交互功能，使得原本复杂、枯燥、抽象的物理理论具体化、形象化、生动化，提高了学生学习物理的兴趣，增强了教学效果。对于物理教师来说，网络技术为其授课提供了有力的帮助。基于网络，教师可以随时了解物理学前沿动态，可以交流授课经验和体会，可以参与试题分析与评价，可以参与物理课题的讨论与交流。将网络资源开发为物理课程资源时，要坚持文本文献资源和网络资源的互补性原则，过分依赖其中一种资源是不可取的。

3.实用性原则

课程资源的开发和利用要遵守实用性原则，切忌开发和利用难操作、难实施的课程资源。实用性是指课程资源的开发和利用要针对学校、教师、学生的实际情况量力而行。课程资源的开发和利用是为了初中物理课程目标的有效达成，因此，针对不同的物理知识应该有开发和利用与之相应的课程资源，而且，必须研究和确定学生的实际情况，应用最近发展区的原则，从学生可接受的实际水平出发，开发和利用能促进学生主动学习、和谐发展的课程资源。

4.开放性原则

这里的开放性原则包括类型、空间和途径的开放，不局限于某种特定的课程资源开发方式。在开发和利用物理课程资源的过程中，要尊重学生的个性发展和选择，激发学生的学习兴趣，要以包容的态度对待一切自然资源和人类文明成果。

5.经济性原则

课程资源的开发和利用要遵循经济性原则，尽可能最大限度地利用现有的基础资源，以最小的投入达到最佳的教学效果，其中，本土资源是最主要的基础资源。在考虑经济因素的前提下，开发对当前物理教育教学有现实意义的物理课程资源，既不超前亦不落后，已开发的物理课程资源应尽可能实现共享最大化，建立广泛的物理课程资源库，使其价值最大限度地发挥出来。

（三）物理课程资源开发和利用的基本途径

1. 充分开发与利用教科书等文本资源

常用的文本资源主要包含各种教科书、教师教学用书、教辅用书、科技图书、报刊等。充分开发与利用文本资源，可以培养学生收集信息、处理信息、分析信息的能力。

（1）教科书是初中物理教学重要的文本资源。在充分开发和利用教科书资源时，教师不能仅仅依赖一本教科书，要将不同版本的教科书内容融合到课堂中，还可以参考其他国家的教科书，扩大学生物理学习的知识面。

（2）以应付升学考试为目的的教学资料和教辅材料，有相当一部分与课程改革的理念相悖，学校和教师应按照课程标准的理念，对各种教学资料进行筛选。

（3）科技图书可以扩充课外学习知识。物理教师应充分利用学校图书馆，指导学生尽可能多地阅读课外科技图书，拓宽知识面，激发学生热爱科学的兴趣和探索科学的热情。学校的图书馆应向每一名学生开放，让学生能够根据自己的学习兴趣自由查找书籍资料，使课程资源得到更好利用。

（4）科技报刊也是物理课程重要的文字课程资源。教师要引导学生关注报刊上的科技信息，了解科学技术的新进展以及社会发展中的问题对科技发展提出的挑战，使学生将来有应对这种挑战的勇气。许多物理教师经常对报刊上的科技信息进行收集整理，有计划地充实到物理教学中，有些教师还让学生自己利用报刊上的科技资料，出科技墙报等。

例如，教科书既是平时教学的重要依据，也是中考命题的依据。在教学中，教师应在理解教科书逻辑结构的前提下，从文、图、题等方面挖掘教科书内容，提升学生物理学习的质量。具体教学方法如下：（1）为学生解读教科书上物理概念、定律的意义，加深学生的理解；（2）尽可能地将教科书的图片实物化、情境化，带领学生一起探究，得出结论；（3）通过对教科书例题和习题的拓展，让学生巩固物理知识并总结解题方法。在复习时，教师可以在学生已有的知识基础上，和学生一起对教科书上的图片和习题进行跨章节的拓展，这样不仅复习了相关知识，而且建构了知识之间的联系。[①]

2. 充分开发实验室课程资源

物理课程改革将培养学生的科学探究素养作为目标之一。科学探究对于物理的学习起着十分重要的作用，科学探究不仅能够培养学生的动手创新能力，在实践与理论相结合的过程中，还能提高学生的核心素养。在现有学校设施的条件下，物理教师应发挥主观能动性，拓宽物理实验资源的范围，可以从以下四个方面进行开发。

---

① 夏波. 重教材 重生活 重探究 重思维：2020 年重庆中考物理试题特点和启示 [J]. 物理之友，2021，37（7）：44–46.

（1）将旧的物理实验仪器改造、重组。实验室有些物理仪器已经老化或损坏不能再使用，物理教师则可以组织学生将废旧的仪器进行拆卸，这既可以让学生了解仪器的构造，还能培养学生的动手能力，为学生进行小创造、小发明做准备，而拆卸得来零件则可以保存下来作为制作教具的资源。

（2）从生活体验、经验中开发物理实验资源。人类在生活过程中对每件事情有不同的体验，将这些体验引入到物理教学中，就成为最直接、最具体的课程资源。利用学生亲身体验过的感觉来辅助建立物理概念、理解物理规律，要比直接讲述更简单、生动。

（3）利用生活中的材料制作教具。低成本物理实验既可以解决或缓解实验器材短缺问题，又可以提高学生学习物理的兴趣、培养学生的实践和创新能力。同时，物理教师可以引导学生动手做教具，提高学生的实践能力。

（4）充分开发利用魔术、游戏等趣味物理中的实验资源。物理教学不仅可以与生物、化学等自然科学有机结合，还可以与艺术相互渗透，使学生感受物理的美，物理的妙趣。

例如：利用俯拾皆是的生活材料来设计物理实验，可以做到形象生动，趣味性浓，简便易做。不仅可以使学生对物理现象获得具体生动的感性认识，加深对概念和规律的理解，而且还具有情感教育的重要价值，使学生深刻地感受到物理知识就存在于生活之中。在讲"大气压强"时，大部分老师会用"瓶吞鸡蛋""覆杯实验"等实验作为新课导入，但这些实验比较常见，可能有部分学生已经看过，对它不感兴趣，这时可以把实验改动一下变为新的实验，增添它的趣味性，使它更能吸引学生的注意力。用酒精灯加热装有少量水的烧瓶，当水沸腾瓶口上方出现大量"白气"时，用气球的口把烧瓶口封起来，同时把酒精灯移开。让学生猜想这个气球会怎么样。学生们都认为气球会在瓶外变大，结果他们看见气球慢慢地被吸进烧瓶里面，并在瓶里逐渐变大。意外的结果就是学生的疑惑点与兴奋点，学生带着强烈的求知状态进入新课的学习。[①]

总的来说，实验室作为科学探究活动的载体，其中的科学仪器是重要的课程资源。学校应该定期将实验室向学生开放，很多初中学校的物理实验室只是上课时老师带着学生使用，课后就直接关闭，不向学生开放，这不仅给实验资源带来了浪费，还不能够让学生很好地了解和使用实验设备，所以，学校应该将实验室从封闭转向开放，让学生在不损坏器材的前提下，能够利用实验资源积极开发与探究。同时，学校应加强实验室的资金投入，课程标准中要求的实验应有配套的实验设备，做到学生有实验仪器可做；增加演示实验仪器供物理教师使用。

3. 充分开发多媒体课程资源

随着现代信息技术的飞速发展，多媒体课程资源给物理课程的学习带来了极大的便利和不错的效果。多媒体课程资源的开发和利用，丰富了物理教学的内容，不仅能增加学生的学习兴趣，还能帮助学生掌握基础知识，了解复杂实验的操作步骤。

（1）幻灯投影片、挂图、录像带、视听光盘等资源的收集应注意三点：一是收集

---

① 黄悦.谈初中物理实验资源开发和利用的途径 [J]. 物理教学，2013，35（9）：35–37.

学生难以见到的、有重要物理意义的、展示科学技术发展的实况录像，如航天发射、大型船闸、风力发电机、农村的水磨、医学上的激光手术刀等；二是利用快录、慢录、显微摄影等技术手段拍摄的音像资料，向学生展示物理过程的细节；三是收集课堂上难以完成的实验录像资料。

（2）多媒体软件以其交互性和超文本链接的功能显示出它在物理教学中的巨大发展潜力。例如，通过一些智能型软件，当学生输入条件后，它按照科学规律自动给出正确的情境。这种教学软件可以丰富学生对物理情境的感性认识，深化学生对科学规律的理解。对于初中物理实验室中不能完成的实验，这类软件的作用更为重要。

（3）做好互联网及数据库的建设，将网络技术与基础教育课程改革深度融合，极大地丰富了课程资源。教育部启动了"校校通"工程，不少学校已建成局域网，这为物理课程资源的开发和利用提供了良好的机遇。教师应充分利用好"国家中小学网络云平台"，帮助学生学习相关内容。同时，鼓励学生通过多种渠道，利用网上教育资源开展自主学习。

例如，新课程理念要求为学生提供多感官的教学情境，丰富的多媒体资源能够大大提高教学效率。优美的图片、动听的音乐，能让学生领略到物理、自然、生活的美妙和谐。逼真的动画、丰富的视频，体现出多媒体技术对物理教学的辅助作用，帮助学生突出重点、克服难点。尤其是对于特殊或特定的实验，如物理现象瞬间即逝的实验，普通方法不易操作或难以实现的实验，需要让学生反复观察的实验，难以实现或重现的实验，误操作结果的展示等，借助现代技术手段，把实验过程的全部或部分制成课件进行实验教学，现代教育技术手段起到了极其重要的作用。网络交流平台，可以为师生在课内外的交流互动提供方便，便于求助、协商、合作，有利于开展发现式和协同式教学。一些网络测试平台，能为学生提供个性化的学习资源，方便学生自主测试并及时获得反馈。网络所提供的各种媒体资源，包含物理、生活、社会等多方面的信息，有利于学生灵活地开展自主学习，开阔视野、丰富知识，自我提高和自我完善。

同时，在开发多媒体课程资源的过程中，学校应加大对多媒体专用教室的建设和投资，建立学校物理资源库，任何物理教师在网上下载的视频和图片以及自己制作的Flash动画，都加到学校的物理资源素材库中，由专门的物理教师定期整理归类，学校里所有教师共享该资源素材库。

4. 充分开发与利用自然与社会课程资源

对于初中物理课程来说，自然与社会课程资源主要应用于实践活动中。教师可以自然课程资源进行实验，让学生体会到物理学习的乐趣，使学生在轻松有趣的课堂上学习到很多物理知识。[①]

（1）对于自然资源，可以从日常生活的自然现象，从身边的小事所涉及的科学和技术问题，引导学生从实际生活出发，发现问题、提出问题，并能利用各种方法解决问题。

---

① 聂红珍.初中物理课程资源的开发和利用[J].课程教育研究，2017（46）：171.

（2）对于社会资源，可以通过参观科技馆，阅读报刊，参观工厂实践等方式，学校要建立起校内、校外课程资源的连接机制，达到共享的目的。

例如，科技馆、少年宫集中了许多有趣的大中型科学教育的器材，这是一般学校难以做到的，教师应充分利用这些科学教育资源。这样的科学教育场所，主要目的是激发参观者对科学的兴趣。在组织学生参加这样的活动时，目的性应该明确。又如，参观工厂、农村、科研单位的实践，可以使学生体会到科学、技术与社会的关系。这样的参观往往具有科学教育、思想政治教育等多种功能，可以由不同学科的教师联合组织。

【案例】生活化物理课程资源开发和应用

下面结合物理课程资源开发和利用案例[①]，讲述教师如何充分利用生活资源开展探究教学。

（一）案例的背景

科学探究是物理学科核心素养的重要组成部分，新版课程标准要求教师在教学中逐步培养学生的科学探究意识，能在学习和日常生活中发现问题、提出合理猜测与假设；具有设计探究方案和获取证据的能力，能正确实施探究方案，使用科技手段和方法收集信息；具有分析论证的能力，会使用不同方法和手段分析、处理信息，描述、解释探究结果和变化趋势；具有交流与合作的意愿与能力，能准确表述、评估和反思探究过程与结果。如何采用相应的生活化探究教学手段，达成上述课程目标，是物理课程资源开发和利用的关键点。

（二）案例的内容

1. 向生活前认知求证，顺利推进探究教学

有研究者指出，学生在入学前已经形成一系列对物质世界、生命世界和社会世界的经验，新知识的学习正是以这些前概念为基础的。在生活体验中总结提炼认知，是人类学习的重要途径。在学习物理之前，学生往往已经积累了不少科学经验，利用好这些已有的生活经验，会对教学重难点的突破起到事半功倍的作用。

例如，在验证大气压的存在的教学中，教师充分尊重学生已有的认知基础——水没有向下流动是因为受到一个向上作用力的缘故，在此基础上分析图 10-2-1 中甲的受力情况，学生就不难领会大气压存在的真实性。为进一步说明大气压的存在，教师还可以做如图 10-2-1 中乙的演示实验，进一步强化证据，同时为"大气压究竟有多大"的后续探究创设新的问题情境。

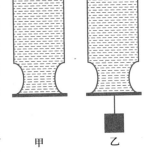

图 10-2-1　验证大气压的存在

2. 充分利用生活技术手段，完成探究活动

随着我国基础教育逐步发展升级，教学设施不断完善，先进的教学仪器和实验手段不断涌现，给物理教学提供了强有力的技术支持和物质保证。但是事物总有它的两

---

① 阮享彬. 核心素养导向的物理生活化探究教学实践[J]. 中小学教材教学，2018，46（10）：17-20.

面性，过多的专业化器材和手段应用于教学，在确保科学探究的手段和效果之外，也有可能在无形中妨碍了学生对科学技术原理的理解。

例如，在"活塞式抽水机"教学中，教师直接提出问题：如何实现水从低处流向高处？对于初中学生来说，这样一个极富挑战性的问题一下子就会激发他们的好奇心。正当学生疑惑不解时，教师选用了家庭装修用的导线管（约40 cm长）现场模拟抽水过程（图10-2-2）。喷射出的水柱激发了学生强烈的求知欲，学生利用教师提供的器材开始探究尝试，在不断改进中逐步完善了活塞式抽水机模型的设计，这样就能缩短生活化探究跟科学技术之间的距离。

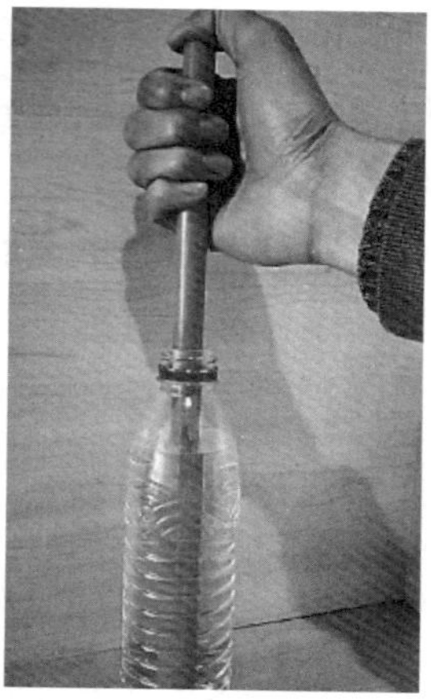

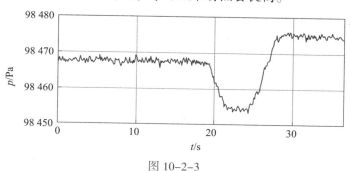

图10-2-2　模拟抽水过程

3. 充分利用手机软件，展示物理规律

现代技术的不断进步，为人们在科学探究过程中的取证提供了越来越便利的条件。智能手机已经成为日常生活中的一部分，将智能手机和相关手机软件的功能充分应用到记录探究现象和数据采集中，可以让生活化探究教学如虎添翼。

例如，智能手机中集成了不少传感器，其灵敏度和精确度可以满足物理教学的需要，在"大气压强与海拔高度关系"的教学中，教师可以在手机上下载一个"气压计"手机软件。教师只需要将手机从地面捡起举过头顶后再放回讲台，整个过程中大气压强数值的变化就会显示在手机屏幕上（图10-2-3），学生通过对直观图像进行分析，不难发现"大气压强随海拔高度的增加而减小"的规律。这样的高精度数据采集和记录，让学生看得见、做得到、信得过，学习效果自然会提高。

图10-2-3

核心素养导向的物理生活化探究教学实践

（三）案例的反思

物理源于生活，服务于社会。教师要注意引导学生发现现实生活中的物理问题，将学生的直觉兴趣引向更深的层次。通过跟科学"套近乎"的生活化探究教学方式，教师可以在提升学生科学探究能力、增进学生探究意识、提高学生科学思维的同时，帮助学生实现科学概念和规律在头脑中的提炼和升华。

【案例分析】

新课标要求物理教学要重视促进学生探究能力的提高。该案例倡导教师充分利用生活资源开展探究教学（即生活化探究教学），通过生活化情境创设、向生活借力开展探究、跟生活对话、生活化情境转化等手段，提高学生以提出问题、获取证据、解释和交流等素养为代表的探究能力。该案例进行的课程资源开发，主要是实验室资源的开发。从物理课程资源开发和利用的基本原则来看，该案例中描述的课程资源，分别指向验证大气压存在的教学、"活塞式抽水机"的教学、"大气压强与海拔高度关系"的教学，是将教材文本转化为生活化探究，这样的课程资源不仅指向物理课程的教学内容，而且尊重学生已有的认知，有利于学生在探究式学习活动中获得新知；这些课程资源不仅易操作、易根据学生个性进行创新，而且是对现有基础资源的利用，投入小；因此，符合指向性原则、互补性原则、实用性原则、开放性原则和经济性原则。从物理课程资源开发和利用的基本途径来看，验证大气压的存在的课程资源，是从生活体验、经验中开发物理实验资源；"活塞式抽水机"和"大气压强与海拔高度关系"的课程资源，是利用生活中的材料制作的教具；因此，该案例的课程资源体现了实验室课程资源的开发途径。总的来说，该案例体现了物理课程资源开发和利用的基本原则和基本途径，为广大教师进行课程资源的开发和利用提供了有益的借鉴。

丰富的物理课程资源，已成为物理课程顺利实施、提升教育教学质量的助推器。从物理课程资源的开发和利用来看，可以通过对各种教材、教师教学用书、科技图书和报刊等文本课程资源进行筛选，有计划地将相关资源充实到物理教学之中；可以通过用身边的物品和日常的器具做实验，用现代新技术融入物理实验，丰富实验室课程资源；可以通过收集和选择幻灯投影片、挂图、录像带、视听光盘、多媒体软件等多媒体教学资源，丰富教学内容；可以通过对科技场馆、少年宫、科研院所、高等学校、工厂等机构进行筛选，形成符合新课标要求的社会资源。物理课程资源的开发，为物理课程打造了内容丰富的高质量资源；物理课程资源的利用，有力地推动了物理课程的实施，助力学生核心素养的发展。

关键问题 10-3 物理教学如何体现"教—学—评"一致性?

新版课程标准针对"内容要求",提出"学业要求"与"教学提示",细化了评价与考试命题建议,注重实现"教—学—评"一致性,增加了教学、评价案例,不仅明确了"为什么教""教什么""教到什么程度",而且强化了"怎么教"的具体指导,并研制了学业质量标准,对其内涵进行了阐释,依照学段对学业质量进行了详细描述。课程标准引导和帮助教师把握教学深度与广度,为教材编写、教学实施和考试评价等提供依据。因此,在教学实践中,教师需要以核心素养为导向,基于课程标准实现"教—学—评"一致性。

一、"教—学—评"一致性的重要性

随着课堂教学生态的变革,课堂的中心由"教"转变为"学",教师由"一讲到底"转变为"精讲点拨",学生由"接受学习"转变为"参与学习"。在"教—学—评"一致性上,部分教师还存在教学目标导向意识不强、教学过程设计不合理、评价素养欠缺等问题。要解决这个问题,教师应努力使教学依据具体的教学生态环境恰当地处理好教、学、评的关系,使教学中的教、学、评成为统一的整体,使之成为推进学生核心素养发展的基础。其价值和意义具体表现在以下三个方面。

(一)有利于落实立德树人任务

2012 年,党的十八大首次提出"把立德树人作为学校教育的根本任务",明确了我国教育的本质要求。2017 年,党的十九大进一步要求"落实立德树人根本任务,发展素质教育",加强立德树人的统摄地位。2018 年,习近平总书记在全国教育大会上再次强调"立德树人是教育的根本任务,教育就是要培养德智体美劳全面发展的社会主义建设者和接班人"这一教育根本问题。这就要求教师的"教"要秉持立德树人的教育理念,坚持五育并举,大力推进教学改革,围绕核心素养开展教学与评价。教师要关注学生的学习过程,创设与生活关联的、任务导向的真实情景,促进学生的自主、合作、探究学习,让教育回归育人本质。

(二)有利于走出教育评价误区

当前,我们要扭转不科学的教育评价导向,坚决克服"唯分数""唯升学"的顽瘴痼疾。[①]"唯分数""唯升学"是基础教育评价异化的反映,分数成为评价教师教育教学能力、学生发展的标准,成了教育的最终目的。教师依据"分数"开展教学活动,学

---

① 吴晗清,高香迪."教—学—评"一体化理念偏差与实践困境及其超越 [J]. 教育科学研究,2022(2):54-58.

生也主要是为了获得高分，师生作为主体的人沦为分数的工具。网络名词"小镇做题家"是失意名校大学生的自嘲，[①] 它引发人们深刻反思，我们的教育究竟要培养什么样的人？为有效落实立德树人根本任务，完成高考综合改革的历史任务，教育部于 2020 年初推出"强基计划"[②]，摒弃"唯分数"论，对学生进行综合评价，在选拔和评价有潜质的高端人才机制方面，作了有益探索。

（三）有利于促进综合能力发展

新时代的基础教育更加注重对人实践能力和创新精神的培养，关注人的可持续发展。落实到课堂教学中，要求教师的教、学生的学以及教学评价活动要以学生的课程核心素养为根本旨要。教师不能视学生为静态知识的容器，而要把学生作为实践活动的主体。教学范式的变革要求评价方式也要发生重大嬗变，从关注知识本体转变为注重真实情境下的问题解决。因此，题的设计需要尊重学生的认识发展，考查学科核心知识背后蕴涵的思想和方法，体现学科在社会生产及生活中的价值。有研究对学业水平层次相同但经历不同的两类学生进行比较，发现具有探究性实验经历的学生，在解决复杂真实情境中问题的能力显著高于相关经历匮乏者。[③] 可见，教、学、评三者相辅相成、相得益彰。

二、"教—学—评"一致性的设计思路和实施

以核心素养为导向的课程改革的重要任务就是要在整体上推进育人方式从认识到实践的转型，确立学科实践在学科学习中的核心地位，让学科实践成为学科教学的新常态。在初中物理教学中，要基于课程标准实现"教—学—评"一致性，就需要厘清"教—学—评"一致性的含义、教学方案设计理路、教学实施要点。

（一）"教—学—评"一致性的含义

根据华东师范大学崔允漷教授提出的"教—学—评"一致性三因素理论模型，"教—学—评"一致性指的是整个教学系统中，教师的教、学生的学以及对学习结果的评价之间的协调配合程度。从构成要素来说，包含"学—教""学—评""教—评"三组关系的一致性。[④]

理解"教—学—评"一致性的内涵，至少要把握三个核心要点。其一，目标是"教—学—评"一致性的核心。目标在整个教学过程中有"导学、导教、导评"的作用，

① 李沁柯，夏柱智．破碎的自我："小镇做题家"的身份建构困境 [J]．中国青年研究，2021（7）：1–9．

② 韦骅峰，季玟希．"强基计划"热现象下的冷思考：基于考试制度的指挥棒效应 [J]．中国高教研究，2021（6）：30–36．

③ 吴晗清，李世玉，何维祥．化学探究性实验提升学生问题解决能力的实证研究 [J]．化学教育（中英文），2020，41（3）：78–82．

④ 崔允漷，雷浩．教—学—评一致性三因素理论模型的建构 [J]．华东师范大学学报（教育科学版），2015，33（4）：15–22．

后续所有的课堂环节都要以它为中心。"教—学—评"一致性体现为三者的目标保持一致。其二，持续性评价是"教—学—评"一致性的关键。课堂学习进程中，围绕学生达到什么水平、离目标有多远，教师需要发挥"质量监测员"的作用，根据目标设计真实的评价任务，使用各种方法收集学生达成学习目标的证据，从而了解教与学的效度，为下一步的教和学提供调整和改进的依据。其三，结构化的学习活动是"教—学—评"一致性的保障。目标达成的过程是一个解决问题的动态过程，需要结构化的学习活动保证学生围绕目标，逐步理解、掌握、内化语文知识，促进学习迁移。①

（二）"教—学—评"一致性的教学方案设计思路

1. 基于教材、课程标准和学情，确定适合的学习目标

"教—学—评"一致性是基于标准要求的基本一致，体现在基于学习目标的一致，而这里的目标是依据课程标准的内容要求和学业要求（"教什么""教到什么程度"）、教材内容、学生实际等确定的。学习目标的确定直接影响"教—学—评"一致性的作用和效能。

如何精准确定学习目标？ 如果目标仅基于课程标准和教材内容，那就是教学参考书中的具有普适性的目标，显然这不是精准目标，因为没有涉及学生实际这一根本影响因素。所以精准确定目标的关键在于基于学生的实际水平，若自己学生的基础好，那上面的普适性目标都能达到，若基础不好，那目标该怎么修正？ 是目标面向全体设计，只修正评价结果的可接受水平，如80%以上达到目标要求，还是修改目标本身？如目标中直接表明"80%的学生掌握……"即面向80%设计教学。其实，目标的精准设计决定了教学起点和终点，教师可采取便于把控的方式进行目标设计。但不论怎么说，教师要认真研究课程标准，将其作为确定学习目标、评价目标的基础依据，做到"目标"与"标准要求"一致。同时，教师在确定学习目标时，要研究课程核心素养目标在课时目标中的体现，要兼顾单元教学目标，在实现知识进阶的过程中体现核心素养的进阶。②

基于以上分析，学习目标设计的路径为：首先，应分析教材，确定本课时的教学内容；其次，研读课程标准对这一内容的要求；最后，根据学情细化本节课的要求，从而确定学习目标。

2. 基于教学内容和目标，构建学习评价指标

"教—学—评"一致性引领下的课堂教学要求教师一致性地考虑"为什么教""教什么""怎么教""如何检测"这四个问题。在教学实践中，教师不仅要科学地描述目标，让目标始终处于教学现场；还要充分关注评价，使其引领并贯穿学习过程，有序推进教学并检测学习效果。当教师给学生一个表现性任务以后，就可以评价他们的表

① 涂晓锋. 教—学—评一致性的含义、实践困境与突围之策 [J]. 教学月刊小学版（语文），2022（4）：4-8.
② 邵光华，苗榕峰. 面向教师的"教—学—评"一致性内涵解析及实践路径 [J]. 教师教育研究，2022，34（5）：55-63.

现。但是在评价之前必须使学生明确期望其知道的和要做的。为此教师要事先设计评价细则，告诉学生怎样的表现才是最好的。评价细则的设计要体现课程标准和学习目标，抓住能体现课程标准和学习目标的各种因素，对这些因素的分层次描述要清晰具体、内容完整、操作简单，便于学生快速理解并掌握方法。评价细则应为教学决策和学生进步的追踪提供有效信息，能为学生表现提供灵活多样的评价方式，在评价学生的同时帮助学生提高自己的表现。

在构建学习评价指标时应注意：评价方式是多元的，评价指标是分层的，构建让学生容易看懂的评价指标，最大化地促进学生对自己的学习效果衡量与发展。要让学生明确自己学习效果所处的层级，还要让学生知道如何才能达到更高层级的学习效果，真正做到以评促学。

3. 基于评价指标和学习方式，设计教学活动

根据确定学习目标的几个主要因素，在设计教学活动时可以从以下几个方面落实学习目标。

第一，尊重学生的学习规律。学习目标中的主要因素的行为主体必须是学生，教学活动是对学习目标的落实，所以，在设计教学活动时也必须以学生为主体，尊重学生的学习规律。设计教学活动，一要充分借助学生已有的知识、经验、生活经历等自身资源；二要尊重每个学生应有的权利；三要准确把握和策划学习活动的切入点和生长点，引导学生自主合作，进行探究性学习。

第二，科学选择教学方法。教学方法是为了实现学习目标的，能把教师的教、学生的学和教材内容有效地连接起来，使这些基本要素在教学过程中充分发挥其各自的功能和作用，实现预期的学习目标。要科学选择教学方法，就必须与特定的学习目标相适应，充分考虑教材内容的特点、学生的特征及教学环境、教师自身的素质等因素。

第三，将教学活动与过程性评价一体化设计。评价是嵌入教学的，评价的作用不仅在于总结目标的达成情况，也在于指导下一阶段的教学活动。依据评价结果，教师可以对教学活动进行及时的分析和调整。将教学活动与过程性评价一体化设计，追求最大限度地达成学习目标，从而实现"教—学—评"一致性的教学活动设计。

基于以上分析，教学活动的设计是落实"教—学—评"目标与评价的载体，是通过学生活动来实现"教—学—评"一致性的教学理想。教学活动既可以是操作性的，也可是思辨性的，总之，学习目标要蕴含在活动之中，教师通过学生的活动参与表现来评价学生学习行为，以期促进学生的深入学习和思维发展。

需要特别指出的是，"教—学—评"一致性的教学设计，依据学习目标和评价任务安排教学环节，建立教学框架，落实教学细节，也是为了确保课堂教学的大方向，最终实现国家课程意志成为学生的实际素养。

（三）"教—学—评"一致性的教学实施要点

1. 以评价任务催生学习信息

"教—学—评"一致性的教学实施中，评价任务十分重要，如何运用评价任务催

生学生的学习信息，是"教—学—评"一致性教学实施的重要环节。第一，要让学生明白评价任务，切忌让学生在未明确任务的情况下匆匆"上阵"，然后又不断"补充说明"，干扰学生的正常学习。第二，要根据评价任务的特点，多样化地呈现评价任务，有的由教师直接呈现，有的通过学生讨论后明确，有的用提问的方式，有的用示范的方式，有的用讨论的方法，有的提供学习支架。第三，要充分运用评价任务催生学习信息，教师可以组织学生自主探索、操练、圈画、评注、利用资料、小组合作、对话等多种学习方式，引导学生在完成评价任务的过程中，"生产"丰富的学习信息。

2. 以学习信息研判学情

教师必须时刻关注学习信息。以"教—学—评"一致性的要求审视学习信息，首先要"看见"学习信息，切不可只顾推进自己的教学设计，而漠视课堂学习信息的存在。第二要收集学习信息，要通过观察学生的话语、学生的作业、学生的表现、学生的作品，对学生的学习信息进行收集。第三要对学习信息进行研判，是正确还是错误，是预期中的还是"别出心裁"的或"节外生枝"的，是结果性错误还是过程性错误，是思维方式还是知识基础问题，特别要将学习信息与学习目标的预期进行对照，判断学生的目标达成情况，以做出后续的教学决策。

3. 基于学情提升学习质量

教师要基于对学习信息的研判采用恰当的教学策略，如对正确的学习信息进行肯定、强调、重复，对错误的学习信息进行纠正、质疑、点拨，对杂乱的学习信息组织梳理、整理、重组，对"不到位"的学习信息进行补充、提升，对值得讨论以求进一步深化的学习信息进行展示并组织讨论，对个别学生的学习信息进行个别指导，对"不对题"的学习信息进行"转问"等，对仍难达到目标的学习信息"降坡""铺设台阶"。总之，就是以目标的要求审视、分析、处理实际的学习信息，在这样的过程中实现学习目标，提升学习质量。我们可以看到，这样的学习质量提升是"基于学情"的，而不是泛泛而谈的、抽象的。①

下面以沪科版教材八年级第六章第五节"科学探究：摩擦力"为例，②说明物理教学如何体现"教—学—评"一致性。

【案例】科学探究：摩擦力（"教—学—评"一致性设计）

（一）目标确定

从教材可以看出，本节课应先让学生通过常见的事例了解滑动摩擦力；然后通过科学探究得出影响滑动摩擦力的因素；最后让学生知道增大和减小摩擦的方法。课程标准对本部分内容的要求是"通过常见事例或实验，了解摩擦力"。通过学情分析可以看出，学生已经了解了力的基本知识，并会用弹簧测力计测量力的大小，这为学生学习本节奠定了知识基础；学生已经知道了科学探究的七个环节，了解了控制变量法的

① 张菊荣."教—学—评一致性"：从方案设计到课堂实施 [J]. 江苏教育，2017（26）：29-31.
② 夏波. 追求"教""学""评"一致性的教学策略探讨：以"摩擦力"教学为例 [J]. 物理之友，2022，38（3）：27-28.

应用，这为学生学习本节课奠定了方法基础。据此，确定学习学目标如下：

①通过常见的生产、生活事例，了解什么叫滑动摩擦力，并能在具体的情境中进行辨认。

②通过科学探究，了解影响滑动摩擦力的因素，能设计实验加以论证。

③知道增大和减小摩擦的方法，能在实际情境中进行分析与判断。

（二）评价指标

滑动摩擦力的概念可以通过常见事例引入，评价学生是否理解了本概念，可以根据学生列举的滑动摩擦力的事例进行评价；影响滑动摩擦力的因素是本节课的重难点，其学习方式是科学探究，而科学探究的环节很多，为了评价学生的科学探究素养，主要选取与本实验相关性最高的"猜想与假设""设计实验与制订计划""进行实验与收集证据""分析与论证"四个要素进行评价；增大和减小摩擦的方法，可以根据运用相应的方法解决实际问题的情况进行评价。教师通过分层设计作业，对学生进行学业质量评价；课堂上主要利用表现性评价对学生的学习过程进行评价；课后主要利用形成性评价对学生的学习结果进行评价。评价指标如表 10-3-1 所示。

表 10-3-1 "科学探究：摩擦力"评价指标

	评价内容		水平一	水平二	水平三
课中	滑动摩擦力的概念		知道滑动摩擦力的概念	能通过常见的事例，知道滑动摩擦力的概念	能举出滑动摩擦力的事例
	影响滑动摩擦力的因素	猜想与假设	能通过讨论猜想影响滑动摩擦力的因素	能独立猜想影响滑动摩擦力的因素	能独立猜想影响滑动摩擦力的因素，并提出可行的实验探究思路
		设计实验与制订计划	能通过讨论设计出实验方案	能独立设计出实验方案	能独立设计出科学、完整的实验方案
		进行实验与收集证据	能在同学的帮助下进行实验并收集数据	能独立进行实验并收集数据	能独立进行实验并收集数据，且实验操作规范，收集的数据正确
		分析与论证	能通过讨论得出实验结论	能独立得出实验结论	能独立得出科学的实验结论，且语言描述准确
	增大和减小摩擦的方法		知道增大和减小摩擦的方法	能用增大和减小摩擦的方法分析生活中的具体事例	能举出生活中应用增大和减小摩擦的方法解决问题的事例

	评价内容	水平一	水平二	水平三
课后	滑动摩擦力的概念	能判断物体是否受到滑动摩擦力	能分析简单事例中滑动摩擦力的方向（如在水平面上沿某一方向运动的木块所受摩擦力的方向）	能分析较复杂事例中滑动摩擦力的方向（如人走路时脚所受摩擦力的方向）
	影响滑动摩擦力的因素	能完成仅涉及压力和接触面粗糙程度两个影响因素的实验题	能完成对涉及压力和接触面粗糙程度外指定因素的探究的实验题（不需要自行设计实验验证）	能完成对涉及压力和接触面粗糙程度外指定因素的探究的实验题（需要自行设计实验验证）
	增大和减小摩擦的方法	判断具体事例是增大摩擦，还是减小摩擦	判断具体事例是通过哪种方法增大摩擦或减小摩擦	能用增大和减小摩擦的方法解决生活中的实际问题（列举具体事例）

（三）活动设计

根据学习目标和评价指标，确定本节课可以通过三个学生活动完成。

活动1：身边的滑动摩擦力

列举常见的与滑动摩擦力相关的事例（如推着木箱在水平上面运动、用黑板擦擦黑板、用滑雪板滑雪等），学生通过归纳这些事例的共性，得出滑动摩擦力的概念；学生列举常见的与滑动摩擦力相关的事例，并进行分析与解释。

活动2：探究影响滑动摩擦力的因素

展示情景：①推动一个长方体木块，在接触面粗糙程度不同的水平面上运动；②在长方体木块上加放一个钩码，在接触面粗糙程度相同的水平面上运动。

提出问题：滑动摩擦力的大小与哪些因素有关。

猜想与假设：让学生根据情境与有关现象提出猜想。

如果学生提出的猜想很多，教师可以聚焦要研究的方向：摩擦力的产生和制约因素都很复杂，其中一些问题至今仍在探索之中，在初中阶段只对其中两个问题进行实验探索。

设计实验与制订计划：学生先独立设计实验方案，再交流自己的实验方案。对于有困难的学生，教师可以通过两个问题引导选择所需要的研究方法，即：如何知道滑动摩擦力的大小？如何研究滑动摩擦力与压力大小、接触面粗糙程度的关系？

进行实验与收集证据：学生根据实验方案进行实验。此时，教师巡回观察和指导，注意学生实验设计中控制变量法的应用，以及实验操作的规范，并利用评价指标对学生进行评价。

分析与论证：学生分析实验数据得出结论。教师可以从实验结论的语言描述的科学性进行评价。

活动3：增大和减小摩擦的方法

问题：由影响滑动摩擦力的因素得出增大和减小摩擦的方法有哪些？

事例：利用视频、实验等方式展示具体的事例（如足球比赛中的摩擦力、骑自行车时的摩擦力等）。

分析：教师引导学生对相关事例与实验进行分析与解释。

追求"教—学—评"一致性的教学策略探讨

【案例分析】

课堂教学是由教、学、评三个要素有机融合在一起的，追求"教—学—评"一致性是保证教学目标达成和教学质量提升的重要举措。该案例以"摩擦力"教学为例，探讨"教—学—评"一致性的教学策略。新课标在课程内容部分增加了"学业要求"和"教学提示"两方面的内容。设计者首先从三个方面理解教材和新课标对本节课的要求：一是课程内容，即本节课学生要学习哪些知识；二是学业要求，即学生学习了这些知识要达到怎样的效果；三是教学提示，即要用什么教学方法让学生达到这样的效果；接着，从学生的已有知识和已有技能两个方面对学情进行了分析；最后，基于以上分析，确定了本节课的学习目标。新课标强调要利用评价的育人功能促进学生核心素养的发展，传统的纸笔测试不能全面地对学生核心素养的发展进行评价，因此，设计者为了构建学习评价指标，设计了纸笔测试和表现性评价相结合的方式，将活动表现具体化，评价量表分层化，真正做到了以评促学。"问题"作为引发学生认知冲突、联结既有认知结构与新知识技能的"节点"，为学生提供了探究、协作与创新活动的机会，设计者依据学习目标和学习评价指标，设计学习活动；由于不同的学生参与学习活动的能力存在差异，为了让不同的学生都能参与学习活动，并在学习活动中学有所获，设计者还将学习活动支架化，为学习活动提供驱动问题、步骤说明、方法指导等，让不同的学生在物理课程上有不同的发展。总体来说，该案例不仅符合"教—学—评"一致性的教学方案设计思路，而且符合"教—学—评"一致性的教学实施要点，较好的落实了"教—学—评"。

总体说来，追求"教—学—评"一致性的教学，不仅让教师将"评"贯穿于"教"和"学"的始终，让学生知道自己的学习效果，以及努力的方向；而且可以提升教师的专业素养，发展学生的核心素养。

关键问题 10-4 如何在物理教学中落实中华优秀传统文化教育？

一、物理教学中落实中华优秀传统文化教育的意义

新版课程标准在前言部分指出："将中华优秀传统文化等重大主题教育有机融入课程，增强课程的思想性。"同时，在中华优秀传统文化方面有了更加明确的要求，例如，"将我国的相关科技成就引入课堂，如通过分析和讨论孔明灯、司南等与中华优秀传统文化有关的素材，培养学生的爱国情怀，提升学生的民族自豪感和实现中华民族伟大复兴的使命感""查阅资料，了解我国古代水磨、水碓等机械，写一篇弘扬中华优秀传统文化的调查报告""试题命制要注意体现积极向上的价值追求和健康的审美情趣，反映中华优秀传统文化、我国科技发展的新成就等""教材编写要弘扬中华优秀传统文化，凸显我国科技成就，注重'从生活走向物理，从物理走向社会'，增强民族自信心和凝聚力"等。

中华优秀传统文化积淀着中华民族最深沉的精神追求，是中华民族走向伟大复兴、实现中国梦的重要思想支撑。党和国家高度重视中华优秀传统文化的传承与弘扬，出台了系列政策文件，明确指出中华优秀传统文化教育在传承发展优秀传统文化中的重要作用。[1] 近年来，加强传统文化教育，推动优秀传统文化进课堂、进校园已经成为社会共识。在新课程改革的背景下，需要改变传统的物理教学模式，将中华优秀传统文化与初中物理教学进行整合，其价值和意义具体表现在以下三个方面：

（一）培育核心价值观的文化根基

习近平总书记曾用"源泉"来形容中华优秀传统文化，因为中华优秀传统文化能为我们输送的活水是源源不断的，只有在如此浩瀚的文化根基背景下，我们才能进一步培育和弘扬社会主义核心价值观。而文化根基也在这场精神接力的过程中占据着举足轻重的位置。中华优秀传统文化表征着民族最深层的精神追求，是区别于其他民族的独特标识，它的存在不仅是见证，更是时代精神的路标，我们必须在继承与创新中进一步拓展和完善中华优秀传统文化的内涵，做到中华优秀传统文化和时代精神的高度融合，从而筑牢社会主义核心价值观的根基。[2]

① 田慧生，张广斌，蒋亚龄. 中华优秀传统文化融入课程教材体系的理论图谱与实践路径 [J]. 教育研究，2022, 43（4）：52-60.
② 靳浩辉. 高校加强中华优秀传统文化教育的三重视域：时代价值、现状审视与实践路径 [J]. 教育探索，2017（3）：83-85.

（二）履行文化传承的必然要求

教育的本质是一种文化现象。2022年4月25日，习近平总书记在考察中国人民大学时强调，要以中国为观照、以时代为观照，立足中国实际，解决中国问题，不断推动中华优秀传统文化创造性转化、创新性发展，不断推进知识创新、理论创新、方法创新，使中国特色哲学社会科学真正屹立于世界学术之林。中华优秀传统文化是世界上唯一没有中断的古老文明，在思维方式、价值理念、组织模式等方面对我国产生了重大影响。当今世界，各国经济、社会、科技的竞争归根到底是文化的竞争，文明的价值和文化的力量日益凸显。面对全球不同类型文化之间的矛盾冲突，教育工作者的使命之一就是守护、传承与创新中华优秀传统文化经典，使中华民族最核心的文化基因与当今时代文化相适应，回应我国现实和时代的需求与挑战，以主体的身份参与到全球的文化治理中，以文化的力量推动中华民族伟大复兴的历史进程。[①]

（三）落实立德树人的重要途径

立德树人根本任务，旨在把学生培养成为德智体美劳全面发展的社会主义事业的建设者和接班人。中华民族源远流长的优秀传统文化，其核心便是以"人"为本的道德文化，这种深厚的伦理底蕴深刻影响着中国的教育和人才培养观念。自古以来，我们的教育体系都以道德完善作为追求的至高目标，视其为人才培养的基石。因此，深入开展中华优秀传统文化的教育，不仅是对学生品德的锤炼，更是塑造他们健全人格的关键所在。

二、物理教学中落实中华优秀传统文化教育的策略建议

在初中物理教学中巧妙地融入中华优秀传统文化，不仅有助于学生深入领略中华文明的博大精深，更能促使学生在对中华优秀传统文化的感悟中，加深对物理知识的理解和应用。在教学实践中，教师可以采用以下教学策略。

（一）比较多版教材，整合教学素材

通过研究比较人教版、沪科版、教科版、苏科版、北师大版的初中物理教材发现，各版本的教材都非常重视中华优秀传统文化在物理教学中的融入，既有相同的素材，也有不同的素材。为了在教学中全方位地实现融入，教师可以将各版本的相关素材进行了整合。表10-4-1为部分版本教材中光学部分的中华优秀传统文化素材示例。

[①] 司新丽，何昊汶．大学中华优秀传统文化教育：意义、问题与路径[J]．中国人民大学教育学刊，2023（1）：83-92．

表 10-4-1　部分版本教材中光学部分的中华优秀传统文化素材示例

课程内容	中华优秀传统文化素材
光	《墨经》成书于公元前4世纪，其中最早记载了小孔成像现象及其解释。我国北宋时期科学家沈括的《梦溪笔谈》中，也有关于小孔成像的记载。元代的赵友钦还用实验的方法得到了小孔成像的大小、明暗与物距和孔的大小之间的关系，从而证明了光沿直线传播的特性。这些实验比西方类似的实验要早数百年
	古代妇女对着铜镜梳妆
	在我国的古书《史记》《梦溪笔谈》中都有关于海市蜃楼的记载，宋代大诗人苏轼在《登州海市》的诗中也描述过海市蜃楼的奇观
	我国唐朝的张志和在《玄贞子》中记载了著名的"人工虹"实验："背日喷乎水，成虹霓之状。"据《杜阳杂编》记述，这个实验流传甚广，当时连长安的儿童都能表演

（二）吟诵诗词歌赋，熏陶美学追求

诗词歌赋是中华优秀传统文化的重要元素。在初中物理教学中，恰当引用诗词歌赋，通过应用所学的物理知识去解释其中的意境，有助于熏陶学生的美学追求。表 10-4-2 为初中物理教学中常用的诗词歌赋及其相应的物理学价值。

表 10-4-2　初中物理教学中常用的诗词歌赋及其物理学价值

诗词歌赋	物理学价值
早发白帝城（李白） 朝辞白帝彩云间，千里江陵一日还。 两岸猿声啼不住，轻舟已过万重山。	体现了声音的传播、音色，以及运动和静止的相对性
望庐山瀑布（李白） 日照香炉生紫烟，遥看瀑布挂前川。 飞流直下三千尺，疑是银河落九天。	体现了光的直线传播，以及重力势能与动能的转化
春夜洛城闻笛（李白） 谁家玉笛暗飞声，散入春风满洛城。 此夜曲中闻折柳，何人不起故园情。	体现了声音的产生与传播
西江月·夜行黄沙道中（辛弃疾） 明月别枝惊鹊，清风半夜鸣蝉。 稻花香里说丰年。听取蛙声一片。 七八个星天外，两三点雨山前。 旧时茅店社林边。路转溪桥忽见。	体现了声音的传播、音色、扩散现象，以及光的直线传播
江城子·密州出猎（苏轼） 老夫聊发少年狂，左牵黄，右擎苍，锦帽貂裘，千骑卷平冈。为报倾城随太守，亲射虎，看孙郎。 酒酣胸胆尚开张。鬓微霜，又何妨！持节云中，何日遣冯唐？会挽雕弓如满月，西北望，射天狼。	体现了弹性势能与动能的转化

诗词歌赋	物理学价值
枫桥夜泊（张继） 月落乌啼霜满天，江枫渔火对愁眠。 姑苏城外寒山寺，夜半钟声到客船。	体现了运动和静止的相对性、声音的传播、音色，以及凝华现象
山亭夏日（高骈） 绿树阴浓夏日长，楼台倒影入池塘。 水晶帘动微风起，满架蔷薇一院香。	体现了光的反射，以及扩散现象
无题·相见时难别亦难（李商隐） 相见时难别亦难，东风无力百花残。 春蚕到死丝方尽，蜡炬成灰泪始干。 晓镜但愁云鬓改，夜吟应觉月光寒。 蓬山此去无多路，青鸟殷勤为探看。	体现了熔化现象，以及光的反射现象

（三）利用传统节日，开展丰富活动

每当传统节日到来之际，就可以从物理学的视角，通过"节日解读"和"节日悟'理'"两条途径，开展丰富的活动。不仅有利于加深学生对传统节日的理解，而且有利于提升学生应用所学物理知识去解释相关现象的能力。表10-4-3为传统节日的活动设计示例。

表10-4-3　传统节日的活动设计示例

传统节日	活动设计	活动形式
春节	"饺子"中的物理知识	小论文或手抄报
	"春晚"中的物理知识	小论文或手抄报
	"放鞭炮"的利与弊	小论文或手抄报
元宵节	"汤圆"中的物理知识	包汤圆、煮汤圆、吃汤圆、谈汤圆
	猜灯谜	游戏
清明节	祭英烈、祭故人	手抄报
	"踏青"偶遇"物理"	分享会
端午节	"粽子"中的物理知识	包粽子、煮粽子、吃粽子、谈粽子
	"划龙舟"中的物理知识	分享会
中秋节	讲传说，谈物理	分享会
重阳节	物理知识在"尊老、敬老、爱老、助老"中的运用	分享会

（四）讲述物理学史，增强文化自信

在初中物理教学中融入中华优秀传统文化的策略很多，除了整合来自教材、诗词歌赋的素材，抓住传统节日的契机外，教师讲述物理学史，或让学生自主查阅资料，了解我国古代的物理学成就，是非常有价值的。例如，对上述素材的整合发现，缺少中国古代的电学成就，教师就可以通过查阅资料，给学生讲述我国古人对雷电现象的认识、尖端放电与避雷技术、摩擦起电等成就。这样可以使学生在惊叹我国古代物理成就的同时，增强文化自信。

【案例】牛顿第一定律（落实中华优秀传统文化教育）

下面结合教学案例"牛顿第一定律"[①]，讲述教师如何在物理教学中落实中华优秀传统文化教育。

（一）案例的背景

"牛顿第一定律"是帮助初中学生形成运动和相互作用观的重要内容之一。无论是现行教材，还是传统教学，都更侧重于西方物理史实的融入，而鲜见融入中国元素。这节不一样的"牛顿第一定律"，即"力与运动遇见最美的初见"，从主题活动构建、跨时空共情和对比反思三个方面，就如何基于真实情境和跨学科实践，打破传统的教学设计，让学生在沉浸式的活动中，形成科学认知，增强文化自信。

（二）案例的环节

1. 感受新时代国人骄傲，构建主题活动

在新课导入环节，通过在我国举办冬奥会，展示了我国的国际影响力；我国冰壶健儿通过二十年艰苦拼搏，跻身拥有悠久发展历史的国际强队行列，以此增强学生的民族自豪感，进而为本节核心游戏活动打下伏笔。

游戏活动：在教师简介"冰壶大赛"规则后，把旅行拉杆箱当作"冰壶"，男、女生组队参加"冰壶大赛"游戏，模拟大赛游戏规则，并积极参与"赛后"的动作分解和经验分享。

2. 对话中华圣贤思想，体验真实成就感

分解动作：获胜队友分享经验，先尝试轻拉推，感受"冰壶"受到的摩擦阻力大小，然后用合适的推力使其向前运动。

问题分享：为什么我们首先就想到推"冰壶"呢？学生通过自问溯源，原来，在我们每个人的内心深处早就形成一种普遍认知，认为静止物体在没有受到外力作用时会保持静止状态，即"不受力，静物恒静"。

物理史实：展示"中国科学技术史"部分内容，通过解读内涵，学生理解我国古代圣贤的科学思想。

① 阮享彬，李群，夏波. 挖掘中国元素 培育文化自信：以"牛顿第一定律"教学为例 [J]. 物理教学，2022，44（9）：28-30.

3. 持续关注结果，真问题驱动真探究

问题讨论：在"冰壶"脱手后，我们总是担心它停留的位置不理想。那么，冰壶在水平面上滑动的距离与哪些因素有关？该如何开展探究？通过逐一追问研讨，理清需要探究的问题：阻力是如何影响运动物体的？然后再确定探究方案和装置。

学生实验：用小球代替"冰壶"，利用斜面、粗糙程度不同的水平面等对照实验器材，测量并记录运动小球在不同阻力下持续运动的距离，力争从数据中发现规律。

4. 对比中西科学史实，增强责任担当

基于文化自信的教学不是简单地回避西方科学成就，而要引导学生在中西方科学史实的对比中，正确认识自身所长和差距，从而学人之长，补己之短。

经典展示：学生通过基于证据的科学推理，进一步认识到，运动小球在没有阻力的水平面上，将保持不变的速度，在运动空间和时间无限延长。接下来，师生借用生活物品模拟了"伽利略理想实验"（图 10-4-1），在着重介绍理想实验的科学史意义的基础上，简介了西方物理学家在力和运动关系方面的研究成就。

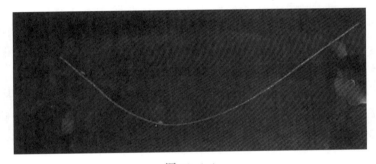

图 10-4-1

教师按照历史时间顺序，呈现在力和运动研究方面的代表人物，引导学生在善于学习和领悟西方的一些先进的实验研究方法，激励学生通过学习与转化，提升自我科学素养，树立科技强国的远大理想。

（三）案例的反思

为了充分发挥物理学科的全面育人价值，物理教师需不断挖掘中国元素。第一，基于教材内外挖掘中西方物理史实。在充分利用好教材中涉及的中国物理学史实的基础上，还可以结合相关著述，如《中国物理学史大系》（戴念祖主编）及《中国科学技术史》（卢嘉锡总主编）等了解我国古代科学的成就，中国物理学的发展历程，将相关素材融入课堂教学，让学生感受古代贤哲的智慧。第二，基于前沿时事中发掘关联信息。前沿时事彰显了当代物理学家对物理现象的探索以及取得的丰硕成果。在物理课堂融入前沿时事，不仅有助于学生了解科技前沿以及所学知识在当今生活中的应用，而且有利于增强学生振兴中华的责任感。挖掘前沿时事，需要教师留意最新的新闻动态，在其中挖掘与物理学科相关的知识。第三，跨学科关联传统文化。传统文化彰显了中华民族五千年自强不息

挖掘中国元素 培育文化自信

的精神追求。在物理课堂融入传统文化，不仅有助于学生了解物理知识在传统文化中的展现，而且有助于学生传承和发扬传统文化。挖掘传统文化，可以从传统节日和诗词歌赋两方面入手。

【案例分析】

为全面落实立德树人根本任务，新的课程标准明确提出要在学科教学中融入文化自信，增强民族自豪感。作为"运动与相互作用"主题重要内容之一的"牛顿第一定律"，在现行教材和传统教学中，都侧重于西方史实，而鲜见中国元素的融入。2021年底，执教者到重庆市万州区去参加一次送培送教活动，执教了一堂不一样的"牛顿第一定律"。该案例借助当代国人骄傲之举构建课堂学习主题，设计与中华古代圣贤跨时空共情活动，通过中西方科学史实的对比分析，培育文化自信的同时增强学生的民族责任感。从物理教学中落实中华优秀传统文化教育的策略来看，该案例是"讲述物理学史，增加文化自信"的应用，执教者通过阅读大量我国古代科技史的文献，将我国古代在力与运动研究方面的代表人物与观点融入课堂教学之中，并按历史时间顺序进行展示，让学生理解我国古代圣贤的科学思想，培育学生文化自信，树立科技强国的远大理想。总的来说，该案例不仅在引入环节用我国冰壶运动的发展历史，让学生感受新时代国人的骄傲，而且在教学过程中对话中华圣贤思想、对比中西科学史实，培育了文化自信，很好的彰显了在物理教学中落实中华优秀传统文化教育。

知识是文化的载体，文化是课堂的灵魂。物理因文化而丰富，课堂因交融而多彩。物理教师要立足学科优势，将中国元素转化为课堂素材，将中国元素与物理教学完美融合，开创文化育人的新样态！

新版课程标准在前言部分指出："将革命文化等重大主题教育有机融入课程，增强课程的思想性。"同时，在教材编写建议中也指出要"弘扬革命文化"。

一、物理教学中落实革命文化教育的重要意义

党和人民在伟大斗争中孕育出的革命文化，是中华民族在特定历史时期所形成的独特的精神品格和精神力量，其积淀着中华民族最深层的精神追求，代表着中华民族独特的精神标识，其不仅是中华优秀传统文化的传承，也是社会主义先进文化的基石，是文化自信的重要组成部分。新时期，加强初中学生革命文化教育，不仅有利于革命文化的传承与弘扬，还有利于提升初中学生的文化自信，其价值和意义具体表现在以下三个方面。

（一）培养社会主义事业接班人的必然要求

2019 年，习近平总书记在省部级主要领导坚持底线思维着力防范化解重大风险专题研讨班开班式上强调，要高度重视对青年一代的思想政治工作，完善思想政治工作体系，不断创新思想政治工作内容和形式，教育引导广大青年形成正确的世界观、人生观、价值观，增强中国特色社会主义道路自信、理论自信、制度自信、文化自信，确保青年一代成为社会主义建设者和接班人。

将革命文化教育纳入思想政治工作体系，并把学习革命理论、感悟革命精神、欣赏革命题材文艺作品等作为思想政治工作的内容，尤其注重其对初中学生的作用，是党和国家历来坚持的优良传统。进入新时代，继承和发扬革命优良传统，不断跨越前进道路上新的"娄山关""腊子口"，都需要继续加强革命文化的教育，促使其永葆先进性，接好接力棒，在实现中华民族伟大复兴的历史进程中走好新时代的长征路。[①]

（二）加强中国特色社会主义文化建设的组成部分

作为革命者的中国共产党人带领中国人民推翻"三座大山"，在长期执政中也不断强化革命性在自我定位中的要求。当下中国特色社会主义实践又是一场由中国共产党引领、凝聚了亿万中国人民力量的伟大社会革命，需要文化因素发挥思想动员、精神支撑等功用。革命文化与社会主义核心价值观具备高度内在统一性的意蕴源流、深刻内涵和价值目标，都是锻造社会主义社会公民道德品质和精神追求的重要营养源泉，因而革命文化已然成为中国特色社会主义文化中不可或缺的部分，加强革命文化宣传教育也成为中国特色社会主义文化建设中的重要环节，是使中国共产党人尤其是作为

---

① 唐志文. 论革命文化对青年教育不可或缺的意义 [J]. 毛泽东邓小平理论研究，2020（10）：27-34.

新生力量的青年共产党员保持革命者的身份自觉，坚定马克思主义信仰，不忘初心、牢记使命的必然要求。做到保持清醒认识：革命文化始终并将一直是中国特色社会主义文化建设中不可或缺的重要组成部分。

（三）传承革命精神的重要保障

新时代初中学生成长在和平年代，距革命战争年代较远，直接体验感不足使他们在全面理解革命精神等相关问题上存在一定困难。只有通过加强革命文化教育，让他们经历革命文化带来的冲击与洗礼，感受中国共产党带领人民建功立业、获得如今幸福生活的不易，才能使其坚定信心继续投身于新时代的伟大斗争，坚定信念跟党走。革命文化"深刻反映了我们党的性质和宗旨、理想与信念，是无数革命先烈用鲜血和生命凝结而成的，表达了千千万万共产党人对人民事业的忠诚和牺牲精神，也凝聚了广大人民群众对党的事业支持、参与所表现的革命精神和智慧"，[①] 新时代初中学生依然肩负着艰巨而繁重的任务，因而必须树立正确的奋斗观、幸福观，与负面思潮、情绪、观念坚决斗争，矢志成长为德智体美劳全面发展的社会主义建设者和接班人，在新时代建功立业、奋发有为，担当起民族复兴的大任。

二、物理教学中落实革命文化教育设计建议

在初中物理课程扎实开展革命文化教育，让广大初中学生充分了解和切身感知中国共产党的百年革命斗争历程，从中汲取革命乐观主义精神和昂扬的革命斗志，在红色革命文化的深度浸润中长大成人，树立正确的世界观、人生观、价值观，是初中物理课程完成立德树人教育根本任务的重要途径。中小学革命文化教育绝不能浮于表面，也不能流于过场，必须以正确的方式推进在初中物理课程中有效落实革命文化教育。在初中物理教学中落实革命文化教育，主要有以下三条路径。

（一）从英雄先烈到时代楷模，丰富和完善革命文化人物谱系

英雄先烈是指那些为了党的革命事业和祖国的繁荣富强而英勇奋斗、勇于奉献的英雄人物和革命烈士。正是因为这些英雄先烈的付出和牺牲，用鲜血和汗水在民族独立、人民解放和现代化建设的壮丽诗篇中谱写了最为光辉灿烂的一页，推动了社会的发展进步，才换来了我们今天的幸福生活，他们值得我们永远缅怀和感激。榜样的力量无穷而感人至深，精神的力量伟大而催人奋进。回顾英雄先烈在投身革命的人生历程中所留下的感人至深的革命事迹，追寻他们的脚步，聆听他们的教诲，瞻仰他们的音容，让初中学生充分感受他们为了伟大的革命事业而奋斗终身的光辉信念和大无畏的精神，是初中物理课程革命文化教育实践活动中的重要内容。

---

① 徐功献 . 中国革命历史是最好的"营养剂"：为什么新时代青年要学习中国革命历史 [J]. 红色文化学刊，2019（1）：29-38.

我们还要善于发现英雄先烈背后那些矢志不移的追随者和热情澎湃的奋斗者，英雄先烈不是一个人在奋斗，他是在带领有着共同理想的一大批人共同奋斗。学习英雄先烈，要突出英雄先烈的先进事迹和崇高精神对人民群众的感召作用，努力发掘和宣传在英雄先烈的示范下所涌现出来的一大批优秀模范，尤其是我们身边那些受英雄先烈光荣事迹所激励而为社会主义现代化建设事业不懈努力的一系列先进代表。例如，第三届全国道德模范、改革先锋奖章获得者郭明义，就凸显了雷锋精神在新时期对人民群众的引领作用。

（二）从革命旧址到红色人文，寻访和扩大革命文化多样触角

中国共产党在其百年奋斗历程中，主导了一系列决定国家命运和民族兴衰的重大事件，涌现出了众多革命英雄和仁人志士，组织和开展了无数意义深远、影响广泛的重大革命活动，也留下了很多革命遗址、遗迹和具有纪念意义的景观建筑。这些革命旧址，有些已经被列为全国爱国主义教育示范基地，有些已被纳入国家级抗战纪念设施、遗址名录，是面向中小学生开展爱国主义教育、革命文化教育的重要平台。

在初中物理课程扎实开展革命文化教育，可以带领学生瞻仰红色遗迹，重访革命旧址，在这一过程中，将物理课程教学内容与革命文化教学相融合，这是十分必要的，具有丰富的教育作用和人文意义。在此基础上，可以通过红色旧址普及红色传统。要将红色旧址作为第二课堂，根据初中学生的年龄特征、文化程度和身心发展水平，以中小学生易于接受的形式，讲述红色旧址的今昔对比，讴歌革命人物，传递革命精神，承继红色旧址的百年荣耀，让初中学生了解所在地区的红色底蕴和革命历史，从而对本地区所发生的重大革命活动印象鲜明，增强自豪感。还要通过红色故事传承红色基因，了解红色故事是常规手段，传承红色基因是重点目标。帮助初中学生以丰富多样、喜闻乐见的形式触摸红色人文，理顺革命精神背后的文化内涵和发展脉络，寻访和扩大革命文化感知触角，提升初中学生对红色文化的认同度。

（三）从历史知识到具体实践，加强和改进革命文化教育思路

革命文化教育是关于革命历史知识的教育，初中物理课程有必要在教学中结合道德与法治、语文等主干课程，聚焦重大历史事件、关键历史节点和重要历史人物，引导初中学生全面系统地了解中华民族近现代以来各个历史阶段的发展和中国共产党的百年奋斗历程，把握重要的历史演进节点和普遍的社会发展规律。革命文化教育也是革命精神传承教育，要通过对革命历史知识的学习，了解优良的革命精神传统，尤其要重点开展对中国共产党百年辉煌党史的学习。学习党史，就是要从党的辉煌成就、艰辛历程、历史经验、优良传统中，把握历史规律、汲取奋进力量，引导初中学生从小学党史，坚定不移听党话，牢固树立永远跟党走的坚定信念，做到学史明理、学史增信、学史崇德、学史力行。

在革命文化教育思路上，教师应当积极推进育人方式的改革，带领初中学生学习革命历史知识、体悟革命精神传统、参与以革命文化教育为主题的一系列社会实践教

育活动。既要丰富课堂教学形式，在革命文化历史知识的讲授中穿插一些必要的交流环节，如现场解答、师生研讨、正反辩论、海报评比等，加深学生的理解；又要组织初中学生参与社会实践活动，在红色旅游、红色调研、红色考察等具体实践中，加强初中学生对革命文化的全面了解和立体感知，提高对革命文化的感性认识和理性思维，帮助初中学生陶冶情操，坚定理想，激发和培养真挚的爱国主义情怀。[①]

【案例】探索宇宙（落实革命文化教育）

下面以"探索宇宙"的教学为例，讲述如何在物理教学中落实革命文化教育。

（一）教材分析

本节以我们生存的地球为基点，逐步向太阳系、银河系直至宇宙的范围呈示，不仅展示宇宙这一物质世界的总称的清晰脉络，而且将人们探索宇宙的过程以及探索宇宙的工具提供给学生，使学生对目前的科学技术发展有一个基本了解，最后，又以人们对太空的探索和向往为题，鼓励学生学好物理知识，去实现人类探索太空的梦想。

从革命传统文化教育的视角来看，了解我国在载人航天及航天科技方面的新成就，可以帮助学生体会我国航天人热爱祖国、为国争光的坚定信念和勇于登攀、敢于超越的进取精神。通过查阅资料，了解我国第一颗人造地球卫星"东方红一号"从研制到成功发射的历程，可以帮助学生体会这一历史性突破对我国航天技术发展的重要意义。

（二）教学方法

本节的重点是对宇宙的了解，难点是通过展示人类对宇宙的探索历程，培养学生对科学的追求、认识宇宙的科学态度、探索宇宙的科学精神。教师在本节的教学过程中，一要注重激发学生的学习兴趣，例如，图文并茂地展示宇宙中各种星球的图片，利用多媒体手段或影片让学生观察宇宙的结构；二要注意充分调动学生的学习积极性，培养学生的团结合作精神，例如，学生分组查阅资料和讨论有关问题，小组合作展示成果；三要注意创设丰富的情境，激发学生提出问题；四要注意充分利用物理学发展史的文献资料，客观地介绍人类对宇宙的探索历程，并通过这些资料培养学生的情感态度和价值观，以及科学探索精神；五要注意展示我国在载人航天及航天科技方面的新成就，落实革命文化教育，帮助学生树立热爱祖国、为国争光的坚定信念和勇于登攀、敢于超越的进取精神。

（三）课程资源

为了在本节促进学生对革命文化所倡导的价值思想的认知，在本节课教学之前，教师搜集了我国在载人航天及航天科技方面的新成就的相关资料。在资料搜集方面，不仅关注文字资料的搜集，而且关注视频资料的搜集。这样，学生可以在教师的引领下，将看视频、听讲解、互动交流相结合，传承与弘扬革命文化，从而提升文化自信。

引入环节：2022年是中国航天事业的丰收年，神舟十四号载人飞船成功发射、"力箭一号"首飞成功、太阳探测卫星"夸父一号"成功发射……航天事业的迅猛发展离不开为梦想奋斗的航天人，他们不仅助力中国航天梦的发展，也大大推进了中华民族

---

① 帅泽兵，宋祖荣. 中小学革命文化教育的合理方式 [J]. 中学政治教学参考，2022（7）：8-9.

伟大复兴的前进历程。

回顾环节：20 世纪 50 年代中后期，我国选择将航天技术作为国家发展的突破口，并将航天发展战略作为当时国家发展战略的重要组成部分。"两弹一星"事业的成功，极大提高了我国的国际地位、威望和话语权，基本奠定了我国的大国地位，使我国有能力在政治上走独立自主的道路。长期来看，我国航天产业所衍生的经济效益巨大。正是在这种技术溢出效应下，航天科学技术帮助相关产业领域提升了产品性能，扩大了市场份额，赢得了新的发展空间，创造了更多的经济效益。在科技方面，航天科学技术具有跨学科性质和集成性质，是诸多领域的科学、技术和工程前沿的科技群体，在空间活动的需求牵引下，集众多高新技术于一身，必然会影响经济社会的各个领域，并带动相关领域科学技术的进步，改变人们的生产生活方式，甚至带来深刻的科技变革。同时，航天产业的发展能够有效提升社会生活福利水平，造福百姓。因此，航天技术的发展为我国营造了一个良好的"国家安全环境"。①

交流环节：在西方封锁禁运、苏联毁约断援、国内"一穷二白"的情况下，中国航天走过一段艰难起步的峥嵘岁月，钱学森等老一辈航天人是如何实现"航天梦"的？

升华环节：这个问题可以归纳为六个字——自强、自立和超越，这六个字也是中国航天人构筑的"航天梦"，是航天精神的核心要义。

第一是自强。1840 年鸦片战争以后，西方列强在中华大地上恣意妄为，封建统治者孱弱无能，中国逐步成为半殖民地半封建社会，国家蒙辱、人民蒙难、文明蒙尘，中华民族遭受了前所未有的劫难。1949 年，新中国成立，近代中国的落后及所遭受的屈辱使站起来的中国人民清醒地认识到落后就要挨打，国家强大是自强的根本。例如，1901 年签订的《辛丑条约》约定，中国要对各国赔款 4.5 亿两白银，也就是要每个中国人赔一两白银，这不仅是一个巨大的数额，而且也带有极大的侮辱性。但是在 120 年后的 2021 年，同样也是辛丑年，3 月 18 日，杨洁篪国务委员在中美高层战略对话开场白中这样阐明中方有关立场："你们在中国面前没有资格说，你们从实力地位出发同中国谈话，二十年前、三十年前你们就没有这个地位讲这个话，因为中国人是不吃这一套的。"一席话让无数国人为之振奋，而这番话背后倚仗的是我国日益强大的国际地位和实力。

第二是自立。发展要靠自己，热爱祖国是自立的动力。中国航天事业的起步源于一大批以钱学森为代表的爱国知识分子怀揣爱国初心回到祖国，一心发展中国航天事业。1960 年 7 月 16 日，苏联毁约断援，撤回全部专家，带走所有资料，"两弹一星"计划处于危难之中。周恩来总理呼吁：我们有共同信念，一定要靠中国人自己的力量，造出"两弹一星"。自此，我国彻底改变了"一边倒"的政策，"两弹一星"进入全面自力更生的新时期。

第三是超越。中国航天事业的起步相对美国、苏联要晚很多，1942 年 10 月 3 日，世界上第一枚弹道导弹 V-2 导弹试验发射成功；1957 年 10 月 4 日，苏联发射了世界

---

① 李臻. 弘扬航天精神 不辱强国使命[J]. 中国航天，2021（11）：48-53.

上第一颗人造卫星"斯普特尼克1号"，标志着航天时代的开始；紧接着，1958年1月31日，美国也成功发射其第一颗卫星"探险者1号"，而这个时间中国航天事业才刚刚起步，与其他航天强国存在天壤之别，所以中国航天自起步始，其使命就是赶超。实际上我国现在总体上还处于跟跑阶段，一些前沿领域开始并跑、领跑，而科技进步是超越的基础。

小结环节：在党中央的正确决策和坚强领导下，我国广大科技工作者无私奉献、艰苦奋斗，在较短时间内用较少投入突破了导弹、核弹和人造地球卫星尖端技术，取得了"两弹一星"的伟大成就，牢固奠定了新中国在国际上的地位。在此之后，中国航天人接续奋斗、勇攀高峰，取得了以载人航天、火星探测、月球探测、北斗导航、高分辨率对地观测系统、新一代运载火箭为代表的一系列辉煌成就，实现航天事业跨越式发展，使我国昂首屹立于世界航天大国之列。

（四）课后反思

在本节课的教学中，通过介绍我国在载人航天及航天科技方面的新成就，落实革命文化教育，让学生认识到：中国航天事业历经几代航天人的接续奋斗，创造了以"两弹一星"、载人航天、月球探测等为代表的辉煌成就，走出了一条自力更生、自主创新的发展道路，积淀了深厚博大的航天精神，包括航天传统精神、"两弹一星"精神、载人航天精神、探月精神和新时代北斗精神。同时，也让学生感悟到：航天精神在新时代迸发出更为强大的力量，在树立强大的文化自信、增强国家自主创新能力、铸造民族复兴之魂等方面发挥着不可或缺的重要作用，航天精神使我们从伟大奋斗历程中汲取继续前进的智慧和力量，激励我们满怀信心迈进全面建设社会主义现代化国家新征程！

赓续传承航天精神——从"探索宇宙"说起（说课）

【案例分析】

新课标要求将革命文化融入物理课程中，以增强课程的思想性。该案例在"探索宇宙"一课的教学中，融入我国在载人航天及航天科技方面的新成就，让学生体会到我国航天人热爱祖国、勇于攀登的精神。在教学中，教师通过引入、回顾、交流、升华四个环节，从2022年是中国航天事业的丰收年引入，回顾我国航天事业发展的历程，交流我国老一辈航天人如何实现"航天梦"，并升华为"自强、自立、超越"的航天精神，各环节不仅紧扣教材内容，而且融入我国航天人的革命文化，让学生重走我国航天事业发展之路，感悟我国的航天精神。从物理教学中落实革命文化教育设计的建议来看，该案例是"从历史知识到具体实践，加强和改进革命文化教育思路"这一路径的应用，通过结合历史课程，聚焦中国航天事业的发展，引导学生了解中华民族近现代以来航天人的奋斗历程和取得的成就，让学生领悟并传承航天精神。总的来说，该案例应用物理教学中落实革命文化教育设计的路径，将革命传统文化融入课堂教学之中，较好地体现了在物理教学中落实革命文化教育。

革命传统是中国共产党在百年历史进程中为民族独立、人民解放和国家富强、人民幸福而不懈奋斗中形成的政治觉悟、革命斗争精神、高尚品质和优良作风，包括新民主主义革命、社会主义革命和建设、改革开放和社会主义现代化建设三个时期。在初中物理教学中落实革命文化教育，应按照由浅入深、一体化设计原则，基于不同年龄学生特点，提出相应的教育内容、具体要求和呈现方式，体现一定的阶段性；同时确保革命传统教育的总体要求和核心思想一以贯之、贯彻始终。总的来说，在初中物理教学应明确革命传统教育的主题内容，把反映革命传统重要人物事迹、重大事件、伟大成就、重要论述作品、节日纪念日、故居遗址遗物、馆藏文物等适宜内容纳入课程内容，强调夯实学生听党话、跟党走的思想根基。

参考文献

[1]中华人民共和国教育部.义务教育课程方案：2022年版[M].北京：北京师范大学出版社，2022.

[2]中华人民共和国教育部.义务教育物理课程标准：2011年版[M].北京：北京师范大学出版社，2012.

[3]中华人民共和国教育部.普通高中物理课程标准：2017年版2020年修订[M].北京：人民教育出版社，2020.

[4]廖伯琴.义务教育物理课程标准（2022年版）解读[M].北京：高等教育出版社，2022.

[5]胡卫平，孙枝莲，刘建伟.物理课程与教学论研究[M].北京：高等教育出版社，2007.

[6]李春密.《义务教育物理课程标准（2022年版）》课程内容与教学实施的思考[J].物理教学探讨，2022，40（12）：1-6.

[7]李春密，张霄.《义务教育物理课程标准（2022年版）》的变化分析[J].物理教师，2022，43（6）：35-44.

[8]姜爽，李春密.《义务教育物理课程标准（2022年版）》的变化分析和教学启示[J].物理教学，2022，44（8）：7-10.

[9]郭玉英，姚建欣.基于核心素养学习进阶的科学教学设计[J].课程·教材·教法，2016，36（11）：64-70.

[10]卢慕稚，郭玉英.初中物理教师为什么实施探究教学：基于说课、评课和教学反思文本分析[J].物理教师，2016，37（2）：36-39.

[11]郭玉英.从三维课程目标到物理核心素养[J].物理教学，2017，39（11）：2-4.

[12]罗莹.物理核心素养研究：物理知识与物理观念[J].物理教师，2018，39（6）：2-6.

[13]冯杰.物理学科核心素养之"物理观念"辨析[J].现代基础教育研究，2020，39（3）：64-70.

[14]姚鸿栋.能量观念的内涵分析[J].物理通报，2021（Z1）：37-40.

读者意见反馈

为收集对教材的意见建议，进一步完善教材编写并做好服务工作，读者可将对本教材的意见建议通过如下渠道反馈至我社。

咨询电话　400-810-0598

反馈邮箱　gjdzfwb@pub.hep.cn

通信地址　北京市朝阳区惠新东街 4 号富盛大厦 1 座　高等教育出版社总编辑办公室

邮政编码　100029